玄妙風水大全

坂内瑞祥

太玄社

序

本書は、初めて「風水」に触れる方にも、基礎となる部分をしっかりと身につけていただけるように構成していきます。机上の理論に留まらずに実践に耐えうる力を理論と同時に身につけていただけるように、どのような視点から看て行くことが大切なのかを理解していただけるようにしています。難解な用語も出てきますが、それをできる限りわかりやすく説明するために図を使って理解しやすくなればと思っています。

「玄空學」とは、時間と空間の変化をつかみ、その中に潜む運を引き寄せるための方法です。一般には、「玄空學」とは沈氏玄空學の玄空飛星法を使う流派と誤解を受けている面がありますが、玄空學があって、その中に各流派が存在し、その一つが沈氏玄空學なのです。

堪輿學にしろ、山川哲学にしろ、玄空學が包括するのです。

「玄」………時間の変化をあらわす

「空」………空間をあらわす

つまり、「玄空」とは、時間の経過による空間の変化を捉えることを指します。また、玄空の「玄」の原義は、黒く暗いこと、転じて人の目には見えない不思議なことをあらわしています。「空」は、何も無いこと、空虚なこと、この「玄」と「空」が合わさり、何も無いように見えて、そこには、不思議な「理」がある、という意となります。

これは「無極」という概念と一致します。何も無い「無」の状態だけれども、そこにはすべての要素が含まれているというのが「無極」の状態です。無極から、混沌とした状態が生まれ、清いものと、濁ったものとに分かれて行く状態が「太極」となります。

この分かれていく状態と結果とをあらわしたのが先天八卦（先天伏羲八卦圖）の理であり、地球生成をあらわしています。この先天八卦の理は、宇宙物理学のビックバンの考えと、とても似通っています。

玄空學には、老子、荘子の思想が根底に流れています。そこに、朱子学の特に「理気論」が加えられています。もちろん孔子も影響を与えたでしょうが、基本的理念は、老荘思想の中に見出すことができます。

目次

第二部 看法

第一部　風水の基礎

風水を知り、学ぶにあたって、覚えていただきたいこと

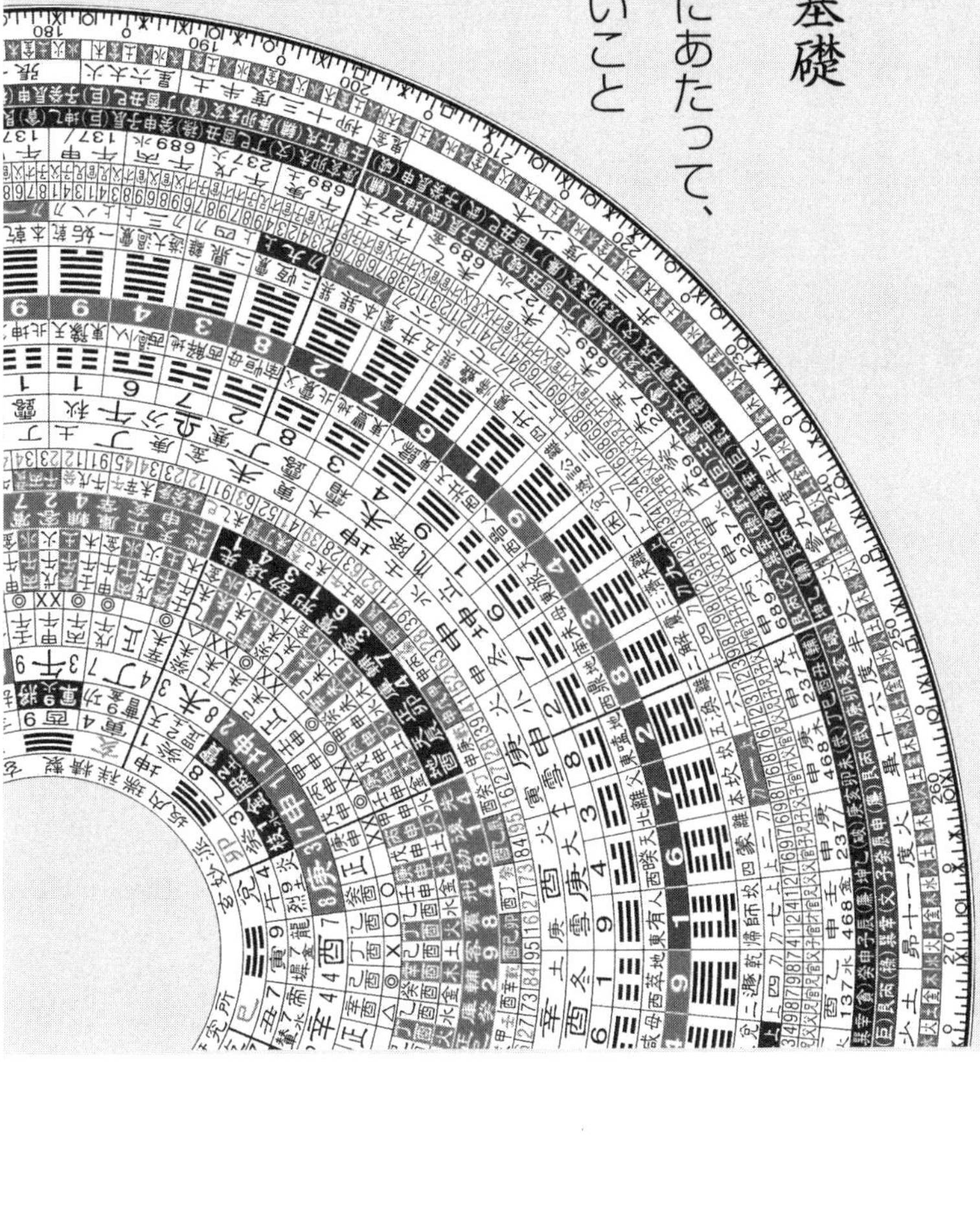

風水には「気」という概念があります。

あらゆる物が、気を発しており、それは、その物が持つ固有の振動周波数が「気」の概念の一つだと私は考えています。物の振動数と自分自身の振動数がぶつかり合って、増幅する場合もあれば、打ち消してしまう場合もあります。それは物質を超えて、精神活動にまで影響を及ぼすものだと考えます。人の持つネガティブな振動を増幅してしまうような場所は風水的に悪いといわれている場所であり、人の思考や行動まで影響し、その結果として、一般に運勢といわれているようなものを低下させる作用を持ちます。

風水的に良い場所は、人のポジティブな部分を増幅してくれるような周波数を持っていると考えます。そのような場所で暮らすことで、やる気が出たり、行動的になったり、精神活動が活発になったりするものだと認識しています。その場所の周波数を調整することが風水であり、いろいろな看法で調整していくことになります。

山のエネルギーの通り道を「龍脈《りゅうみゃく》」といいます。この龍脈の周波数も、山だからすべて同じということではなく、個々の山によって違ってきますし、山が連なっていても、そのエネルギーの強弱と周波数を変えながら、流れて行くものです。その中で、良い周波数を出している場所にはある一定の法則があり、それを「格局《かくきょく》」と呼んでいます。その山々から、良い周波数を発する場所を探り、そのような良い振動数を家や墓所の振動数と同調させることにより、龍脈のエネルギーを活用することができるようになります。

また、水の流れを「水龍《すいりゅう》」といいますが、水を凍らせた時の結晶が、ネガティブな周波数の水は、結晶が汚く、形も不揃いなのに対して、ポジティブな周波数の水の結晶は綺麗な形を形成します。これと同じく、水の流れ方で、ポジティブな周波数の振動と同調しやすい水と、ネガティブな周波数の振動と同調しやすい水があります。このようにネガティブとポジティブのどちらの周波数の影響をどのような要因で受けるかといいますと、一つは水の綺麗さ、もう一つは流れる速さ、さらにどの方向からどのような流れ方をしているかによって、どちらの影響を受けるかが決まります。

また、家の形によっても周波数が当然ながら変化しますし、間取りによっても変化します。

さらに、家の向きによっても変化するのです。当然ながら、土地は土地の固有の周波数を発していますし、家は家の固有の周波数を発しています。この家の周波数と、土地の周波数が不協和音となれば、風水的に悪いと判断しますし、家と土地の周波数が良い形で同調していれば、風水的に良いと考えるのです。

風水はさまざまな要因によって変化します。

上記に書いたもののほかに、物質間に働く「引力」も要因の一つになります。物はお互い引き合っています。これは、万有引力として証明されていますが、風水の要因の中にこの万有引力の法則が良し悪しを決める要因の一つになっているのです。ですから、家や墓所の周りの建物や大きさ、道路の広さや勾配、そして交通量などすべてが、風水を構成している要因となっています。

そこで、次に説明します「巒頭《らんとう》」が大切になってくるのです。

第一部　基礎編

第一章
風水とは、巒頭《らんとう》と理気《りき》を結合したものです

景観と理気を融合

1 巒頭　地形など目に見えるものから読み取る方法

もともと風水とは、景色や地形を重んじ、その地形や景色からそこに住むことによって起こり得る自然現象や事柄、吉象意や凶象意を読み取ることが基本でした。それは、災害や外敵から身を守る知恵の発展形であり、より良い生活をするためには、どのような場所に住むべきかを経験則と過去の事象を研究したもので、巒頭という言葉であらわされてきた部分です。

たとえば、家の下を地下水脈が通っていると、生まれる子供に障害が起こりやすくなるという風水的な言い伝えがあります。実際に、家の下を地下水脈が速く流れる場合には、たしかにその家には障害を持った子が生まれやすいことを実践的に感じる事例が多々あります。

もう一つ、谷間に家を建ててはいけないという考え方が風水にはありますが、この二つの考え方の基本は同じことに起因します。地下水脈が通るということは、地下の地形が、谷になっていて、そこの水が集まり

後の山と手前の山の形がとてもよく似ているのがお分かりでしょうか。これが後ろの山の地場の影響が手前の山に響き、このように似通った形を造っている例です。このように、地場は形に影響を与え、人にも影響を与えるので、地場が狂っていると、それが悪い形で人に影響を与えます。

流れている状態であり、これは表面からは見えないけれども、周りの地形を見るとわかる場合が多いのです。一方、谷間に家を建ててはいけないというのは、大雨が降った時に、そこは川となり、水が流れる道となるため、家が流されてしまう恐れがあるし、山からの濁流に含まれた岩などで破壊されやすい場所となるからです。

「谷に家を建ててはいけない」というほうは、現在の地形學でも、一般論でも納得がいくことでしょう。もう一方の、地下の水脈が走る、地下の谷の上に家を建てると子供に悪影響があるということは、現在では科学的には立証されることはありませんが、水が走るときに生じる地磁場の乱れや、地形による重力の微小な変化が人の身体に影響するかもしれないと私は考えています。

実際に、羅盤でそのような場所を量ろうとすると、磁石の針が廻ってしまって止まりにくかったり、針が磁石についてしまい動かなくなったりすることを幾度となく経験しています。因果関係ははっきりしませんが、そのような家では、子供に障害があることが多いのも事実なのです。

2 理気　方位など目に見えないもので読み取る方法

このように、風水とは初めは巒頭を重んじ、家や墓所に応用していましたが、現在は、理気という概念が入ってきて、ある一定の法則によって導き出した結果を、家や墓所に当てはめ、吉凶を論ずる手法が取り入れられました。三煞などという概念も、理気の一つで、卯年、未年、亥年は南西の中心から北西の中心までの範囲に入る方位を背にして家や墓所を建ててはいけないという概念です。

これは、十二年周期のある年には、ある方位を背にして建てることが、住む人にとって悪いといっていることです。

卯は五行（五三ページ参照）で木であり、卯と未と亥は三合といって木の年になるので、西（坤の中心から乾の中心まで）の方位を背に家や墓所を建てるということは、西の五行は「金」であり、年の木という五行を剋すため、そのような建て方は、その家に不幸をもたらすと考えた理論を当てはめたのです。このように、地形と理気を結合させて、より良い生活空間を生み出そうとした試みが、理気と巒頭の結合となったのです。

では、先ほど書いた三煞が迷信かといえば、そうとはいい切れない実践的かつ経験的に裏付けの取れたものが多く存在します。理気を迷信と一括して無視することができないところに、理気は理気としての存在理由があり、それは、どこかに書いてあったからというようなものではありません。風水を長く行っていると、ある理気のパターンでは、全体の八割を超すほどにその象意が出ている場合もあるので、検証で裏付けされた理気はそれを無視することができない状態となり、巒頭との融合を余儀なくされたのが現在の風水の骨格となっています。

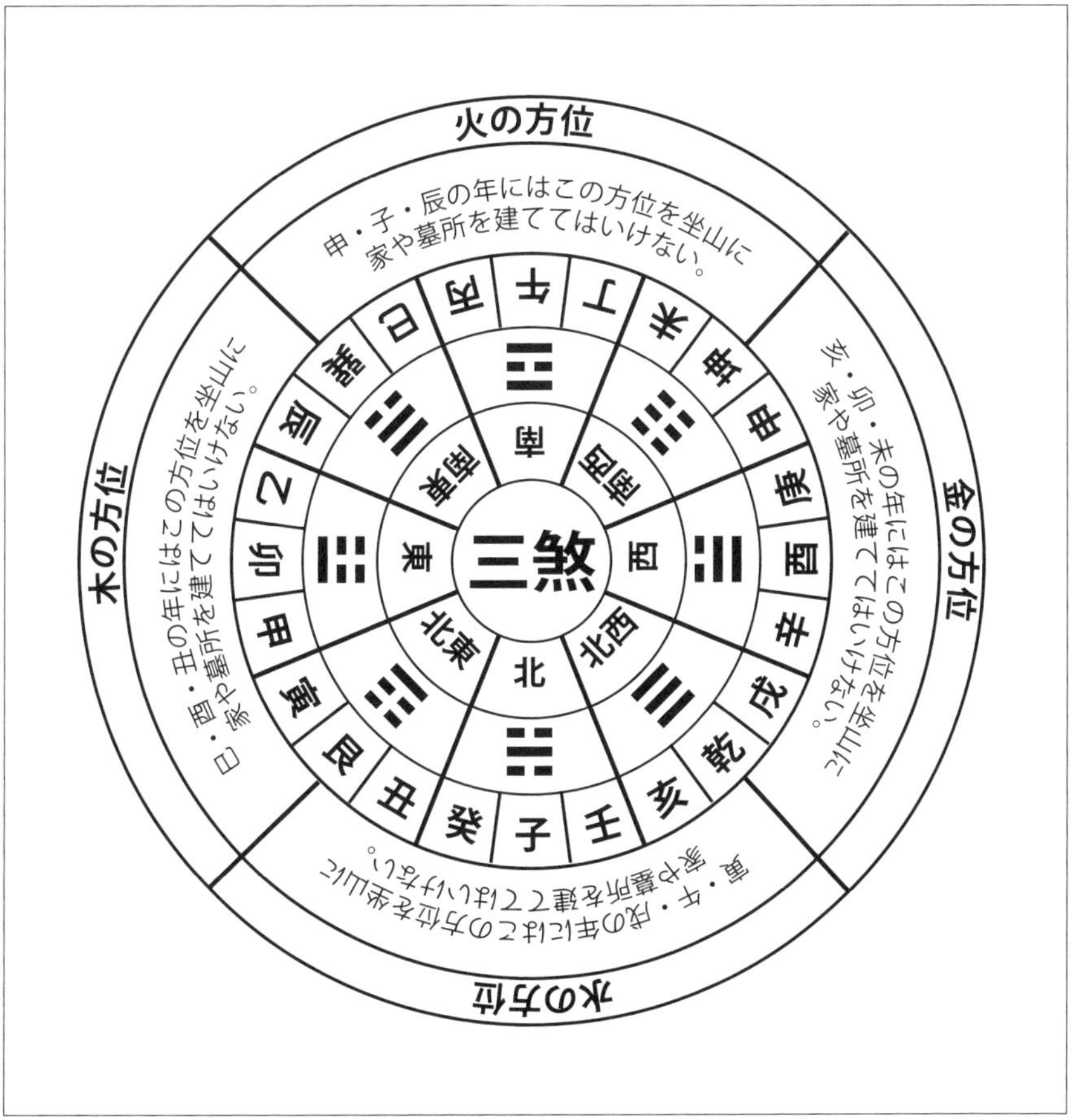

県民性や市町村単位の性質は、巒頭によってほぼ決定づけられる場合が多いものです。同じ町でも、山際と川際では住人の性格の方向性は違うし、海辺の町と山間部の町とでは、住人の性格の方向性が違います。そして、その場所の気候が大いに関係していることはいうまでもありません。また、気候も地形が影響していることを考えると、相互作用が働いていることになるでしょう。そこに歴史が重なり、そこで育つ人々に影響を与え、県民

性が作り上げられています。実際には、県単位というよりは、もっと狭い範囲での性質の違いが顕著にあらわれると考えられます。群馬の「かかあ天下とからっ風」などは、代表的な言葉でしょう。

風水では、基本的に理気より巒頭に重点を置き、そこに理気を重ね合わせ、より生活形態や家運の繁栄への向上を求めます。もちろん流派によっては、巒頭より理気を重んじるものもありますが、その中であっても巒頭は常に重要な要素となります。

玄空飛星などは、まず、座山と、向きと、三元九運という時間の流れを基にしますが、一見、理気重視に見えるこの看法も、最初に時間の流れという気候や自然の変化を基本にし、そこに、座山と向きという、地理的要素を盛り込んでいます。

座山と向きがなぜ地理的要素かといえば、太陽は東から登り、西に沈むという当たり前の自然の運航は、家にどのように光を取り入れ、温度差によって風を起こし、夏は涼しく、冬は暖かく過ごせるようにするための大切な条件が、座山と向きだからです。昔の家が、天井が高く、軒が出ていたのは、冬の南中高度を考え、冬に南中高度が低くなった時は、太陽光を家の奥まで入るようにし、夏の暑い日差しのときは南中高度が高くなるので、家の奥まで太陽光が届かないようにするための知恵です。

天井が高いのは、家の中で火を焚くことで暖を取っていたころは、そこから出る火の粉が天井まで行くうちに灰となり、火事を起こさないための知恵でしょう。

このように家は自然の時間的変化をなるべく快適にするための知恵が随所にちりばめられていました。

その時に南向きに建てることによって、後ろには木が茂り、その葉が気化熱を奪い涼しくなった空気を家に取り入れるようにしたり、家の前には広い空間を設けて太陽の輻射熱が家に入り込まないようにしたりしていたのです。

このように、自然に合致した家は地形を巧みに利用し、自然と人の家との融合を図っていたのです。その時に、座山と向きは、自然によって、地形によって定められるものでした。しかし、その叡智も、理気を重んじることで損なっている場合が多々見受けられるのは、もともと、自然との融合で決めていたものが、一部迷信となって浸透したからだと考えられます。

平地において、家の後ろに築山を設けて人工的に地理を合わせているものも多く見受けられますが、もともとの真意を汲み取って造っているものもあれば、デザインとしてだけで機能を持たないものも少なくないのも、自然との乖離をうかがわせます。

第一部　基礎編

第二章　風水の基礎となる概念

1 八卦《はっか》

八卦とは、陽の記号「⚊」と陰の記号「⚋」を重ね合わせたものであらわし、陰陽の記号を三本組み合わせてあらわしています。この八卦は、地球が生まれ、完成する過程をあらわしたものであり、もっといえば宇宙ができ上がる過程を陰と陽の記号であらわしています。

まず宇宙には、「何も無かった」＝これを「無極」といい、文字通り何も無い極みです。そこにちりがあらわれた状態となり、そのちりが集まった時（これを「混沌」という）、そのちりは一点に集約されました。この状態を「太極」といって良いでしょう。この太極が、宇宙のビックバンと同様にはじけました。この時に、まず陰陽に分かれました。陽は軽く、陰は重い物に分かれたのです。これを「両儀」といいます。この陰陽の「陽」はさらに陽の中の陰陽に分かれ、「陰」はさらに陰の中の陰陽に分かれました。この陽が陰陽に分かれたものと、陰が陰陽に分かれたものの、四種類を「四象」といいます。

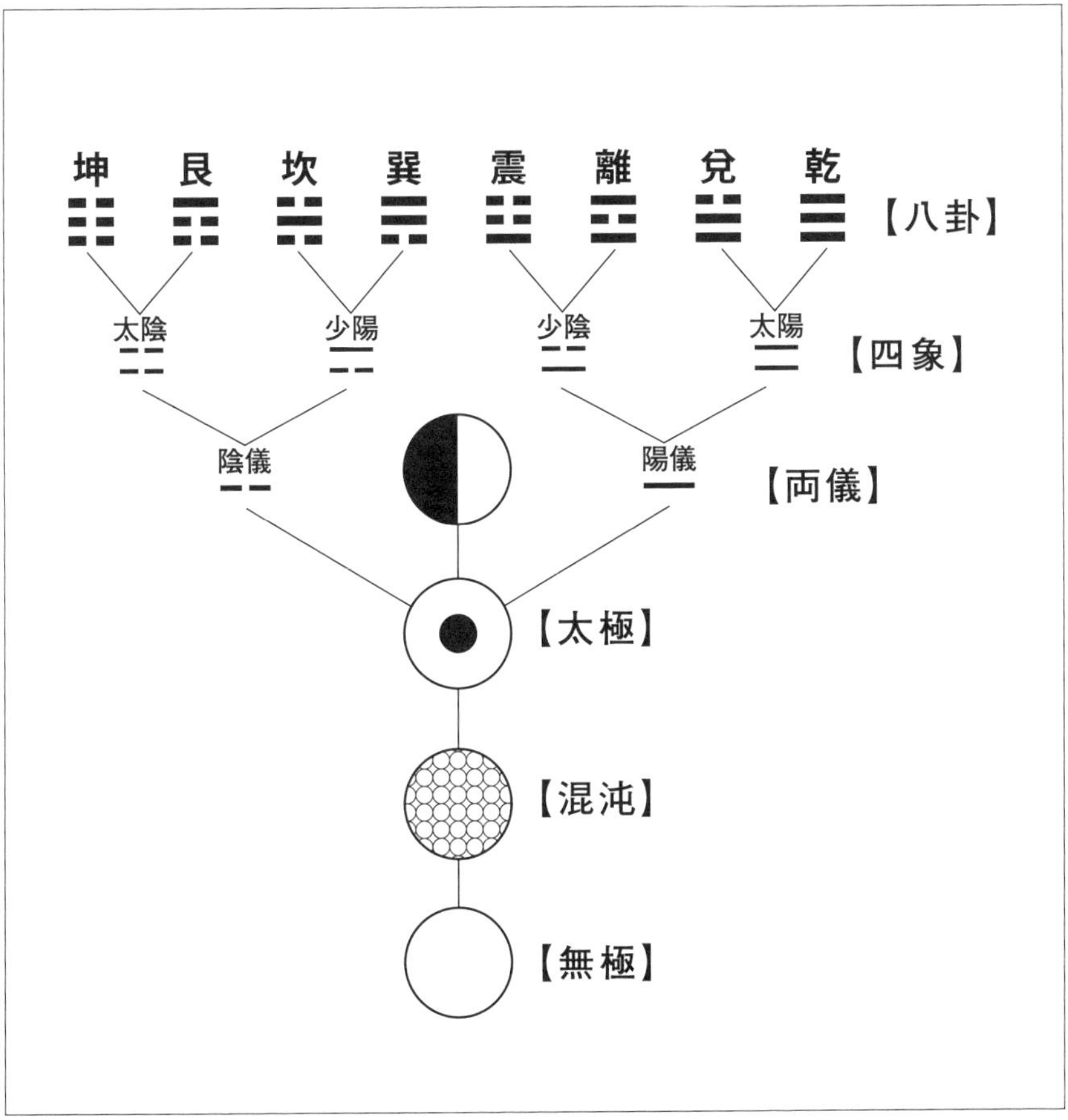

これで四種類の陰陽の組み合わせができたことになります。

第一番目は陽の中の陽であり、「⚊」を二本重ねた形となります。これは陽の中の陽なので「太陽」といいます。

第二番目は陽の中の陰であり、下に「⚊」があり、その上に「⚋」を重ねた形になります。これは陽の中の陰なので「少陰」といいます。

第三番目は陰の中の陰であり、「⚋」を二つ重ねた形になります。これは陰の中の陰なので「太陰」

といいます。

第四番目は陰の中の陽であり、下に「⚋」があり、その上に「⚊」が乗った形となります。これは、陰の中の陽なので「少陽」といいます。

これで、前述したように四種類の陰陽を組み合わせた「四象」となります。

この四象がそれぞれ、また陰陽に分かれて行くのです。

「太陽」（陽の中の陽）が陰陽に分かれ、陽に分かれたものは、「⚊」が三本重なった形となり、形は「☰」となりました。これを「乾《けん》」と名付けました。

「太陽」（陽の中の陽）が陰陽に分かれ、陰に分かれたものは、「⚊」が下から二本重なり、その上に陰の「⚋」が一番上に乗った形となり、形は「☱」となりました。これを「兌《だ》」と名付けました。

「少陰」（陽の中の陰）がさらに陰陽に分かれ、陽に分かれたものは、一番下に陽「⚊」があり、その上に陰「⚋」が重なり、その上に陽「⚊」が重なった形となり、形は「☲」となりました。これを「離《り》」と名付けました。

「少陰」（陽の中の陰）がさらに陰陽に分かれ、陰に分かれたものは、一番下に陽「⚊」があり、その上に陰「⚋」が重なり、その上に陰「⚋」が重なった形となり、形は「☳」となりました。これを「震《しん》」と名付けました。

「少陽」（陰の中の陽）がさらに陰陽に分かれ、陽に分かれたものは、一番下に陰「⚋」があり、その上に陽「⚊」が重なり、さらにその上に陽「⚊」が重なった形となり、形は「☴」となりました。これを「巽《そん》」と名付けました。

「少陽」（陰の中の陽）がさらに陰陽に分かれ、陰に分かれたものは、一番下に陰「⚋」があり、その上に陽「⚊」が重なり、さらにその上に陰「⚋」が重なった形となり、形は「☵」となりました。これを「坎《かん》」と名付けました。

「太陰」（陰の中の陰）がさらに陰陽に分かれ、陽に分かれたものは、一番下に陰「⚋」があり、その上に陰「⚋」が重なり、さらにその上に陽「⚊」が重なった形となり、形は「☶」となりました。これを「艮《ごん》」と名付けました。

「太陰」（陰の中の陰）がさらに陰陽に分かれ、陰に分かれたものは、一番下に陰「⚋」があり、その上に陰「⚋」が重なり、さらにその上にさらに陰「⚋」が重なった形となり、形は「☷」となりました。これを「坤《こん》」と名付けました。

つまり、「太陽」から「乾☰」と「兌☱」生まれ、「少陰」から「離☲」と「震☳」が生まれ、「少陽」から「巽☴」と「坎☵」が生まれ、「太陰」から「艮☶」と「坤☷」が生まれて、四象から八個の組み合わせが生まれました。

これを「八卦」といいます。

これを図にすると、前記のような図になります。

2 先天八卦と後天八卦

1 先天八卦

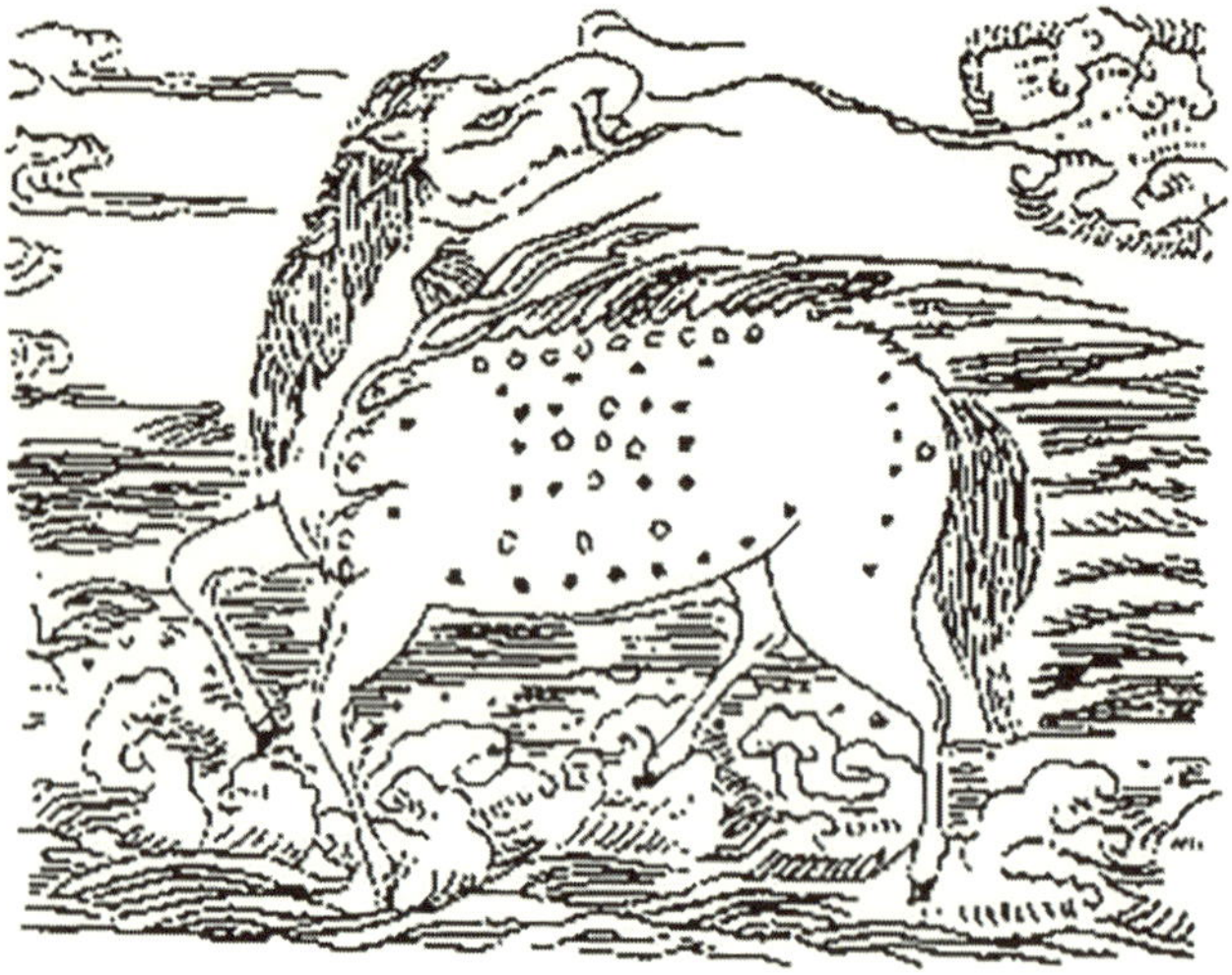

【龍馬圖 『青嚢経』上巻より】

中国神話の時代（紀元前三三〇〇年頃）、「伏儀《ふっき》」という帝王がいて、黄河のほとりを歩いている時に、黄河より龍馬《りゅうめ》が出て来て、その背に一から一〇の模様が書いてあり、地球の成り立ちを読み解いたという神話から、先天八卦を「河圖圖《かとず》（河図図）」または「先天伏儀圖（図）」ともいいます。

この時は、まだ文字はなく、形を主としました。それに八卦を当てはめたのが先天八卦図です。

河圖圖は左図上のように黒丸と白丸で書かれています（中央の数は五と一〇）。

先天八卦図は左図下のように河圖圖を八方位に分けて八卦と対応させています。

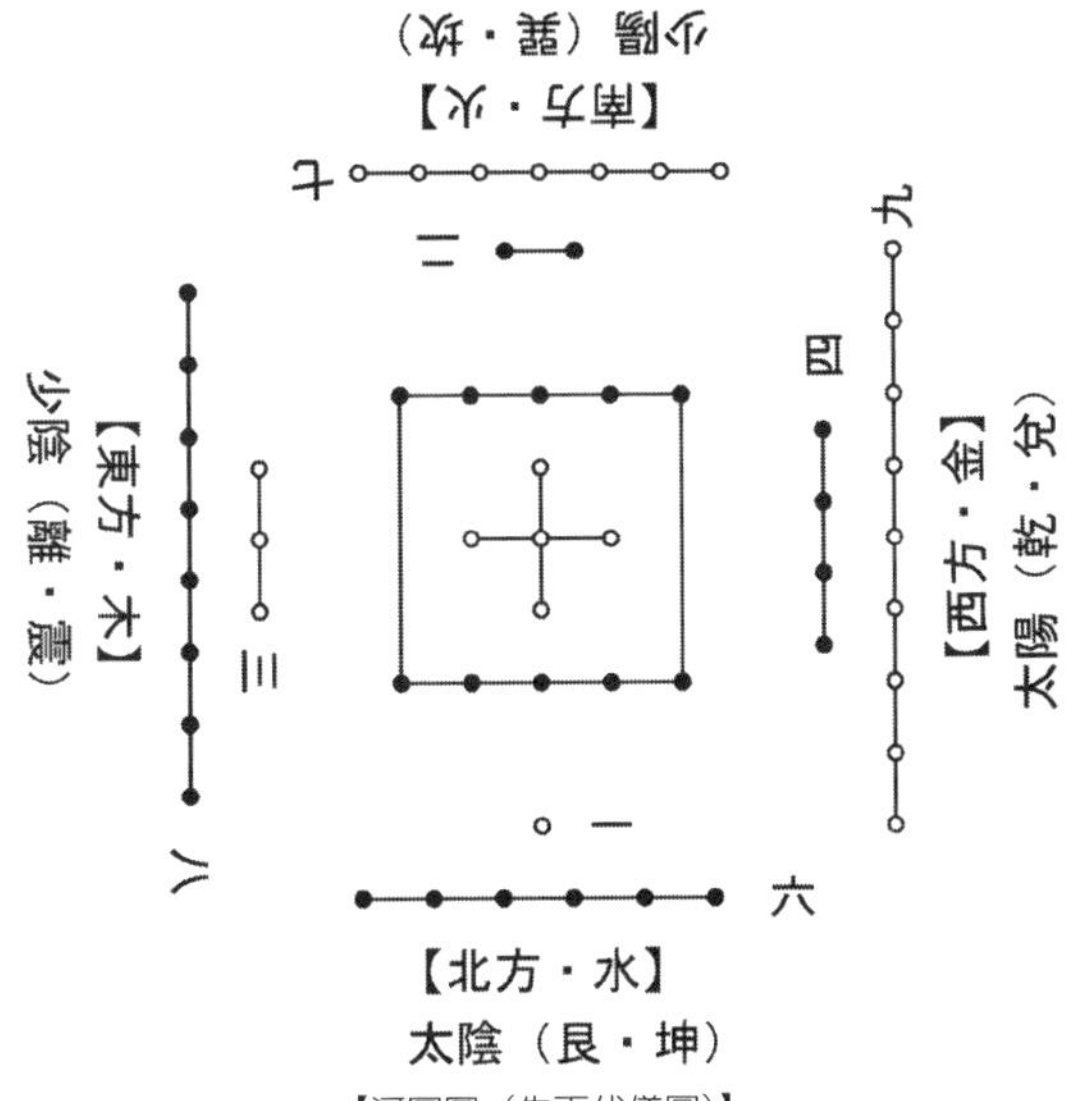

【河圖圖（先天伏儀圖）】

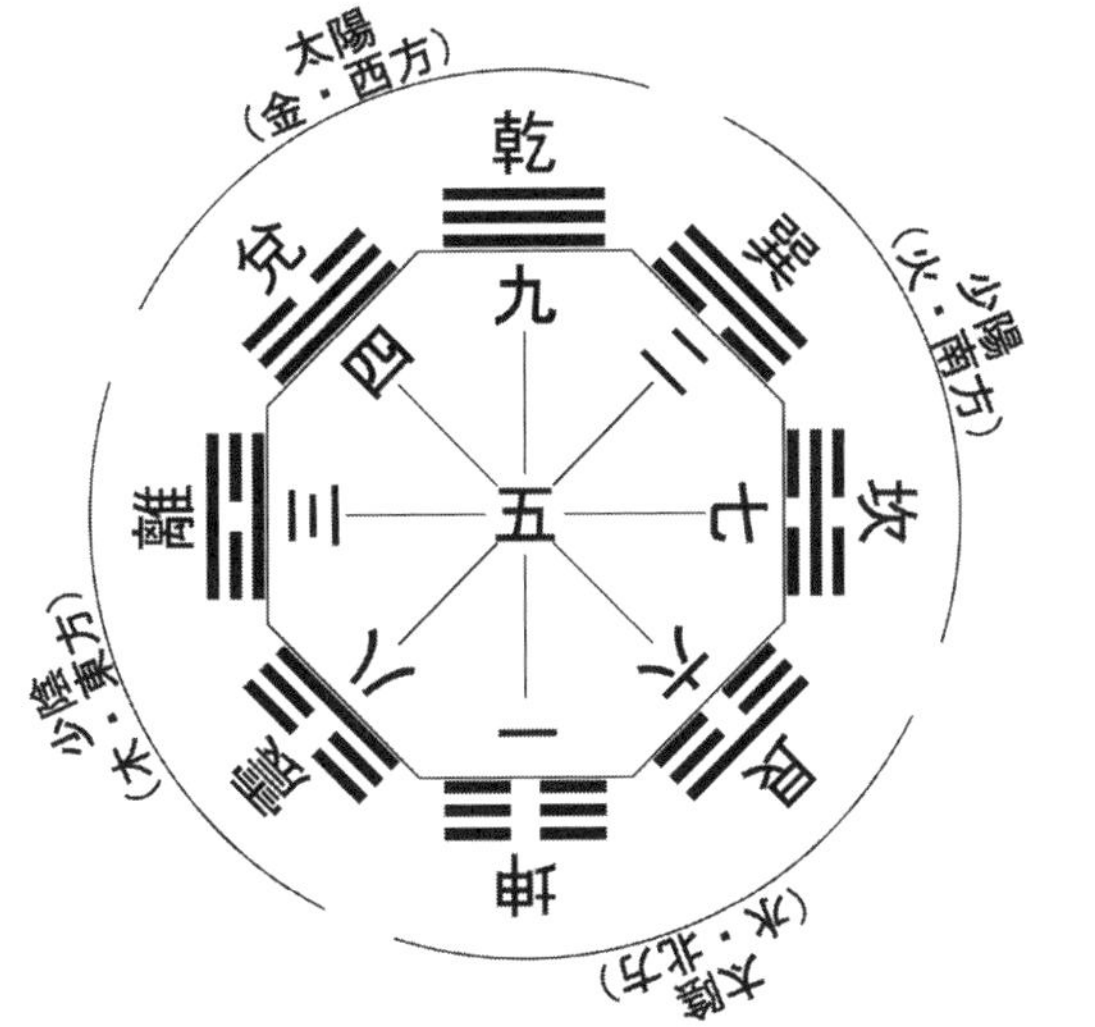

【先天八卦圖と先天五行圖】

地球生成の様子を易経《えききょう》（古代中国の細い竹でする占い）では、次のように説明しています。

天地定位……………天地位《てんちくらい》を定《さだ》め
山澤通気……………山澤気《さんたくき》を通《つう》じ
雷風相薄……………雷風相薄《らいふうあいせま》り
水火不相射…………水火《すいか》相射《いと》わず
八卦相錯……………八卦《はっか》相錯《ととの》う

天は☰（乾）、地は☷（坤）で、純粋なものは上に登り天を創り、地は重い物が下がって大地を創りました。

山は☶（艮）、澤は☱（兌）で、山が削られ澤ができます。

したがって、卦の形の陰陽を反対にした形となっています。

雷は☳（震）、風は☴（巽）、雷は風とともに世界を駆け巡りました。

水は☵（坎）、火は☲（離）、火と水は互いを剋しながら地球を創っていきました。

そして、互いに八卦が剋したり、生じたりして地球を生成しました。

2 後天八卦図

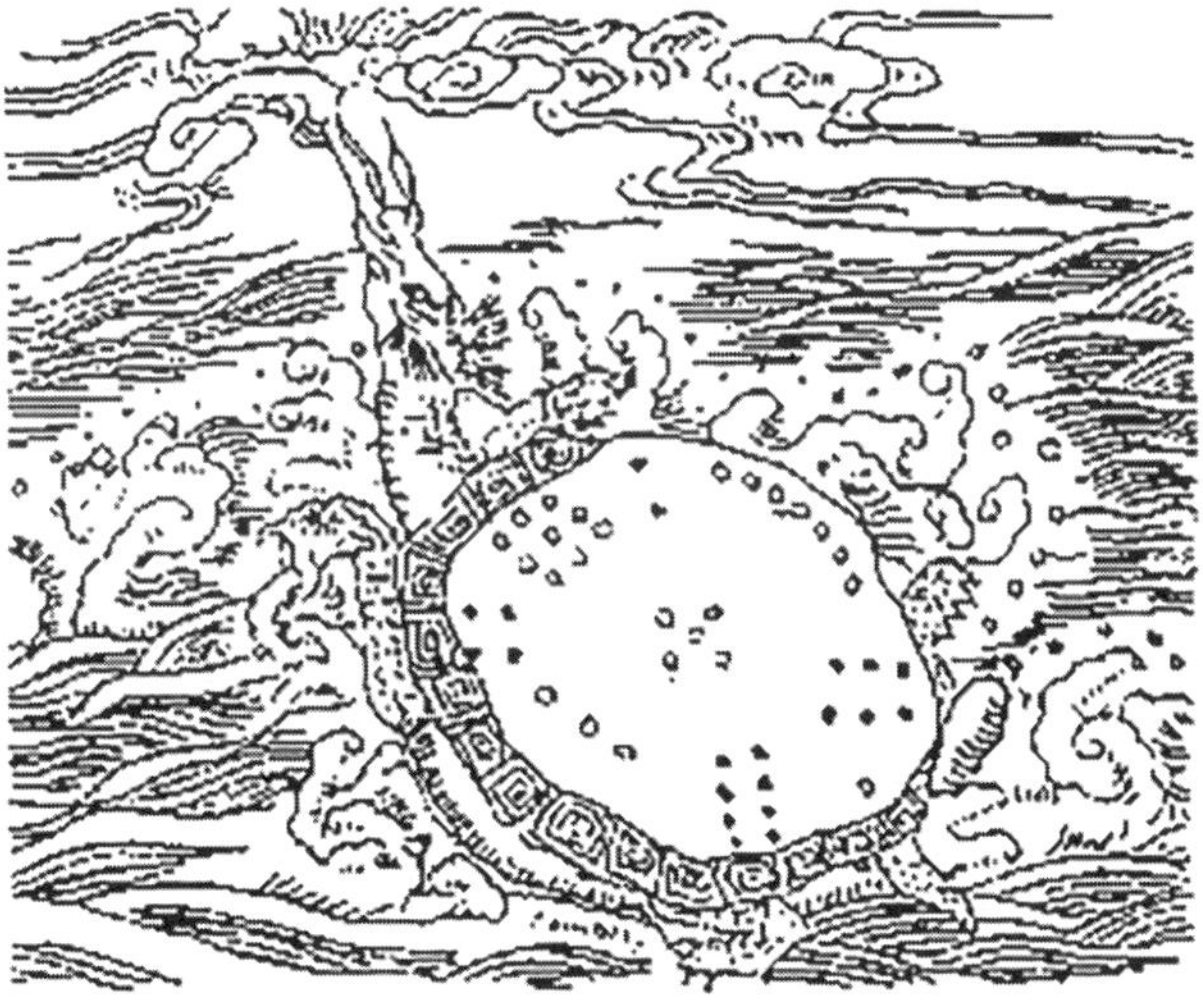

【神亀絵　『青嚢経』上巻より】

禹《う》は黄帝《こうてい》の玄孫《やしゃご》で中国神話に出てくる夏《か》王朝の帝とされており、その時代（紀元前二〇〇〇年頃）に、禹は黄河の支流の洛水《らくすい》という河の治水事業を手掛けたとされています。

その時に、黄河から神亀《しんき》があらわれ、その背中に黒の丸と白の丸で模様が書いてありました。その模様は、縦に数えても横に数えても、斜めに数えても一五という不思議な数の配列であり、これは天から授けられた不思議な吉祥として扱い、後に文王がそれを解読しました。

これを洛書といい、「後天八卦」または「文王八卦」といいます。

これは、現在、魔方陣と呼ばれる配列と同じで、上に九があり、下に一があります。左に三があり、右に七があります。左斜め上には四があり、右斜め上には二があり、下なめ左には八があり、下ななめ右には六が配置されています。

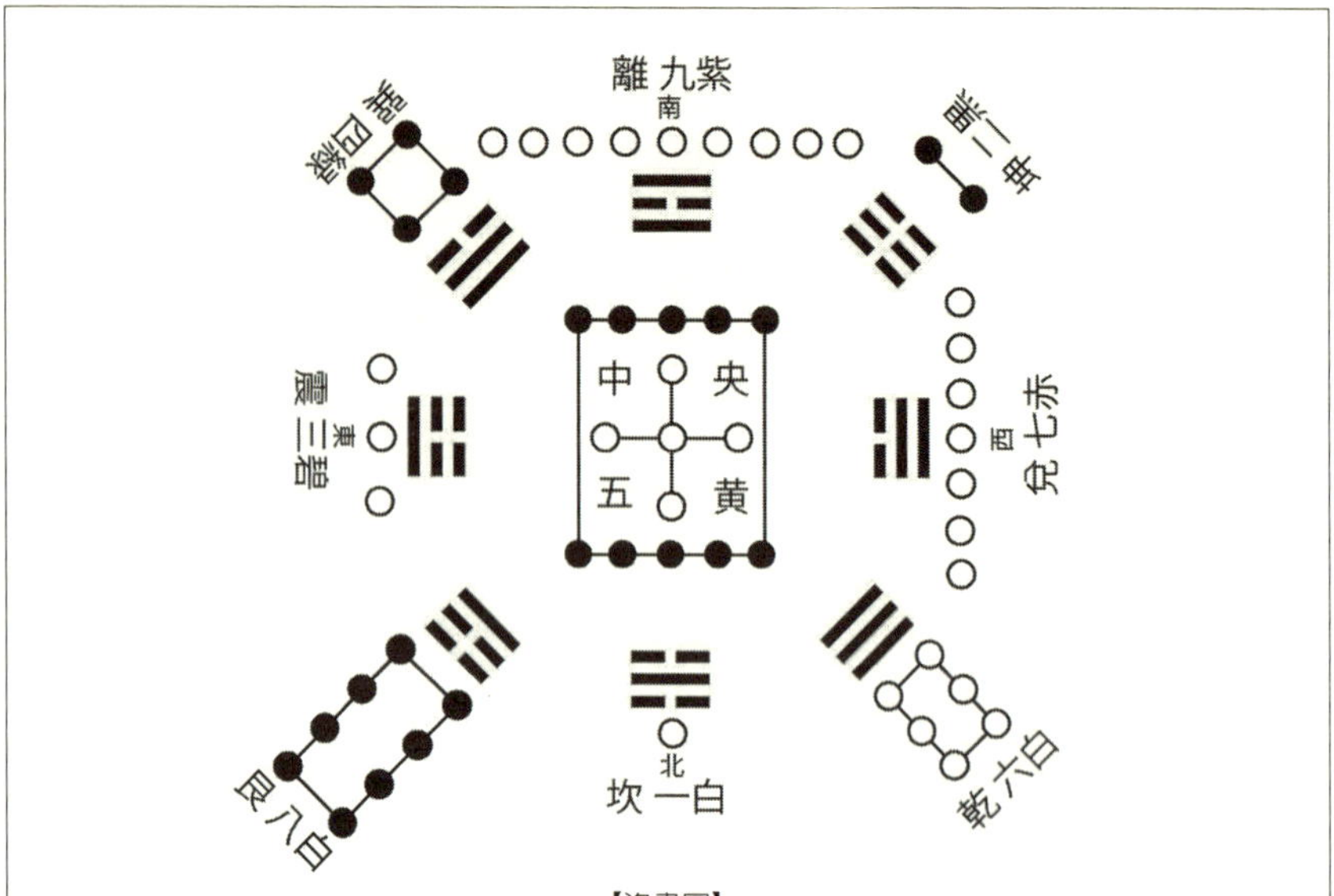

【洛書圖】

この洛書の様子を、「九を戴き、一を履み、三を左にし、七を右にし、二、四を肩となし、六、八を足となし、五は中央に居り、縦、横、斜め、何れより数えるも、その数一五」と説かれています。

この後天八卦（以降、洛書を後天八卦という）は、地球の自転と地球の公転をあらわしており、地球の公転は季節をあらわし、地球の自転は時間をあらわすことになります。そして同時に、方位をあらわす圖となります。後天八卦は、洛書の数に九星と融合し、九星方位に八卦を配置しました。

その結果、洛書のなかで太陽の動きとともに説明しますと、左の三には、三碧木星と震卦を当てはめ、上を南とすることから、三碧方位を「東」とし、太陽の登る方位としました。季節でいえば「春」一二か月をあらわす十二支は「卯」を配置し、現代の三月を指します。時間をあらわす十二支も「卯」を当てはめ、現在の時間に直すと、午前五時から七時をあらわします。

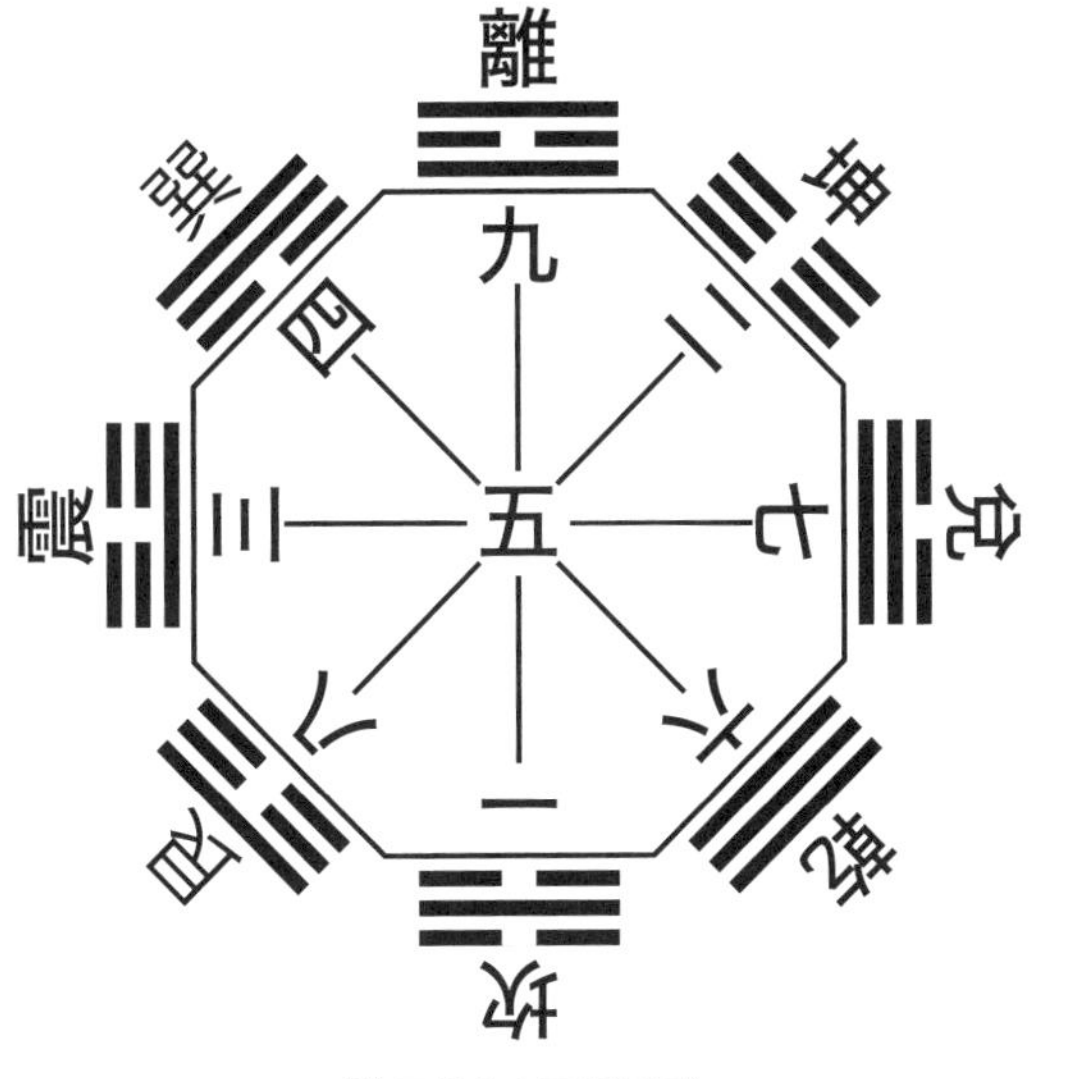

【後天八卦九星配置図】

次に洛書の四には、四緑木星と巽卦を当てはめ、四緑方位を「南東」とし、太陽が昇り南中する間をあらわしています。季節でいえば、晩春から初夏をあらわし、現代の季節では四月と五月をあらわしています。十二支に当てはめると、「辰」と「巳」になります。時間は辰が午前七時から九時、巳が午前九時から十一時をあらわすことになります。

洛書の九は「南」をあらわし、九星では九紫火星、八卦では離卦を配置しています。十二支では「午」を配置しています。季節は「夏」をあらわし、時間では昼をあらわし、午時は午前十一時から午後一時をあらわしています。

洛書の二には、二黒土星と坤卦を当てはめ、二黒方位を「南西」とし、太陽が南中より低くなる時をあらわしています。季節でいえば、晩夏から初秋をあらわし、現代の季節では七月と八月をあらわしています。十二支に当てはめると、「未」と「申」になります。時間は未が午後一時から三時、

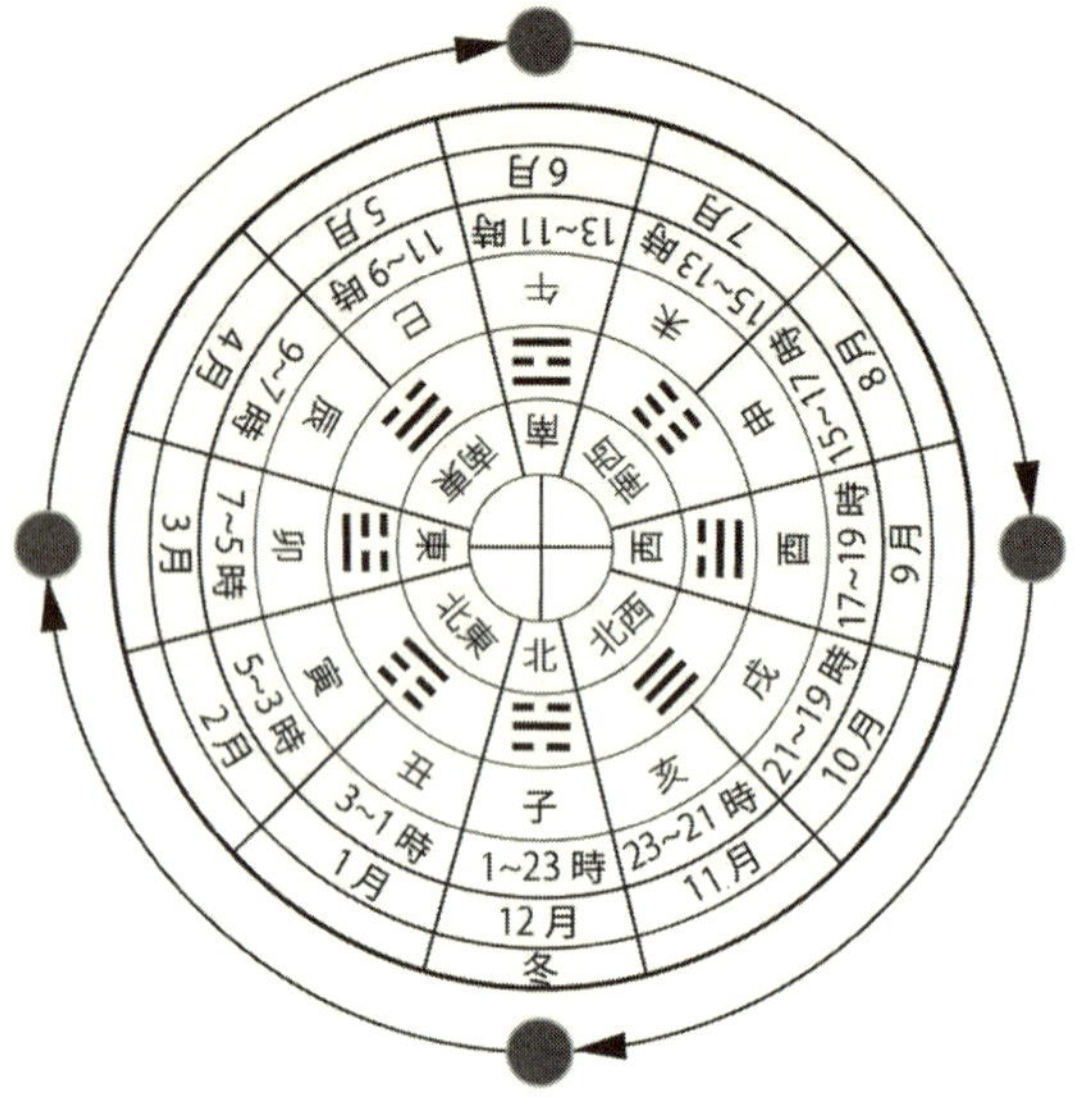

【後天八卦の太陽と地球の図】

申が午後三時から五時をあらわすことになります。

洛書の七には、七赤金星と兌卦を当てはめ、七赤方位を「西」とし、太陽の日が沈む時をあらわしています。季節でいえば、秋をあらわし、現代の季節では九月をあらわしています。十二支に当てはめると、「酉」になります。時間は酉時が午後五時から七時をあらわすことになります。

洛書の六には、六白金星と乾卦を当てはめ、六白方位を「北西」とし、一日の中では夕刻から夜をあらわしています。季節でいえば、晩秋から初冬をあらわし、現代の季節では一〇月と十一月をあらわしています。十二支に当てはめると、「戌」と「亥」になります。時間は戌時が午後七時から九時、亥時は午後九時から十一時をあらわしています。

洛書の一には、一白水星と坎卦を当てはめ、一白方位を「北」とし、夜中をあらわしています。季節でいえば、冬をあらわし、現代の季節では一二月をあらわしています。十二支に当てはめると、「子」

になります。時間は子時が午後十一時から翌午前一時までをあらわすことになります。

洛書の八には、八白土星と艮卦を当てはめ、八白方位を「北東」とし、一日の中では真夜中から朝方をあらわしています。季節でいえば、晩冬から初春をあらわし、現代の季節では一月と二月をあらわしています。十二支に当てはめると、「丑」と「寅」になります。時間は丑時が午前一時から三時をあらわし、寅時は三時から五時をあらわしています。これで、東から太陽が昇り、昼に太陽が高くなり、西に沈み、夜になってまた朝日が昇るという地球の自転による太陽の動きをあらわしていることになります。

洛書の五は中央をあらわし、八方位をはべらせる「皇帝」の位置に配置され、中央の五は破壊と再生をあらわしています。中央の概念はあくまでも自分がいる位置であり、自分から見た太陽の動きをあらわしています。この後天八卦の太陽と地球の自転を古人は次のように述べています。

易経説卦伝曰く

帝出乎震…………太陽東から昇り
齊乎巽…………南東において齊《ととの》い
相見乎離…………南において対面し
到役乎坤…………南西において役に到る
説言乎兌…………西において悦びを得
戰乎乾…………北西において陰陽交わり
勞乎坎…………北において休みに入り
成言乎艮…………北東に終わり北東に始まる

3 十干

1 十干の基本

十干とは、古来に生命の消長をあらわしたものであり、それを、日をあらわすのに使用したり、階級、等級に使用したりもしました。また方位と季節、そして五行もあらわしています。ここでは、方位と季節について説明します。十干は「甲」「乙」「丙」「丁」「戊」「己」「庚」「辛」「壬」「癸」の一〇個で構成されていて、一番最初から説明していきます。

「甲」 読み：きのえ・こう

甲は「木の兄《きのえ》」ともあらわし、五行は「木」で陰陽に分けると「陽」となります。方位は「東」、季節は「春」をあらわしています。「甲」の文字の意味は、亀の甲羅を象ったもので、そこから、堅いもので覆われた種という意味合いと解釈しています。

「乙」 読み：きのと・おつ

乙は「木の弟《きのと》」ともあらわし、五行は「木」で陰陽に分けると「陰」となります。方位は「東」、季節は「春」をあらわしています。「乙」の文字の意味は、種から芽が出てくる様子をあらわしています。

「丙」 読み：ひのえ・へい

丙は「火の兄《ひのえ》」ともあらわし、五行は「火」で陰陽に分けると「陽」となります。方位は「南」、季節は「夏」をあらわしています。「丙」の文字の意味は、芽が出て根が張り、葉が出た様子をあらわしています。

「丁」 読み：ひのと・てい

丁は「火《ひ》の弟《と》」ともあらわし、五行は「火」で陰陽に分けると「陰」となります。方位は「南」、季節は「夏」をあらわしています。「丁」の文字の意味は、植物が成長して安定した様子をあらわしています。

「戊」　読み：つちのえ・ぼう

戊は「土《つち》の兄《え》」ともあらわし、五行は「土」で陰陽に分けると「陽」となります。方位は「中央」、季節は「土用」をあらわしています。「戊」の文字の意味は、植物が成長して絶頂を迎えた様子をあらわしています。

「己」　読み：つちのと・き

己は「土《つち》の弟《と》」ともあらわし、五行は「土」で陰陽に分けると「陰」となります。方位は「中央」、季節は「土用」をあらわしています。「己」の文字の意味は、植物の成長が成熟して落ち着いている様子をあらわしています。

「庚」　読み：かのえ・こう

庚は「金《か》の兄《え》」ともあらわし、五行は「金」で陰陽に分けると「陽」となります。方位は「西」、季節は「秋」をあらわしています。「庚」の文字の意味は、植物の成長がとまった様子をあらわしています。

「辛」　読み：かのと・しん

辛は「金《か》の弟《と》」ともあらわし、五行は「金」で陰陽に分けると「陰」となります。方位は「西」、季節は「秋」をあらわしています。「辛」の文字の意味は、植物が枯れて新しい世代を残そうとしている様子をあらわしています。

「壬」　読み：みずのえ・じん

壬は「水《みず》の兄《え》」ともあらわし、五行は「水」で陰陽に分けると「陽」となります。方位は「北」、季節は「冬」

をあらわしています。「壬」の文字の意味は、植物の内に種を宿している様子をあらわしています。

「癸」　読み：みずのと・き

癸は「水《みず》の弟《と》」ともあらわし、五行は「水」で陰陽に分けると「陰」となります。方位は「北」、季節は「冬」をあらわしています。「癸」の文字の意味は、植物の種が大きくなった様子をあらわしています。

甲《こう》（木《き》の兄《え》）	陽・春・東	甲冑の意。種が根を出し、地上に芽が出てくる様子
乙《おつ》（木《き》の弟《と》）	陰・春・東	芽が地上に出て、伸びようとしている様子の象形文字
丙《へい》（火《ひ》の兄《え》）	陽・夏・南	陽気盛んの中で、植物が伸びている様子。元字は「炳」
丁《てい》（火《ひ》の弟《と》）	陰・夏・南	成長し一人前になった様子。元字は「寧」
戊《ぼ》（土《つち》の兄《え》）	陽・土用・中央	土用にあって大地に草木の繁栄する様子。元字は「茂」
己《き》（土《つち》の弟《と》）	陰・土用・中央	草木が茂り、実を結ぼうとする所。元字は「起」
庚《こう》（金《か》の兄《え》）	陽・秋・西	草木が実を結んだ様子。元字は「更」で更改の意
辛《しん》（金《か》の弟《と》）	陰・秋・西	熟成した実が落ちた様子。終日の意で、「辛」を用いた
壬《じん》（水《みず》の兄《え》）	陽・冬・北	種が地中に沈んで新しい生命をはらむ様子。元字は「妊」
癸《き》（水《みず》の弟《と》）	陰・冬・北	極寒の季節を地中で発芽を待つ様子。元字は「揆」

2 十干相剋

十干相剋とは、十干の五行の相関関係をいい、五つのパターンに分かれます。

①五行が同じものは互いに助け合います。
②ある物（我）がある物（彼）を生む場合は、生んだ方（我）が、生まれた方（彼）を扶《たす》けます。
③ある物（我）がある物（彼）から生まれる場合、生んだ方（彼）が、生まれた方（我）を扶けます。
④ある物（我）がある物（彼）を剋《こく》す場合。
⑤ある物（我）がある物（彼）から剋される場合。

木……「甲」と「乙」は同じ「木」の五行で互いに助け合う。木である「甲」と「乙」は、五行が火である「丙」と「丁」を生み、五行が水である「壬」と「癸」から生まれ、五行が土である「戊」と「己」を剋し、五行が金である「庚」と「辛」から剋される。

火……「丙」と「丁」は同じ「火」の五行で互いに助け合う。火である「丙」と「丁」は、五行が土である「戊」と「己」を生み、五行が木である「甲」と「乙」から生まれ、五行が金である「庚」と「辛」を剋し、五行が水である「壬」と「癸」から剋される。

土……「戊」と「己」は同じ「土」の五行で互いに助け合う。土である「戊」と「己」は、五行が金である「庚」と「辛」を生み、五行が火である「丙」と「丁」から生まれ、五行が水である「壬」と「癸」を剋し、五行が木である「甲」と「乙」から剋される。

金……「庚」と「辛」は同じ「金」の五行で互いに助け合う。金である「庚」と「辛」は、五行が水である「壬」と「癸」を生み、五行が土である「戊」と「己」から生まれ、五行が木である「甲」と「乙」を剋し、五行が火である「丙」と「丁」から剋される。

水……「壬」と「癸」は同じ「水」の五行で互いに助け合う。水である「壬」と「癸」は、五行が木である「甲」と「乙」を生み、五行が金である「庚」と「辛」から生まれ、五行が火である「丙」と「丁」を剋し、五行が土である「戊」と「己」から剋される。

3 干合《かんごう》

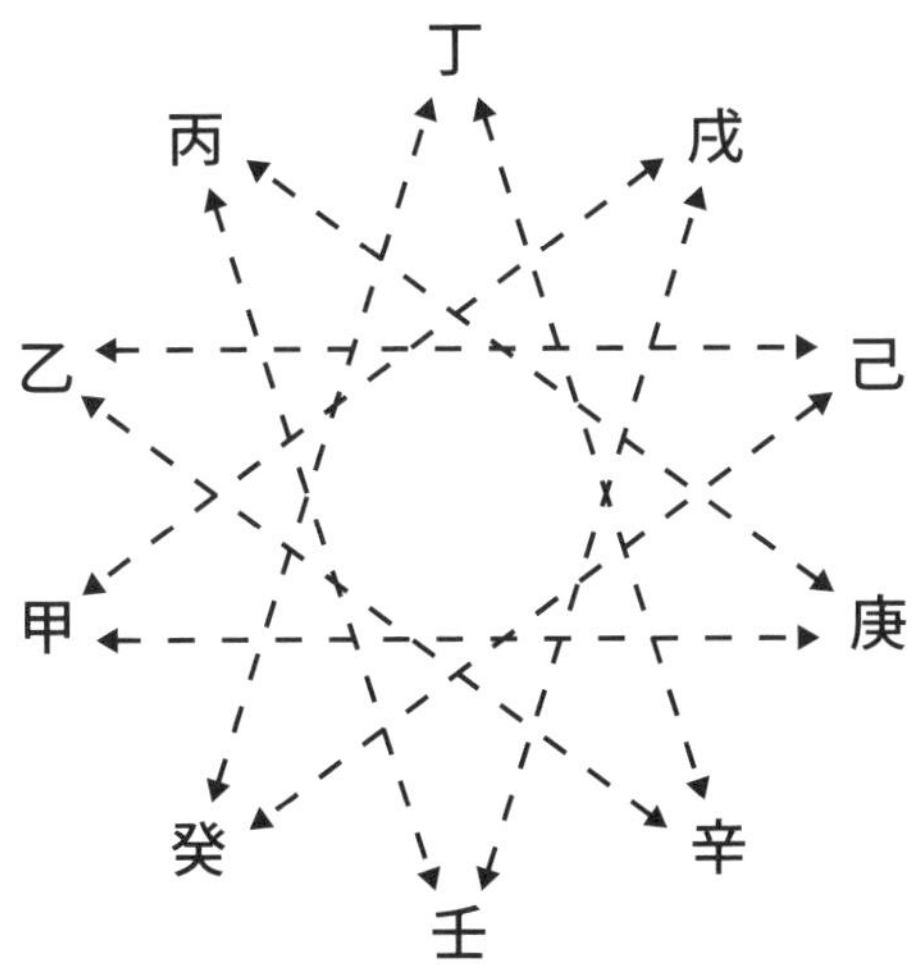

【十干冲剋圖】

通常、五行で「甲」は「木」ですから、「戊」や「己」の「土」を剋すると解釈しますが、その中で異例なのが「干合」です。五行からいえば、剋す関係に当たりますが、これをもって「和合」すると観るのが「干合」です。

甲（陽干「木」）……己（陰干「土」）
……右記理論から合化して「水」となる。
丙（陽干「火」）……辛（陰干「金」）
……右記理論から合化して「木」となる。
戊（陽干「土」）……癸（陰干「水」）
……右記理論から合化して「土」となる。
庚（陽干「金」）……乙（陰干「木」）
……右記理論から合化して「火」となる。
壬（陽干「水」）……丁（陰干「火」）
……右記理論から合化して「金」となる。

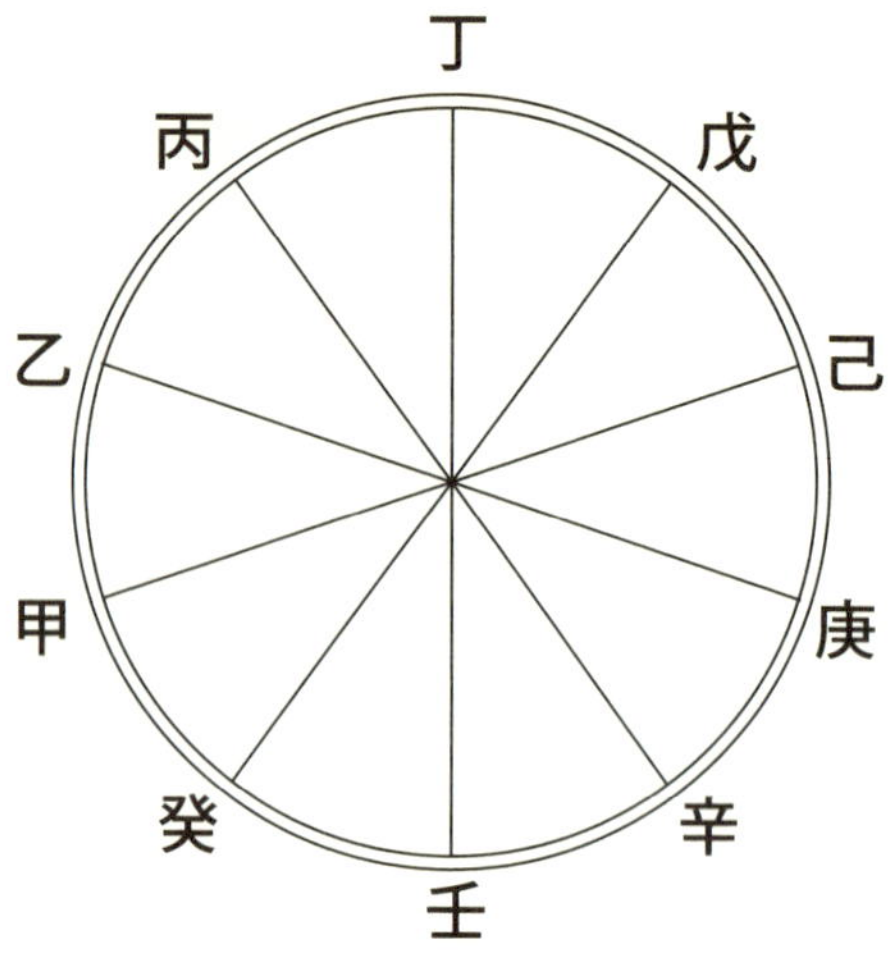

【十干相生剋圖】

この配当は、十干に数字を当てて、甲一・乙二・丙三・丁四・戊五・己六・庚七・辛八・壬九・癸一〇として、河圖数と照らし合わせます。

河圖では一・六が北にくるので、河圖数一の甲と六の己が和合（干合）することとなります。

次に二の乙と七の庚が河圖の南の数二・七となるので和合します。

次に三の丙と八の辛が河圖の東の数三・八となるので和合します。

次に四の丁と九の壬が河圖の西の数四・九となるので和合します。

次に五の戊と一〇の癸が河圖の中央の数五・一〇となるので和合することとなります。

4 十二支《じゅうにし》

1 十二支

十二支とは、十干と同じように生命の消長をあらわしたもので、「子」「丑」「寅」「卯」「辰」「巳」「午」「未」「申」「酉」「戌」「亥」の十二種類からなります。

三六〇度を一二種に分けたので、一つの角度は三〇度となります。

この一二種類で、方位、年、月、日、時間をあらわすことができます。つまり、方位＝空間と年月日時＝時間の変化をあらわすことができるのです。

太陽が地球の周りを廻ってると考えていた時代も、現在も円を一二等分する方法は非常に合理的であり、季節をあらわすのも、時間もあらわすのにも、とても分かりやすい考え方です。

たとえば、四季は、十二支の三つを一つの季節と考えると、説明がしやすいし、時間は十二等分したものを昼間六等分に配し、夜に六等分を配すると、二時間ごとの時間を示せるようになり、時間の流れをあらわすのには、とても有効で便利なために現在まで使用できるものとして発達したのだと思います。古代のどの文明でも、春分と秋分、夏至と冬至を重要視した遺跡が残っているのも、円を一二等分する利便さが基本となっているからだと考えられます。

方位にしても、前述した八方位は一つの方位が四五度で、四維には二つの十二支が入りましたが、一二等分することにより、各方位に十二支が完全に割り振られるようになり、理論的にも成熟した形になったと考えられます。

ここからいろいろな言葉も生まれました。「子」は方位では北をあらわします。「午」は南をあらわします。「子」と「午」で「子午線」、お昼は午時なので、正午（午の真ん中）が太陽の一番高い時間を指すようになりました。

元字	十二支	読み壱	読み弐	陰陽	五行	月	時間	十二方位	八方位	
孳（じ）	子	ね	し	陽	水	十二月	二三時～一時	北	坎	北
紐（ひも）	丑	うし	ちゅう	陰	土	一月	一時～三時	北北東	艮	北東
演（のぼる）	寅	とら	いん	陽	木	二月	三時～五時	東北東		
芽生えるの象形	卯	う	ぼう	陰	木	三月	五時～七時	東	震	東
震（ふる）	辰	たつ	しん	陽	土	四月	七時～九時	東南東	巽	南東
祀（し）	巳	み	し	陰	火	五月	九時～十一時	南南東		
忤（ごく）	午	うま	ご	陽	火	六月	十一時～十三時	南	離	南
味（あじ）	未	ひつじ	び	陰	土	七月	十三時～十五時	南南西	坤	南西
伸（しん）	申	さる	しん	陽	金	八月	十五時～十七時	西南西		
醸（かもす）	酉	とり	ゆう	陰	金	九月	十七時～十九時	西	兌	西
滅（めつ）	戌	いぬ	じゅつ	陽	土	十月	十九時～二一時	西北西	乾	北西
核（かく）	亥	い	がい	陰	水	十一月	二一時～二三時	北北西		

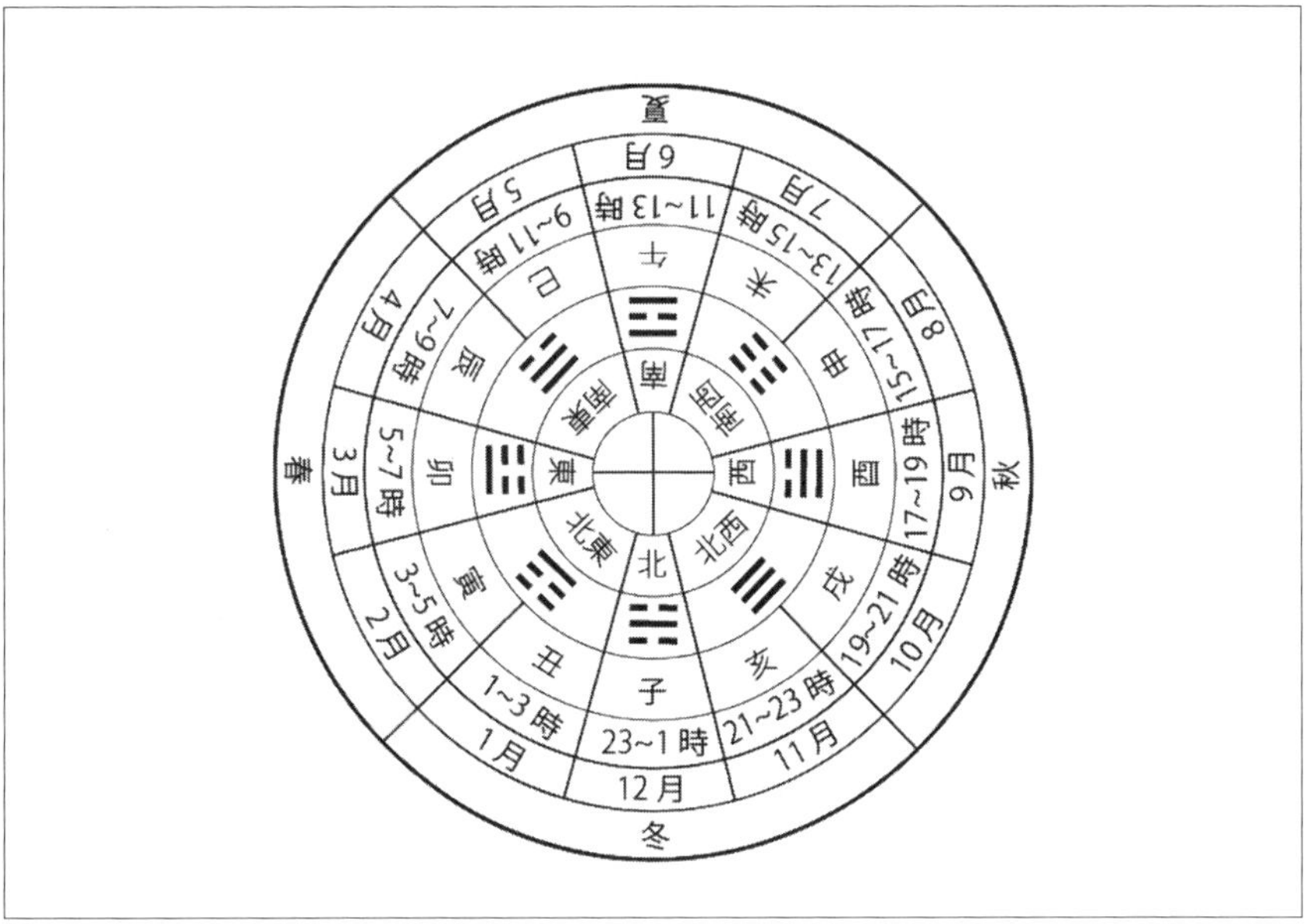

ここで十二支は生命の消長という話に戻しますと、一年草を考えていただくとわかりやすいと思います。

種（子）が芽を出し（丑）、
成長し（寅）、
葉が増え始め（卯）、
蕾を出し（辰）、
蕾が膨らみ（巳）、
開花（午）して、
花が散り始め（未）、
完全に花が散り（申）、
種を宿し（酉）、
種が成熟し（戌）、
次の開花を待つ種（亥）となる。

このような循環が十二支の一つのとらえ方となります。上図から十二支の方位と時間と季節を参考にしていただければと思います。

2 十二支の組み合わせによる力の強弱と五行の変化

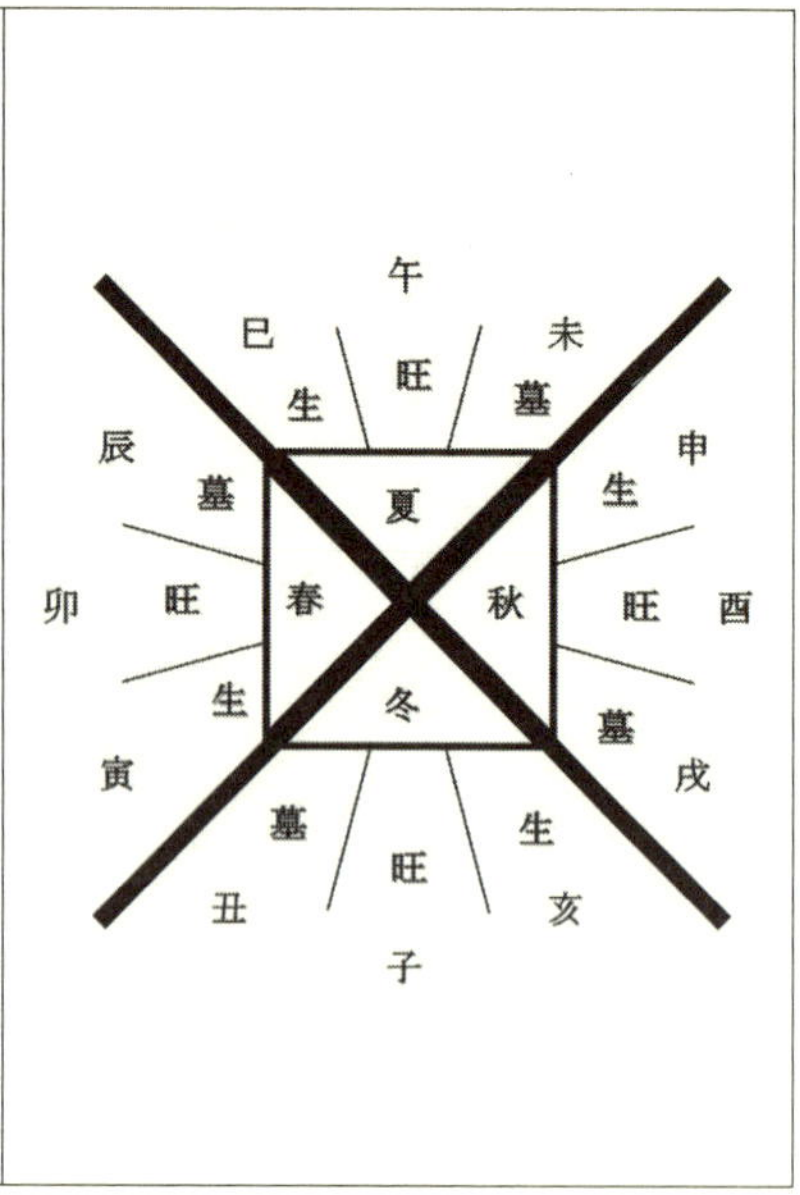

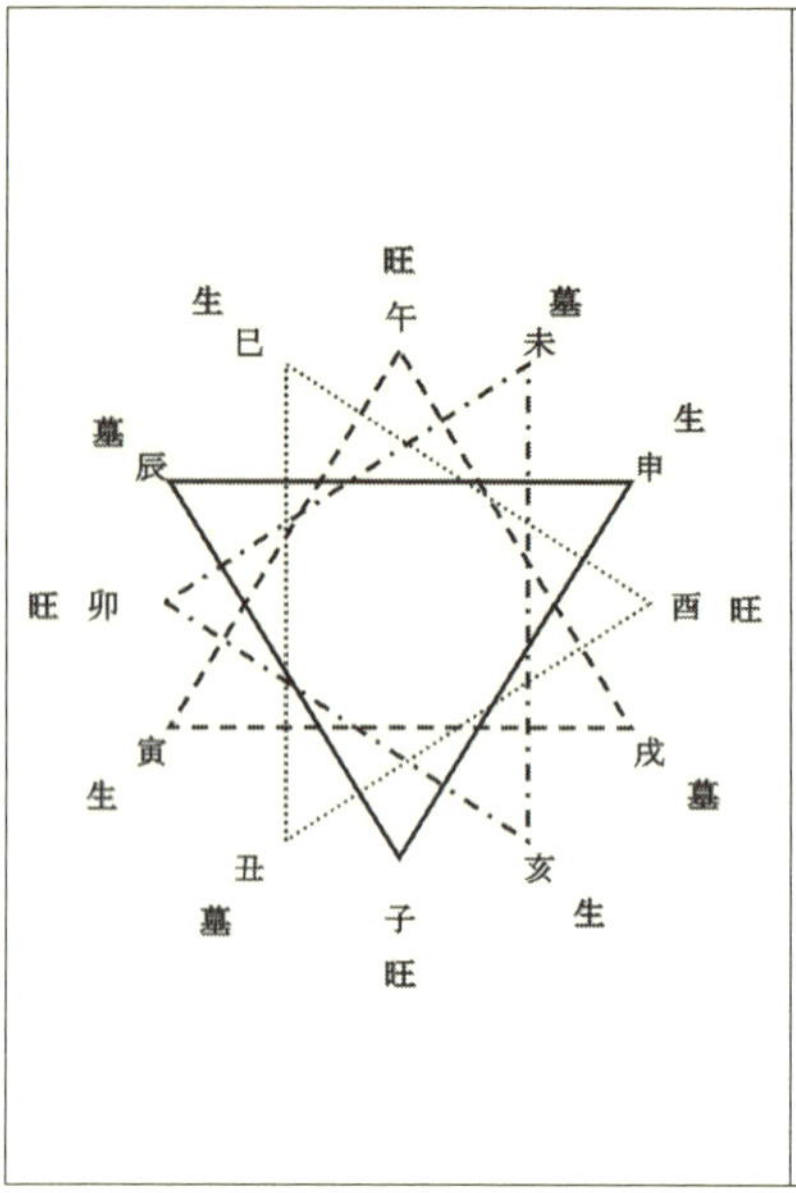

●方合《ほうごう》

協力関係

方合とは、地支を四等分し、三支を一組として、四季の一季の旺衰を「生」「旺」「墓」に分け「気」の循環をあらわしたものです。たとえば、申と酉と戌が集まると「金気」盛んとなり（五行表参照）、「水気」を強めることにもなります。

●三合局《さんごうきょく》

力強い結合関係

卯・亥・未＝木局三合
午・寅・戌＝火局三合
酉・巳・丑＝金局三合
子・申・辰＝水局三合

たとえば、子の座山で良い水が入ると、吉象が申か辰の年に発福するようなものです。

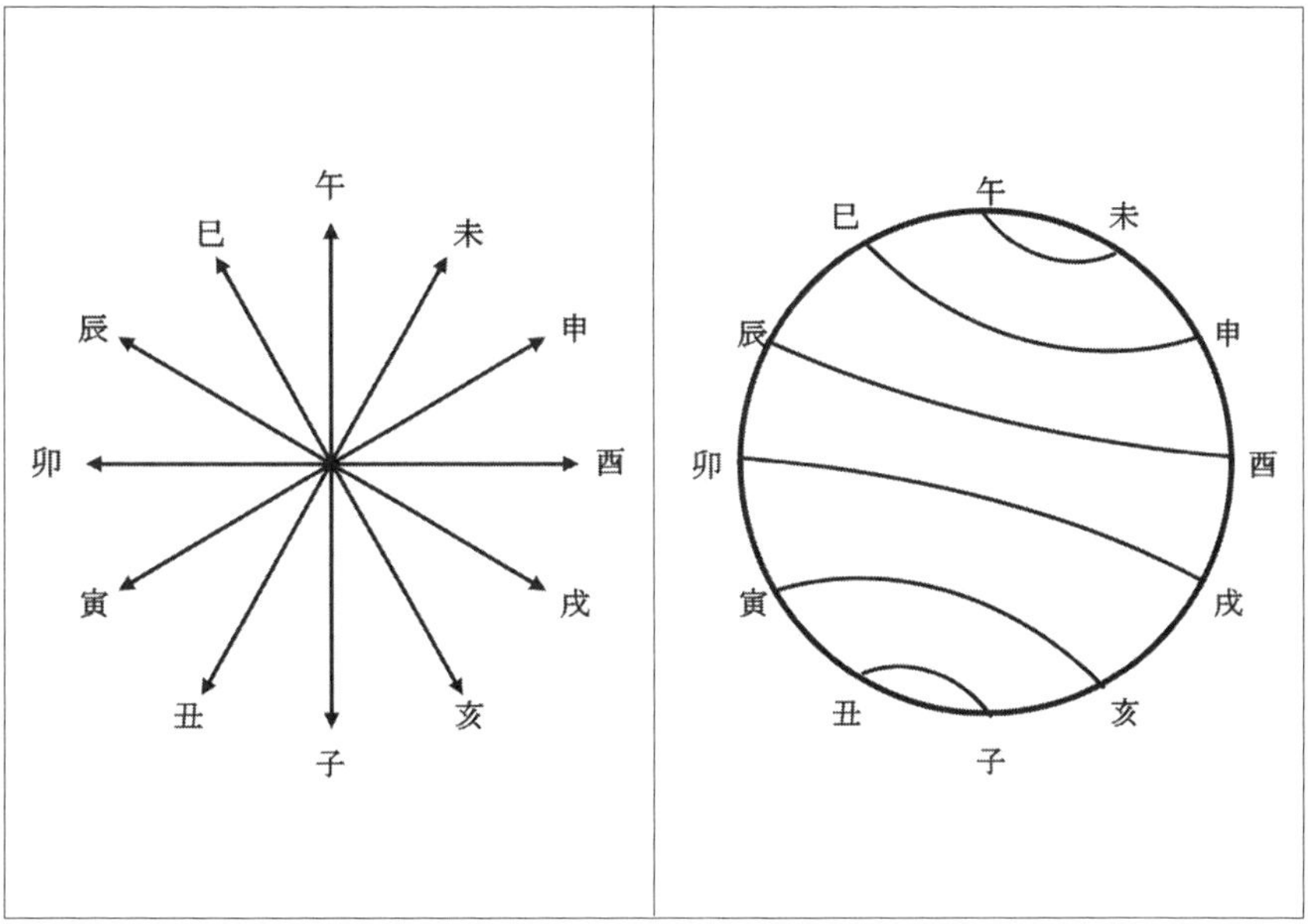

●支合《しごう》

助け合う結合関係

三合よりは、結合が弱い。

たとえば、巳に起こしたことの結果が申年に発現するようなことです。

午〜未・巳〜申・辰〜酉・卯〜戌・寅〜亥・丑〜子

●冲《ちゅう》

剋する最凶関係

相剋する最も強い関係であり、『対冲』した場合、悪象が強く出やすくなります。

たとえば、子の座山において「午」の年は『対冲』の年にあたり、午方位に「煞」があるとその悪象が最強となるため、午年になる前に『化殺』しないといけないことになります。

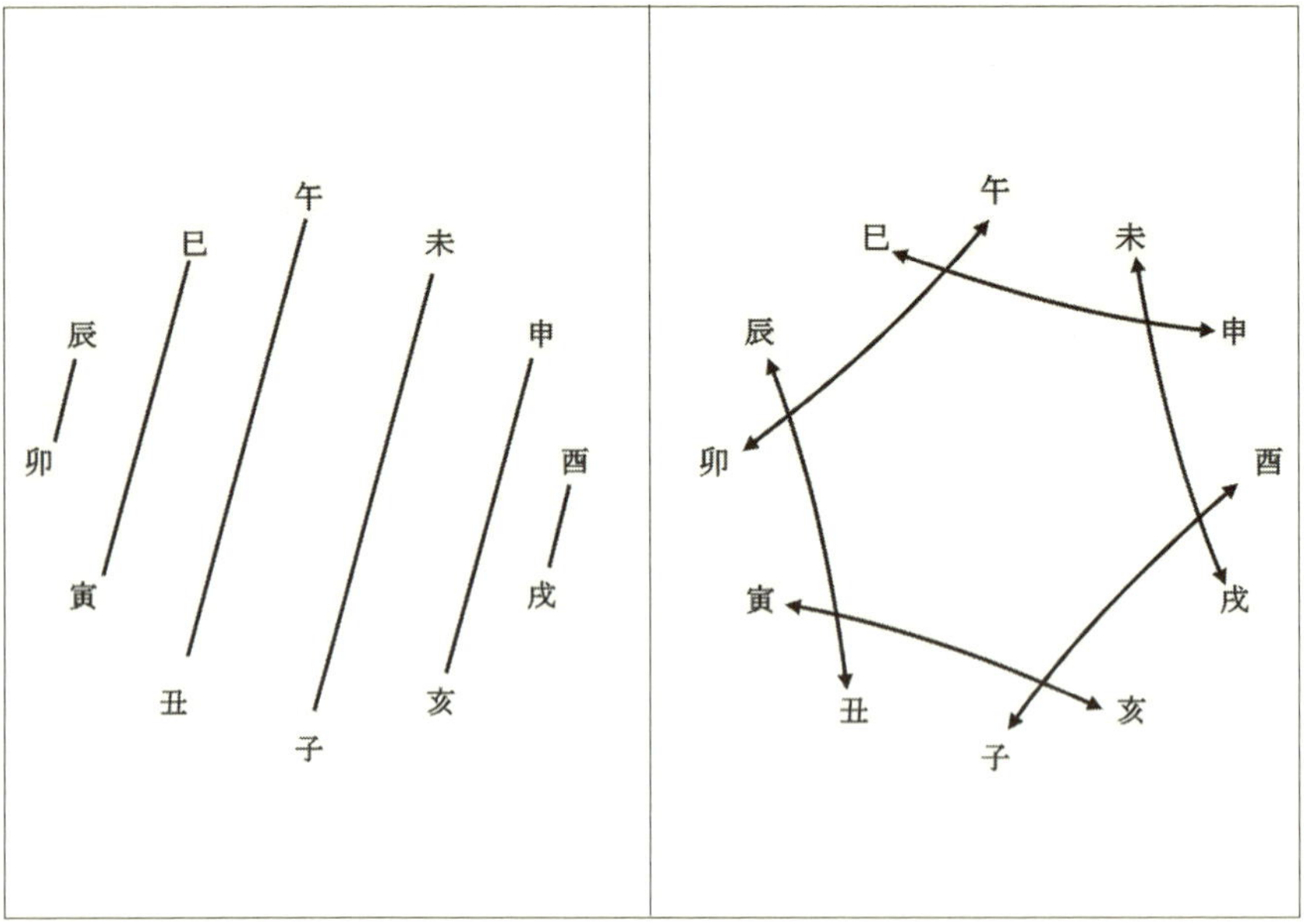

●破《は》（戦剋）

互い剋す関係

互いに相剋する関係であり、文字どおり戦い、互いに負傷する関係です。

一般に、夫婦の相性が悪いとされる「四目十目《よつめとうめ》」の関係が、これにあたります。

●害《がい》（六害《りくがい》・相害《そうがい》）

互い害する関係（弱い）

この関係は、「支合」から出ており、たとえば、「子」は「午」を冲するので、その「子」と支合する「丑」をとり、丑と午の六害としています。

金局三合	西方三位（方合）	刑
丑	戌	丑・戌の無恩の刑
酉	酉	酉・酉の自刑
巳	申	巳・申の猛進の刑

水局三合	東方三位（方合）	刑
辰	辰	辰・辰の自刑
子	卯	子・卯の非礼の刑
申	寅	申・寅の猛進の刑

木局三合	北方三位（方合）	刑
未	丑	丑・未の無恩の刑
卯	子	子・卯の非礼の刑
亥	亥	亥・亥の自刑

火局三合	南方三位（方合）	刑
戌	未	戌・未の無恩の刑
午	午	午・午の自刑
寅	巳	巳・寅の猛進の刑

●刑《けい》

「刑」とは、十二支の組み合わせで、九〇度になった場合や、〇度になった場合に、独自の悪象を発するものをいいます（中国占星術では九〇度の関係を「刑」といい、〇度の関係を「合」といいますが、ここでは、一般に「刑」として扱っているものをすべて「刑」といいます）。

・非礼の刑＝礼儀をわきまえず、不快な感じを与える刑（刑の中では凶意が強く、非礼にして肉親を剋す）

・猛進の刑＝勢いにまかせて、猛進し、運を損ねる刑

・無恩の刑＝恩義を忘れ、冷酷無情で自分勝手となる刑

・自刑＝自ら災いを招きやすく、自尊心に乏しく熱意と執着がない。

※冲よりも凶意は軽いが、特に年柱が「刑」されると強まります。

5 九星（紫白）の意味

1 九星の基本

九星は、後天八卦の数字が基本となり、一白水星、二黒土星、三碧木星、四緑木星、五黄土星、六白金星、七赤金星、八白土星、九紫火星から構成され、方位でいえば左記のようになります。

南東		南		南西
	四緑	九紫	二黒	
東	三碧	五黄	七赤	西
	八白	一白	六白	
北東		北		北西

北の一を一白水星
南西の二を二黒土星
東の三を三碧木星
南東の四を四緑木星
中央の五を五黄土星
北西の六を六白金星
西の七を七赤金星
北東の八を八白土星
南の九を九紫火星としました。

九星は方位と年月日時に割り当てられます。紫白とは、吉星といわれる「一白」「六白」「八白」の「白」と、九紫の「紫」を取って、九星の別名を「紫白」といいます。

2 九星循環

洛書にのっとり、九星を配置したものが基本盤（定位盤）となります。刻盤《こくばん》（一刻ごと）、日盤《にちばん》（一日ごと）、月盤《げつばん》（一月ごと）、年盤《ねんばん》（一年ごと）があります。定位盤を基本として、刻盤から年盤まで、その区切りの時間によって変化していきます。

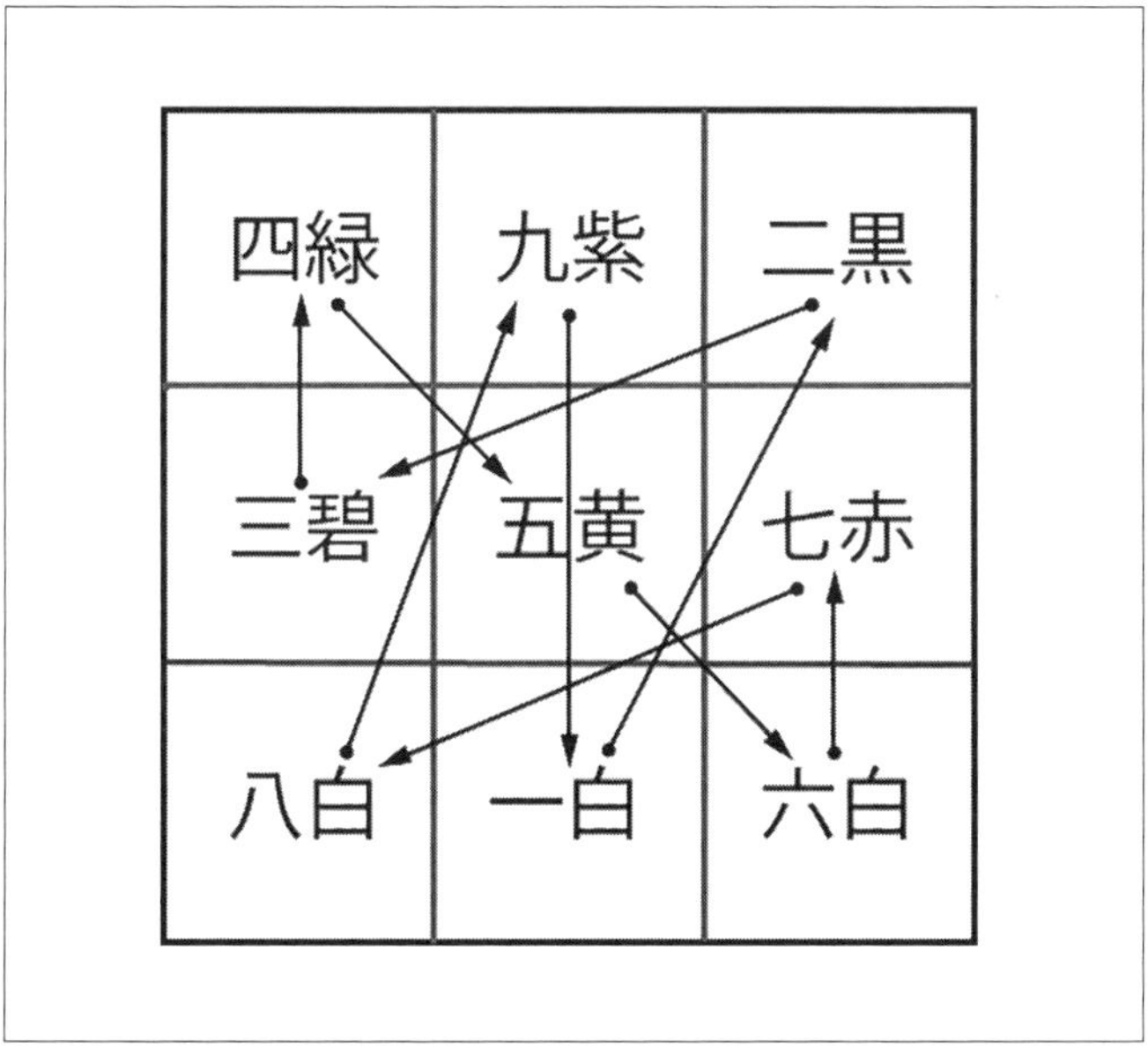

九星は、年と月を各宮に配置する場合は必ず「陽遁《ようとん》」廻りで配置することになります。「日」と「時間」のみ、陽遁廻りと陰遁《いんとん》廻りの両方を使用します。これは、中宮に入る九星がわかっている場合、つまり時間（年月日時など）が確定している場合に、他の九星を各宮に配置する場合をいっています。

これの他に、季節や日が変わるとともに、九星の中宮に入る星が変化していきます。これは、時間の変化とともにその場所から看た各方位の気の分布が変化していることをあらわします。

陽遁とは中宮から配置する時に数が増えることをいいます。陰遁とは中宮から各宮に配置する時に数が減っていくことをいいます（第一部第三章参照）。

陽遁・陰遁を地球と太陽の関係になぞらえて次

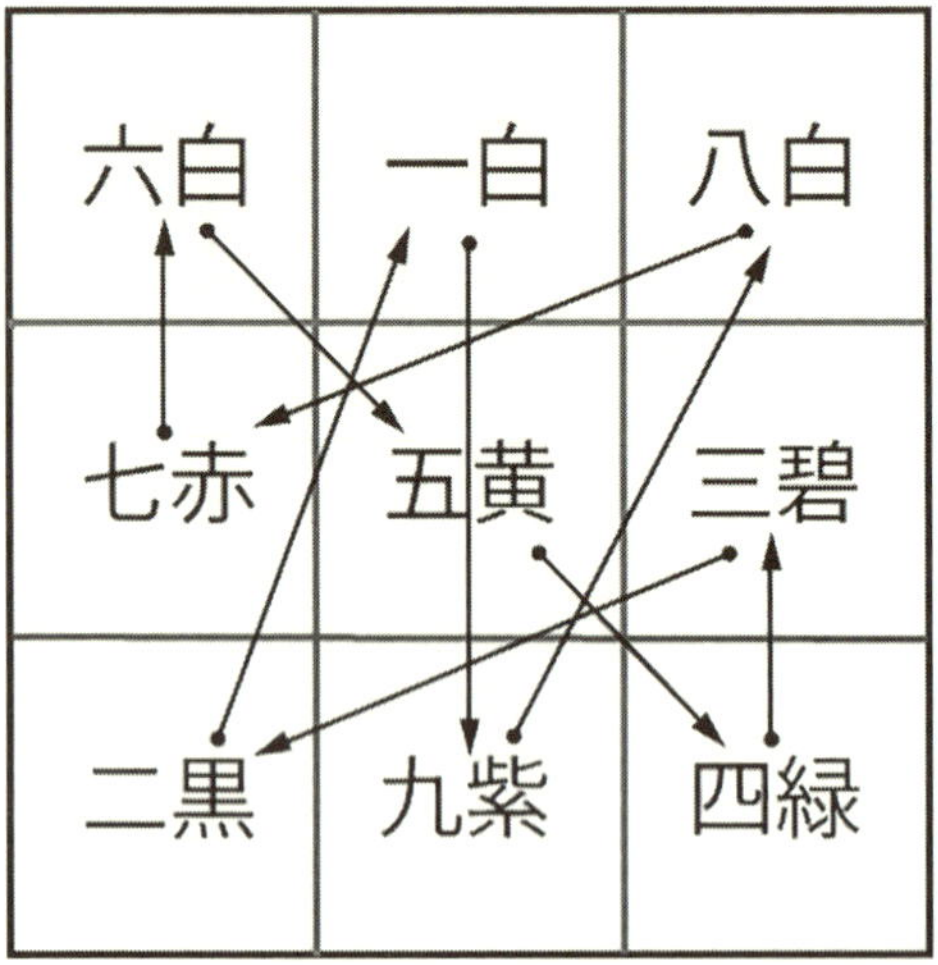

のような解釈があります。太陽は東から西へ周り、地球は西から東へ周るので、太陽を陽とし、地を陰とします。よって、陽は左回り、陰は右回りとなります。これは、『古事記』で、伊耶那岐命が、天の御柱を左より回り、伊耶那美命が、右より回った故事とも一致するといわれています。

6 五行《ごぎょう》の基本

1 五行とは

五行とは、万物すべての物を、「木」「火」「土」「金」「水」の五つの要素に当てはめ、その機能や特性を捉えようとするもので、身の回りにある物はもちろんのこと、星や宇宙の生成までも五行の変化で説明しようとする理論です。

『五行大義』の初めに、

「五行は万物の初めです。その五行の形体と作用とは万物の生成を助け、五行の名称を定め、その形体と作用を明らかにする」

と書いてあります。つまり、五行が万物生成と運行、造化をたすける根本だと説いています。

五行の分け方には大きく分けて二つの側面があります。一つは、形から分けた五行であり、もう一つは作用から看た五行です。誤解を恐れずにいえば、形から分けた五行は「巒頭」といえるし、作用から分けた五行は「理気」といえます（第一部第一章参照）。

五行相生

木生火、火生土、土生金、金生水、水生木

木は春で出生を主《つかさど》り、火は夏で成長、養育を主る。金は秋で、収穫を主り、水は冬で、貯蔵を主る。

木が火を生ずるのは、木の象は温暖であり、火は木の中に潜伏しており、木を切ったり、擦り合わせ

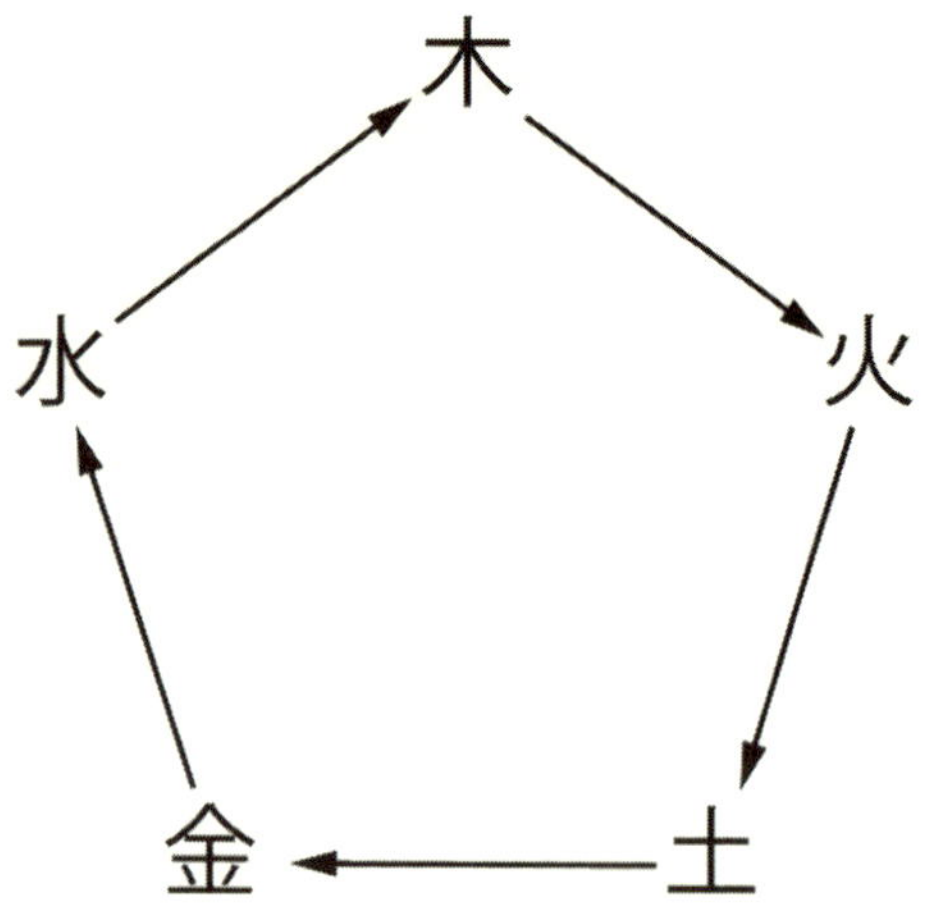

【五行相生圖】

たりすると火が出るからである。よって、木は火を生ずるのである。火が土を生ずるのは、火は熱いために木を焼き、木は焼かれて灰となる。灰とは、すなわち土であるからである。土が金を生ずるのは、金は石に含有され、石は、山の湿り気のある所から生ずるものであり土が集まると山になり、山は必ず石を生ずるからである。だから、土は金を生ずるのである。金が水を生ずるのは、金の少陰の気が潤いを含んで汁を流し、金をとかして水となるからである。これは、山に雲があると雨が降る、という道理である。だから、金は水を生ずるのである。水が木を生ずるのは、水の潤いによって、木が生長するからである。だから、水は木を生じるのである（『五行大義』にいう『白虎通徳論（五行篇）』より）

五行とは、昔の農業のようなものともいえるか

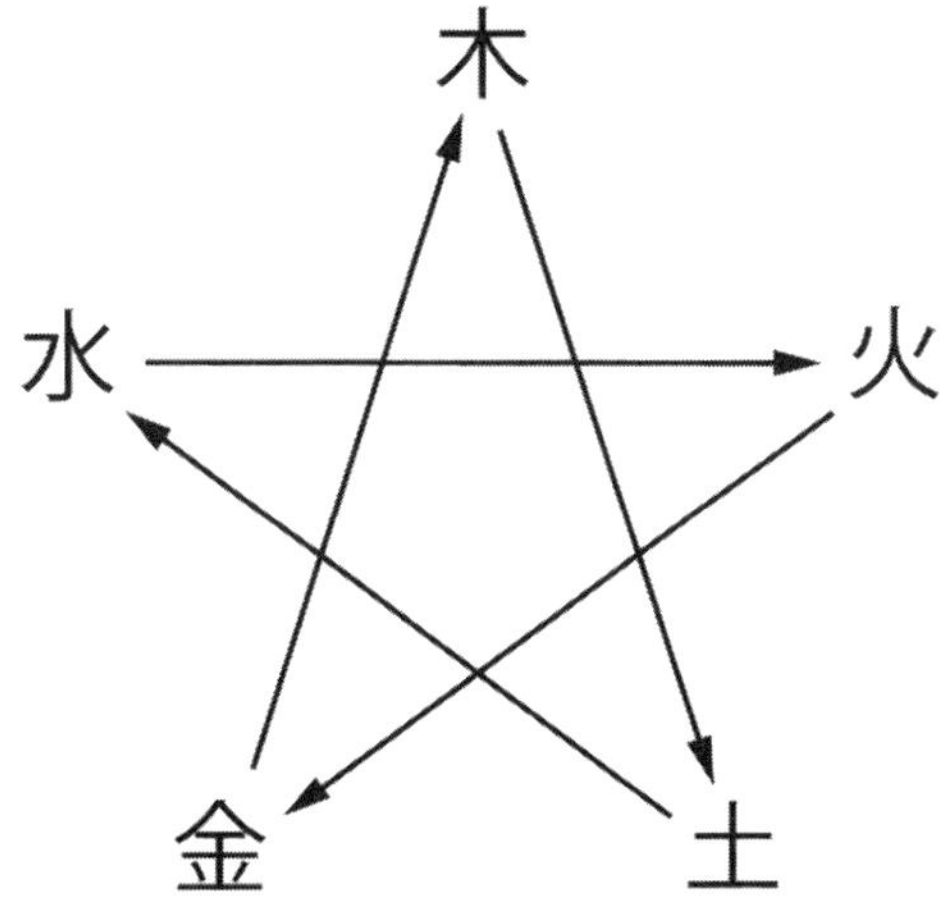

【五行相剋圖】

もしれません。米を作る場合、田んぼを耕し、水を張り、そこに苗を植えます。その苗は土の栄養分を肥料として育ち、やがて米を籾の中に育み、その稲を刈り取ります。そして、良根を乾燥させて、米を収穫します。

ここには、まず、田んぼの「土」があり、田に水を張る「水」があります。刈り取る時は、鎌の鉄を使うから「金」を使用します。稲は植物なので「木」と捉えます。そして稲を太陽の「火」によって乾燥させます。この米作りに「五行」が含まれています。そして、その五行が一年を掛けて相生したり、相剋したりして、米を完成させるのです。

木の米は、太陽の火によって乾燥させるということは、木より、水分を洩らしていることになります。つまり、「木生火」がここで成立します。米は土の栄養分を取り込み育ち、土の栄養分は米に取られますから、稲の木は土を剋すことになります。ここで「木剋土」が成立します。「土剋水」となるので、田は水を溜めていられます……など、考え方は多岐に及びますが、農業の作物を作る循環と五行はとても共通する部分があることと感じています。

人が生きる時に、太陽（火）、水、食物（木）、物を育てる土、建物の土台や土を固めるために石（金）を使うように、生活と五行は密接に繋がっています。

現代のように生活環境が進んで、なおさら、五行は密接に環境に入り込んでいると感じます。土壌改良や、ダム、河川整備、太陽光発電、住宅設備など、すべてにおいて五行が生活を支えています。

そのように考えていくと、もう一度、五行の活用の将来に及ぼす影響や、人に及ぼす影響を見直す必要性があると考えます。古来から、物でも人でも、死んだら土に返るものが多かったのです。けれども、現在は、土に返るのに何百年もの時間が必要な物が多く溢れています。三〇年で役目を終えるものに百年の耐久性は不要であることに気づくべきです。三〇年で役目を終えるものに百年の耐久性を与えるのは、不必要な「欲」というものです。

2 五行の象

「象」とは、すがた、形のことであり、五行の象とは五行の相をあらわにするという意味です。

ここでは五行の特徴を端的に説明します。

五行	木	火	土	金	水	備考
五方	東	南	中央	西	北	
五季	春	夏	土用	秋	冬	
五色	青	赤	黄	白	黒	
五神獣	青龍	朱雀	騰蛇	白虎	玄武	
五臓	肝臓	心臓	脾臓	肺臓	腎臓	
五腑	胆	小腸	胃	大腸	膀胱	三焦を入れて六腑
五気	風	熱	湿	燥	寒	五臓の病気の原因となる外気
五華	爪	毛	乳	体毛	髪	五臓の精気があらわれるところ
五宮	眼	舌	唇	鼻	耳	五臓と繋がりの深い感覚器官
五志	怒	喜	思	憂	恐	感情
五体	筋	血脉	肌肉	皮膚	骨髄	五臓が栄養を補給する場所
五香	脂	焦	香	生臭	腐臭	五臓の異常で発するにおい
五味	酸	苦	甘	辛	鹹（かん）	好む味
五声	叫	笑	歌	哭（なく）	呻（うなる）	
五液	涙	汗	涎（よだれ）	鼻水	唾	
五変	憂う	握る	しゃっくり	咳	震え	
五感	視	聴	嗅	味	触	

●木象《もくしょう》

形としては「細長い」形をいい、八卦に分ければ、陽木《ようもく》が震《しん》、陰木《いんもく》が巽《そん》となる。

陽木は樹木、陰木は草花となり、同じ木でも様相が変わってきます。

九星に分ければ、震木《しんもく》が「貪狼《たんろう》」で巽木《そんもく》「左輔《さほ》」となります。

紫白《しはく》に分ければ、三碧《さんぺき》が震木、四緑《しろく》が巽木となります。

●火象《かしょう》

形としては「三角」に近い形をいい、陰陽に分ければ「外陽内陰（注1）」となる。

先が尖《とが》っているのが特徴となります。八卦に分ければ、「離《り》」となります。

火は物に付いて燃えるので、纏《まと》わり付くという側面と、周りを明るくするという側面を持ちます。

九星に分ければ、「廉貞《れんてい》」となります。

紫白に分ければ「九紫《きゅうし》」となります。

●土象《どしょう》

形としては「四角」に近い形（これを「方《ほう》」という）をいう。

八卦に分ければ、陰土《いんど》が「坤《こん》」、陽土《ようど》が「艮《ごん》」となります。

「陰土」の坤は、平地、田畑であり、「陽土」の艮は山や丘となります。

九星に分ければ、陰土の坤は「巨門《きょもん》」で、陽土の艮は「禄存《ろくぞん》」となります。

紫白に分ければ、陰土の坤は「二黒《じこく》」で、陽土の艮は「八白《はっぱく》」、中央は「五黄《ごおう》」となります。

●金象《きんしょう》

形としては「丸や円」となり、八卦に分ければ、陽金は「乾《けん》」、陰金は「兌《だ》」となる。

陽金《ようきん》は、原石や岩であり、陰金《いんきん》は、宝石や貴金属にあたります。

九星に分ければ、陽金「乾」は「破軍《はぐん》」となり、陰金「兌」は、「武曲《ぶこく》」となります。

紫白に分ければ、陽金は「六白《ろっぱく》」、陰金は「七赤《しちせき》」となります。

●水象《すいしょう》

形としては「波型」となり、陰陽に分ければ「内陽外陰」となります。

八卦に分ければ、「坎《かん》」となります。水は、その名の通り、海や湖、川や池と、窪地や谷を指します。

九星に分ければ、「文曲《ぶんきょく》」と「右弼」なります。

紫白に分ければ「一白《いっぱく》」となります。

(注1) 陰陽は何を主として看るかによって変化します。陰陽は別章で説明します。

3 五星正圖

五星正圖とは、山の形を五行に分けてあらわした図です。

山の連なりが、どのような形で連なっているのかを看る時に、そこに五行の観念を取り込み連なりの流れが、五行的に合っているか否かを見る場合や、案山や祖山、父母山や周りの山を形で五行に分け、穴場（我）にとって良い影響をあらわすか、悪い影響をあらわすかなどを判断する時の場合など、五行の基本形です。

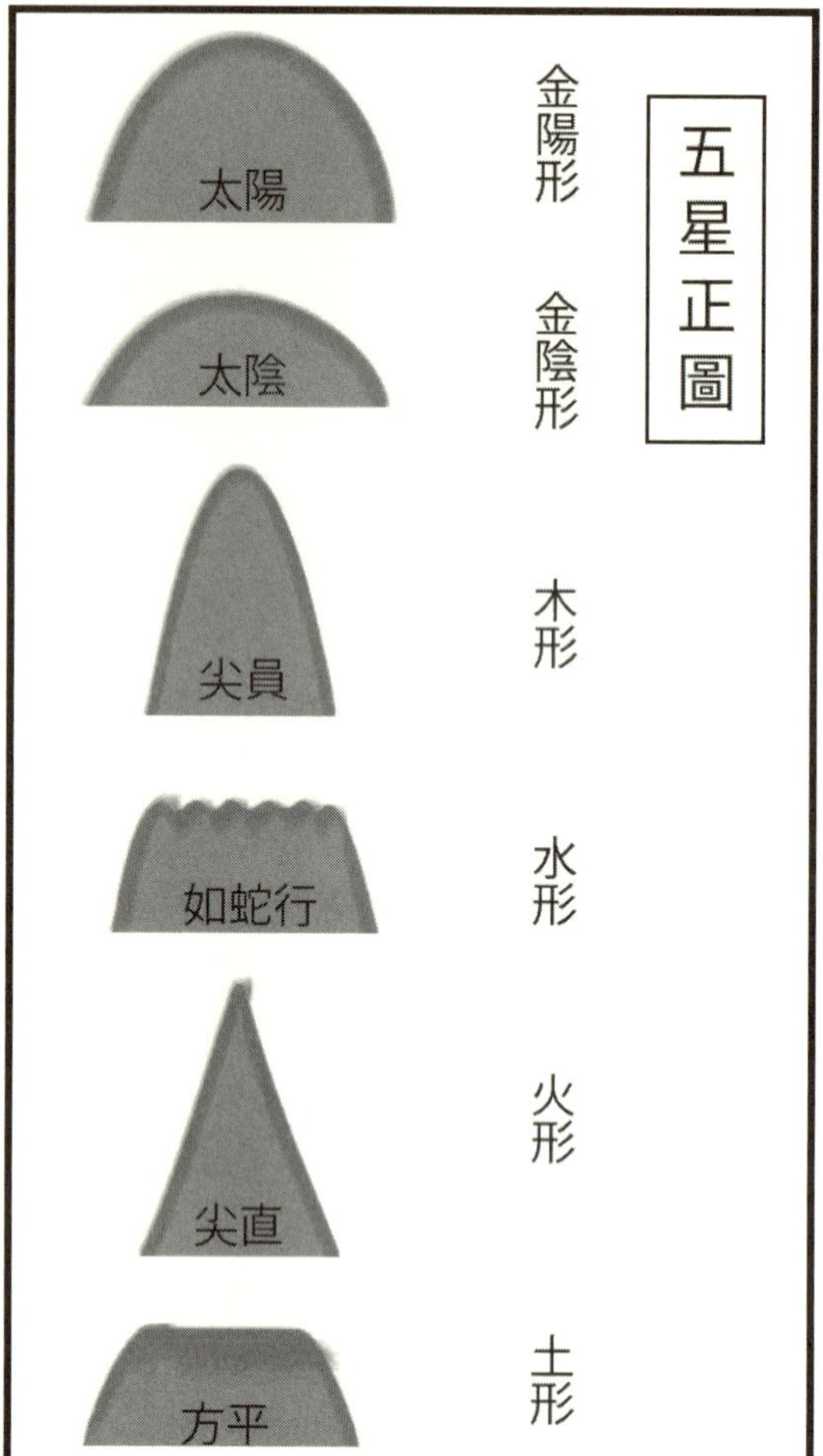

「五星正圖」『地理統一全書』より

4 山五星圖

五星正圖が山を平行に見た時の形であったのに対し、山五星圖は横からの山の形の五行と、上から山を見た時の形を五行に分けたものです。これも、風水に置いては形の五行の基本形となります。

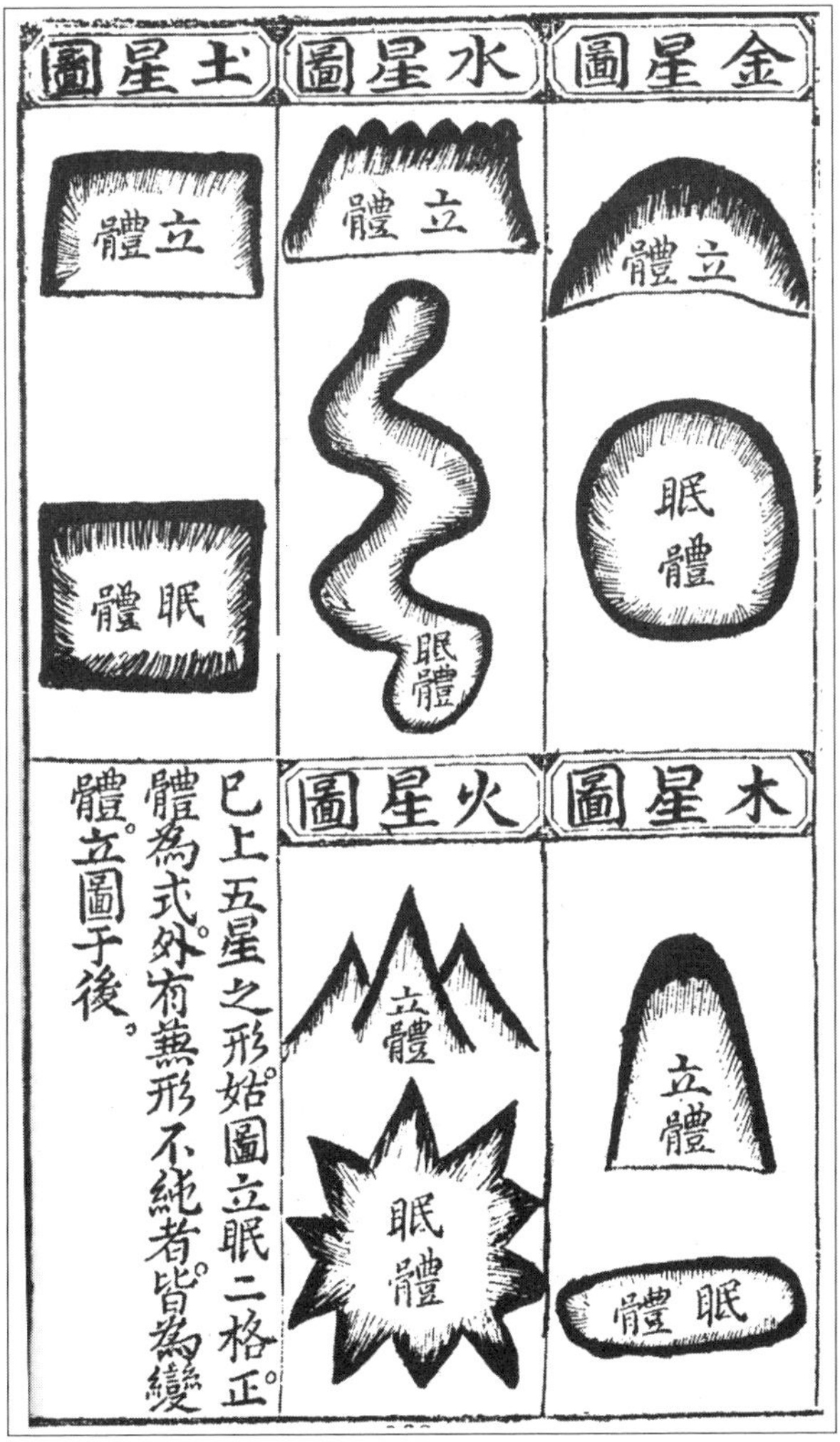

7 八卦《はっか》の基本

八卦とは、第二章の八卦で説明したとおり、太極が両義に分かれ四象を生み、「乾」「兌」「離」「震」「巽」「坎」「艮」「坤」をいいます。通常、八卦といえば後天八卦を指します。

別な視点で八卦を捉えれば、「乾」といえば、方位では「北西」をあらわし、乾の「父」とか「老人」「収穫後の安定」五行の「金」などの意味がそこには含まれることになります。

この八卦を二つ重ねた時に、八×八＝六四の八卦を重ねたものが出てきます。この八卦を二つ重ねたものを「大成卦」といい、易などで使用する「六十四卦」となります。これを説明したものが「易経」という書物です。

風水では、八卦として八方位をあらわしたり、その卦の意味をあらわしたりするし、後述する三元派の看法の「玄空大卦」などは六十四卦を使用することになるので、まずは、次からの八卦の意味を十分に知っておかないといけません。八卦と五行と陰陽によってほぼすべての風水の理論が成り立っていることを考えれば、八卦の意味を覚えることは風水では必須となります。

1 八卦陰陽

八卦はそれ自体を陰と陽とに分けることができます。

陰陽とは、コインの表と裏のようなもので、その見る視野によって変わってきます。コインの裏を「陰」、表を「陽」とした時、裏を見ていれば、そのコインは陰であり、表を見ていれば、そのコインは「陽」となります。つまり、陰陽は必ず両方をすべての物が持っているのですが、その見る角度によって、陰となるか陽となるかが決まるものなのです。

第一の人象は陰陽は八卦に当てはめられた人物によって、陰陽を分けたものです。

第二の伏儀陰陽は、後天八卦の伏儀が陽と陰の記号で八卦をあらわしたことに着眼して、記号の陰陽で一番下にある記号の陰陽で、八卦の陰陽を分けたものです。

第三の先天陰陽は、先天の数をもって、奇数を陽とし、偶数を陰として分けたものです。

以上のように、八卦に対する着眼点で陰陽が変化するということです。

第一～人象陰陽

八卦に意味付けされた人象をもって陰陽を分ける。

乾☰（老父）・震☳（長男）・坎☵（中男）・艮☶（少男）の男をもって「陽」

坤☷（老母）・巽☴（長女）・離☲（中女）・兌☱（少女）の女をもって「陰」

第二～伏羲陰陽

初爻をもって陰陽を分ける。全体の○△の位置が2爻になっています。

乾（☰○）・兌（☱○）・離（☲○）・震（☳○）伏羲圖初爻陽をもって「陽」

巽（☴△）・坎（☵△）・艮（☶）・坤（☷△）伏羲圖初爻陰をもって「陰」

第三～先天陰陽

先天の数をもって陰陽を分ける。

乾（九）・坤（一）・坎（七）・離（三）先天数奇数のため「陽」

震（八）・巽（二）・兌（四）・艮（六）先天数偶数のため「陰」

2 物象陰陽

物象とは、物の形と特性です。その形や特性で陰陽を分けようとするのが「物象陰陽」です。

【陽】	川	水	凸	平坦地	門口	入気	天	峰	太陽	昼	剛
	⇔	⇔	⇔	⇔	⇔	⇔	⇔	⇔	⇔	⇔	⇔
【陰】	山	土	凹	高峻地	部屋	出気	地	谷	月	夜	柔

【陽】	男	夫	上	進む	大	動	盈	表	真	貴い	富	正
	⇔	⇔	⇔	⇔	⇔	⇔	⇔	⇔	⇔	⇔	⇔	⇔
【陰】	女	妻	下	退く	小	止	缺	裏	偽	賤しい	貧	邪

【陽】	善	生	清い	開ける	昇る	気
	⇔	⇔	⇔	⇔	⇔	⇔
【陰】	悪	死	濁る	閉じる	降る	形

陰陽は、基本的には、動くものが「陽」、止まっているものが「陰」です。また、上や昇るものが「陽」、下や降るものが「陰」となりますが、陰極まれば陽になり、陽極まれば陰となるように、状態によって陰陽を見定めなければならないし、右に揚げた陰陽が絶対的なものではなく相対的だという認識が必要です。

3 八卦象意

八卦象意は、風水の象意を説明する部分において基本となる部分です。

この八卦の象意を基本として、各看法を看た時に、吉象意や凶象意をこの八卦の象意を基本として、そこに陰陽五行を加えて導き出している場合がほとんどのため、この章は風水を行う上で完全に覚えておくべき必須の内容となります。

五行と同じように万物すべてを八卦に分けることができるのです。つまり、逆にいえば、万物すべてが八卦のどれかに属するということでありますから、ここに書いたもの以外にも数多くの物があることを考慮しなければなりませんが、まずは最低でもここに書いてあることくらいは覚えておく必要があります。

☵ 坎《かん》（一白）

【卦象】水
【卦徳】陥険《かんけん》（陥る）
【卦意】坎険・辛苦・困難・窮迫《きゅうはく》（行き詰ること）・狡猾・妨害・曖昧・伏蔵《ふくそう》（内にひそみ隠れること・仏教語では、地中に埋めてある宝の蔵のこと）・秘密・色情・溺惑《できわく》（夢中になって本心を失うこと）・知慮（物事を深く考える）・寂寥（心が満ち足りず、もの寂しいこと）・姦計《かんけい》（悪だくみ）・仁慈（思いやりがあり情け深い）・忍耐・法律・通達・孕む
【物象】月・川・弓・鉄器・水晶・酒類・寝所《しんじょ》（寝室・寝床）・液体の物全般・水辺・洗面所・便所・暗室・

洞窟・温泉地・貧乏な家・凹地・湿気の多い所
【人象】中男《ちゅうなん》・次男・病人・盗賊・盲人・浮浪者・囚人・水商売の人・書道家・画家
【人体部位】腎臓・耳・血・膀胱
【病象】悪寒・激痛・疲労・耳痛・神経衰弱・食中毒・胸痛・下痢・下血・腎虚（内分泌系や免疫機能など全般の機能低下）・酒毒（酒による害）
【季節】冬
【方位】北
【気象】雨
【数象】一・六
【その他】豚・魚・狐・鼠・虫類の卵・魚類の卵・鹹味《かんみ》（塩辛い）・黒色

☷ 坤《こん》（二黒）

【卦象】地
【卦徳】従順
【卦意】滋育《じいく》（育てる）・温厚・安静・謙譲・恭敬《きょうけい》（謹み敬うこと）・貞節・丁寧・倹約・平均・法制・凡庸・愚鈍・服従・利慾・従う・労働・貧賤・衰微（勢いが衰え弱くなること）・怯弱《きょうじゃく》（おびえ）・怠惰（怠け心）・吝嗇（ケチ）・疑惑・邪佞《じゃねい》（不正を考えながら人にへつらうこと）・隠匿・下落《げらく》・空虚
【物象】土地・倉庫・霧・村屋（田舎の家）・布帛《ふはく》（織物、きれ地）・五穀（穀物、米・麦・粟《あわ》・黍《きび》・豆）

【人象】皇后・母・臣《おみ》（君主に仕える者。家来）・妻・女・老女・農夫・小人《しょうじん》（度量や品性に欠けている人）・樂人《がくじん》（気楽に暮らす人や苦労のない人）・隠者・補佐役・貧困者・陰謀家・平凡な人・迷子
【人体部位】肉・腹・消化器・血
【病象】悪寒・冷え性・衰弱・肥満症・精気虚脱・過労・胃腸疾患・下痢・下血・不眠・皮膚病
【季節】晩夏・初秋
【方位】南西
【気象】曇り・霧・霜
【数象】五・十
【その他】牛・牝牛・魚・猿・羊・山羊・蟻・蜂・土蜘蛛・黄色・甘味。

☳ 震《しん》（☳碧）

【卦象】雷
【卦徳】奮動《ふんどう》（奮いたち動く）
【卦意】振動・勤勉・発奮・勇敢・活発・成功・速力・才能・決断・憤怒・発声・早急・驚愕・短気・嘘言・発展・宣伝・口論・変動・鋭利・飛ぶ
【物象】浮雲・花・竹・果物・葦《あし》・花火・爆弾・戦車・銃器類・電車・自動車・鐘・鈴・履物・彫刻・針類・海藻類・木の実・柑橘類・森林・発電所・電話・電気器具
【人象】長男・天子・賢人・跡継ぎ（嗣《し》＝跡継ぎの意）・短気な人・勇者・著名人・狂暴者・音楽家・楽器

商・電気技師・通信技師・交換手・司会者・運転手
【人体部位】足・肋膜《ろくまく》（胸膜《きょうまく》と同じ）・肝臓・胆嚢・咽喉・関節
【病象】精神異常・恐怖症・発狂・逆上・痙攣・肝臓疾患・脚気《かっけ》・てんかん・心悸亢進・脳出血・ねんざ・アキレス腱・骨折・関節の病
【季節】春
【方位】東
【気象】雷鳴・雷雨・地震
【数象】三・八
【その他】電気・通信・酸味・青色・龍・蛇・馬・鷲・鷹・燕・飛鳥・蟲《むし》類。

☴ 巽《そん》（四緑）

【卦象】風
【卦徳】伏入《ふくにゅう》
【卦意】出入・利益・進退・依頼・命令・風俗・諂諛《てんゆ》（へつらうの意）・不決断・多慾《たよく》・薄情・随従・恭順（従うの意）・恋愛・会合・出奔《しゅっぽん》（逃げ出す）・如才無《じょさいな》い（手抜かりがないの意）・軽挙《けいきょ》（軽はずみな行い）
【物象】扇・袋・草木・花園・楊柳《ようりゅう》（柳の意）・霞・魚・果物・洞窟・公園・市場・取引所・神社・寺院・木材・紐・縄・座卓・ベット・建具類・郵便物・ガス、水道管・鉛筆・香水
【人象】長女・秀才・仲買人（儈《かい》）・尼・巫女

【人体部位】膜（角膜・隔膜・鼓膜・粘膜・脳膜・皮膜・腹膜・肋膜など）・股・女性器・眇《すがめ》（片目や斜視などの目）・頭髪・食道・呼吸器・泌尿器
【病象】風邪・細菌、ウィルス性のもの・潜熱《せんねつ》（内に潜んでいる熱）・鬱病・呼吸器疾患・泌尿器系の病・一進一退の病・片麻痺・半身不随
【季節】晩秋・初夏
【方位】南東
【気象】霧雨
【数象】三・八
【その他】額の広い者・白目の多い者・鶏・蛇・酸味・青色・緑色・臭気・香気

中宮（無卦）五黄

【卦象】太極（無卦）
【物象】天災・破壊・全滅・荒涼・壊乱・損害・転覆・故障・廃業・腐敗・疾病・強欲・暴力・強情・廃物・汚物・凶暴・暴行・強奪・頑固・葬式・死亡・失敗・最悪・汚染・安物・古い物・老朽品・故障品・原野・戦場・墓地・砂漠・不毛の地・中心地
【人象】帝王・大統領・首相・中心人物・悪人・盗人・無頼漢・死人
【人体部位】腹部・五臓六腑・身体全体（五臓は、肝臓・心臓・脾臓・肺臓・腎臓。六腑は、胆・小腸・胃・大腸・膀胱・三焦（上焦・中焦・下焦に分かれ身体の機能を指す）

【病象】癌・胃腸疾患・脳溢血・心臓病・腫瘍・血毒。
【季節】土用を統括
【方位】中央
【気象】地震・津波・台風・天変地異
【数象】五・十
【その他】黄色・甘味

※五黄は周囲の八星を統括し、腐敗と発生を司る。

☰ 乾《けん》（六白）

【卦象】天
【卦徳】剛健
【卦意】大明・創始・威厳・広大・円満・尊栄・高貴・純粋・誠実・正直・満盈《まんえい》・壮盛《そうせい》・邁進・向上・正確・寛大・大器・老成・運転・至徳・騰貴《とうき》・優勝・決断・横暴・傲慢・侵略
【物象】太陽・霰《あられ》・雹《ひょう》・水・氷・木の実・金銀・玉《ぎょく》・鏡・米・豆・役所・高層ビル・神社仏閣・官庁・劇場・学校・教会・運動場・宝石・貴金属・時計・鏡・自転車・バイク・自動車・電車・飛行機・機械類・羽織・オーバーコート・帽子・傘・手袋・マスク・靴下・足袋・衣類
【人象】君主・父・夫・上司・老人・名望家《めいぼうか》・君子・官僚・社長・軍人・高僧
【人体部位】首・頭・肺臓・背骨・肋骨・肋膜
【病象】肺病・脳疾患・高熱・興奮・逆上・憂悶《ゆうもん》・頭痛・眩暈《めまい》・食欲不振・浮腫・膨満・便秘

【季節】晩秋・初冬
【方位】北西
【気象】晴
【数象】四・九
【その他】馬・獅子・象・龍・虎・ライオン・犬・白色

☱ 兌《だ》（七赤）

【卦象】沢（澤）
【卦徳】愉悦（心から喜び楽しむ）
【卦意】柔和・歓喜・親愛・娯楽・和順《わじゅん》（気質が穏やかで、おとなしいこと）・厚情（深い思いやり）・雄弁・挫折・説明・講習・弁解・笑い・議論・呼吸・誘惑・冷罵（あざけりののしる）・利己的・賄賂・偽善・騙取《へんしゅ》（だまして金品などを取ること）・中途挫折・卑劣・色情・女難・狭量（度量が狭いこと）
【物象】月・新月・星・露・雪・霞・池・井戸・水辺・貨幣・安物のアクセサリー・骨董品・刃物・楽器・扇・魔物・紙・沢・湿地・沼・低地・淵・プール・浴場・温泉場・飲食店・酒場・養鶏場・博打場・遊園地・デパート
【人象】少女・芸人・妾・芸妓・歌手・ホステス・遊び人・通訳人・アナウンサー
【人体部位】口・頬・舌・肺臓
【病象】咳嗽《がいそう》（咳）・悪心《おしん》（吐き気）・裂傷・血行不順・肺病・口舌の疾病・月経滞り・両便不通（両便と

は大小便の意）・淋病・性病
【季節】秋
【方位】西
【気象】雨のち曇り・星空・秋風
【数象】四・九
【その他】羊肉・鶏肉・湿地帯や沢の動植物・辛味・赤色・白色

☶ 艮《ごん》（八白）

【卦象】山
【卦徳】静止
【卦意】篤實《とくじつ》（情が深く誠実なこと）・丁寧・敬粛《けいしゅく》（謹み敬う）・質朴《しつぼく》（純朴。素朴と同意）・高尚・頑固・障害・停滞・謝絶（断る）
【物象】山・墳墓・神社・仏閣・高台・石・小道・丘・門・城・家・塀・階段・築山・倉庫・小屋・墓地・不動産
【人象】少男《しょうなん》・三男・末っ子・幼児・神主・僧侶・獄吏《ごくり》（監獄の役人）・囚人・相続人・賢人・高貴な人・頑固者・ケチ・強欲・山師
【人体部位】鼻・手・胸・腰・指・背・関節・足・指・額・頬・男性器
【病象】虚弱・中毒・血行不順・食滞《しょくたい》（胃もたれ）・肩凝り・麻痺・腫瘍・癌・身体不随

【季節】晩秋・初春
【方位】北東
【気象】曇り・霧
【数象】五・十
【その他】犬・鼠・虎・キリン・豹・鹿・鶴・甘味・黄色

☲ 離《り》（九紫）

【卦象】火
【卦徳】明智《めいち》
【卦意】文明・美麗・顕著・礼儀・履行・附着・装飾・発明・照破《しょうは》（仏が広大な智慧の光で無明《むみょう》の闇を明らかに照らすこと）・邪智（悪知恵）・疑惑・性急
【物象】太陽・宮社（宮のつく神社）・書籍・印章・手紙・詩歌・甲冑・鉄砲・戦争・狩猟・枯木・花・鍛冶屋・書画・証書・印鑑・株券・手形・文書・カメラ・テレビ・ネオン・ガラス・鏡台・水晶・レンズ・レントゲン
【人象】中女・次女・十八歳～二十五歳位の女・年増女・美人・学者・理美容師・化粧品業・鑑定家・裁判官・警察官・消防官・眼科医・易者・教育者・書籍業・著述家・書家・画家・発明家・文人・芸人・軍人
【人体部位】眼・心臓・腹・耳・乳房・脳・神経
【病象】眼病・心臓病・頭痛・心労・高熱・声枯れ・逆上・火傷・視力減退・精神疲労・不眠症・拒食症・

便秘
【季節】夏
【方位】南
【気象】晴・旱魃《かんばつ》・猛暑
【数象】二・七
【その他】雉《きじ》・飛鳥・蛍・蟹・亀・苦味・赤色・紫色

※八卦の意は他に多数あり、すべての事象や物を八卦に分けることができるとしているので、自身で付け足してほしいと思います。

第一部 基礎編

第三章 年月日時を変換する

1 干支に変換

吉日（擇日）を算出するにも、命卦を算出するためにも、現在の暦を干支に変換する必要があります。年も、月も、日も、時間も、六十干支に変換します。

たとえば、二〇一〇年二月二〇日午後三時を干支に変換すると、

庚寅《かのえとら》年（年柱《ねんちゅう》や歳星《さいせい》という）
戊寅《つちのえとら》月（月柱《げっちゅう》や月建《げっけん》という）
辛丑《かのとうし》日（日柱《にっちゅう》や日晨《にっしん》という）
丙申《ひのえさる》時（時柱《じちゅう》や時晨《じしん》という）

となります。

年月日時を干支に変換する時に、いくつかの約束事があります。

①年は立春をもって年が変わるものとします。

②月は、節入りをもって、月が変わるものとします。

③日は、二三時（午後十一時）から始まり次の日の二三時（午後十一時）で丸一日とします。

④時間は二時間ごとに一刻とし、十二刻で一日とします。また、子時（二三時〜一時）から始まり、亥時（二一時〜二三時）で一日が終わります。※早子《そうし》（二三時〜〇時）と夜子《やし》（〇時〜一時）については、日と時間の変換算出の所で説明したいと思います。

それでは、これはどのように変換するのかを、年柱から順に説明していくことにします。

1 干支《かんし》

通常、年月日の干支は「萬年暦《まんねんれき》」などや、毎年の暦で調べるのですが、ここでは、萬年暦がなくとも、簡単な表で干支を算出できる方法を紹介します。

干支は、十干と十二支を、十干の始めの「甲」と十二支の始めの「子」を組み合わせ、「甲子」とし、次に十干の二番目の「乙」と十二支の二番目の「丑」を組み合わせて「乙丑」とし、これを続けて組み合わせていくと六〇個の組み合わせができます。これが、六十干支です。

十干を「天干《てんかん》」といい、十二支を「地支《ちし》」といいます。六十干支ができるのは、一〇個の天干と一二個の地支を組み合わせていけば、最小公倍数が六〇であることでも理解できると思います。

この干支は、考古学的には「殷王朝《いんおうちょう》（紀元前一七世紀～紀元前十一世紀頃）」に、すでに亀甲獣骨文字で使われていたことがわかっているようです。つまりは、三六〇〇年も前から続いていることとなります。

この長い間、一年たりとも間違いがなかったかどうかは現在ではわかりようもありませんが、推命などでこの干支を用いてその人の運命を正確に導き出すのですから、ここでは、その問題には言及しないで、現在使われている干支が正確なものとして扱うものとします。

2 年干支の算出法

十干と十二支の組み合わせの最初の「甲子」を基準とします。甲子は六〇年に一回廻ってくるので、西暦で甲子の年がわかると、わかりたい年干支が算出できることとなります。

年は立春（毎年二月四日ごろ）をもって年が変わるとするので、西暦で一月一日から二月三日ごろまでは、西暦で前の年の干支となります。つまり、干支での一年は、立春から、立春の前の日まで（実際には立春に入るまでの日の時間）を一年とします。たとえば、二〇〇七年は立春が二〇〇七年二月四日一四時一八分であり、二〇〇八年の立春は二〇〇八年二月四日二〇時一分に立春となっているので、二〇〇七年は、二〇〇七年二月四日一四時一八分から、二〇〇八年二月四日二〇時〇分までが二〇〇七年となります。

$$2010 \div 60 = 36 \cdots 30$$

$$30 + 57 = 87$$

$$87 - 60 = 27$$

実際の年干支算出法に入ります。

西暦元年は、「辛酉」ですが、これを基に西暦を六〇で割ってしまうと計算が一行ほど増えるので、その前の年の「庚申」を基準にします。左の表から「庚申」にある数字を読み取ると、「五七」となっています（「甲子」を一として順に数えた数字です）。

① 算出したい西暦を六〇で割り、余り三〇を出します。

② この余り三〇に五七を足します。足して六〇を超えれば六〇を引く二七。

③ 左の表から、二七番を探すと「庚寅」となります。

④ 二〇一〇年は「庚寅」年とわかります。

※表を使用せず算出する方法もありますが、やや計算が複雑になることと、六十干支が頭にしっかりと入っていないと算出が難しいため、ここでは割愛します。

六十干支表

49	37	25	13	1
壬子 みずのえね	庚子 かのえね	戊子 つちのえね	丙子 ひのえね	甲子 きのえね
50	38	26	14	2
癸丑 みずのとうし	辛丑 かのとうし	己丑 つちのとうし	丁丑 ひのとうし	乙丑 きのとうし
51	39	27	15	3
甲寅 きのえとら	壬寅 みずのえとら	庚寅 かのえとら	戊寅 つちのえとら	丙寅 ひのえとら
52	40	28	16	4
乙卯 きのとう	癸卯 みずのとう	辛卯 かのとう	己卯 つちのとう	丁卯 ひのとう
53	41	29	17	5
丙辰 ひのえたつ	甲辰 きのえたつ	壬辰 みずのえたつ	庚辰 かのえたつ	戊辰 つちのえたつ
54	42	30	18	6
丁巳 ひのとみ	乙巳 きのとみ	癸巳 みずのとみ	辛巳 かのとみ	己巳 つちのとみ
55	43	31	19	7
戊午 つちのえうま	丙午 ひのえうま	甲午 きのえうま	壬午 みずのえうま	庚午 かのえうま
56	44	32	20	8
己未 つちのとひつじ	丁未 ひのとひつじ	乙未 きのとひつじ	癸未 みずのとひつじ	辛未 かのとひつじ
57	45	33	21	9
庚申 かのえさる	戊申 つちのえさる	丙申 ひのえさる	甲申 きのえさる	壬申 みずのえさる
58	46	34	22	10
辛酉 かのととり	己酉 つちのととり	丁酉 ひのととり	乙酉 きのととり	癸酉 みずのととり
59	47	35	23	11
壬戌 みずのえいぬ	庚戌 かのえいぬ	戊戌 つちのといぬ	丙戌 ひのえいぬ	甲戌 きのえいぬ
60	48	36	24	12
癸亥 みずのとい	辛亥 かのとい	己亥 つちのとい	丁亥 ひのとい	乙亥 きのとい

3 月干支の算出法

月の干支は、左の表から算出されます。左の上部に書いてある十干の年はその列を看てください。たとえば、年干支が乙丑の場合、乙が十干だから、左の表の上部から「乙」を探すと二行目に乙と書いてあります。その列が乙年の月の干支となる。乙年の二月は戊寅、三月は己卯……となります。

※月は節入りの日の時間をもって変わるものとします。

たとえば、二〇一〇年は、二月四日七時四八分（日本標準時）で年も月も変わります。

つまり、

二〇一〇年二月四日七時四七分は、己丑年 丁丑月 乙酉日 庚辰時となります。

二〇一〇年二月四日七時四八分は、庚寅年 戊寅月 乙酉日 庚辰時となります。

標準時と真正時（真正時とは、その土地の自然時（太陽時）です（厳密には、太陽時と自然時とは異なります）

日本標準時（東経一三五度）で一二時の時は、千葉の船橋（東経一四〇度）での真正時は一二時二〇分となり、佐賀県鹿島市（東経一三〇度）での真正時は十一時四〇分となります。

※経度一度で時間にして約四分違うこととなります。一三五度より東は一度でプラス四分、西はマイナス四分となります。

台湾などの通書を使用している場合は、どこを基準にして節入りなどの時間を決めているかを考慮に入れなければなりません。ちなみに台湾と日本の標準時の時差は一時間です。蛇足ですが、一点において常に真正時が一定かというと、地球の公転軌道が楕円であることと地軸の傾きによって一定でないために、南中時

（午時）が変化するので真正時も変化します。この問題については、基本講座では扱わないものとします。

月干支の速査表

戊癸	丁壬	丙辛	乙庚	甲己	年干支／月
甲寅	壬寅	庚寅	戊寅	丙寅	**二月 寅月**
乙卯	癸卯	辛卯	己卯	丁卯	**三月 卯月**
丙辰	甲辰	壬辰	庚辰	戊辰	**四月 辰月**
丁巳	乙巳	癸巳	辛巳	己巳	**五月 巳月**
戊午	丙午	甲午	壬午	庚午	**六月 午月**
己未	丁未	乙未	癸未	辛未	**七月 未月**
庚申	戊申	丙申	甲申	壬申	**八月 申月**
辛酉	己酉	丁酉	乙酉	癸酉	**九月 酉月**
壬戌	庚戌	戊戌	丙戌	甲戌	**十月 戌月**
癸亥	辛亥	己亥	丁亥	乙亥	**十一月 亥月**
甲子	壬子	庚子	戊子	丙子	**十二月 子月**
乙丑	癸丑	辛丑	己丑	丁丑	**一月 丑月**

4 日干支の算出概要

八一ページの六十干支の表と八六〜八七ページの表から算出した数字から一を引き、誕生日を足した数字を照らし合わせます。その数字と同じ干支が、生まれた日となります。

【例1】
昭和六〇年八月二〇日生まれの場合

昭和六〇年の行を横に見ていき、八月の列と交わる所を見ると、「九」という数字があります。

その九から一を引き、誕生日の二〇日を足すと二八となり、

$$9 - 1 + 20 = 8$$
$$8 + 20 = 28$$

六十干支表より二八を見ると「辛卯」とあるので、生まれた日は辛卯の日とわかります。ただし、節入りはわからないので、月建を算出する場合は気をつけなければいけません。日干支算出表の数字は、新暦一日の干支の番号です。よって、一を引く作業が必要となります。六一以上の数字になったら、六〇を引いた数が干支の数です。

日干支算出法

① 次ページの表から縦の列を見て調べたい年を探します。
② 次に、その年の横列で調べたい月を探し、年と月が交わった所の数字を調べます。
③ 年と月の交わった数字に調べたい日にちを足します。
④ ③で出た数字から一を引きます。
⑤ ④で出た数字を六十干支表から探して、そこに書かれている干支が、調べたい日の干支となります。
(六〇より⑤の数字が大きくなったら六〇を引いた数字となります)

【例2】

たとえば、昭和五四年六月三日の日の干支を調べたい場合、縦の列から昭和五四年を探し、横の列から六月を探します。すると表には「三六」とあります。三六から一を引くと「三五」となり、六月三日を調べたいので、三五に日にちの「三」を足すと「三八」となります。「三八」を六十干支表から探すと、日の干支が「辛丑」とわかります。

元号	年	干支	紫白	1月	2月	3月	4月	5月	6月	7月	8月	9月	10月	11月	12月
昭和	42	丁未	六	2	33	61	32	2	33	3	34	5	35	6	36
	43	戊申	五	7	38	7	38	8	39	9	40	11	41	12	42
	44	己酉	四	13	44	12	43	13	44	14	45	16	46	17	47
	45	庚戌	三	18	49	17	48	18	49	19	50	21	51	22	52
	46	辛亥	二	23	54	22	53	23	54	24	55	26	56	27	57
	47	壬子	一	28	59	28	59	29	60	30	61	32	2	33	3
	48	癸丑	九	34	5	33	4	34	5	35	6	37	7	38	8
	49	甲寅	八	39	10	38	9	39	10	40	11	42	12	43	13
	50	乙卯	七	44	15	43	14	44	15	45	16	47	17	48	18
	51	丙辰	六	49	20	49	20	50	21	51	22	53	23	54	24
	52	丁巳	五	55	26	54	25	55	26	56	27	58	28	59	29
	53	戊午	四	60	31	59	30	60	31	1	32	3	33	4	34
	54	己未	三	5	36	4	35	5	36	6	37	8	38	9	39
	55	庚申	二	10	41	10	41	11	42	12	43	14	44	15	45
	56	辛酉	一	16	47	15	46	16	47	17	48	19	49	20	50
	57	壬戌	九	21	52	20	51	21	52	22	53	24	54	25	55
	58	癸亥	八	26	57	25	56	26	57	27	58	29	59	30	60
	59	甲子	七	31	2	31	2	32	3	33	4	35	5	36	6
	60	乙丑	六	37	8	36	7	37	8	38	9	40	10	41	11
	61	丙寅	五	42	13	41	12	42	13	43	14	45	15	46	16
	62	丁卯	四	47	18	46	17	47	18	48	19	50	20	51	21
	63	戊辰	三	52	23	52	23	53	24	54	25	56	26	57	27
平成	1	己巳	二	58	29	57	28	58	29	59	30	1	31	2	32
	2	庚午	一	3	34	2	33	3	34	4	35	6	36	7	37
	3	辛未	九	8	39	7	38	8	39	9	40	11	41	12	42
	4	壬申	八	13	44	13	44	14	45	15	46	17	47	18	48
	5	癸酉	七	19	50	18	49	19	50	20	51	22	52	23	53
	6	甲戌	六	24	55	23	54	24	55	25	56	27	57	28	58
	7	乙亥	五	29	60	28	59	29	60	30	1	32	2	33	3
	8	丙子	四	34	5	34	5	35	6	37	7	38	8	39	9
	9	丁丑	三	40	11	39	10	40	11	41	12	43	13	44	14
	10	戊寅	二	45	16	44	15	45	16	46	17	48	18	49	19
	11	己卯	一	50	21	49	20	50	21	51	22	53	23	54	24
	12	庚辰	九	55	26	55	26	56	27	57	28	59	29	60	30
	13	辛巳	八	61	32	60	31	61	32	2	33	4	34	5	35
	14	壬午	七	6	37	5	36	6	37	7	38	9	39	10	40
	15	癸未	六	11	42	10	41	11	42	12	43	14	44	15	45
	16	甲申	五	16	47	16	47	17	48	18	49	20	50	21	51
	17	乙酉	四	22	53	21	52	22	53	23	54	25	55	26	56
	18	丙戌	三	27	58	26	57	27	58	28	59	30	60	31	61
	19	丁亥	二	32	3	31	2	32	3	33	4	35	5	36	6
	20	戊子	一	37	8	37	8	38	9	39	10	41	11	42	12
	21	己丑	九	43	14	42	13	43	14	44	15	46	16	47	17
	22	庚寅	八	48	19	47	18	48	19	49	20	51	21	52	22
	23	辛卯	七	53	24	52	23	53	24	54	25	56	26	57	27
	24	壬辰	六	58	29	58	29	59	30	60	31	2	32	3	33
	25	癸巳	五	4	35	3	34	4	35	5	36	7	37	8	38
	26	甲午	四	9	40	8	39	9	40	10	41	12	42	13	43
	27	乙未	三	14	45	13	44	14	45	15	46	17	47	18	48
	28	丙申	二	19	50	19	50	20	51	21	52	23	53	24	54
	29	丁酉	一	25	56	24	55	25	56	26	57	28	58	29	59
	30	戊戌	九	30	1	29	60	30	1	31	2	33	3	34	4

元号	年	干支	紫白	1月	2月	3月	4月	5月	6月	7月	8月	9月	10月	11月	12月
大正	3	甲寅	五	24	55	23	54	24	55	25	56	27	57	28	58
	4	乙卯	四	29	60	28	59	29	60	30	61	32	2	33	3
	5	丙辰	三	34	5	34	5	35	6	36	7	38	8	39	9
	6	丁巳	二	40	11	39	10	40	11	41	12	43	13	44	14
	7	戊午	一	45	16	44	15	45	16	46	17	48	18	49	19
	8	己未	九	50	21	49	20	50	21	51	22	53	23	54	24
	9	庚申	八	55	26	55	26	56	27	57	28	59	29	60	30
	10	辛酉	七	61	32	60	31	61	32	2	33	4	34	5	35
	11	壬戌	六	6	37	5	36	6	37	7	38	9	39	10	40
	12	癸亥	五	11	42	10	41	11	42	12	43	14	44	15	45
	13	甲子	四	16	47	16	47	17	48	18	49	20	50	21	51
	14	乙丑	三	22	53	21	52	22	53	23	54	25	55	26	56
昭和	1	丙寅	二	27	58	26	57	27	58	28	59	30	60	31	61
	2	丁卯	一	32	3	31	2	32	3	33	4	35	5	36	6
	3	戊辰	九	37	8	37	8	38	9	39	10	41	11	42	12
	4	己巳	八	43	14	42	13	43	14	44	15	46	16	47	17
	5	庚午	七	48	19	47	18	48	19	49	20	51	21	52	22
	6	辛未	六	53	24	52	23	53	24	54	25	56	26	57	27
	7	壬申	五	58	29	58	29	59	30	60	31	2	32	3	33
	8	癸酉	四	4	35	3	34	4	35	5	36	7	37	8	38
	9	甲戌	三	9	40	8	39	9	40	10	41	12	42	13	43
	10	乙亥	二	14	45	13	44	14	45	15	46	17	47	18	48
	11	丙子	一	19	50	19	50	20	51	21	52	23	53	24	54
	12	丁丑	九	25	56	24	55	25	56	26	57	28	58	29	59
	13	戊寅	八	30	61	29	60	30	61	31	2	33	3	34	4
	14	己卯	七	35	6	34	5	35	6	36	7	38	8	39	9
	15	庚辰	六	40	11	40	11	41	12	42	13	44	14	45	15
	16	辛巳	五	46	17	45	16	46	17	47	18	49	19	50	20
	17	壬午	四	51	22	50	21	51	22	52	23	54	24	55	25
	18	癸未	三	56	27	55	26	56	27	57	28	59	29	60	30
	19	甲申	二	61	32	61	32	2	33	3	34	5	35	6	36
	20	乙酉	一	7	38	6	37	7	38	8	39	10	40	11	41
	21	丙戌	九	12	43	11	42	12	43	13	44	15	45	16	46
	22	丁亥	八	17	48	16	47	17	48	18	49	20	50	21	51
	23	戊子	七	22	53	22	53	23	54	24	55	26	56	27	57
	24	己丑	六	28	59	27	58	28	59	29	60	31	61	32	2
	25	庚寅	五	33	4	32	3	33	4	34	5	36	6	37	7
	26	辛卯	四	38	9	37	8	38	9	39	10	41	11	42	12
	27	壬辰	三	43	14	43	14	44	15	45	16	47	17	48	18
	28	癸巳	二	49	20	48	19	49	20	50	21	52	22	53	23
	29	甲午	一	54	25	53	24	54	25	55	26	57	27	58	28
	30	乙未	九	59	30	58	29	59	30	60	31	2	32	3	33
	31	丙申	八	4	35	4	35	5	36	6	37	8	38	9	39
	32	丁酉	七	10	41	9	40	10	41	11	42	13	43	14	44
	33	戊戌	六	15	46	14	45	15	46	16	47	18	48	19	49
	34	己亥	五	20	51	19	50	20	51	21	52	23	53	24	54
	35	庚子	四	25	56	25	56	26	57	27	58	29	59	30	60
	36	辛丑	三	31	2	30	61	31	2	32	3	34	4	35	5
	37	壬寅	二	36	7	35	6	36	7	37	8	39	9	40	10
	38	癸卯	一	41	12	40	11	41	12	42	13	44	14	45	15
	39	甲辰	九	46	17	46	17	47	18	48	19	50	20	51	21
	40	乙巳	八	52	23	51	22	52	23	53	24	55	26	56	26
	41	丙午	七	57	28	56	27	57	28	58	29	60	30	61	31

5　刻六十干支の概要

時刻の考え方は、従来の二三時で日が変わるという考え方と、〇時で日が変わるという考え方があります。

この考え方は、二三時から〇時までと、〇時から一時までの扱い方が変わってきます。

子の刻は、前日二三時から次の日の一時（実際には〇時五九分五九秒）までですから、〇時の日をまたぐこととなります。

そこで、〇時で日が変わる考え方の中に「早子」と「夜子」という考え方が出てきます。

「早子」とは、二三時〇分〇秒から二三時五九分五九秒までの意味で、

「夜子」とは、〇時〇分〇秒から〇時五九分五九秒のことです。

早子・夜子の考えを入れると、たとえば、甲子の日の〇時〇分から〇時五九分までは、甲子日甲子時となりますが、甲子日の二三時〇分から二三時五九分は日の干支は変わらず、刻の干支が変わり、甲子日の丙子時となります。

早子・夜子の考え方は、〇時で日が変わるという考え方です。どちらが正しいかは、慣れた人であれば、その鑑定をする人によって変わってくると思います。これは、意識の問題であり〇時で変わると考える人が鑑定をすれば、〇時で変わることを考慮して意識下でその鑑定が正しく算出できるように読むであろうし、二三時で変わると考える人も、意識下で鑑定が正確になるように無意識に全体から導き出すと思われます。

本書では、二三時で刻が変わり、〇時をもって日が変わる方法を取ります。たとえば、甲子日の二三時から二三時五九分までは、甲子日丙子時となり、次の日〇時から〇時五九分までは、乙丑日丙子時となります。

※刻の算出は、左記の六十干支刻速査表により算出します。

六十干支の刻速査表

戊癸	丁壬	丙辛	乙庚	甲己	日／刻
壬子	庚子	戊子	丙子	甲子	夜子 0時～1時
癸丑	辛丑	己丑	丁丑	乙丑	丑 1時～3時
甲寅	壬寅	庚寅	戊寅	丙寅	寅 3時～5時
乙卯	癸卯	辛卯	己卯	丁卯	卯 5時～7時
丙辰	甲辰	壬辰	庚辰	戊辰	辰 7時～9時
丁巳	乙巳	癸巳	辛巳	己巳	巳 9時～11時
戊午	丙午	甲午	壬午	庚午	午 11時～13時
己未	丁未	乙未	癸未	辛未	未 13時～15時
庚申	戊申	丙申	甲申	壬申	申 15時～17時
辛酉	己酉	丁酉	乙酉	癸酉	酉 17時～19時
壬戌	庚戌	戊戌	丙戌	甲戌	戌 19時～21時
癸亥	辛亥	己亥	丁亥	乙亥	亥 21時～23時
甲子	壬子	庚子	戊子	丙子	早子 23時～0時

2 紫白算出法

紫白とは、一白《いっぱく》・二黒《じこく》・三碧《さんぺき》・四緑《しろく》・五黄《ごおう》・六白《ろっぱく》・七赤《しちせき》・八白《はっぱく》・九紫《きゅうし》のことをいいます。

紫白とは、後天八卦のところで八卦を紫白（九星）と合わせて説明したとおり、一白水星、二黒土星、三碧木星、四緑木星、五黄土星、六白水星、七赤金星、八白土星、九紫火星を指していて、吉星である一白、六白、八白で「白」、吉星の「九紫」から「紫」を取り、「紫白」と名付けたものです。

紫白にも、方位と年月日時の二つの意味合いがあります。

1 方位＝空間

紫白の方位は、八卦方位と同じで

「一白」といえば、北をあらわし、別名「休門《きゅうもん》」といいます。

「二黒」といえば、南西をあらわし、別名「死門《しもん》」といいます。

「三碧」といえば、東をあらわし、別名「傷門《しょうもん》」といいます。

「四緑」といえば、南東をあらわし、別名「杜門《ともん》」といいます。

「五黄」といえば、中央をあらわし、自分が方位を図る位置を指します。別名は「太極」といいます。

「六白」といえば、北西をあらわし、別名「開門《かいもん》」といいます。

「七赤」といえば、西をあらわし、別名「驚門《きょうもん》」といいます。

四緑 杜門	九紫 景門	二黒 死門
三碧 傷門	五黄	七赤 驚門
八白 生門	一白 休門	六白 開門

「八白」といえば、北東をあらわし、別名「生門《せいもん》」といいます。

「九紫」といえば、南をあらわし、別名「景門《けいもん》」といいます。

右記の別名から、一白の休門、六白の開門、八白の生門、九紫の景門という、文字通り縁起の良い名前が付いているものが吉星とされ、吉門が白と紫の位置に当てられているので「紫白」という名前で一白から九紫の九つの星をあらわすのです。ちなみに別名は「八門」といい、この門は三日毎に位置を変え、移動などで吉方位を使う時などに吉星の門の方に動くと良いとされています。

この方位の位置が基本の定位置になっているので、これをあらわした盤を「定位盤」といいます。「八門」に関しては、ここでは割愛させていただきます。

2 時間

ここまで、紫白の空間の定位置をお話ししましたが、この章の本題である紫白の時間的変化について説明しましょう。

時間は紫白で「年」「月」「日」「時」のすべてをあらわすことができます。このあらわし方は、日本独自の発展をした「気学」という方位学と家相、墓相學を扱うものと同等の考え方です（方位の考え方も似ているところはありますが、ここでは時間をあらわすことに限定しています）。日本の気学、奇門遁甲、なども「九星」という名前で出てくるため、混同を避ける意味でここでは、以下「紫白」と呼ぶことにします。

ここでの日の紫白は日本の紫白の配当を基準にします。これは、どちらを基準にするかによって、日の紫白が違えば、刻の紫白も違ってくるためです。紫白は表を作れば表から追うことも可能ですが、ここでの日は、暦や萬年暦から算出してください。

基本的には、年月日時の六十干支や紫白を調べる場合は「萬年暦」を使用して、間違いのないようにしてほしいと思います。先に書いた六十干支の算出法もこれから紹介する紫白の算出法も、萬年暦を持ち合わせていない場合や鑑定中にすぐに干支や紫白を算出したい時に便宜上に使用するものとして覚えてほしいと思います。

また、余談ですが、玄空飛星法などの看法の場合、日と時間の紫白は考慮に入れないほうが的確な判断ができることと思います。ただし、擇日の場合は、日と刻の紫白は考慮に入れます。

3 紫白の「陽遁《ようとん》廻り」と「陰遁《いんとん》廻り」

紫白は、年月日時間ともに時間の経過で年は年で、月は月で、日は日で、時間は時間で、いつも同じ場所に留まっているものでは無く、動いて時間の経過による方位の気の変化をあらわします。その動き方が、左記の図のように紫白の数が増えて行く動き方を「陽遁廻り」といい、数が減っていく廻り方を「陰遁廻り」といいます。日と時間の陰遁廻りの時以外は左記のように廻します。

【紫白陽遁廻りの圖】

九	五	七
八	一	三
四	六	二

一白中宮図

三	八	一
二	四	六
七	九	五

四緑中宮図

六	二	四
五	七	九
一	三	八

七赤中宮図

一	六	八
九	二	四
五	七	三

二黒中宮図

四	九	二
三	五	七
八	一	六

五黄中宮図

七	三	五
六	八	一
二	四	九

八白中宮図

二	七	九
一	三	五
六	八	四

三碧中宮図

五	一	三
四	六	八
九	二	七

六白中宮図

八	四	六
七	九	二
三	五	一

九紫中宮図

【紫白陰遁廻りの圖】

二	六	四
三	一	八
七	五	九

一白中宮図

五	九	七
六	四	二
一	八	三

四緑中宮図

八	三	一
九	七	五
四	二	六

七赤中宮図

三	七	五
四	二	九
八	六	一

二黒中宮図

六	一	八
七	五	三
二	九	四

五黄中宮図

九	四	二
一	八	六
五	三	七

八白中宮図

四	八	六
五	三	一
九	七	二

三碧中宮図

七	二	九
八	六	四
三	一	五

六白中宮図

一	五	三
二	九	七
六	四	八

九紫中宮図

4　年月日時紫白定位圖

南東 巽宮 四	南 離宮 九	南西 坤宮 二
東 震宮 三	中央 五	西 兌宮 七
北東 艮宮 八	北 坎宮 一	北西 乾宮 六

この図が紫白の基本図となり、この基本図に書いてある紫白が基本的には常にその方位を統括しています。

この考え方は、紫白が表面上、年月日時といろいろな紫白が廻ってきますが、基本的には常に北西ならば六白がその宮の基にあるということです。

5 年紫白算出法

年の紫白は、立春を起点として毎年変わります。立春は通常二月四日頃ですが、この立春が年の起点となります。たとえば、二〇一四年は午年で、紫白は四緑木星ですが、これは、二〇一四年の立春以降生まれた人に当てはめられることで、仮に立春前の二〇一四年二月一日に生まれた人は、二〇一四年の前の年の二〇一三年の巳年の五黄土星生まれの人となります。

そして、次から説明するように、十二支と紫白には深い関係があり、法則があります。この法則を知っている事により、簡単に正確な紫白を導き出すことができます。

基本法則

※子年・卯年・午年・酉年は、必ず、年の紫白に、一白か四緑か七赤しか廻ってきません。
※丑年・辰年・未年・戌年は、必ず、年の紫白に、三碧か六白か九紫しか廻ってきません。
※寅年・巳年・申年・亥年は、必ず、年の紫白に、二黒か五黄か八白しか廻ってきません。

算出【二〇〇七年まで】

① 西暦を一桁になるまで足します。
② 定数11から、一桁になるまで足した数字を引きます。
たとえば一九八〇年なら、
① 1＋9＋8＋0＝18で、一桁まで足した数字は1＋8＝9
② 定数11より9を引くと2

用できます。

この「2」が紫白となり、一九八〇年は二黒の年となります。この方法は、実際には二〇〇七年まで使用できます。

【二〇〇八年以降】

①西暦を足して10になったらそのまま定数11から引き一白とします。

②また、西暦を足して19となったら1＋9＝10となり、この場合は10をそのまま11から引きます。

つまり、11引く10＝は1となり、一白となります。

(この二つの例外を覚えてください。つまり、西暦を足して10または19となったら、その年は一白となります)。

二〇〇八年以降は西暦を足して10と19になったら一白となり、その他は一桁になるまで足し、定数「11」からその一桁になった数を引けば紫白が算出できます。西暦を足して10と19は両方一白の年でしか発生しません。二〇〇八年から二一〇〇年までは、この方法で算出できることを確認していますが、それ以降は各自で確認してください。

6 月紫白算出法

月は現在使用している暦では、一日に月が替わりますが、風水では、「二十四節気」という節気の変わり目で月が替わることになります。二十四節気とは、十二の「節」と十二の「中気」に分けられ、太陰暦の通期の運行のみを基にした暦と実際の季節とのずれを補うために考案されたもので、太陽がどの位置に見えるかによって名前を付けたものです。その節をもって月替わりとします。現在の月と二十四節気を対応させると以下のようになります。一年の始まりは立春でした。立春は現在の暦で二月四日頃と書きました。これが立春に入ったということで「節入り」といいます。毎月節入りがあり節入りをもって月が替わります。

二月（寅月）	節入り「立春」	太陽黄経三一五度	二月四日頃	中気「雨水」黄経三三〇度
三月（卯月）	節入り「啓蟄」	太陽黄経三四五度	三月六日頃	中気「春分」黄経〇度
四月（辰月）	節入り「清明」	太陽黄経一五度	四月五日頃	中気「穀雨」黄経三〇度
五月（巳月）	節入り「立夏」	太陽黄経四五度	五月六日頃	中気「小満」黄経六〇度
六月（午月）	節入り「芒種」	太陽黄経七五度	六月六日頃	中気「夏至」黄経九〇度
七月（未月）	節入り「小暑」	太陽黄経一〇五度	七月七日頃	中気「大暑」黄経一二〇度
八月（申月）	節入り「立秋」	太陽黄経一三五度	八月七日頃	中気「処暑」黄経一五〇度
九月（酉月）	節入り「白露」	太陽黄経一六五度	九月八日頃	中気「秋分」黄経一八〇度
一〇月（戌月）	節入り「寒露」	太陽黄経一九五度	一〇月八日頃	中気「霜降」黄経二一〇度
十一月（亥月）	節入り「立冬」	太陽黄経二二五度	十一月七日頃	中気「小雪」黄経二四〇度
一二月（子月）	節入り「大雪」	太陽黄経二五五度	一二月七日頃	中気「冬至」黄経二七〇度
一月（丑月）	節入り「小寒」	太陽黄経二八五度	一月五日頃	中気「大寒」黄経三〇〇度

たとえば、午年の四月辰月の節入りである「清明」が四月六日だったとすれば、午年の四月の紫白は六白が入りますが、現在の暦で四月に入っても四月一日から四月五日までは前の月になるので、三月卯月の七赤の月となり、四月六日は四月辰月の六白の月となります。

そして、年と同じように月の紫白にも配置に法則があるので、以下に、月の配置の法則を示します。

基本概要

○子月・卯月・午月・酉月は、必ず、月の紫白に、一白か四緑か七赤しか廻ってきません。

また、子年・卯年・午年・酉年は、二月寅月は必ず八白から始まり、陰遁廻りとなります。

つまり、二月寅月は八白、三月卯月は七赤、四月辰月は六白……と廻ります。

またこうともいえる、一白か四緑か七赤の年は、二月寅月は八白から始まります。

○丑月・辰月・未月・戌月は、必ず、月の紫白に、三碧か六白か九紫しか廻ってきません。

また、丑年・辰年・未年・戌年は、二月寅月は必ず五黄から始まり、陰遁廻りとなります。

つまり、二月寅月は五黄、三月卯月は四緑、四月辰月は三碧……と廻ります。

またこうともいえる、三碧か六白か九紫の年は、二月寅月は五黄から始まります。

○寅月・巳月・申月・亥月は、必ず、月の紫白に、二黒か五黄か八白しか廻ってきません。

また、寅年・巳年・申年・亥年は、二月寅月は必ず二黒から始まり、陰遁廻りとなります。

つまり、二月寅月は二黒、三月卯月は一白、四月辰月は九紫……と廻ります。
またこうともいえ、二黒か五黄か八白の年は、二月寅月は二黒から始まります。

算出は次の表から算出できます。

速査表

月が進むにしたがって、紫白は一つずつ減る方向に進みます（これを陰遁《いんとん》廻りといいます）

年／月	一・四・七 子・卯・午 酉年	二・五・八 寅・巳・申 亥年	三・六・九 丑・辰・未 戌年
寅　2月	八	二	五
卯　3月	七	一	四
辰　4月	六	九	三
巳　5月	五	八	二
午　6月	四	七	一
未　7月	三	六	九
申　8月	二	五	八
酉　9月	一	四	七
戌　10月	九	三	六
亥　11月	八	二	五
子　2月	七	一	四
丑　1月	六	九	三

7 日紫白概要

日の紫白は、冬至前後の冬至に近い甲子の日を、「一白」として、その甲子の日から夏至前後の夏至に一番近い癸亥までは、陽遁で進みます。そして、夏至前後の夏至に最も近い甲子の日を、「九紫」として、冬至前後の癸亥の日まで陰遁で進みます。

陽遁で進むということは、一白・二黒・三碧……と数が増えて進むことをいいます。

陰遁とは、一白・九紫・八白・七赤……と進むことをいいます。

日本の日の紫白は、冬至や夏至前後の甲子から数えるしか日の紫白を算出できないため、紫白の書いてある「萬年暦」で調べます。右記の方法は、あくまでも日本での算出方法です。この基礎講座では、日本の紫白を使用します。中国圏での紫白と、日本の紫白は配置の方法から違うため、日本の紫白と中国圏での紫白は当然違ってきます。

閏日

冬至の日またはその前後一日に「甲午」がある場合は、その甲午を「七赤」として陽遁を始めます。また、夏至の日またはその前後一日に「甲午」がある場合は、その甲午を「三碧」として陰遁を始めます。これを「九星の閏」といいます。この基礎講座では日本の紫白を使用するため、中国圏の紫白は使用しませんが、参考に紫白歌訣のみを記しておきます。

日紫白飛星歌訣

修造星辰且要知
三元日白最為奇
冬至陽生前後節
順行甲子一宮移
雨水便從七宮起
穀雨還從四綠推
陰生夏至九宮逆
處暑前後三碧是
霜降六宮起甲子
順逆分明十二支
有是何星當值日
移入中宮順逆飛

※次の表の刻紫白表において、早子・夜子の考えを入れるかを考えましたが、基礎講座では二三時で日が変わるという考えで行います。

8 刻紫白算出法

刻の紫白は、日の紫白より算出します。

冬至前後の冬至に最も近い日の甲子の日より、夏至前後の夏至に最も近い癸亥の日までは、

①一白・四緑・七赤の日は、子時が一白から始まり、陰遁で進みます。

②二黒・五黄・八白の日は、子時が四緑から始まり、陰遁で進みます。

③三碧・六白・九紫の日は、子時が七赤から始まり、陰遁で進みます。

夏至前後の夏至に最も近い日の甲子の日より、冬至前後の冬至に最も近い癸亥の日までは、

④一白・四緑・七赤の日は、子時が三碧から始まり、陰遁で進みます。

⑤二黒・五黄・八白の日は、子時が六白から始まり、陰遁で進みます。

⑥三碧・六白・九紫の日は、子時が九紫から始まり、陰遁で進みます。

※陰遁、陽遁廻りを夏至、冬至の日から廻す流派もありますし、陰遁のみで廻す流派もあり、日の振り方も、刻の振り方も何種類かありますが、ここでは、右記に書いた廻し方を採用します。

刻紫白は、次ページの刻紫白速査表より求められます。

刻紫白速査表

刻は、左記の表から算出します。

陰遁日 いんとんび			陽遁日 ようとんび			
夏至に最も近い甲子の日より 冬至に最も近い癸亥の日まで			冬至に最も近い甲子の日より 夏至に最も近い癸亥の日まで			
三・六・九 子・卯・午・酉	二・五・八 丑・辰・未・戌	一・四・七 寅・巳・申・亥	三・六・九 寅・巳・申・亥	二・五・八 丑・辰・未・戌	一・四・七 子・卯・午・酉	日刻
九	六	三	七	四	一	子 23時～1時
八	五	二	八	五	二	丑 1時～3時
七	四	一	九	六	三	寅 3時～5時
六	三	九	一	七	四	卯 5時～7時
五	二	八	二	八	五	辰 7時～9時
四	一	七	三	九	六	巳 9時～11時
三	九	六	四	一	七	午 11時～13時
二	八	五	五	二	八	未 13時～15時
一	七	四	六	三	九	申 15時～17時
九	六	三	七	四	一	酉 17時～19時
八	五	二	八	五	二	戌 19時～21時
七	四	一	九	六	三	亥 21時～23時

◆資料

1 羅盤の持ち方

羅盤は、丹田の位置で持つことを基本とします。

羅盤で量る時に、羅盤は丹田の位置にあり、対象物を看る目は身長一七〇センチメートルの人ならば、目と丹田の位置に六〇～七〇センチメートルの差ができます。磁力は高さによっても変化するので、身長の長短で磁力方位が変わる場合があることを考慮しなければなりません。また、身長の高さによって目の位置が変わるので、見える風景も違ってきます。

見える風景が変わるということは、水法を例にとっても、取る場所が違ってくる場合が多々あります。陰宅の場合は、竿石の頂点をもって看る時の太極とするので、看る位置に変化はありません。

しかし、陽宅の場合は、座山や水などを量る時に、その量る人によって、目の位置と丹田の位置が変わってくるので太極をどこにするかが問題となります。陽宅の場合どこをもって太極を決めるかというと、その家に住む住人の丹田をもって羅盤の位置とし、住人の目の高さをもって風景を看る位置とするのです。

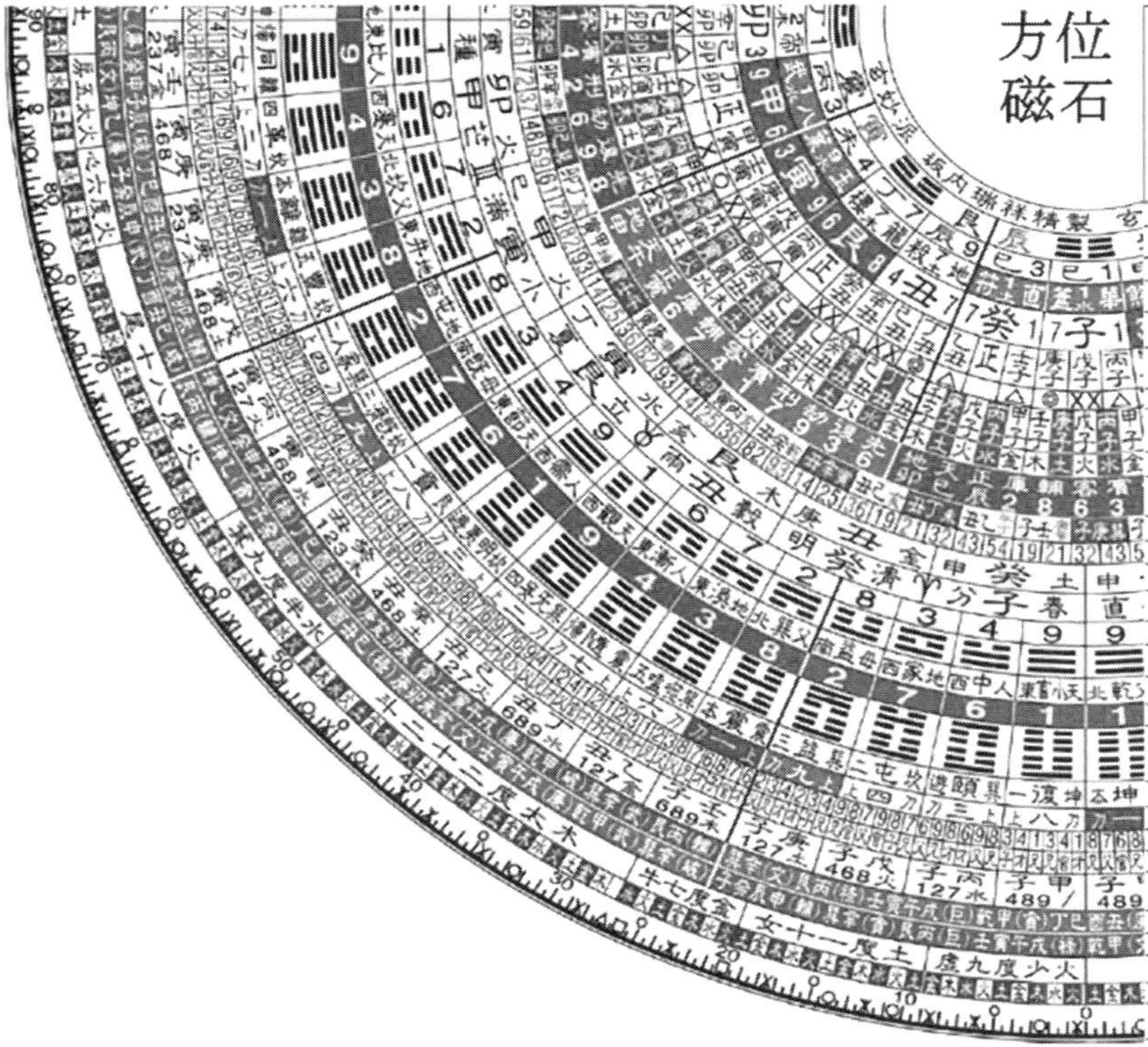

⇒	天池
⇒	コピーライト
⇒	黄泉八殺・先天卦形・後天八方位
⇒	劫殺・玄空雌雄数
⇒	二十四天星名・24山五行・替星数
⇒	先天数・地盤二十四山名・後天数
⇒	穿山七十二龍
⇒	穿山七十二龍吉凶
⇒	120龍分金
⇒	120分金五行
⇒	龍門八局水法
⇒	六十龍
⇒	飛星下卦中宮星五運～九運
⇒	人盤二十四山・消砂五行
⇒	天盤二十四山・黄経対応二十四節気
⇒	先天六十四卦玄空数
⇒	先天六十四卦形
⇒	先天六十四卦名・三般卦
⇒	後天六十四卦玄空数
⇒	後天六十四卦形
⇒	後天六十四卦名・六十四卦帰納名
⇒	六十四卦運
⇒	六十四卦変爻運
⇒	六親
⇒	六十干支・納音五行・天機安在外
⇒	輔星卦水法
⇒	山龍法
⇒	開禧二十八宿
⇒	二十八宿度数五行
⇒	周天三百六十度・吉凶

住人の中のどの人をもって基準にするかは、その家に影響力が一番強い人をもって決めます。しかし、子供の机を良い配置にするのに水法や砂法と合わせる場合は、その子供の丹田と目の位置によって看ることとなります。方位を看る時には、平面で捉えるのではなく、空間で捉えることが肝要です。

次に、天池の看方ですが、まずは自分の利き目を知る必要があります。

親指と人差し指で円を作り、両目で見て対象物が円の中に入るようにします。そして、片方ずつ片目をつむり、対象物が円の中に見える方の目が利き目となります。

天池の中にある赤い線（子午線）と磁針を合わせる時に、真上から利き目をもって合わせないと二、三度の差がすぐ出てしまうので、正確に測るためにこの方法は必須です。

羅盤で量る時に、太極から量りますが、自分が太極に立つのではなく、羅盤の天池を太極と合わせます。たとえば、太極から水法を看るとすれば、太極に立ってしまうと、羅盤は太極からずれてしまいます。その上、羅盤を持った姿勢で自分が向きを変えてしまうと、太極がまた動いて来水方や去水方を見ることになってしまいます。羅盤を太極に合わせたら、羅盤は太極から動かさず、自分が羅盤の周りを動いて、羅盤の太極をずらさないように量ることが大切です。

まとめ

○陰宅は、竿石の上部をもって看る太極とします（座山を量る太極はまた違ってきます）
○陽宅は、そこの住む人の丹田をもって太極とし、看る位置はそこの住人の主要な人の目の位置となります。
○住人の中の一人を合わせる場合は、その人の丹田をもって太極とし、その人の目の位置をもって看る高さとします。
○子午線と磁針を合わせる時は、利き目を使い、天池を真上から見て慎重に合わせます。

以上がまとめですが、羅盤を毎日使用し、慣れる練習が必要です。

2 掌訣

掌訣とは、手を使っていろいろな法則を覚えるためのもので、十二支を指の各関節に当てはめて十二支を数える時に早見表的に使うものや、先天八卦や後天八卦などの位置を指に当てはめて覚えて早見表的に使用するものをいいます。

●先天八卦掌訣

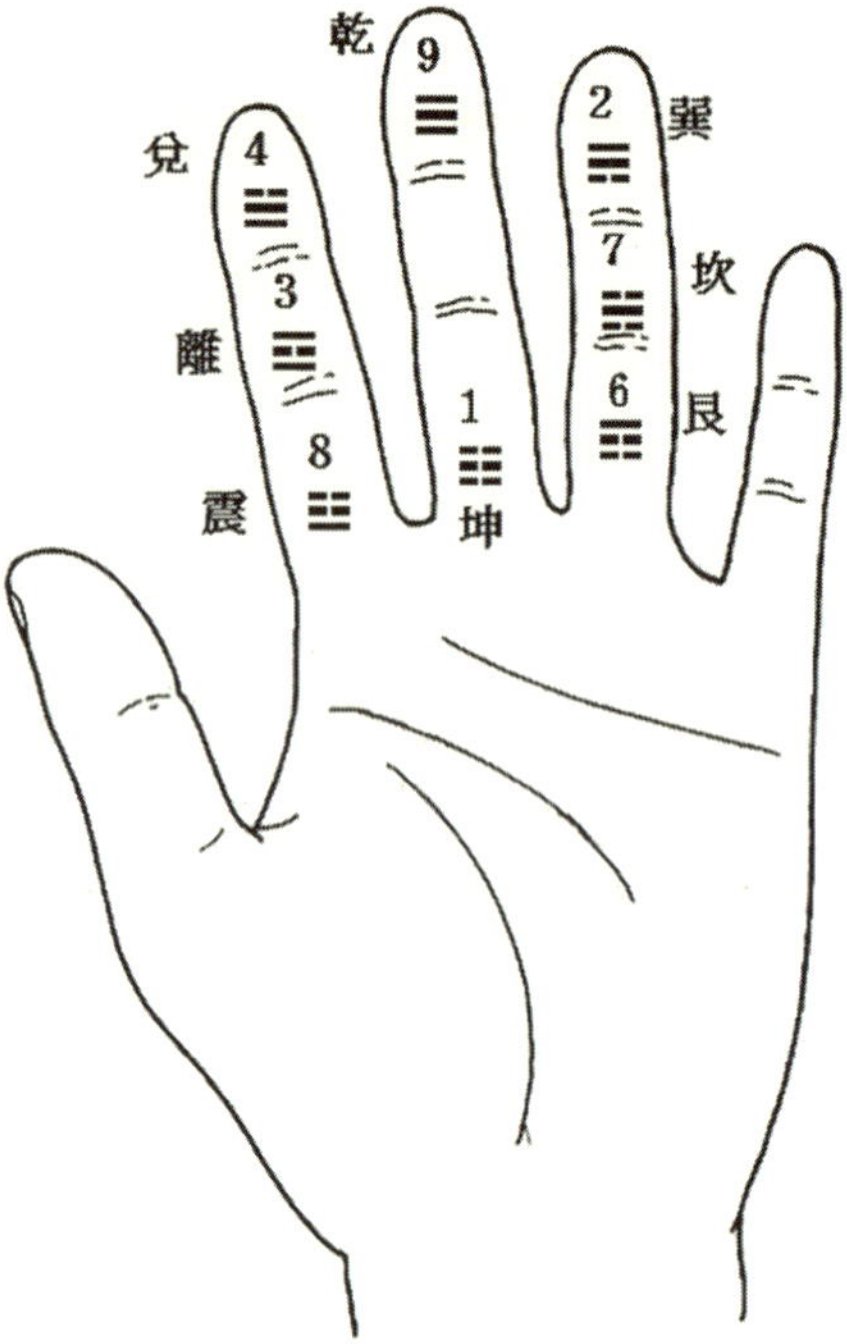

「先天八卦掌訣」は、先天圖を指に配置したもので、すぐに先天数がわかるようにし、先天八卦の位置がすぐにわかるようになるための圖です。これを覚えることによって、玄空大卦や玄空飛星、滅龍などの先天数を使用する場合にとても役に立ちます。

後天八卦掌訣

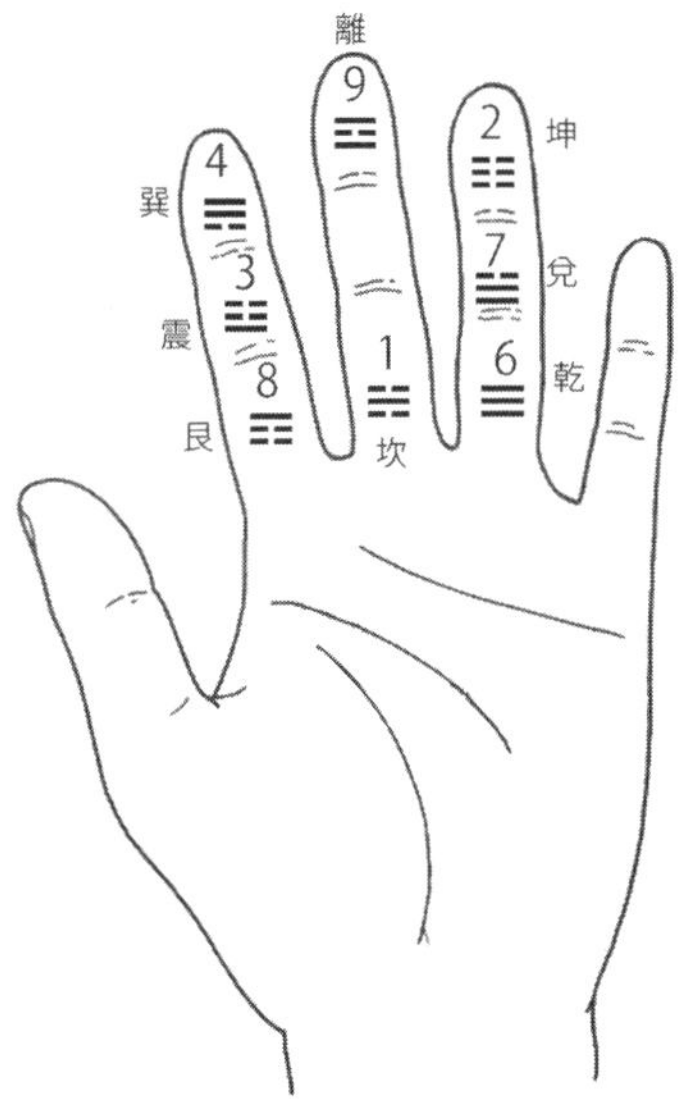

後天八卦掌訣とは、先天八卦と合わせて八卦の数を比べたり、方位と後天八卦の関係を導き出したりする時に使用する掌訣です。

十二支掌訣

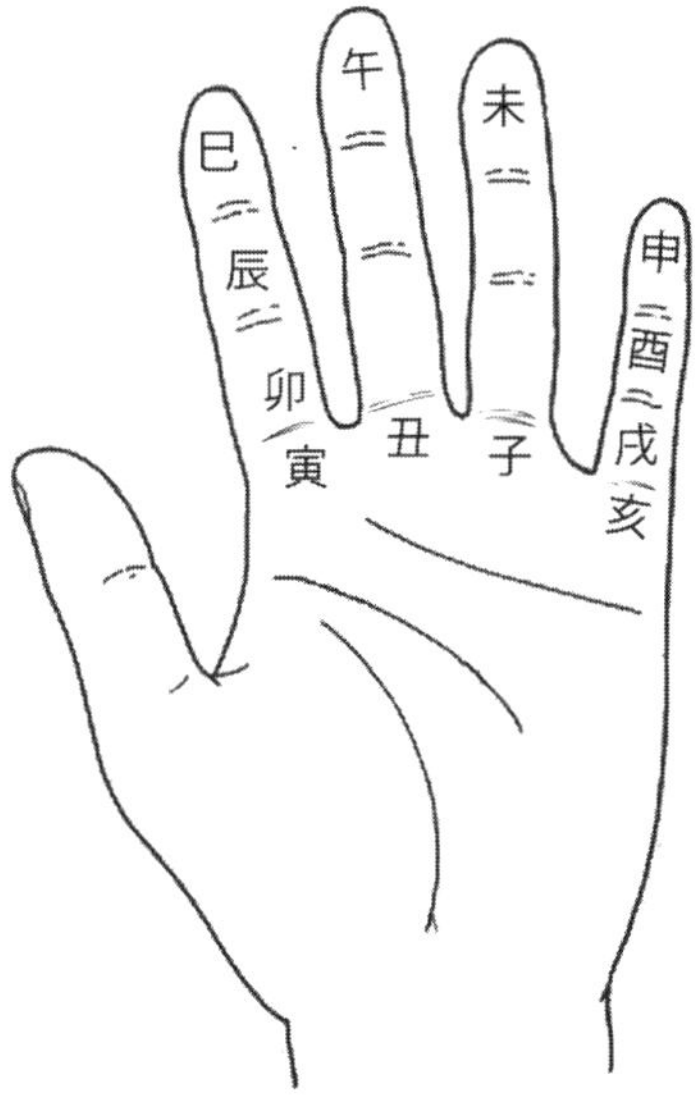

十二掌訣とは、十二支を指の関節に当てはめ、物事が起こった月や年の十二支を数えて特定する時に使用する掌訣です。

●紫白掌訣

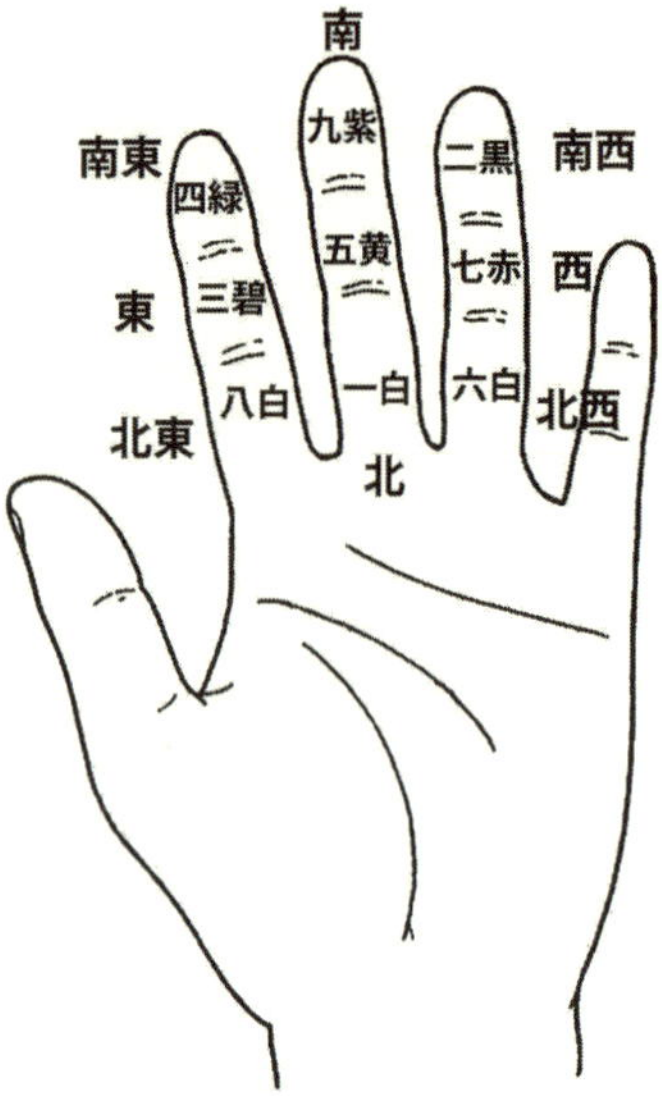

紫白の定位盤であり、これをもとに年月日時の紫白を廻し、各方位にどのような紫白が廻っているかなどを調べる時に使用する掌訣です。

●月紫白掌訣1

子・卯・午・酉年（一白・四緑・七赤の年）

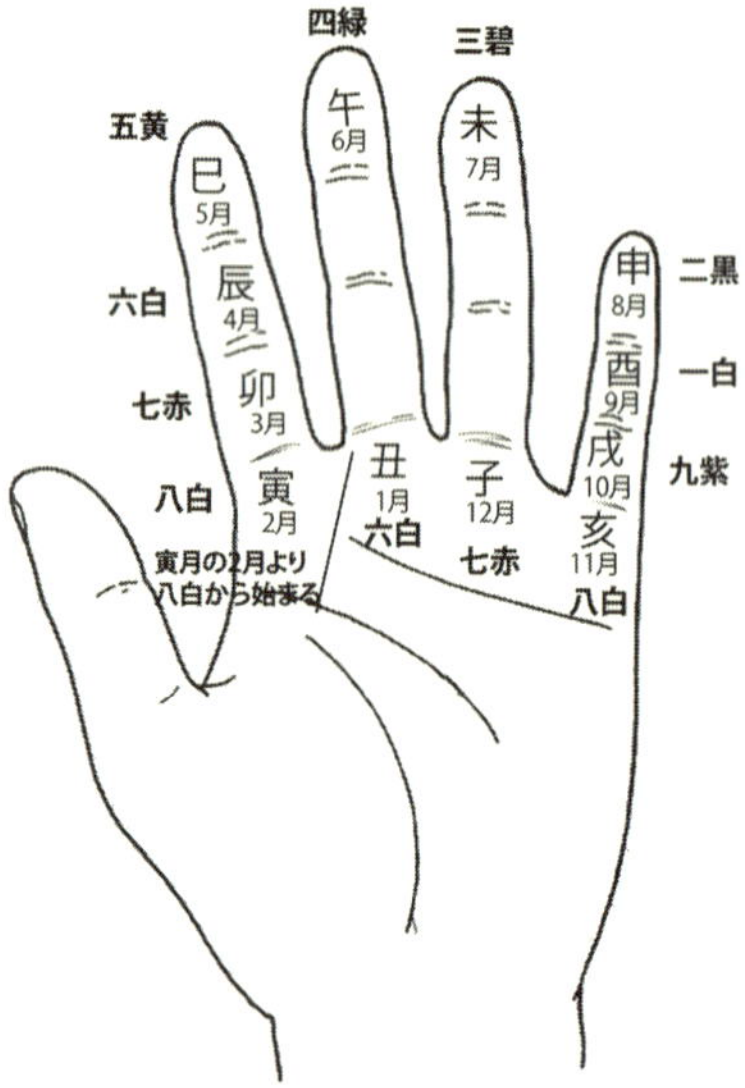

子・卯・午・酉の年紫白では、一白か四緑か七赤しか紫白は廻ってきません。そして、この年は必ず、月の紫白は寅月八白から始まり陰遁廻りとなります。

●月紫白掌訣2

丑・辰・未・戌年（三碧・六白・九紫の年）

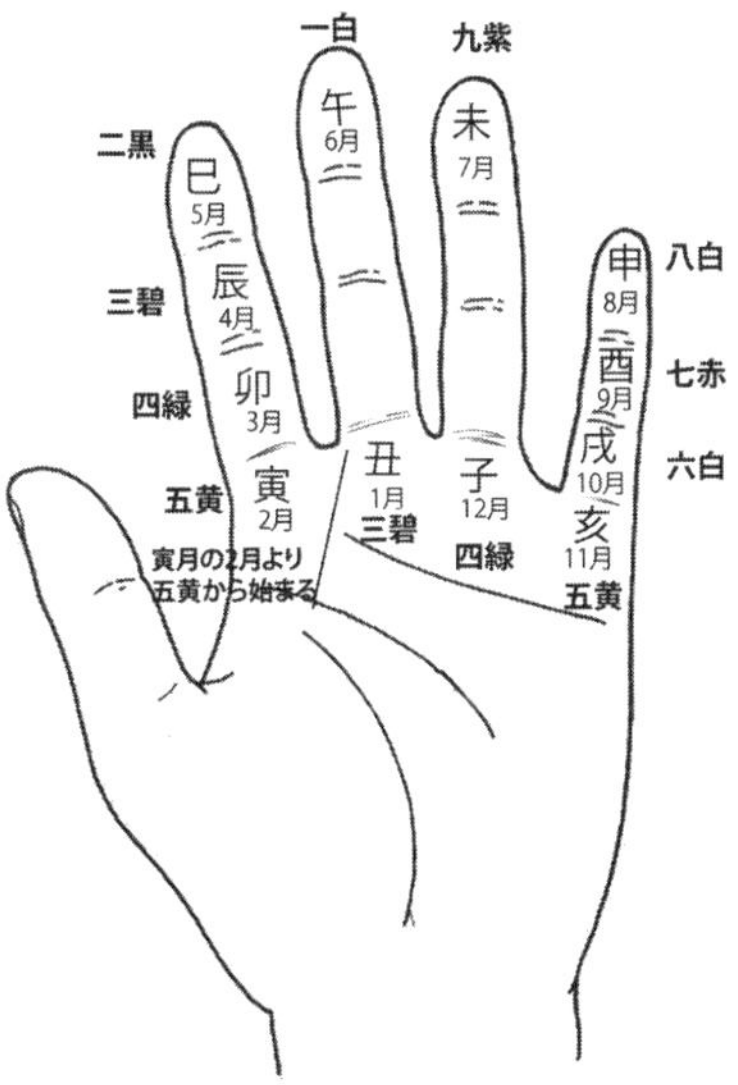

丑・辰・未・戌の年紫白は、三碧か六白か九紫しか紫白は廻ってきません。そして、この年は必ず、月の紫白は寅月五黄から始まり陰遁廻りとなります。

●月紫白掌訣3

寅・巳・申・亥年（二黒・五黄・八白の年）

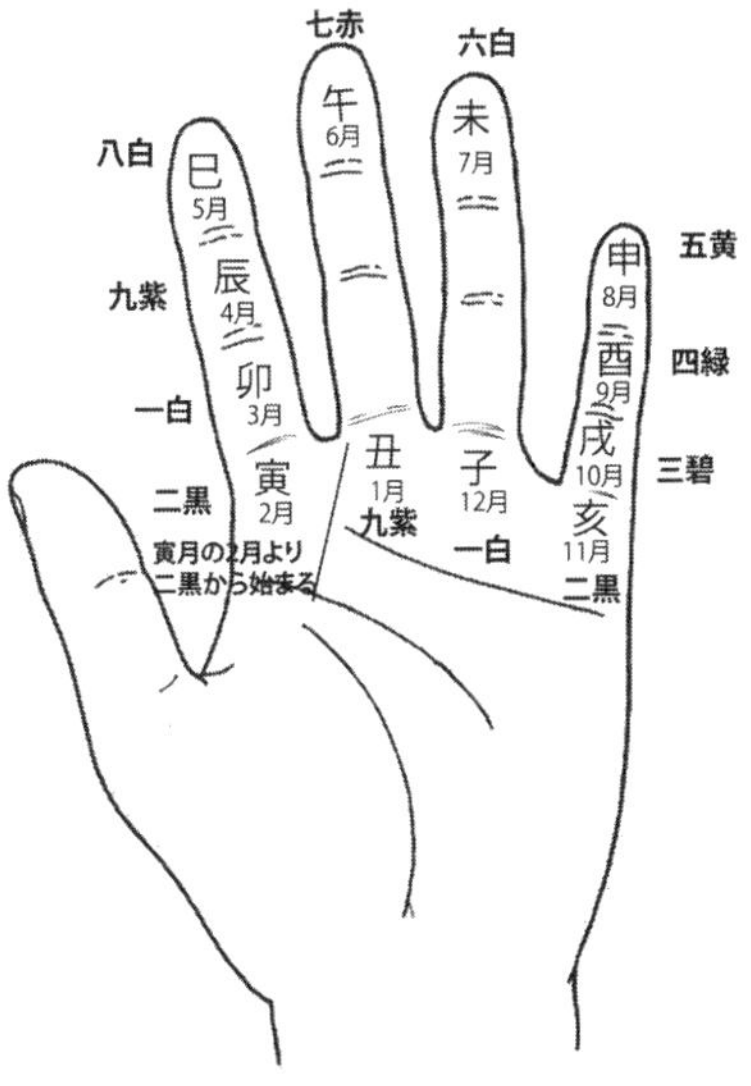

寅・巳・申・亥の年紫白は、二黒か五黄か八白しか紫白は廻ってきません。そして、この年は必ず、月の紫白は寅月二黒から始まり陰遁廻りとなります。

3　通常の年月日時から、干支に変換する例

①一九九五年三月八日　六時
乙亥（五黄）年　己卯（一白）月　戊戌（五黄）日　乙卯（七赤）時
②二〇〇〇年五月一七日　一六時
庚辰（九紫）年　辛巳（二黒）月　乙亥（六白）日　甲申（六白）時
③二〇〇二年一〇月八日　一七時
壬午（七赤）年　己酉（一白）月　己酉（三碧）日　癸酉（九紫）時
④二〇〇二年一〇月八日　二〇時三〇分
壬午（七赤）年　庚戌（九紫）月　己酉（三碧）日　甲戌（八白）時
⑤二〇一〇年二月四日　六時
己丑（九紫）年　丁丑（三碧）月　乙酉（四緑）日　己卯（四緑）時
⑥二〇一〇年四月四日　八時三〇分
庚寅（八白）年　戊寅（二黒）月　乙酉（四緑）日　庚辰（五黄）時

日の紫白は日本の紫白です。節入りは、日本の標準時間です。
第二部からは、点訣・線訣・面訣と、徐々に風水らしいものに入りたいと思います。

コラム◎家の重心は生活形態で変わる

家の重心とは、一点でその家を持ち上げた時にバランスが取れる点です。その点は、当然として重さが関係してきます。また、形も関係してきます。

重さという点では、生活用品が何も入っていない家と、生活用品が入り、本があったり、テレビや洗濯機があったりする家の状態です。その生活用品にはそれぞれ重さがあり、洗濯機などは、止まっている状態と、回転している状態とでは、また重さが変わってきます。この時の重さは、洗濯機自体の重さが変化するのではなく、洗濯機が回転することによって、遠心力が家に重さとして加わってくるものです。これは、回転する換気扇やエアコンの屋外器なども同様です。

このように、生活形態で、本を一部屋にまとめれば、その部屋は大変な重さが加わることとなります。本が一〇〇〇冊あったとして、この本を、東に置く場合と南に置く場合では、重心が変わるのはおわかりでしょう。東に置けば、重心は東にずれ、南に置けば重心は南にずれるのが当然だからです。

それでは、重心が風水とはどういう関係にあるかというと、風水は三次元の看法ですから、二次元に高さが加わり、そこに空間が生まれます。

地球上には誰一人逃れることができない法則が多くあります。その中の一つが、引力の法則です。引力とは物体間に働く、引き合う力です。引力の法則には重量の重いものほど引き寄せる力が強くなるという点が風水ではとても重要になってきます。

先ほどのように、本を一〇〇〇冊も置けば重量は大変なものとなります。それを南に置けば、人も引力の法則にしたがって、自覚はしなくとも南に引っ張られる力が強くなります。その時に、東にばかり向かって座っていたとしましょう。すると人の体の中の構成要素で一番多い水分が、南に引っ張られる力が増えるということです。寝ている場所なら、毎日八時間その場所で寝れば、南に引っ張られている力の作用が大きい時間が、一日の三分の一となり、年間では約四か月もの時間が、南に引き寄せられる力が通常より強くなることとなります。これは、人に影響を与えるには十分な時間です。だから、重心が大切となってくるのです。

これは、家の周りにどのような素材でどのような大きさの家があるかによっても当然違ってくるので、家を建てる場合は、周りの環境をよく観察しなくてはなりません。

通常の一軒家の目の前に、大きなビルが建てば、おのずとそのビルの方へ引く力が強くなります。これを消すことはできませんが、緩和する方法は、そのビルの反対側を重くする方法が一つと、そのビルを背にして、ビルの引力で自分の家を安定させることです。

第二部　看法

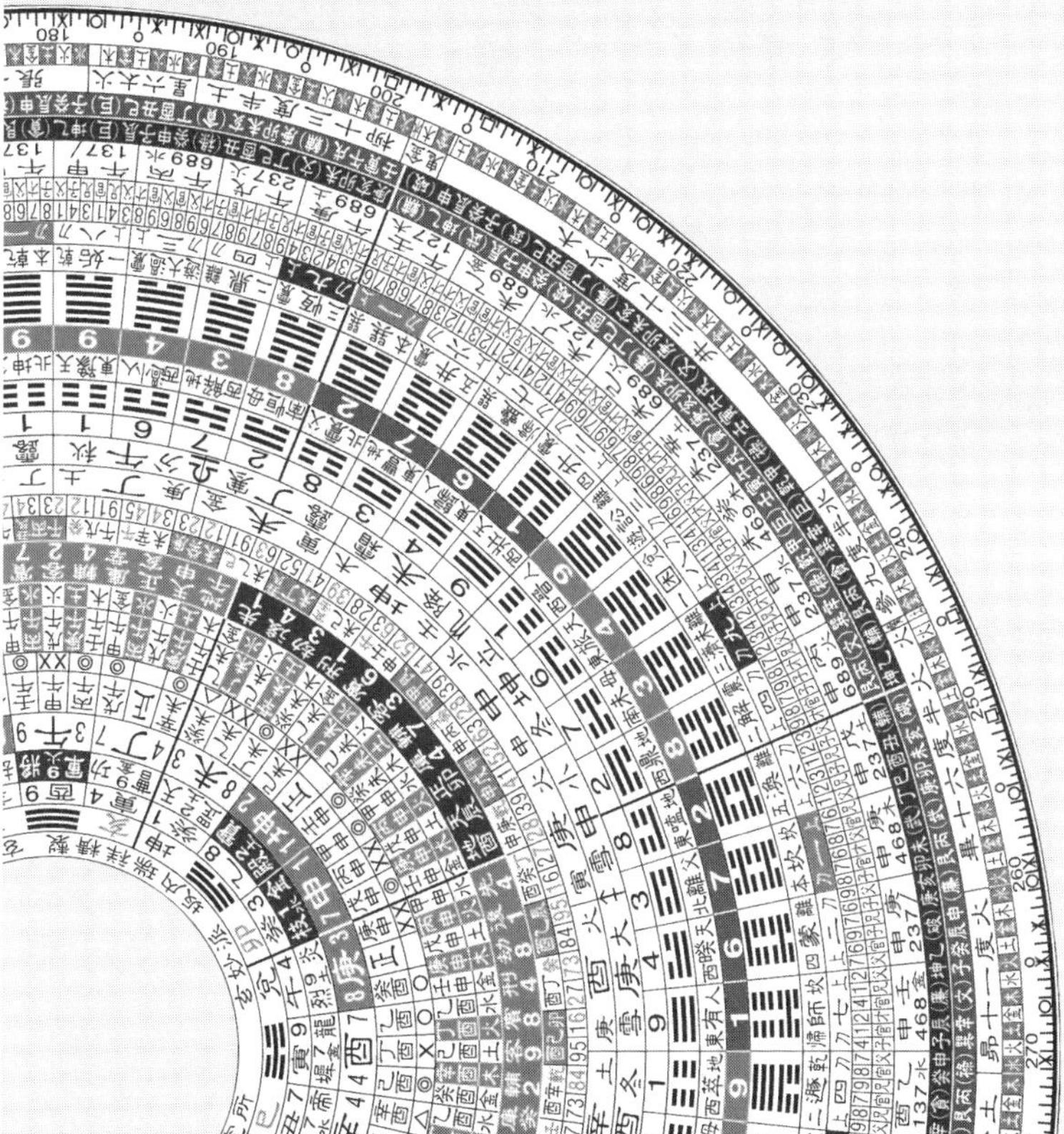

第一章　中心算出法と太極万物の根源

実際の風水鑑定においては、陽宅においても、陰宅においても、立向や座山を量る時の太極は、たいへん大切な事柄となっています。

たとえば、玄空飛星の替星卦を使うかどうかは、子山ならば子の壬側との境一・五度または三度以内に入る時に使用しますが、その時の太極、つまり座山を量る場所が一〜三度くらいはすぐ違ってくるのは、皆さんがご存じの通りです。ですから、「太極」がとても大切になってくるのです。

その看法によって「太極」は違ってきますが、家の座山に関しては基本的に「玄関」で取ります。これは、「玄関」から気が入ってくる「口」であり、人とともに気を運んでくるからです。風水の本やインターネットなどに、家の中では羅盤は使わないとか、家の座山を量る時に玄関ドア近くで量ると磁場が狂いやすく正確な座山が量れないなどと書いてあるのを目にする場合がありますが、玄関ドアや他の金属や磁気化した物が磁場に影響することは当たり前のことで、その磁場の影響も含めて、住んでいる人に影響を与えているということを忘れてはいけないと思います。

土地の磁場がくるっていると人に影響を与えるということは、ほとんどの風水師が認めることだと思います。ある土地に建物を建てた場合に建物自体の材料や他のものが磁場をくるわしているとすれば、その影響を受けないわけがないと私は考えています。その変化が良い影響を与えるか、悪い影響を与えるかを見極めるのも、風水師の仕事の一つだと考えます。

太極とは三次元に浮かんでいる「点」です。ですから量る場所や高さが大切になってくるのです。この概念が非常に大切であり、この概念がわからないと、家の中で羅盤は使わないなどとわけのわからない方向に行き、図面でのみ看ることになってしまうのです。風水師が正確に座山や方位を量るということは、測量士の概念とはまったく違っているという認識が必要だと思います。

1 点訣《てんけつ》の概要

点訣とは、羅盤の天池の中心を置く場所を見定める方法です。点訣には、太極と同じような意味があり、中心という概念があります。

点訣の場所には、

① 家の中心
② 水法などで使用する、屋外において水を量る場所
③ 玄関
④ 家や会社で人が普段いる場所
⑤ 寝位（寝る場所）
⑥ 神位（神棚の位置）
⑦ 仏位（仏壇の位置）

などがあります。

この中で、最も難しいのは、②の位置を決める場合です。次に難しいのは③の玄関で、その次が①の家の中心です。④から⑦に関しては、①の家の中心からの方位と、その物が置いてある部屋の中心または入り口からその物が置いてある場所を量れば良いので、それほどの難しさはありません。あくまでもその場所を特定する難易度であり、その位置が風水的に合っているかどうかは別の話です。

② 点訣Ⅰ　家の中心算出法

風水を看る時に耐えうる程度の精度で、家の中心を簡単に出す方法を紹介します。

図1 この図は四角なので対角を結べば中心を出すことができます。

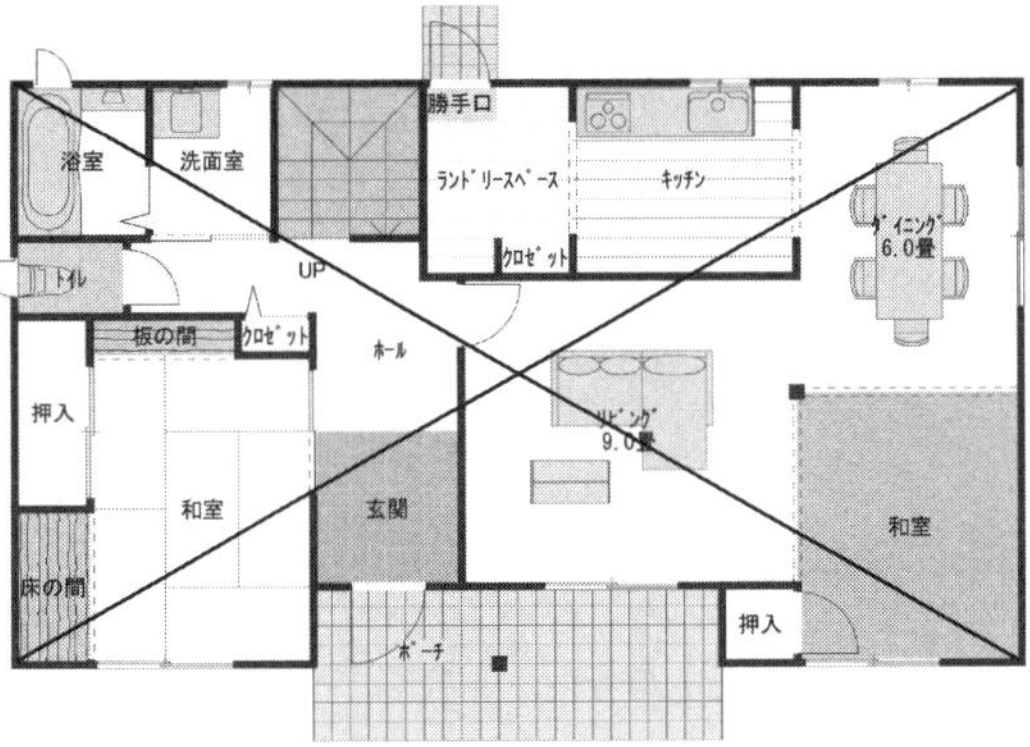

図2 この図は四角の変形なので三方の同じ面積を省き対角を結べば中心を出すことができます。この図は四角の変形で両側に出があるので、出ている所を省き、四角にして対角を結べば中心ができます。

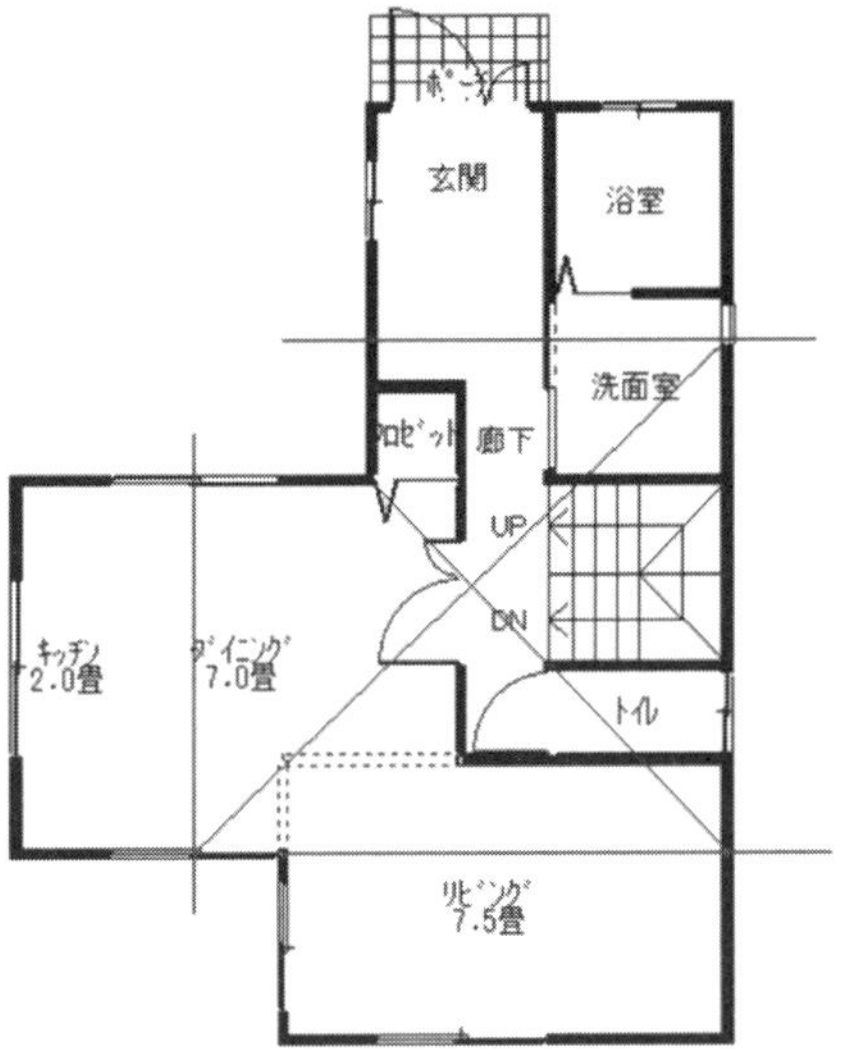

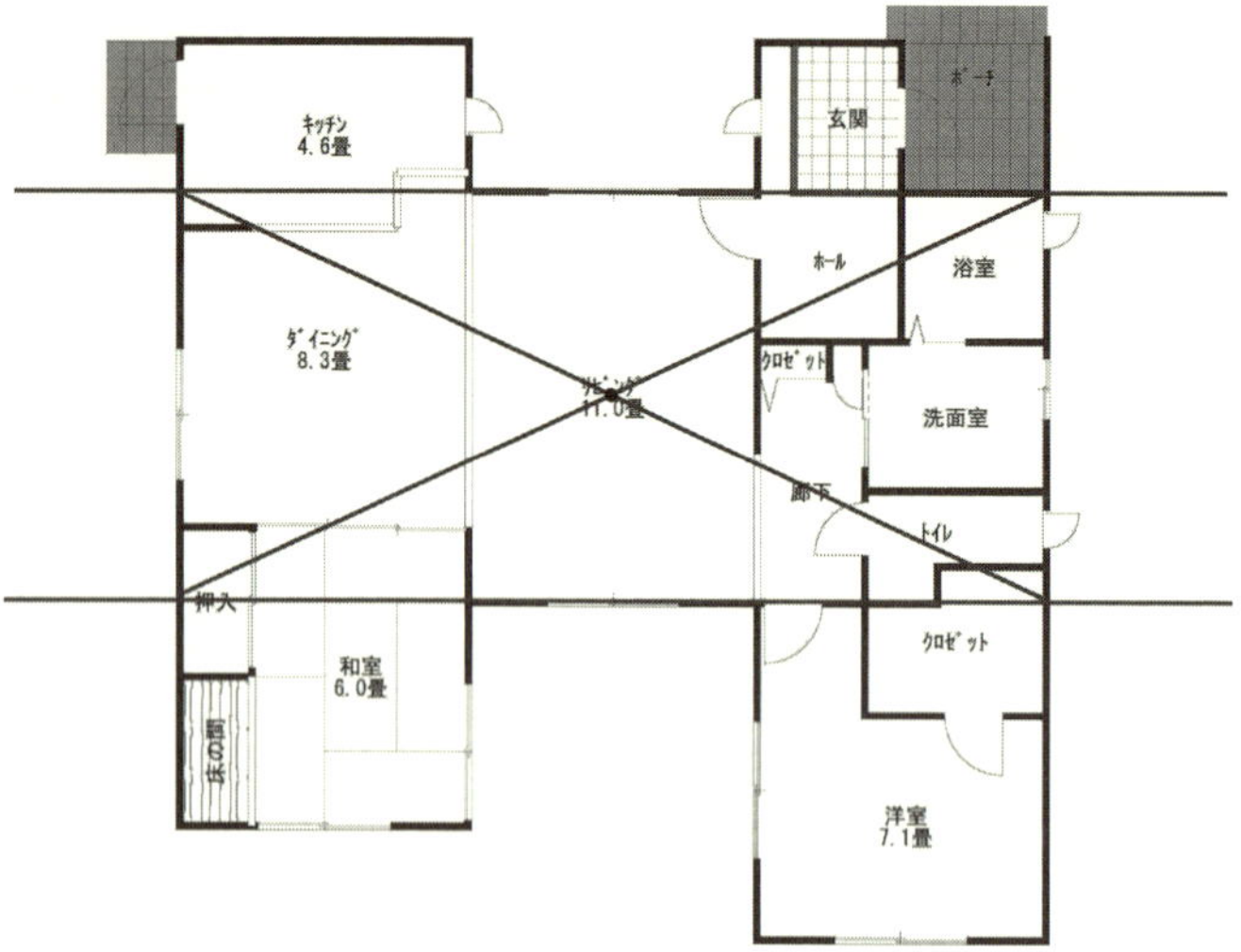

図3　この図は四角の変形で両側に「出」があるので、出ている所を省き、四角にして対角を結べば中心が出ます。

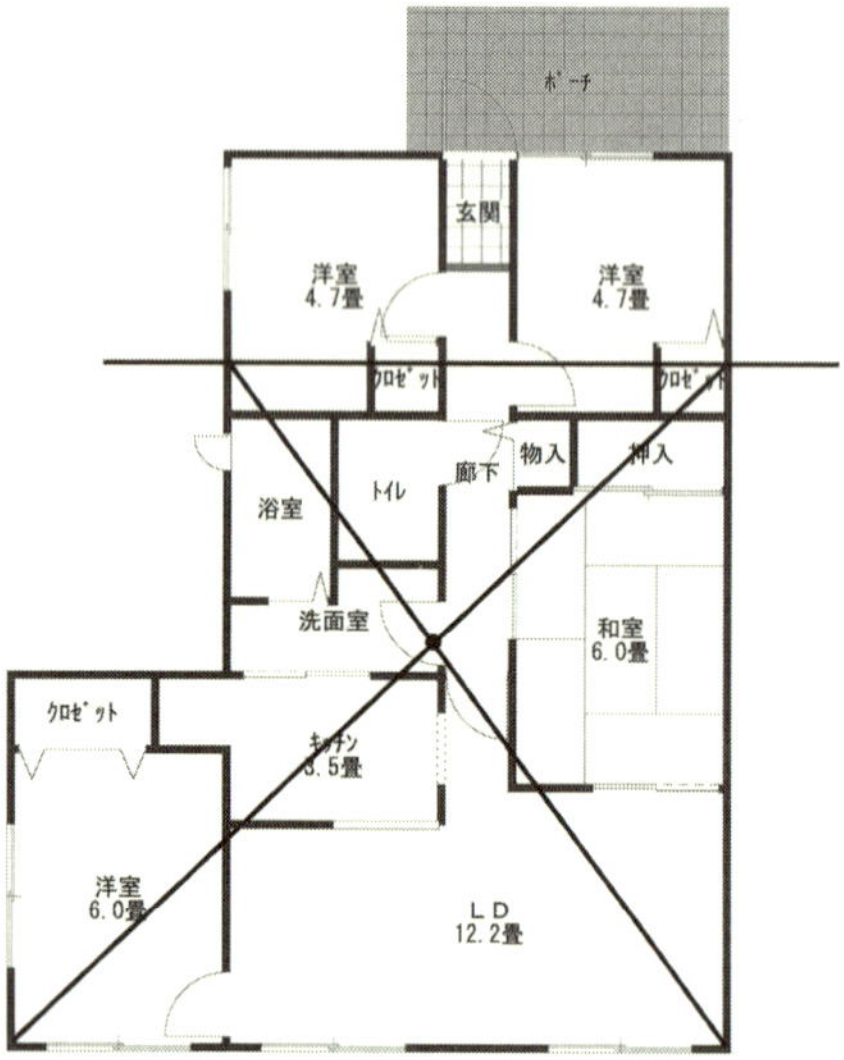

図4　この図は四角の変形で片側に「出」があるので、辺の長い方（図でいえば右の辺）を右下の出ている長さと同じ長さを長辺部分から省き、対角を結べば中心が出ます。

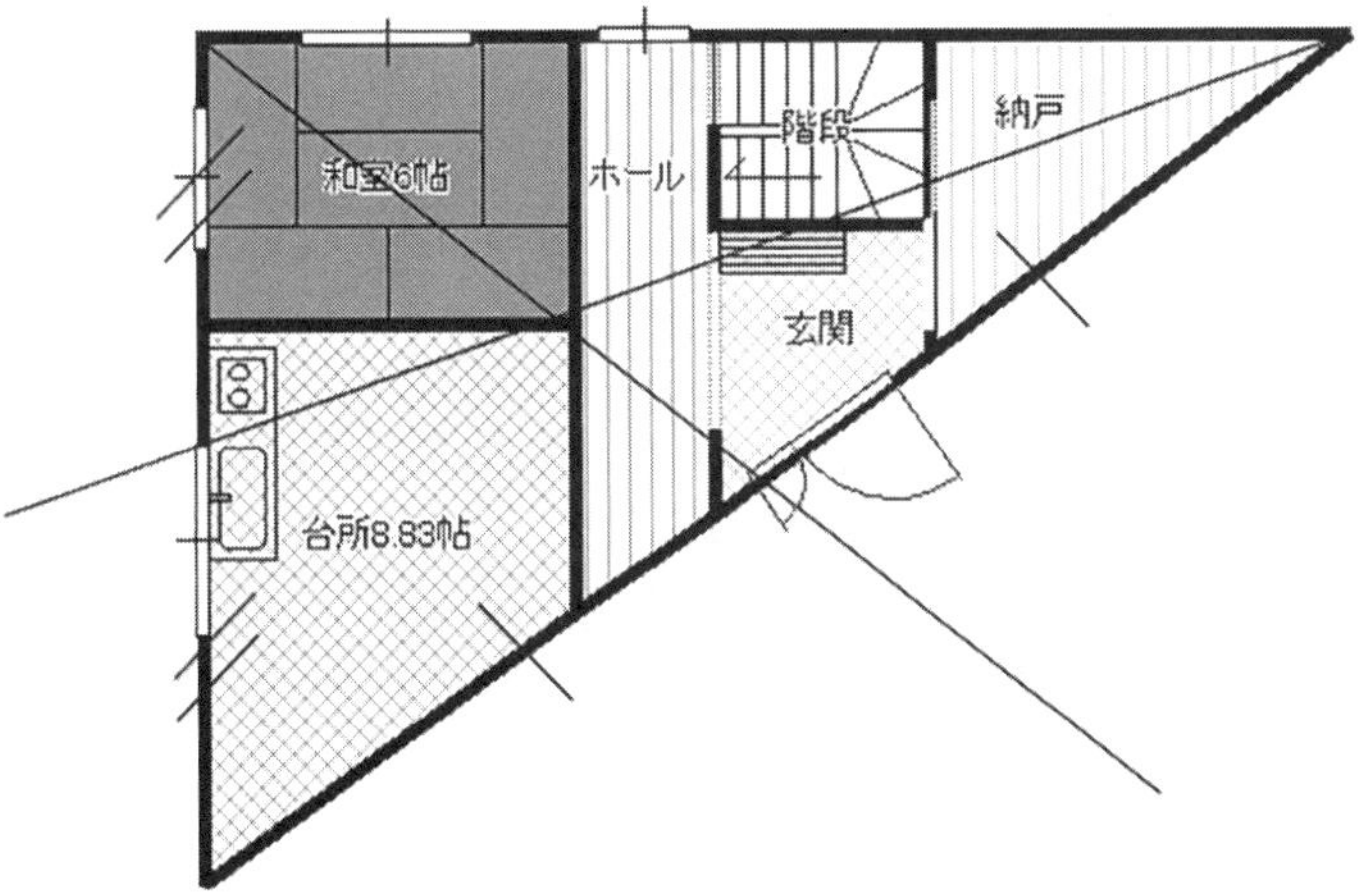

図5　この図は三角の変形なので、角から対面の辺の中心点を結べば中心が出ます。

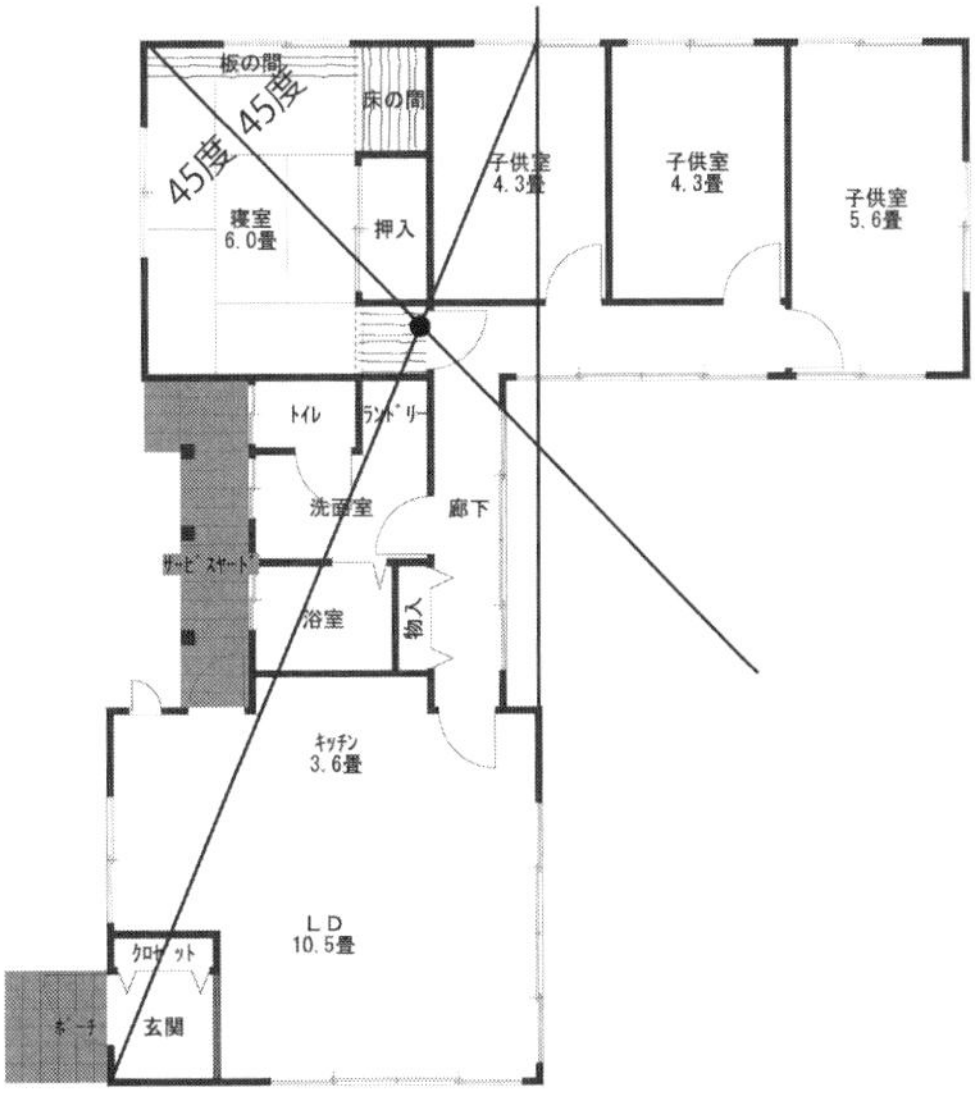

図6　この図はL字の家なので、左上の角から四五度に線を引き、そして四五度の線を引いた角の延長線の右下の角から家を長方形とした時の角に向かって線を引くと中心が出ます。

3 点訣II　面積比による家の中心算出法

通常、八方位は点訣Iの算出法で問題ありませんが、二十四方位や六十四卦を使用する場合は正確な中心を算出する必要があります。その時には、面積比によって中心を出す方法を用いるとよいでしょう。

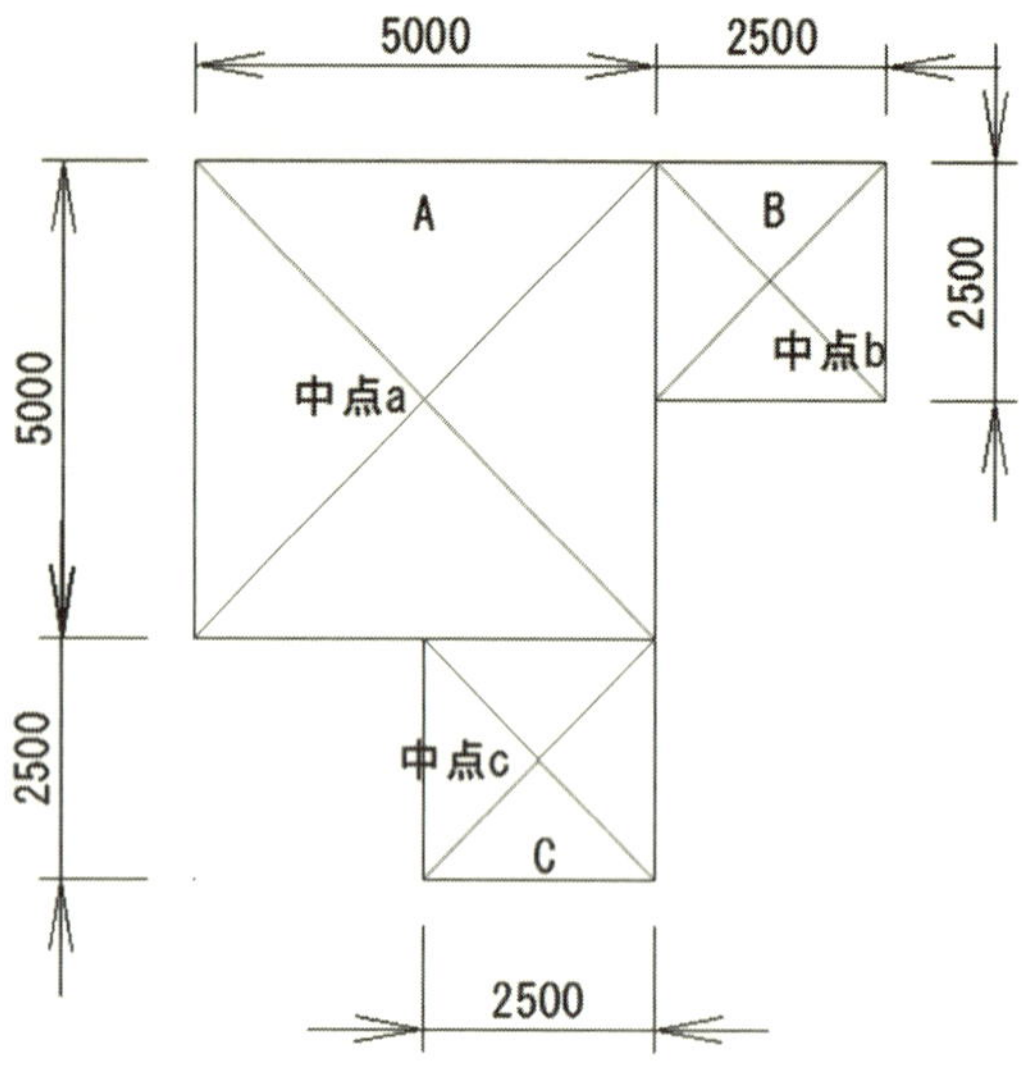

図1　まず、図面を四角く区切ります。なるべく大きく区切るようにします。

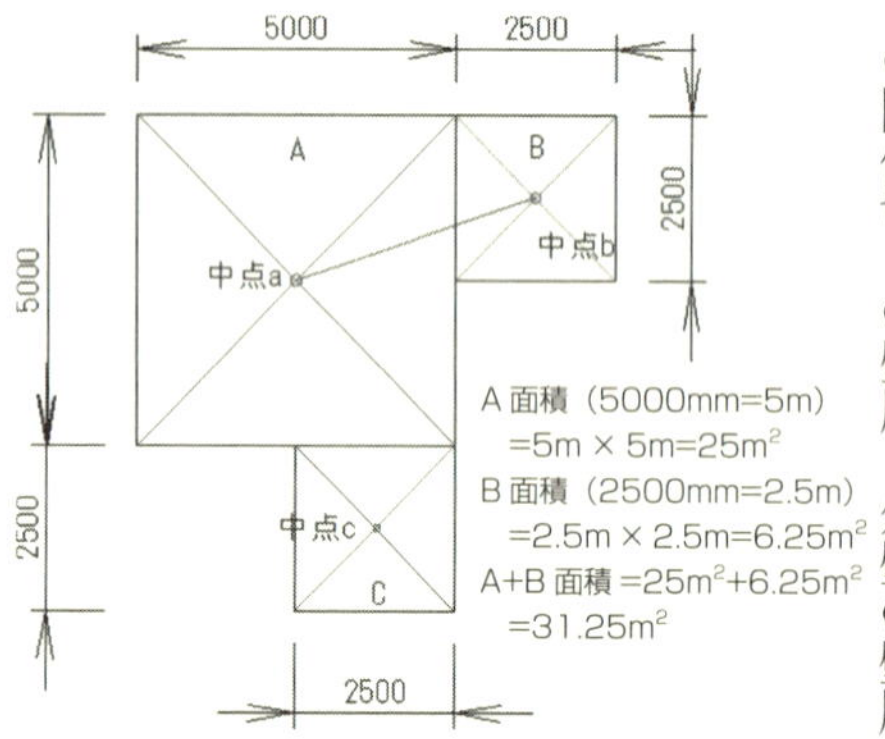

A+B の面積における A の面積の割合
A+B の面積 =31.25m²　A の面積 =25m²
25 ÷ 31.25%=80%（25 ÷ 31.25 × 100=80）

以上で A+B の面積における A の面積の割合は 80%となる

図2　家の寸法を図面でなく実際に測る場合、外から測るだけの場合はそのままで問題ありませんが、外からと中から図る場合は家の中の間仕切りの壁厚と外壁の壁厚を考慮します。

図3 図面上で量る場合、比率を測るので、図面に寸法や縮尺が書いていない場合でも、同じ単位で測れば問題ありません。

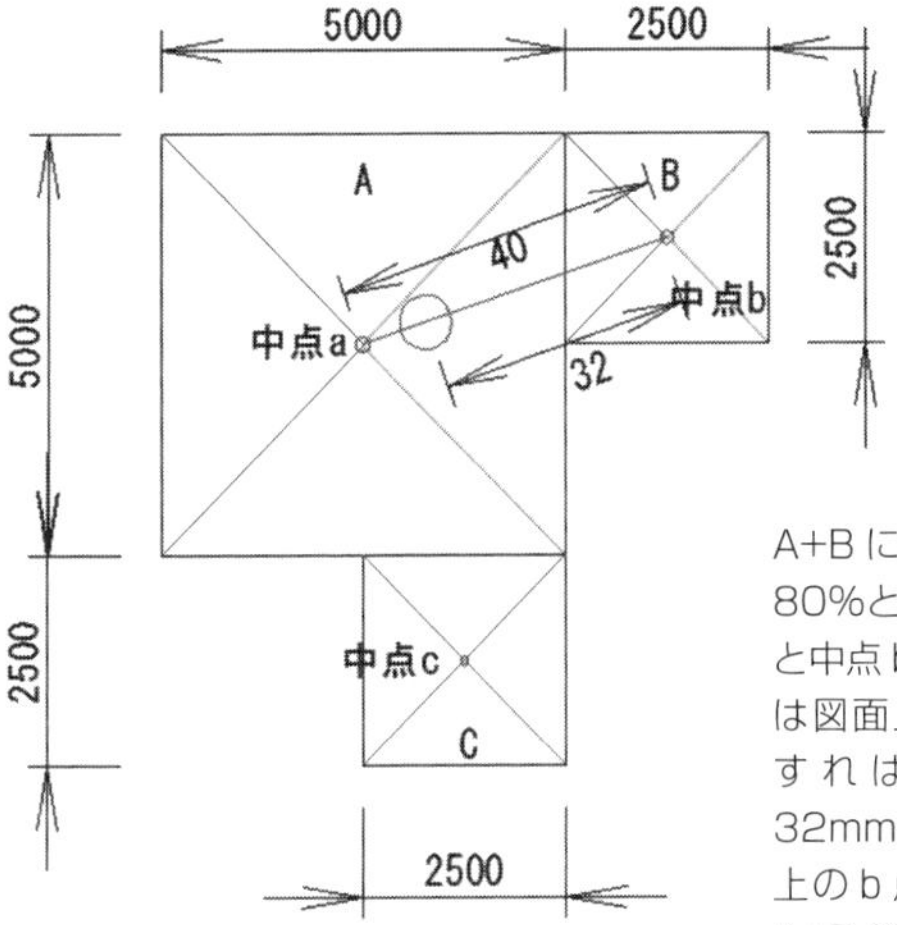

A+B において、A の面積比は80%とわかった。次に中点 a と中点 b の長さを測る。ab 間は図面上 40mm であったとすれば、40mm の 80% で 32mm とわかるので、ab 線上の b 点から 32mm の所が A+B の図の中心点となる。

図4 左記のように計算をして、四角く区切った面積比で中心を動かしていけば完了です。

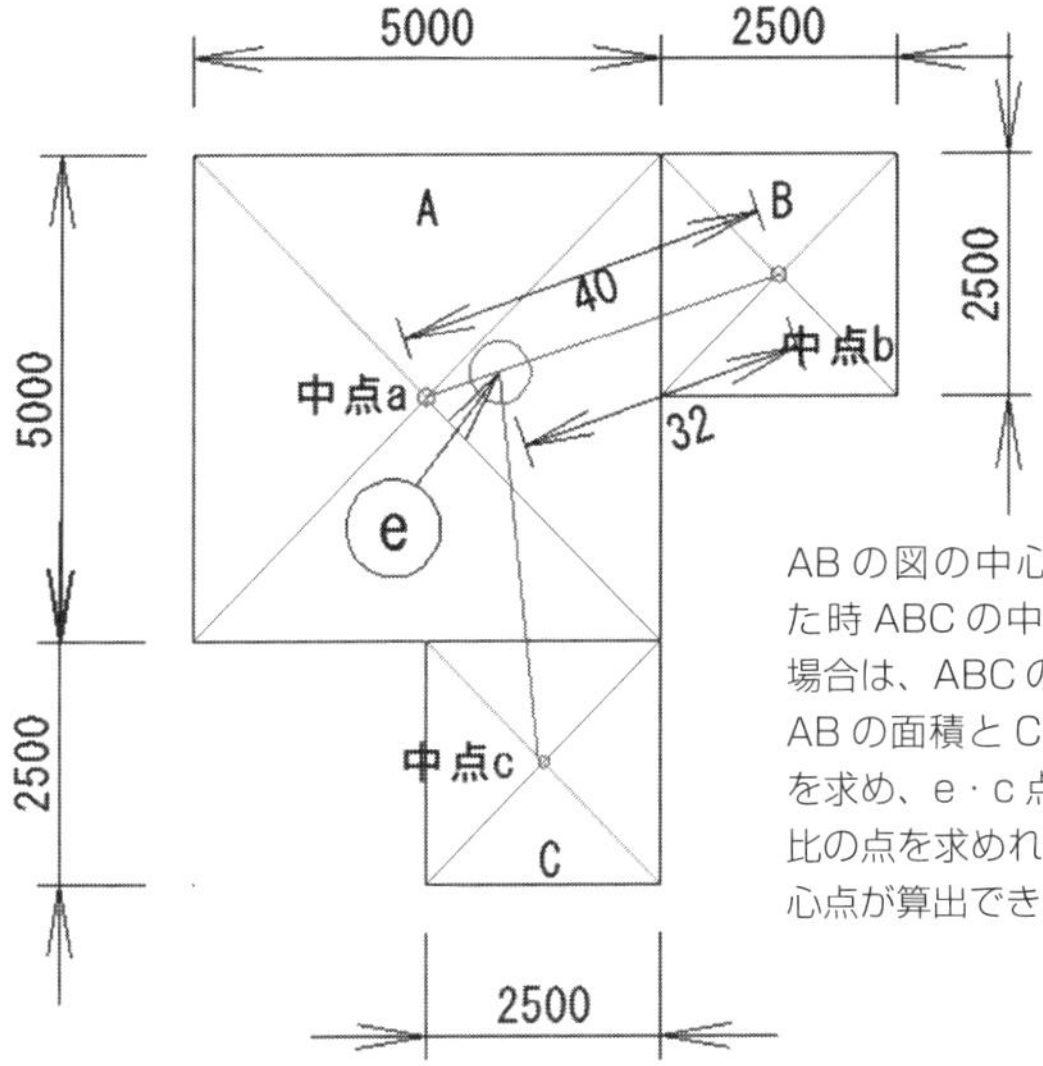

AB の図の中心点を [e] とした時 ABC の中心点を求める場合は、ABC の面積における AB の面積と C の面積の対比を求め、e・c 点の線上に面積比の点を求めれば、ABC の中心点が算出できる。

【補足】

1　説明がわかりにくいかもしれませんが、つまり、間取りを四角に区切り、その四角の面積の中心点を出し、中心点をつないだ線上を面積比で分ければ、その分けた所が中心点となります。それを繰り返すことにより、張り欠けがある間取りの中心を出すことができるということです。

2　通常、家の平面図は、単位はミリ単位で、一〇〇分の一または五〇分の一で書かれていることが多いので、前記の図はミリ単位の数字を入れています。

図面で中心がわかっても、現場に行けば中心がわからなくなる場合があるので、中心近くの角から何センチメートルなのかを任意の二点から中心点まで測っておけば、現場で迷うことも少なくなると考えます。また、中心点が壁内になる場合もあるので、実践時の時に備えていろいろなパターンを練習しておく必要があると思います。

3　前ページで計算しているのは、あくまでも風水看法上の中心点であり、建物の重心を測っているわけではありません。したがって二階の形状によって変化したり、建物の重量や内装や家具類によって変化することはありません。また、建物の形状によっては建物から中心点が出てしまう場合もあります。特に凹形や一辺の長いL形の建物は、中心点が建物から出る場合があります。その場合の中心点と円などの中心算出は次で説明します。

4 異形の中心点の算出

形が変わっている家の場合の中心点の出し方を示しましたので参考にしてください。ただし、この出し方が絶対的なものではなく、多くの実践から中心点を算出できるようにしていただければと思います。

①-❶凹形	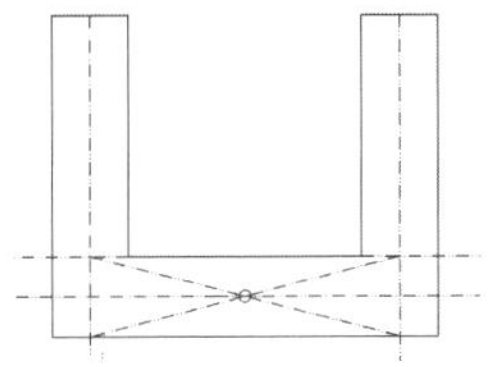	極端な凹形は、中心を取ることができないため、左のような太極の取り方をします
①-❷L形	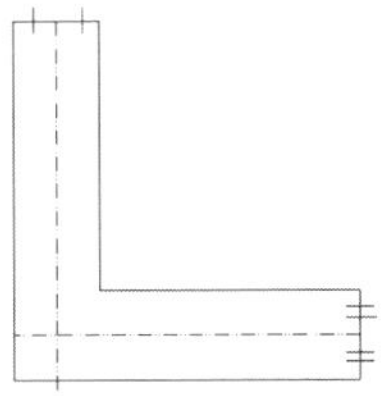	上記と同じように一辺が長いL形の物も中心を取れないため、左のような太極の取り方をします
①-❸円形	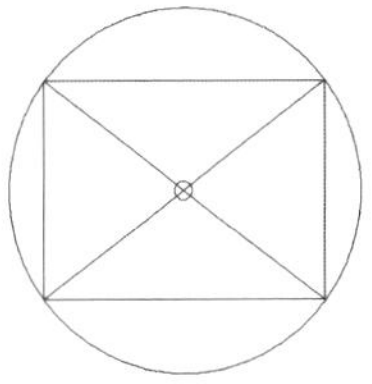	真円の場合は、任意の線を引いてそこから四隅が90度の四角形を書き、その四角形に対角線を引けば、その対角線の交わる点が、円の中心となります
①-❹半円	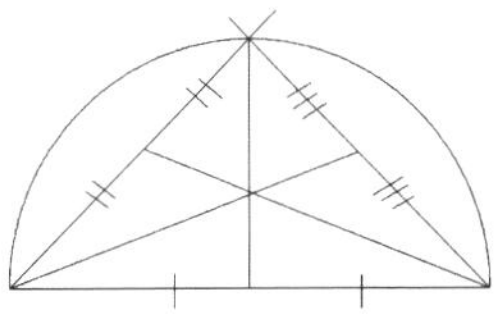	半円辺を二等辺三角形の底辺として三角形を書き三角形の各頂点から辺の中点に線を引いて交わった所が中心となります
①-❺台形	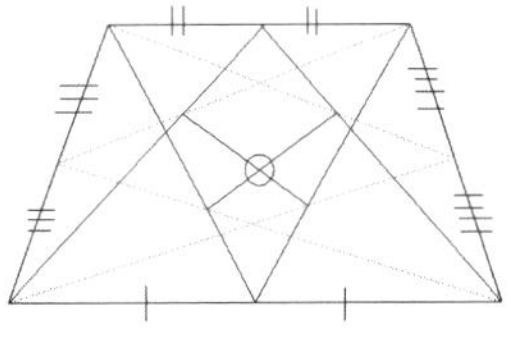	平行四辺形の場合は、角を結ぶ対角線の交点が中心となりますが、台形の場合は左図のように線を引き上辺からと下辺から引いた線と、左右の辺から引いた線の交わった所から対角線を引いた時の交点が、中心点となります

5 水法など屋外による点訣

水法など屋外による点訣です。通常、水法などの水を看る太極（滴水位置）は、ポーチの屋根の先か、門の中央になりますが、実際には左記のように多様な滴水位置があるので、建物や外溝の状況をよく把握することが大切です。

②-❶門Ⅰ	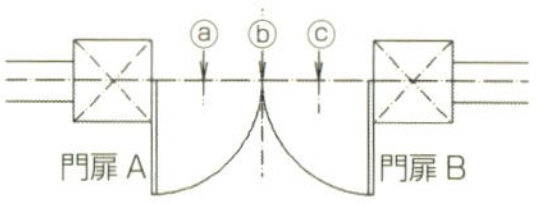	門扉Aより出入している場合はⓐが太極、門扉Bより出入している場合はⓒが太極です。門扉を開けっぱなしかまたは門扉がない場合はⓑが太極となります。門扉が片開きの場合は、門扉の中心が太極となります
②-❷門Ⅱ		左のような場合は、○点が水法などを看る太極となります。○点の高さは「丹田」の位置です
②-❸玄関Ⅰ	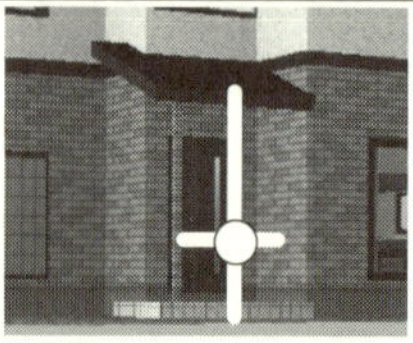	屋根がある場合は、玄関ポーチの屋根先で玄関ドアの延長が水法などを看る太極となります
②-❹玄関Ⅱ	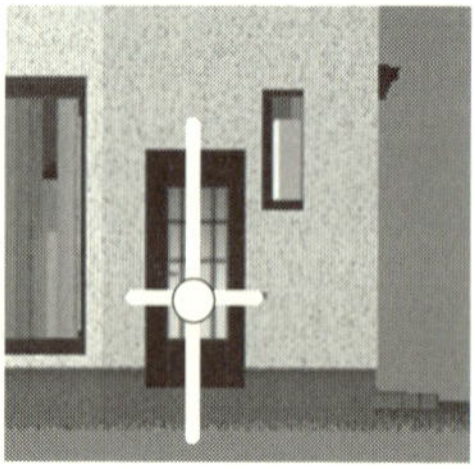	玄関屋根がなく、2階の軒先も出ていない場合は、玄関上部の壁を垂直に落とした所を太極とします。量り方は、ドアを開けて量るようにします。2階の軒先が出ている場合は、ドアの延長でその軒先で看るようにします
②-❺玄関Ⅲ	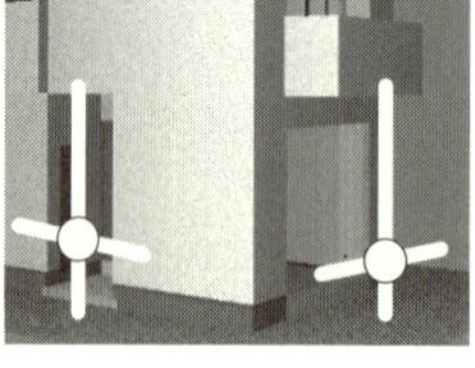	玄関からポーチの出入りが2カ所からできる場合は、多く出入りしている場所を太極とします。一応両方から量り、水が合うほうから出入りするようにします

6 家の中心などから看た玄関などの方位の点訣

家の中心から看る物の方位点。家の中心から物を看る場合、実際の現場では中心点が壁や押し入れの中にある場合もありますので、家の間取りを図面だけではなく、きちんと頭の中で三次元の空間として捉えることができないと間違いやすいので注意が必要です。

③玄関	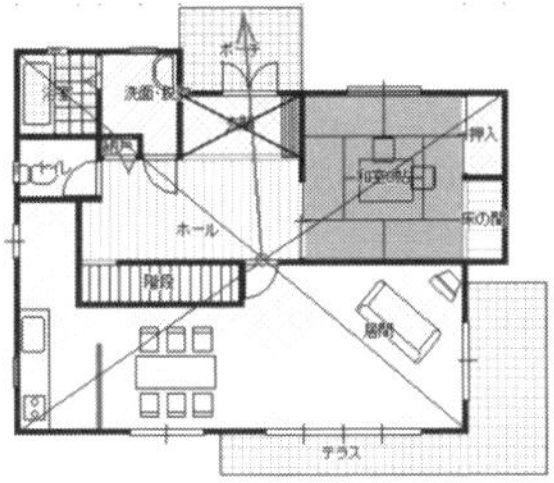	基本的に、中心から玄関を看る場合は玄関の中心ではなく、玄関ドアの中心を量ります（看法によっては玄関範囲の中心を取る場合もあります）
④机	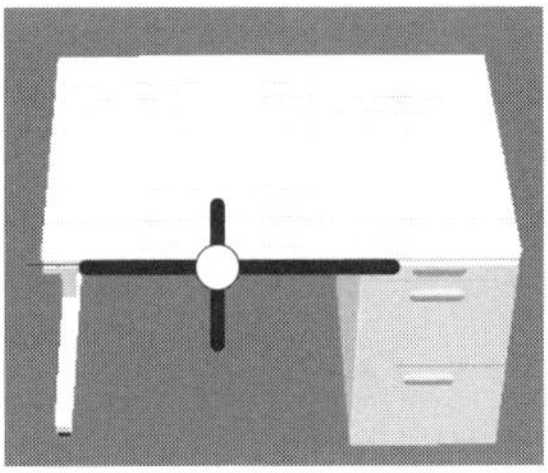	机などの場合は、左のように座る位置から看た中心で、方位を取るようにします（玄関同様、机本体の中心を取る場合もあります）
⑤寝位	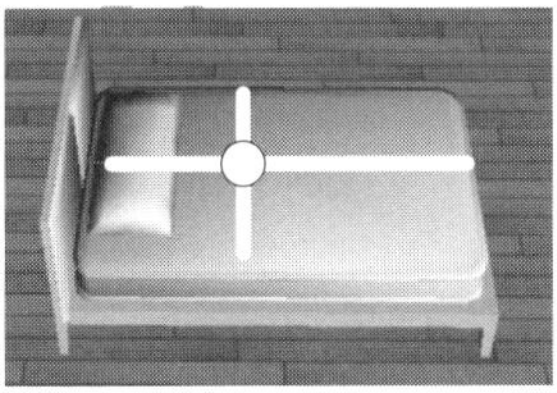	ベットも布団も同じで、左のように、寝た時のみぞおちの位置をもって方位を取ります（看法によっては、頭や丹田で取る場合もあります）
⑥神位		神棚の中心は、御社の中央に入っている御札をもって太極とします。座山は○の点の所で量るようにします

⑦仏位		仏壇の場合は御本尊をもって中心とします。座山を量る場合は、基本的に左の写真の線の交点位置で量るようにします。ただし位牌が量る点より前にある場合は、位牌よりも前で量るようにします
他① コンロ	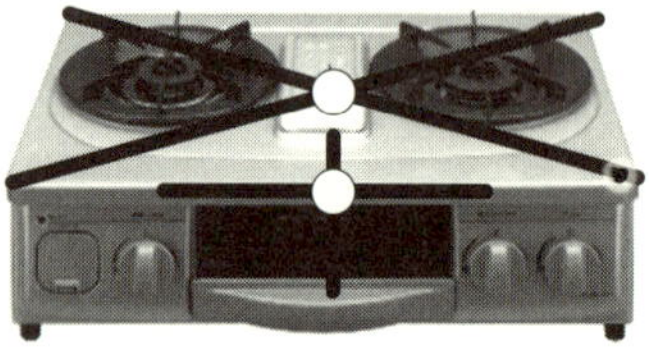	コンロは、家の中心から看る場合は、コンロの中心点を取ります。座山を量る場合は、コンロの全面上部の中心で量るようにします
他② ベビーベッド		ベビーベッドは、ベッドの中心で方位を取るようにします

※以上のように、中心から看る点と、座山を量る点が違う場合が多々あるため、看法によって使い分けをしなければなりません。

第二章　周書八宅観法

周書八宅観法は、大遊年卦法（流年・流月の紫白を併用して看ます）とも做鑑宅法ともいい、陽宅を看る方法です。座山方位四五度を「伏位」方位として、「生気」「天医」「禍害」「六煞」「五鬼」「延年」「絶命」の八方位に、座山を本卦として各四五度に分けて陽宅を判断する看法です。

八宅法が書いてある羅盤が数多く出回っていますので、そのようなものを使用するのも良いかもしれません（この程度は覚えておくのが当たり前なので、私の作った羅盤には書いてありません）。

実際の鑑定現場でざっと看て、コンロの位置や玄関や門、そして寝室などの善し悪しを看るにはとても簡単で役に立つ看法だと思いますが、この方法だけで家を建築したり、直したりするのは無理があると思います。風水の看法は大きく看てから、細かく看て行くのが王道ですから、八宅法なども頭に入れて、その時々に合わせて、陽宅の概要を簡単に把握する程度に使用するのが有効だと考えています。

1 八宅法概要

八宅法とは、座山をもとにして、四つの吉方位と四つの凶方位に分け、その方位にあるものと気の分布が合うかどうかを判断する看法です。八宅法は、「四吉神方位」と「四凶神方位」に分かれます。

○四吉神方位（生気《せいき》・天医《てんい》・延年《えいねん》・伏位《ふくい》）

●四凶神方位（五鬼《ごき》・禍害《かがい》・絶命《ぜつめい》・六煞《ろくさつ》）

八方位の分布は、その家の玄関で座山を量り、決定します。

※西側に吉神が多く、東側に凶神が多い家が四種類あるが、それを「西四宅」といいます。

※東側に吉神が多く、西側に凶神が多い家が四種類あるが、それを「東四宅」といいます。

以下、◎は大吉、○は吉、●は大凶、△は凶を示します。

2 八宅法の点訣

近年、金属建具や自動ドアなど、磁化したり、電磁場の影響が強い玄関が多くなっています。座山の量り方については玄関サッシ程度ではあまり影響がないのですが、建物自体が鉄筋コンクリートや軽量鉄骨など木造以外の場合は、磁場が大きく変わる可能性が強くなります。

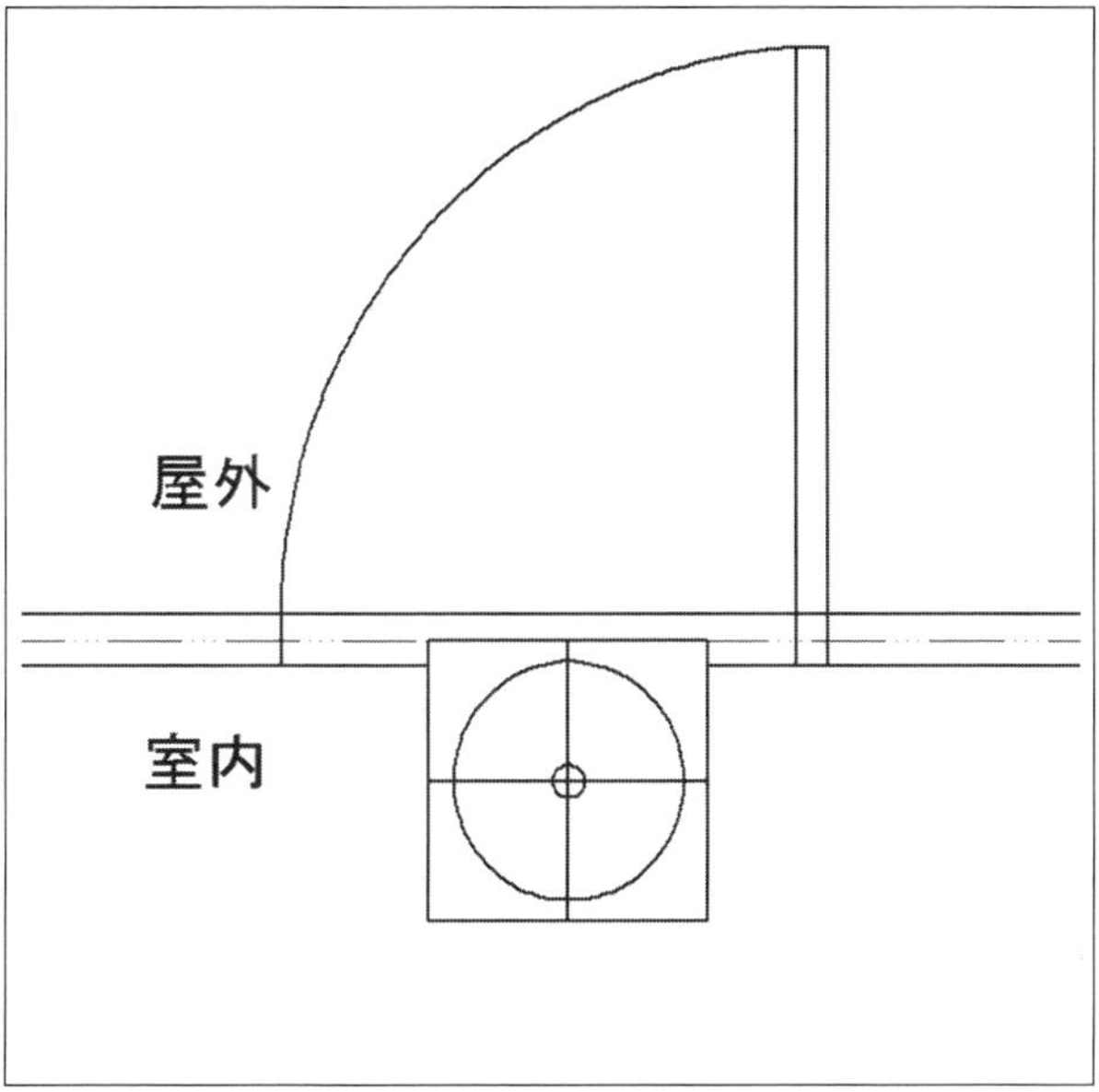

八宅法では四五度の坐山がありますが、三〇度以上、磁石が影響される場合が少なくありません。そのような時は、玄関や家の中央、大きい窓がある場所でなるべく磁化されないようなところでも測っておくのが良いと思います。そして、たとえば、四カ所で測り、二カ所が同じような度数を示せば、それをもとに坐山を決めてください。しかし、基本は気の出入り口である玄関となります。あまりにも磁場がくるっている場合は前記のように行ったほうが良いと思います。玄関ドアを開けて、玄関ドアの線に合わせて内側から羅盤を丹田の高さに持って、羅盤の手前を読みます。すると、その家の座山が算出でき、それをもって座山とします。

羅盤の手前（座山）を読んで、

二十四山が、

○丙・午・丁　の場合は「離宅《りたく》」となる（東四宅）

○辰・巽・巳　の場合は「巽宅《そんたく》」となる（東四宅）

○甲・卯・乙　の場合は「震宅《しんたく》」となる（東四宅）

○壬・子・癸　の場合は「坎宅《かんたく》」となる（東四宅）

○未・坤・申　の場合は「坤宅《こんたく》」となる（西四宅）

○庚・酉・辛　の場合は「兌宅《だたく》」となる（西四宅）

○戌・乾・亥　の場合は「乾宅《けんたく》」となる（西四宅）

○丑・艮・寅　の場合は「艮宅《ごんたく》」となる（西四宅）

3 八宅法の面訣

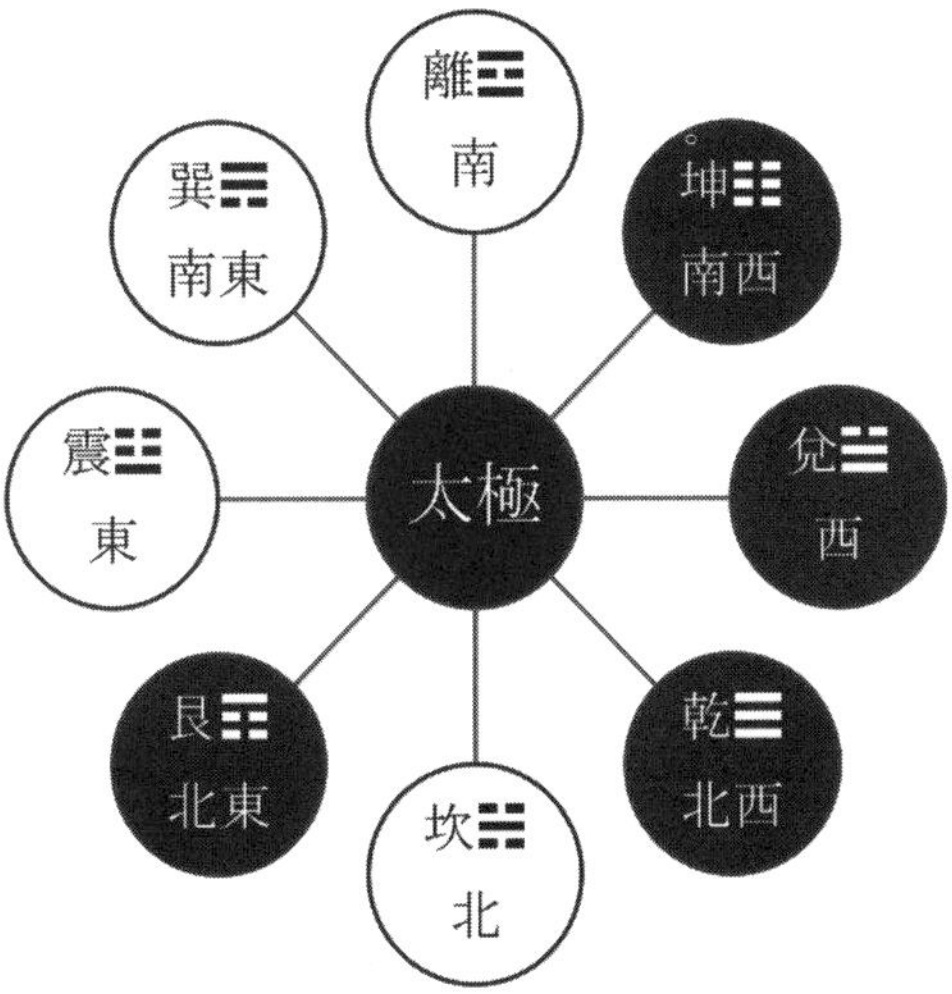

【八方位定位盤】

この図は、後天八卦の定位盤です。

次ページの八宅神の定位がどの宮にあるかをよく見ていただき、八宅神は後天八卦定位の八卦象意の影響を強く受けることを理解していただければと思います。

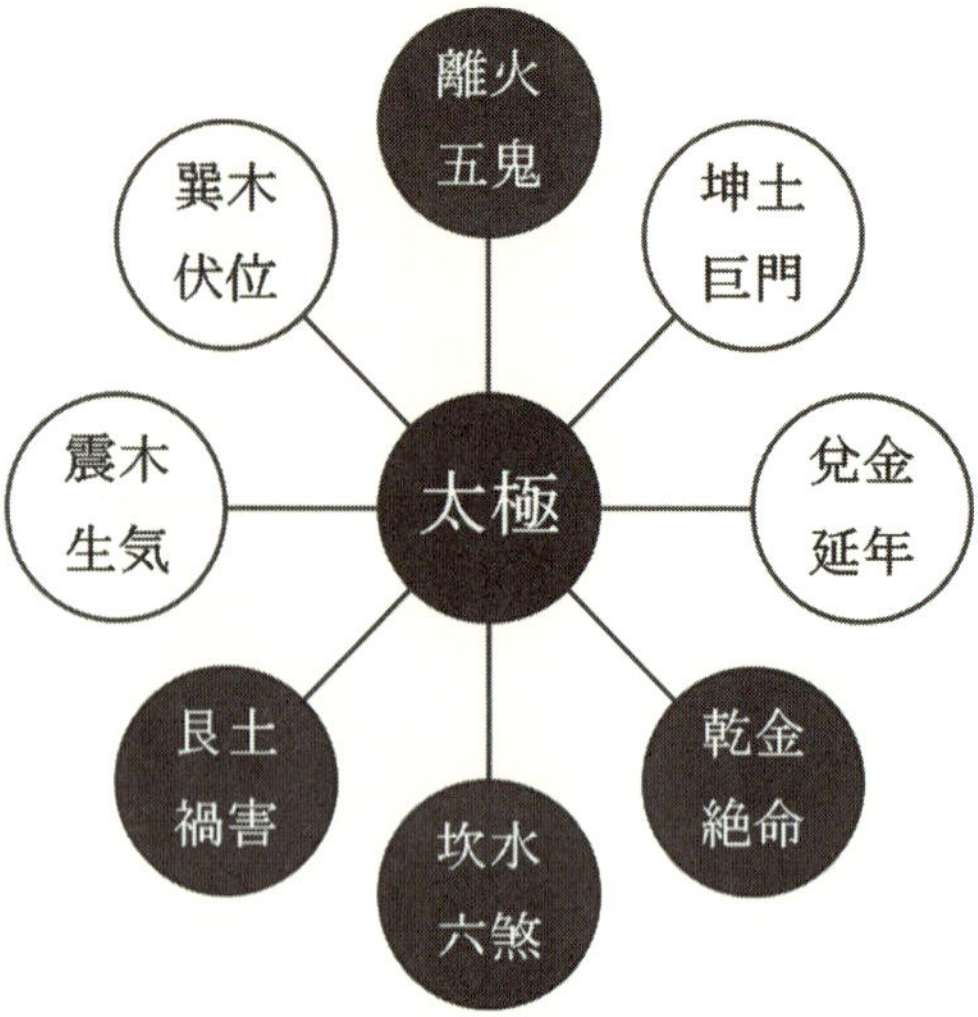

【八宅神定位盤】

八宅神の定位置

八宅神の基本象意は八卦の象意を強く受けているので、八卦と八宅神の関係をよく理解しましょう

生気（吉神）は、震卦の木の気を帯びています
天医（吉神）は、坤卦の土の気を帯びています
延年（吉神）は、兌卦の金の気を帯びています
伏位（吉神）は、巽卦の木の気を帯びています

伏位は、坐山方位と決まっているので、実際にはそれ自体の吉凶は問わずに、伏位の位置とそこにある部屋との関係で吉凶両方を判断します。

絶命（凶神）は、乾卦の金の気を帯びています
禍害（凶神）は、艮卦の土の気を帯びています
六煞（凶神）は、坎卦の水の気を帯びています
五鬼（凶神）は、離卦の火の気を帯びています

吉神を「四吉神」といい、凶神を「四凶神」といいます。

4 八宅神の象意

八宅神の吉凶は、あくまで、寝室や神棚仏壇の位置をもっての象意をいっています。つまり吉凶は、その八宅神の位置に、何があるかによって決まるもので、四凶神の方位にトイレや台所などがあれば、四凶神も吉神に変わりますし、四吉神方位にトイレや台所があれば、四吉神も凶神に変わるので、固定したものではないことをよく理解していただければと思います。

次に挙げるのは、八宅神の場所に「寝室」「リビング」など人が集う場所や休む場所があった場合の象意です。象意は八卦に基づいていますので、逆の場合、つまり四吉神に不浄な物があったりすれば悪い象意となりますし、四凶神に不浄物があれば良い象意になりますので、固定的な象意の取り方ではなく八卦をもとに象意を割り出してください。

四吉神

◎生気《せいき》　気が生まれる場所。新しい気が生まれるので活発となる。発貴（地位・身分の向上）、発展、増加、活発、天才、賢い男子が生まれる

◎天医《てんい》　「医」ということから、健康という意味がある。女の子が生まれる。賢い子、財運に恵まれる。健康、落ち着きのある発展

○延年《えいねん》　年を延ばすという名より、長寿という意味がある。夫婦和合。楽しく生活ができる。長寿。結婚。

○伏位《ふくい》　健康の星
「伏」は鬼を抑え伏すという意味から「平安」という意味となる。鎮伏邪魔（邪気を抑える意）。平安。安泰。安定（基本的には吉凶を論じない）

四凶神

●五鬼《ごき》　五つの鬼という字から四方八方から鬼が来ることによって災難、問題が多く出る。癌、病気が多い。手術する人が出る

△禍害《かがい》　禍に巻き込まれる。誹謗中傷。口舌のトラブル。交通事故。法律、訴訟問題。刑事事件。牢獄。癌、腫瘍など。飛行機、船、電車、車などの突発的な事故

●絶命《ぜつめい》　命を絶つほどの大きな出来事。物事のつまずき。行き詰り。不純。失業。癌。奇病、難病。奇形。絶嗣

△六煞　精神不安。無気力。脱力感。賭博。浮気。酒色に溺れる。飽きっぽい。色恋沙汰のトラブル。仕事、勉強は飽きっぽいのに、遊びには熱中する。男は家を顧みない

■命卦

人の生まれ年によって、坎命・坤命・震命・巽命・乾命・兌命・艮命・離命の男は生まれ年の紫白をそのまま命卦とします。たとえば、一九九〇年生まれの場合、一九九〇年の紫白は一白なので「坎命」となります。女は、生まれ年の紫白が、一白なら「艮命」、二黒なら「巽命」、三碧なら「震命」、四緑なら「坤命」、五黄なら「坎命」、六白なら「離命」、七赤なら「艮命」、八白なら「兌命」、九紫なら、「乾命」となります。

【男の場合の命卦の算出】

男の場合、五黄年生まれの場合は「坤命」となります。

計算法

男の場合は、西暦を一の位まで足して、その数を定数11より引くとその年の紫白が算出できます。

① 1990年生まれ
1＋9＋9＋0＝19
1＋9＝10
1＋0＝1
11（定数）－1＝10
1＋0＝1
……一白坎命となる

② 1985年生まれ
1＋9＋8＋5＝23
2＋3＝5
11（定数）－5＝6
……六白乾命

③ 1995年生まれ
1＋9＋9＋5＝24
2＋4＝6
11－6＝5
……五黄の年となり、
男なので坤命となる

【女の場合の命卦の算出】

女の場合、五黄年生まれの場合は「坎命」となります。

計算法

女の場合は、西暦を一の位まで足して、その数を定数四と足すとその年の女の命卦が算出できます。

① 1987年生まれ
1＋9＋8＋7＝25
2＋5＝7
7＋4（定数）＝11
1＋1＝2
……坤命となります
② 2000年生まれ
2＋0＋0＋0＝2
2＋4（定数）＝6
……乾命となります
③ 2006年生まれ
2＋0＋0＋6＝8
8＋4（定数）＝12
1＋2＝3
……震命

四 坤命	六 離命	二 巽命
八 兌命	一 女＝艮命	三 震命
九 乾命	五 坎命	七 艮命

＊女の命卦を算出する時、下記のように一白を中央に置き、陰遁廻りで廻すと、命卦をすぐに出すことができます。

※数字は生まれ年の紫白です。

※この計算方法は、二〇〇七年まで使用できます。二〇〇八年以降は、十の位まで足して、一〇または一九になった年は一白となります。その他の年は、二一〇〇年まではこの方法で使用できます。

5 宅卦・命卦表

1 宅卦

宅卦とは、玄関から坐山方位を測った時にどのに坐山になるかによって分類したものです。宅卦は四五度単位で分けます。

南　(丙・午・丁)が坐山の場合は、南　＝離なので離宅となります
南東(辰・巽・巳)が坐山の場合は、南東＝巽なので巽宅となります
東　(甲・卯・乙)が坐山の場合は、東　＝震なので震宅となります
北　(壬・子・癸)が坐山の場合は、北　＝坎なので坎宅となります

※この四方位の坐山を持つ家を「東四宅」といいます。

北東(丑・艮・寅)が坐山の場合は、北東＝艮なので艮宅となります
北西(戌・乾・亥)が坐山の場合は、北西＝乾なので乾宅となります
西　(庚・酉・辛)が坐山の場合は、西　＝兌なので兌宅となります
南西(未・坤・申)が坐山の場合は、南西＝坤なので坤宅となります

※この四方位の坐山を持つ家を「西四宅」といいます。

四吉神が東に集まってるものを「東四宅」といい、四吉神が西に集まっているものを「西四宅」といいます。伏位方は必ず「坐山と同じ方」となります。延年は坐山の八卦を全変した八卦の方位となります。

(1) 東四宅……坎宅（坐山が「壬」「子」「癸」の家）

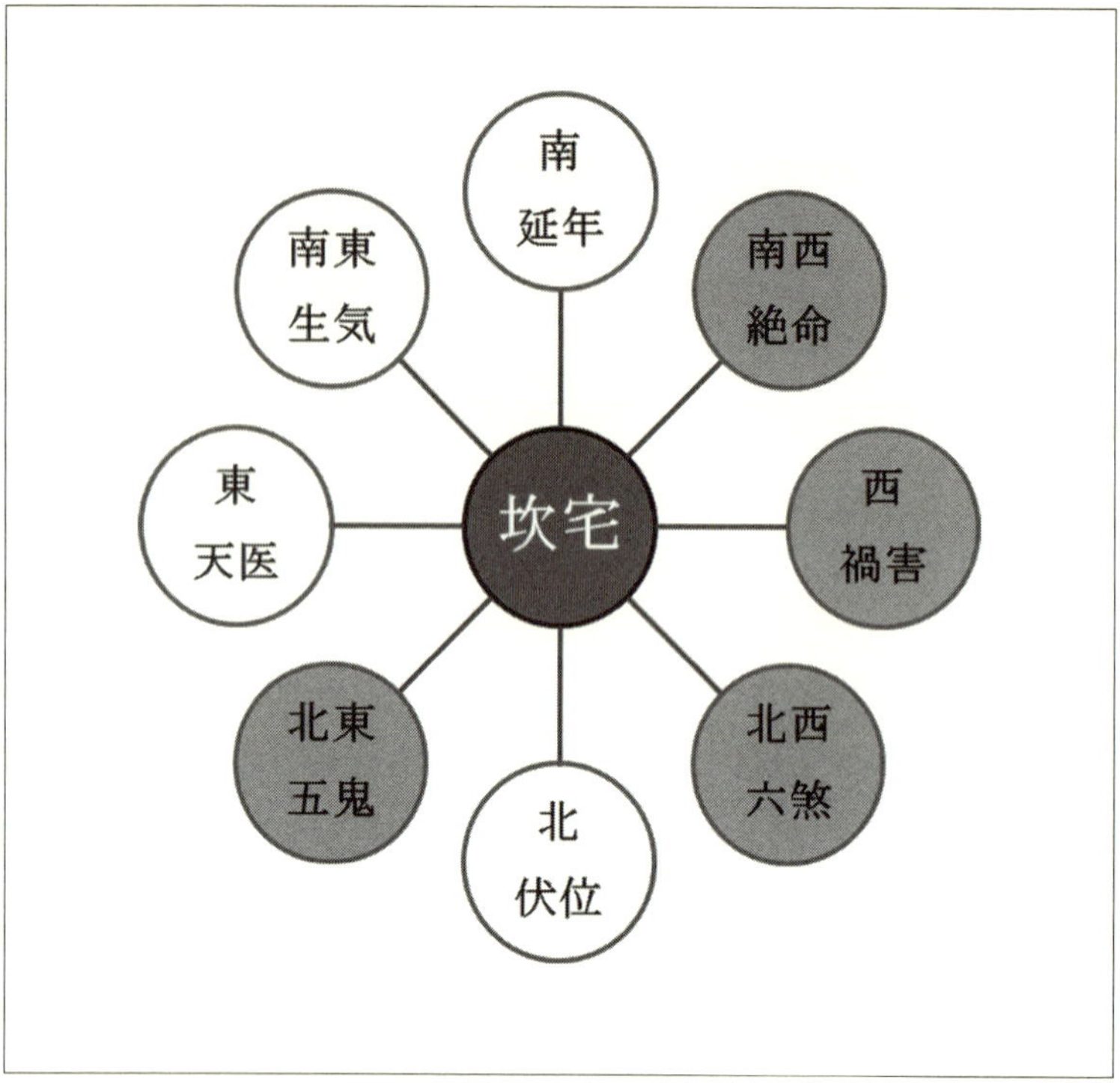

【四吉神】

延年＝延年は南の離火の位置にあり、延年の定位の五行は兌金であるため、火剋金で宮から剋され力が弱くなります。

生気＝生気は南東の巽木の位置にあり、生気の定位の五行は震木であるため、宮と同じ五行で力が強くなります。

天医＝天医は東の震木の位置にあり、天医の定位の五行は坤土であるため、木剋土で宮から剋され力が弱くなります。

伏位＝伏位は北の坎水の位置にあり、伏位の定位の五行は巽木であるため、水生木で宮から生じられ、力が強くなります。

【四凶神】

絶命＝絶命は南西の坤土の位置にあり、絶命の定位の五行は乾金であるため、土生金で宮から生じられ力が強くなります。

禍害＝禍害は西の兌金の位置にあり、禍害の定位の五行は艮土であるため、土生金で宮に気を漏らし、力が弱くなります。

六煞＝六煞は北西の乾金の位置にあり、六煞の定位の五行は坎水であるため、金生水で宮から生じられ、力が強くなります。

五鬼＝五鬼は北東の艮土の位置にあり、五鬼の定位の五行は離火であるため、火生土で宮に気を漏らし、力が弱くなります。

(2) 東四宅……震宅（坐山が「甲」「卯」「乙」の家）

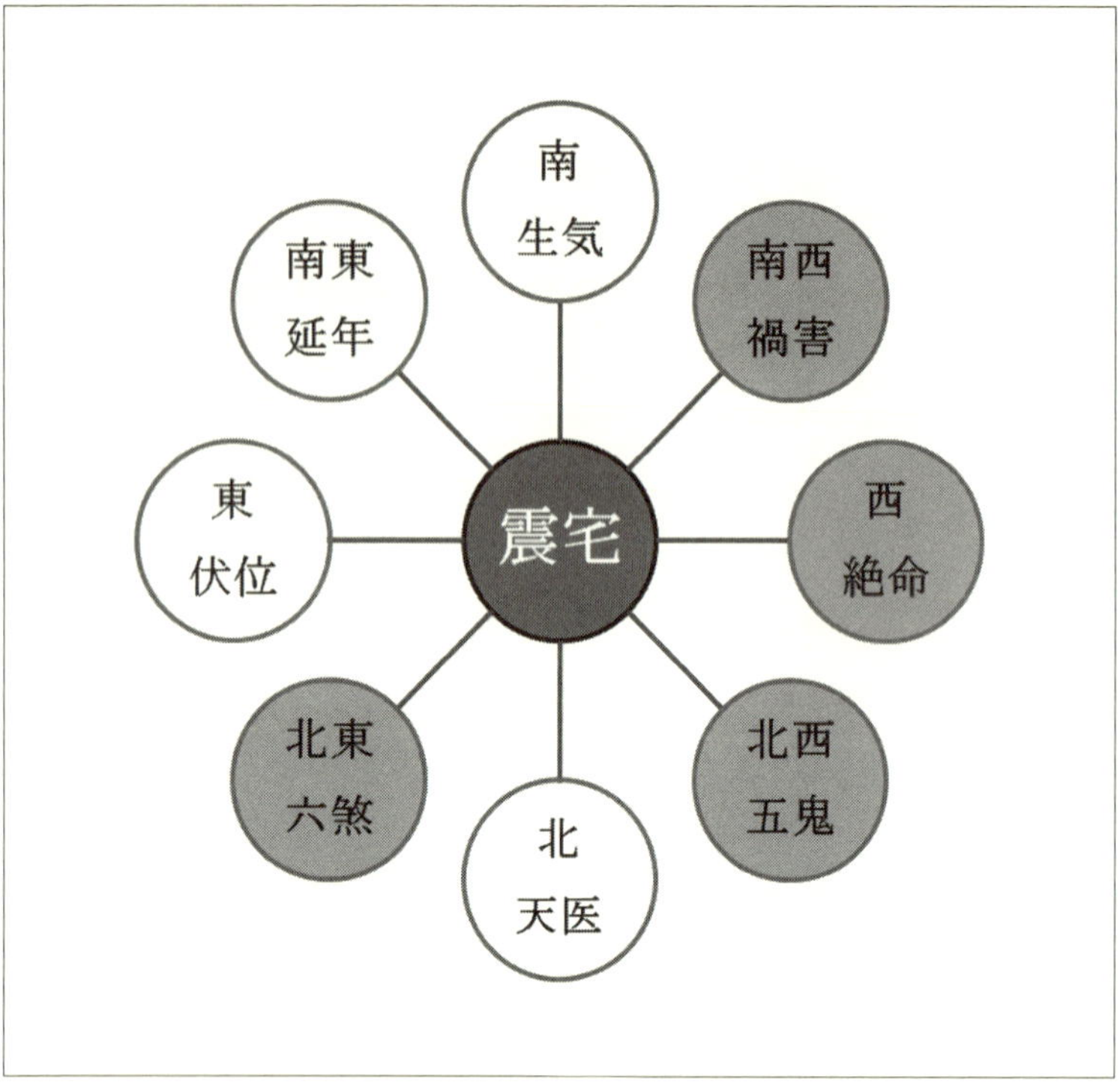

【四吉神】

生気＝生気は南の離火の位置にあり、生気の定位の五行は震木であるため、木生火で宮に気を漏らし力が弱くなります

延年＝延年は南東の巽木の位置にあり、延年の定位の五行は兌金であるため、金剋木で宮に剋出で力が弱くなります

伏位＝伏位は東の震木の位置にあり、伏位の定位の五行は巽木であるため、宮と同じ五行で力が強くなります

天医＝天医は北の坎水の位置にあり、天医の定位の五行は坤土であるため、土剋水で宮に剋出で力が弱くなります

【四凶神】

禍害＝禍害は南西の坤土の位置にあり、禍害の定位の五行は艮土であるため、宮と同じ五行で力が強くなります

絶命＝絶命は西の兌金の位置にあり、絶命の定位の五行は乾金であるため、宮と同じ五行で力が強くなります

五鬼＝五鬼は北西の乾金の位置にあり、五鬼の定位の五行は離火であるため、火剋金で宮に剋出で力が弱くなります

六煞＝六煞は北東の艮土の位置にあり、六煞の定位の五行は坎水であるため、土剋水で宮から剋され力が弱くなります

(3) 東四宅……巽宅（坐山が「辰」「巽」「巳」の家）

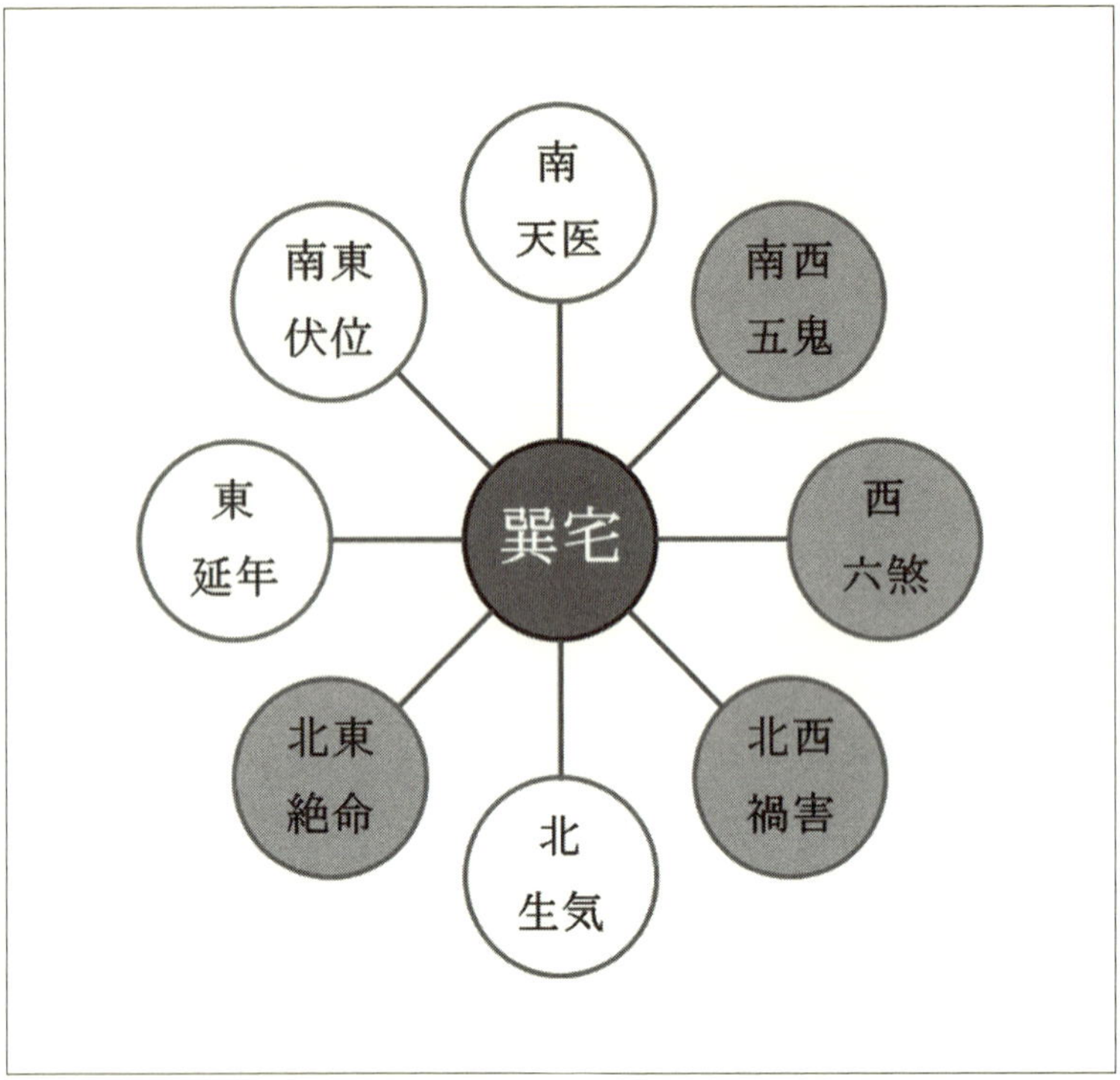

【四吉神】

天医＝天医は南の離火の位置にあり、天医の定位の五行は坤土であるため、火生土で宮から生じられ力が強くなります

伏位＝伏位は南東の巽木の位置にあり、伏位の定位も同じ巽木であるため、力が強くなります

延年＝延年は東の震木の位置にあり、延年の定位の五行は兌金であるため、金剋木で宮に剋出で力が弱くなります

生気＝生気は北の坎水の位置にあり、生気の定位の五行は震木であるため、水生木で宮から生じられ力が強くなります

【四凶神】

五鬼＝五鬼は南西の坤土の位置にあり、五鬼の定位の五行は離火であるため、宮に気を漏らし、力が弱くなります。

六煞＝六煞は西の兌金の位置にあり、六煞の定位の五行は坎水であるため、金生水で宮から生じられ、力が強くなります

禍害＝禍害は北西の乾金の位置にあり、禍害の定位の五行は艮土であるため、土生金で宮に気を漏らし、力が弱くなります。

絶命＝絶命は北東の艮土の位置にあり、絶命の定位の五行は乾金であるため、土生金で宮から生じられ、力が強くなります

⑷ 東四宅……離宅（坐山が「丙」「午」「丁」の家）

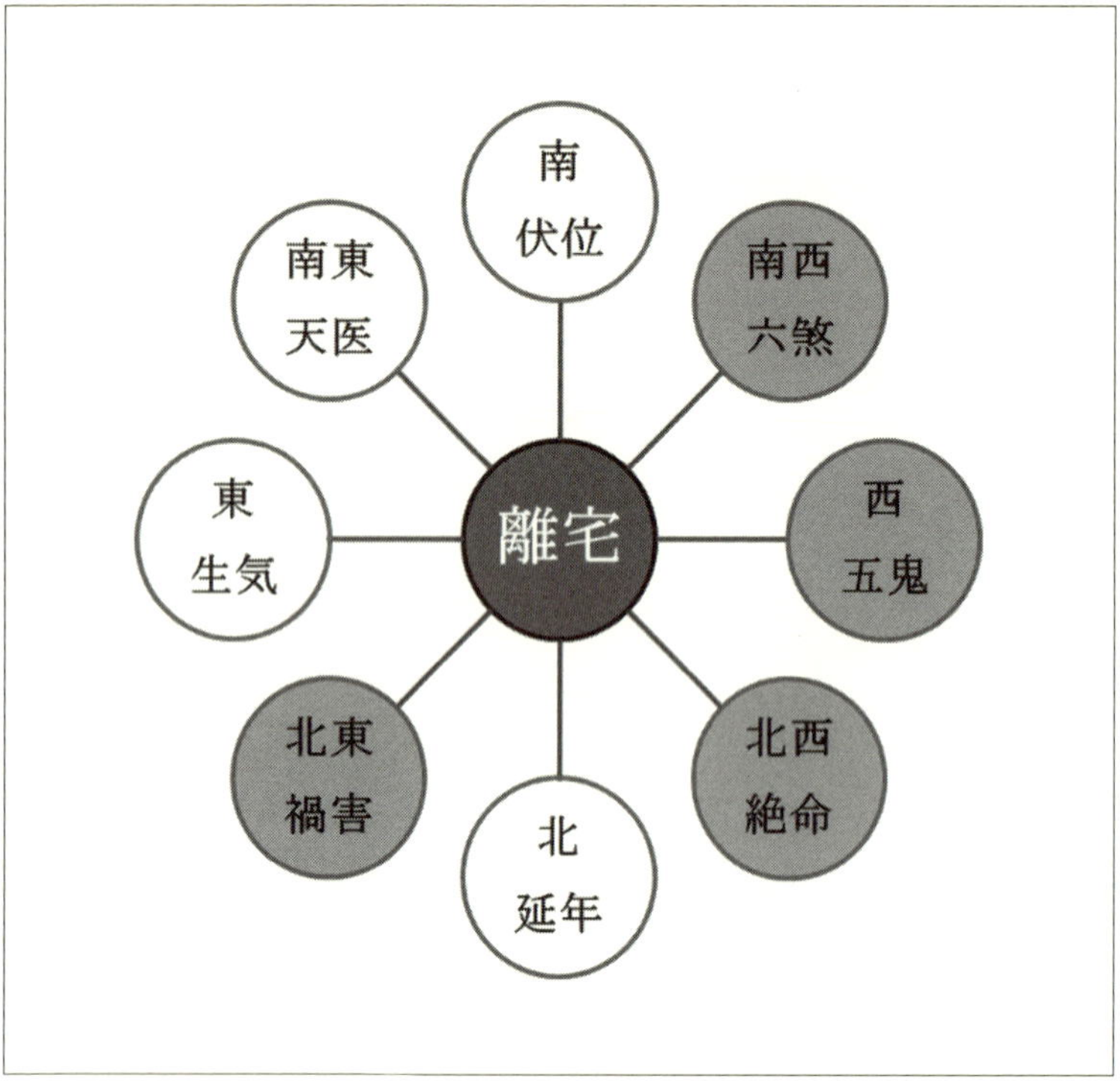

【四吉神】

伏位＝伏位は南の離火の位置にあり、伏位の定位の五行は巽木であるため、木生火で宮に気を漏らし、力が弱くなります。

天医＝天医は南東の巽木の位置にあり、天医の定位の五行は坤土であるため、木剋土で宮から剋され、力が弱くなります

生気＝生気は東の震木の位置にあり、生気の定位も同じ震木であるため、生力が強くなります

延年＝延年は北の坎水の位置にあり、延年の定位の五行は兌金であるため、金生水で宮に漏らし力が弱くなります

【四凶神】

六煞＝六煞は南西の坤土の位置にあり、六煞の定位の五行は坎水であるため、土剋水で宮から剋され、力が弱くなります

五鬼＝五鬼は西の兌金の位置にあり、五鬼の定位の五行は離火であるため、火剋金で宮に剋出で力が弱くなります

絶命＝絶命は北西の乾金の位置にあり、絶命の定位も同じ乾金であるため、力が強くなります

禍害＝禍害は北東の艮土の位置にあり、禍害の定位も同じ艮土であるため、力が強くなります

⑸ 西四宅……坤宅（坐山が「未」「坤」「申」の家）

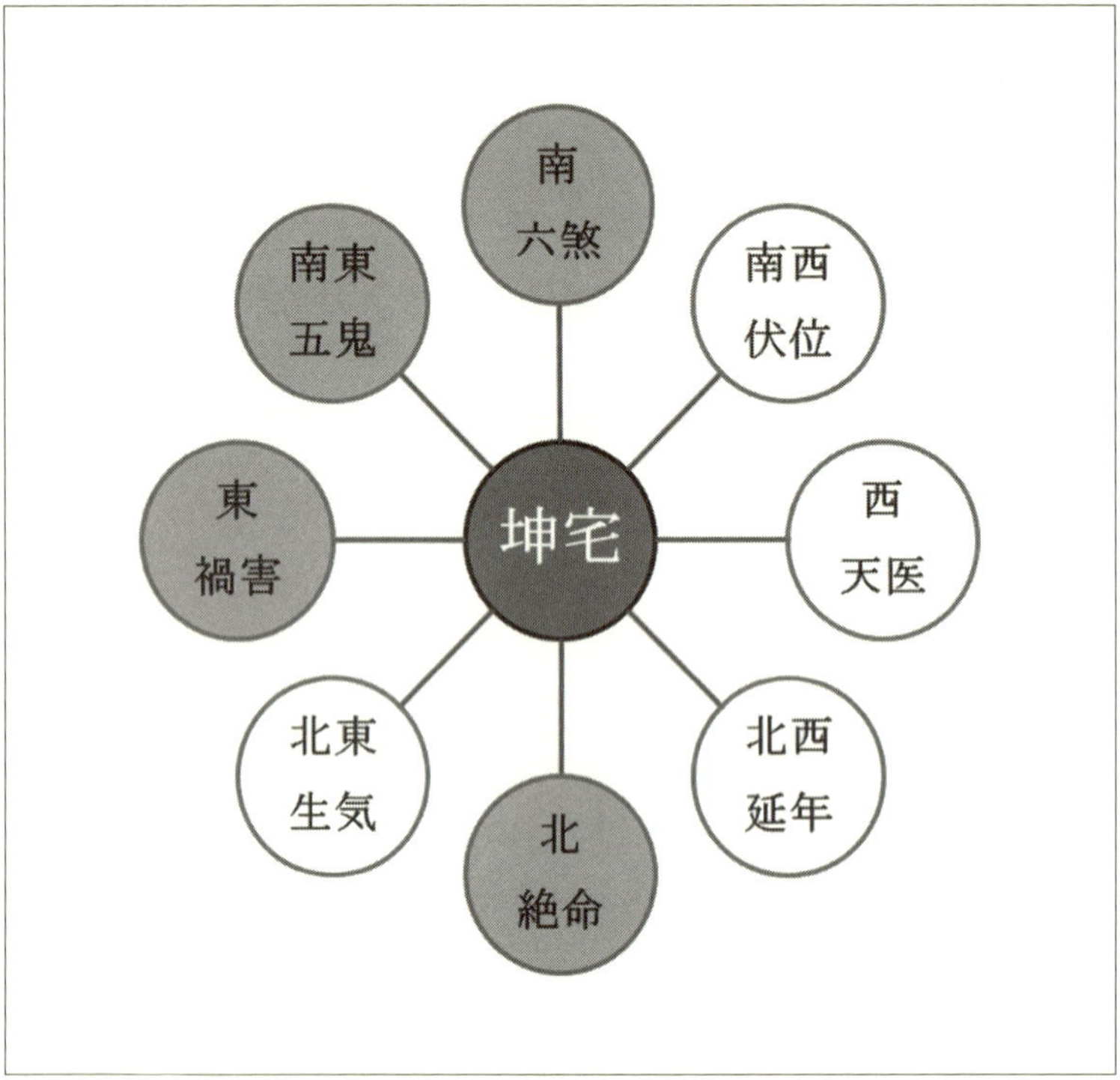

【四吉神】

伏位＝伏位は南西の坤土の位置にあり、伏位の定位の五行は巽木であるため、木剋土で宮に剋出で、力が弱くなります

天医＝天医は西の兌金の位置にあり、天医の定位の五行は坤土であるため、土生金で宮に気を漏らし、力が弱くなります。

延年＝延年は北西の乾金の位置にあり、延年の定位の五行は兌金であるため、宮と同じ五行で力が強くなります

生気＝生気は北東の艮土の位置にあり、生気の定位の五行は震木であるため、木剋土で宮に剋出で、力が弱くなります

【四凶神】

六煞＝六煞は南の離火の位置にあり、六煞の定位の五行は坎水であるため、水剋火で宮に剋出で、力が弱くなります

五鬼＝五鬼は南東の巽木の位置にあり、五鬼の定位の五行は離火であるため、木生火で宮から生じられ、力が強くなります

禍害＝禍害は東の震木の位置にあり、禍害の定位の五行は艮土であるため、木剋土で宮から剋され、力が弱くなります

絶命＝絶命は北の坎水の位置にあり、絶命の定位の五行は乾金であるため、金生水で宮に気を漏らし、力が弱くなります

⑹ 西四宅……艮宅（坐山が「丑」「艮」「寅」の家）

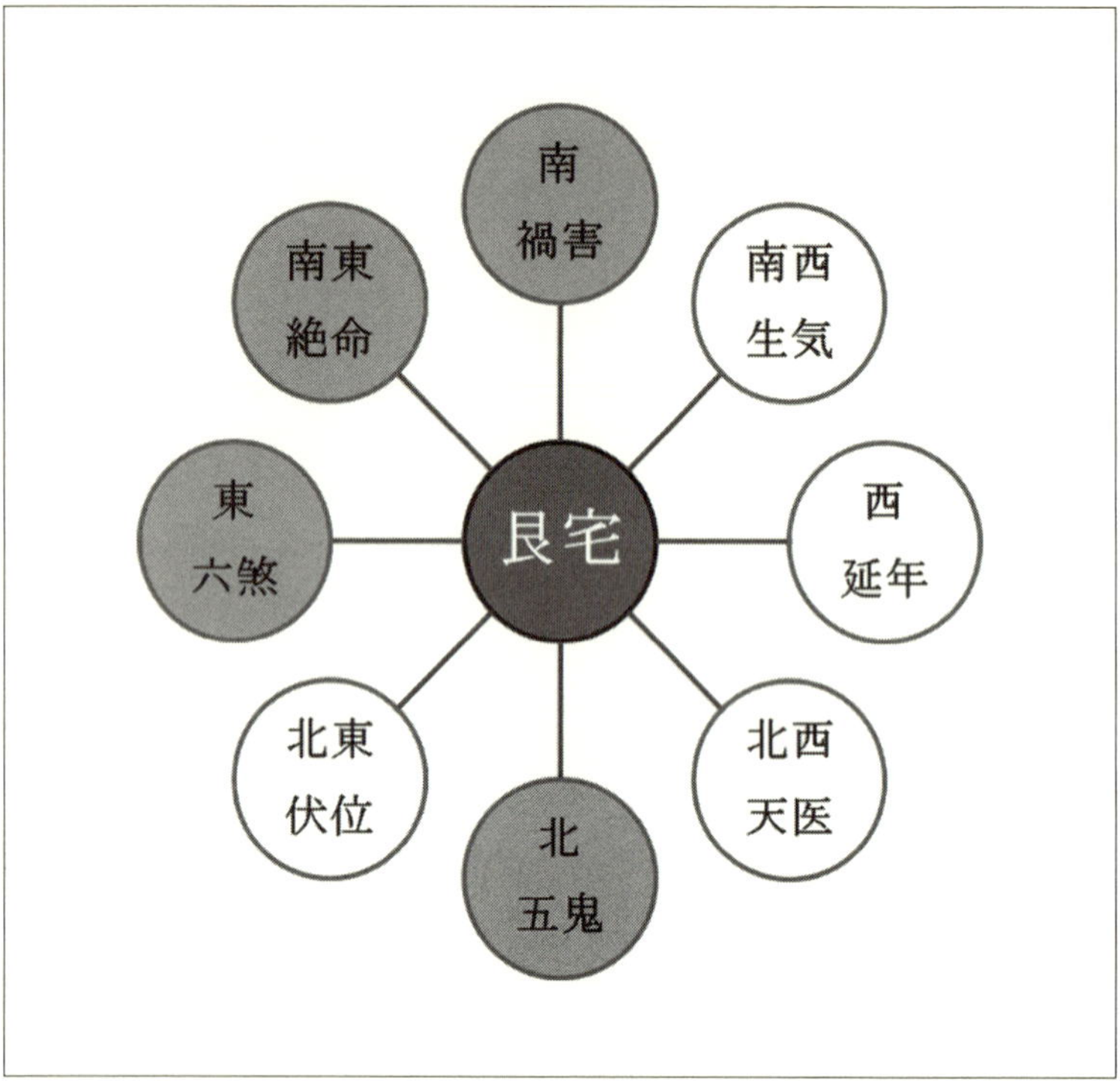

【四吉神】

生気＝生気は南西の坤土の位置にあり、生気の定位の五行は震木であるため、木剋土で宮に剋出で、力が弱くなります

延年＝延年は西の兌金の位置にあり、延年の定位も同じ兌金であるため、力が強くなります

天医＝天医は北西の乾金に位置にあり、天医の定位の五行は坤土であるため、土生金で宮に気を漏らし、力が弱くなります。

伏位＝伏位は北東の艮土の位置にあり、伏位の定位の五行は巽木であるため、木剋土で宮に剋出で、力が弱くなります

【四凶神】

禍害＝禍害は南の離火の位置にあり、禍害の定位の五行は艮土であるため、火生土で宮から生じられ、力が強くなります。

絶命＝絶命は南東の巽木の位置にあり、絶命の定位の五行は乾金であるため、金剋木で宮に剋出で、力が弱くなります

六煞＝六煞は東の震木の位置にあり、六煞の定位の五行は坎水であるため、水生金で宮に気を漏らし、力が弱くなります。

五鬼＝五鬼は北の坎水の位置にあり、五鬼の定位の五行は離火であるため、水剋火で宮から剋され、力が弱くなります

(7) 西四宅……乾宅（坐山が「戌」「乾」「亥」の家）

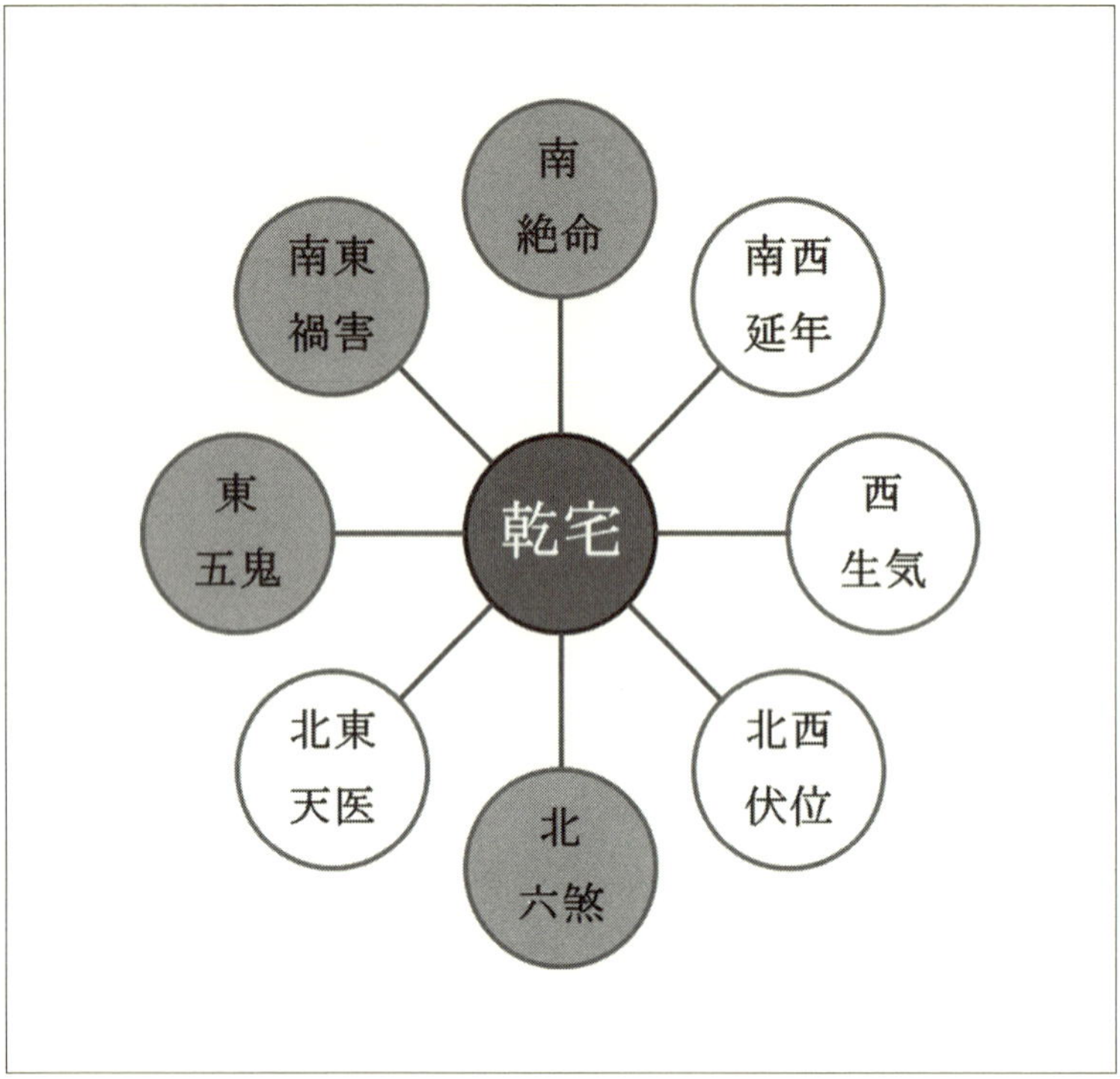

【四吉神】

延年＝延年は南西の坤土の位置にあり、延年の定位の五行は兌金であるため、土生金で宮から生じられ、力が強くなります

生気＝生気は西の兌金の位置にあり、生気の定位の五行は震木であるため、金剋木で宮から剋され、力が弱くなります

伏位＝伏位は北西の乾金の位置にあり、伏位の定位の五行は巽木であるため、金剋木で宮から剋され、力が弱くなります

天医＝天医は北東の艮土の位置にあり、天医の定位の五行は坤土であるため、宮と同じ五行で力が強くなります

【四凶神】

絶命＝絶命は南の離火の位置にあり、絶命の定位の五行は乾金であるため、火剋金で宮から剋され、力が弱くなります

禍害＝禍害は南東の巽木の位置にあり、禍害の定位の五行は艮土であるため、木剋土で宮から剋され、力が弱くなります

五鬼＝五鬼は東の震木の位置にあり、五鬼の定位の五行は離火であるため、木生火で宮から生じられ、力が強くなります。

六煞＝六煞は北の坎水の位置にあり、六煞の定位も同じ坎水であるため、力が強くなります

⑻ 西四宅……兌宅（坐山が「庚」「酉」「辛」の家）

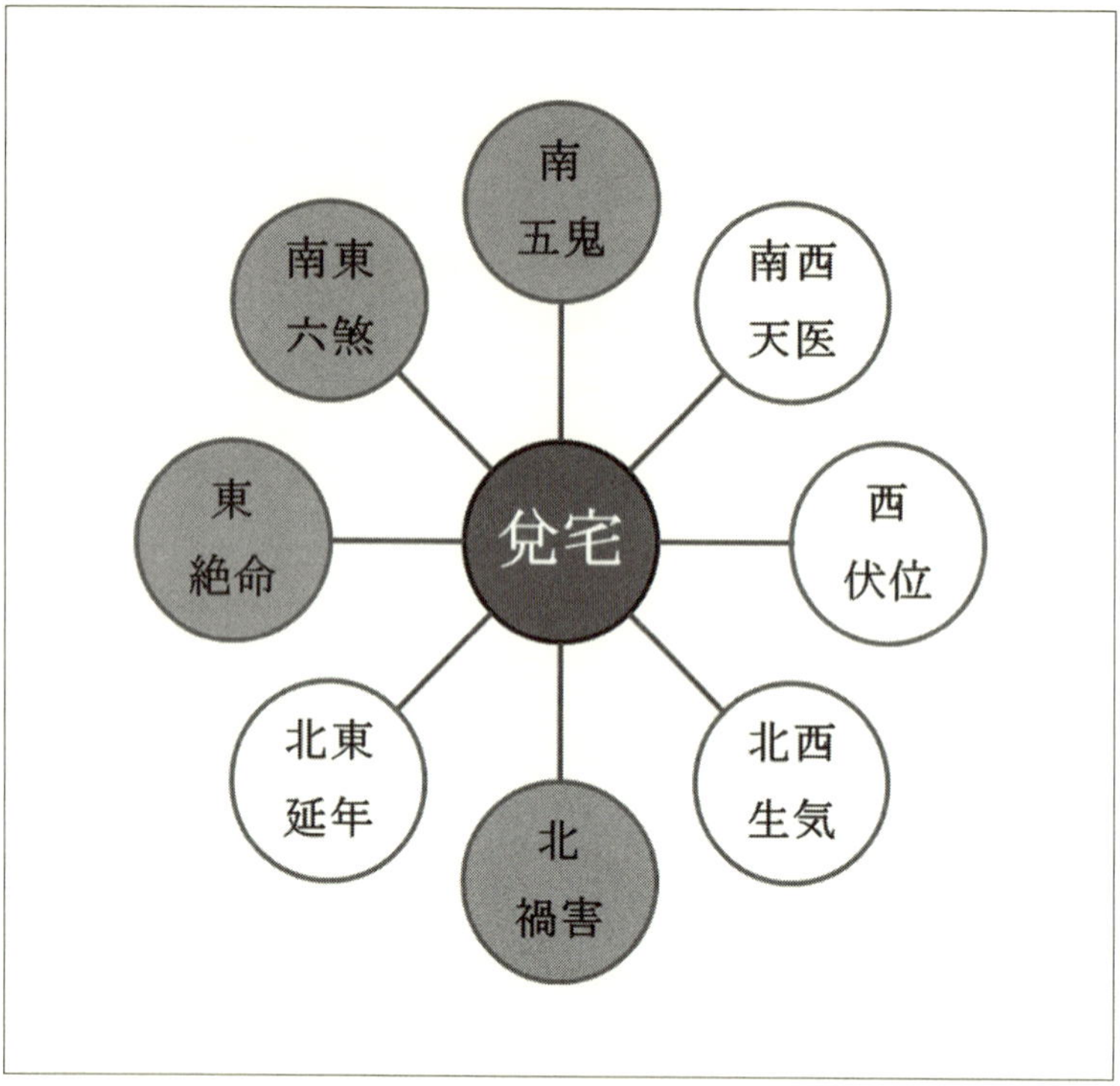

【四吉神】

天医＝天医は南西の坤土の位置にあり、天医の定位も同じ坤土であるため、力が強くなります

伏位＝伏位は西の兌金の位置にあり、伏位の定位の五行は巽木であるため、金剋木で宮から剋され、力が弱くなります

生気＝生気は北西の乾金の位置にあり、生気の定位の五行は震木であるため、金剋木で宮から剋され、力が弱くなります

延年＝延年は北東の艮土の位置にあり、延年の定位の五行は兌金であるため、土生金で宮から生じられ、力が強くなります

【四凶神】

五鬼＝五鬼は南の離火の位置にあり、五鬼の定位も同じ離火であるため、力が強くなります

六煞＝六煞は南東の巽木の位置にあり、六煞の定位の五行は坎水であるため、水生木で宮に気を漏らし、力が弱くなります。

絶命＝絶命は東の震木の位置にあり、絶命の定位の五行は乾金であるため、金剋木で宮に剋出で、力が弱くなります

禍害＝禍害は北の坎水の位置にあり、禍害の定位の五行は艮土であるため、土剋水で宮に剋出で、力が弱くなります

2 命卦

命卦とは、立春から次の年の立春前までを一年として、九星でどの九星に生まれたかによって、その人の良い方位と悪い方位を分けるという考え方をもとにして人を分けたものです。この命卦は同じ年でも男女で違った命卦となります。

一白水星年に生まれた人　「男」＝坎命　「女」＝艮命　となります
二黒土星年に生まれた人　「男」＝坤命　「女」＝巽命　となります
三碧木星年に生まれた人　「男」＝震命　「女」＝震命　となります
（三碧に生まれた場合だけは、男女とも同じ命卦となる）
四緑木星年に生まれた人　「男」＝巽命　「女」＝坤命　となります
五黄土星年に生まれた人　「男」＝坤命　「女」＝坎命　となります
六白金星年に生まれた人　「男」＝乾命　「女」＝離命　となります
七赤金星年に生まれた人　「男」＝兌命　「女」＝艮命　となります
八白土星年に生まれた人　「男」＝艮命　「女」＝兌命　となります
九紫火星年に生まれた人　「男」＝離命　「女」＝乾命　となります

この中で男女共に「坎命」「震命」「巽命」「離命」を東四命といいます。これは、この生まれの人の良い方位が東側に集まっているのが特徴です。「艮命」「坤命」「乾命」「兌命」を西四命といいます。これは、この生まれの人の良い方位が西側に集まっているのが特徴です。

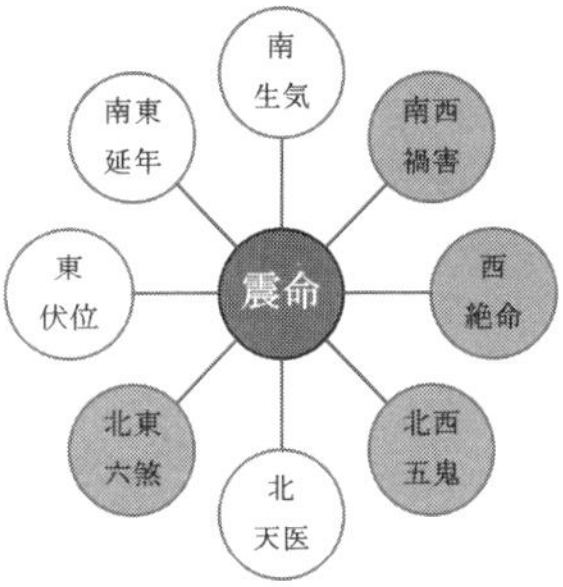
南
生気
南東
延年
南西
禍害
東
伏位
震命
西
絶命
北東
六煞
北西
五鬼
北
天医

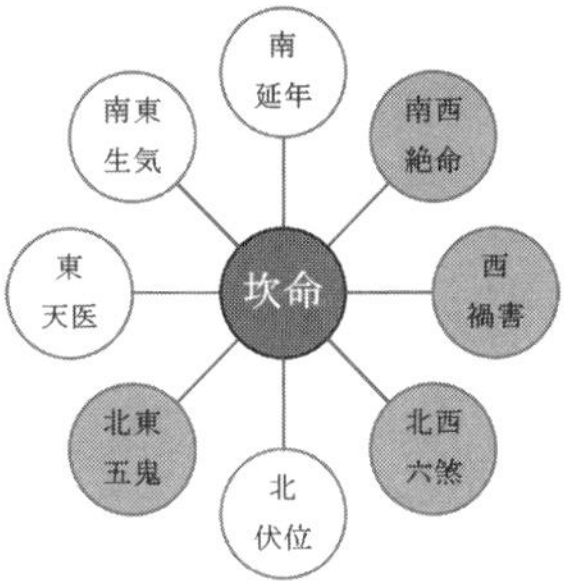
南
延年
南東
生気
南西
絶命
東
天医
坎命
西
禍害
北東
五鬼
北西
六煞
北
伏位

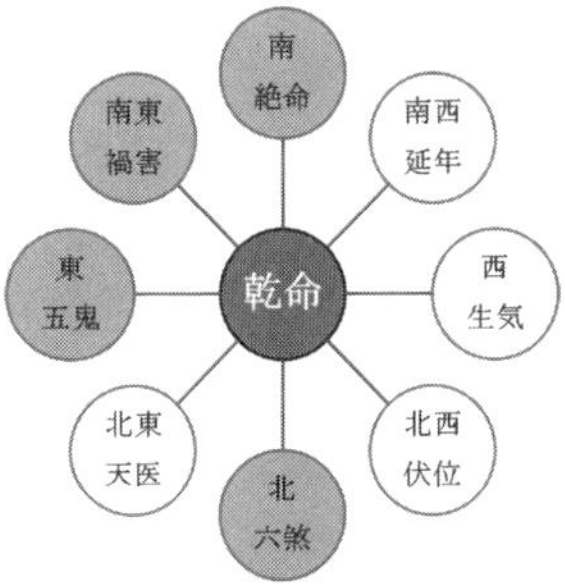
南
絶命
南東
禍害
南西
延年
東
五鬼
乾命
西
生気
北東
天医
北西
伏位
北
六煞

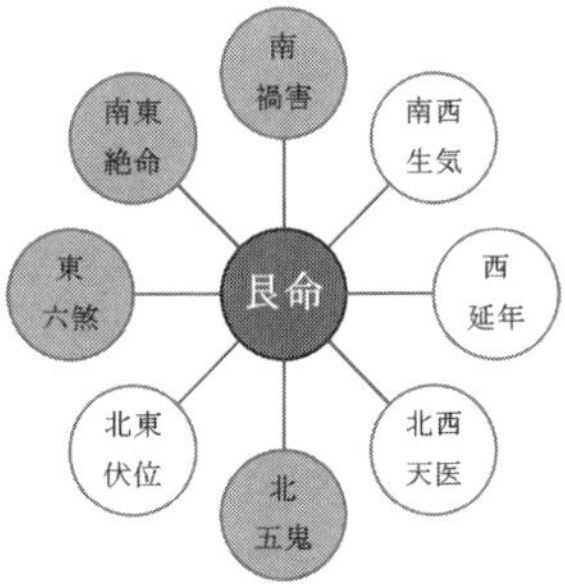
南
禍害
南東
絶命
南西
生気
東
六煞
艮命
西
延年
北東
伏位
北西
天医
北
五鬼

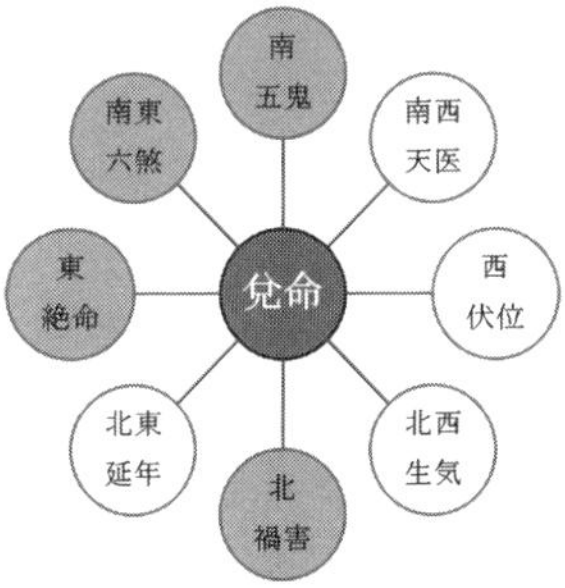
南
五鬼
南東
六煞
南西
天医
東
絶命
兌命
西
伏位
北東
延年
北西
生気
北
禍害

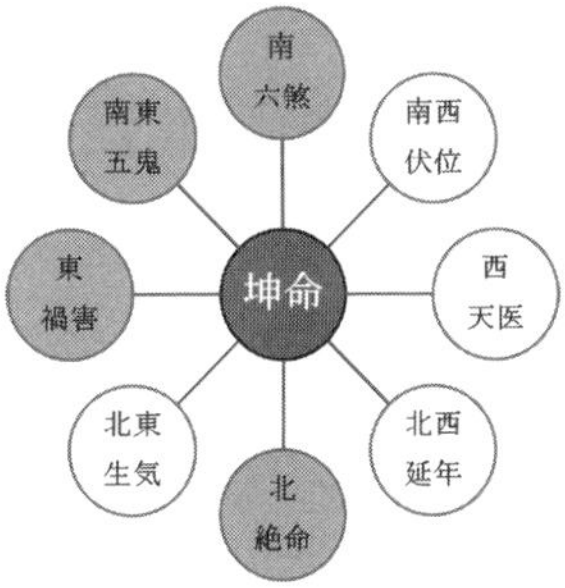
南
六煞
南東
五鬼
南西
伏位
東
禍害
坤命
西
天医
北東
生気
北西
延年
北
絶命

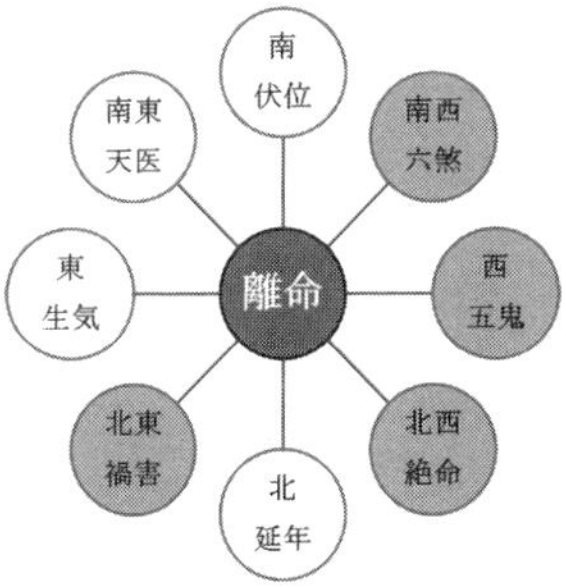
南
伏位
南東
天医
南西
六煞
東
生気
離命
西
五鬼
北東
禍害
北西
絶命
北
延年

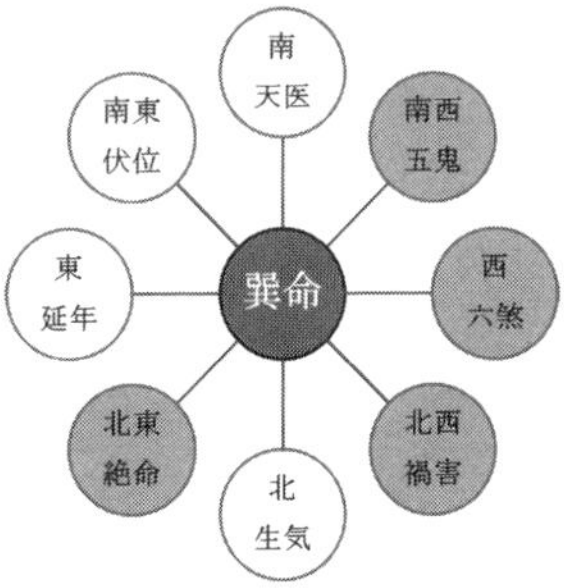
南
天医
南東
伏位
南西
五鬼
東
延年
巽命
西
六煞
北東
絶命
北西
禍害
北
生気

6 八宅八神房の吉凶断訣

「房」とは部屋のことで、八宅神が配置された時、どの部屋にどの八宅神が廻って来ているかによって吉凶が決まります。

四吉神や四凶神というのは、寝室や神仏、リビングなどをもとにした時の言葉であり、どのような部屋があっても、四吉神なら良いとか四凶神なら悪いとか確定したものではありません。次に八宅神にどのような部屋が有れば吉となり、どのような部屋が有れば凶となるかを示します。

(1) 四吉神

四吉神といっても、その方位そのものが良いということではなく、理気的に良い方位ということです。巒頭である部屋の種類が、リビングや寝室、書斎や台所（コンロは除く）、仏間や神位が四吉神の方に在って、初めて巒頭と理気が合致して吉神となり得るのです。

【生気方】

○吉……主人の部屋・リビング・寝室・台所（コンロ以外の場所）

　※活力が出る・賢い子が生まれる・男児誕生（跡継ぎができる）・気品が出る。

●凶……浴室・トイレ・浄化槽などの不浄物・コンロ

　※賢い子の夭折（早死）。主人の降格、降給。誹謗中傷を受ける。嫁が事故に遭う。横死。

【天医方】

○吉……主人の部屋・リビング・寝室・台所（コンロ以外の場所）

※健康に恵まれる。病も良くなり、大病は小病になり、小病なら平癒となる。無病息災。女子出産。女性が強い。富豪。財を得る。倹約・節約。

●凶……浴室・トイレ・浄化槽などの不浄物・コンロ

※賢い女性、貞淑な女性の夭折（早死）。小病が大病になる。大病なら危篤状態になる。誤診・誤薬。横死。金銭問題による死。

【延年方】

○吉……主人の部屋・リビング・寝室・台所（コンロ以外の場所）

※夫婦仲が良い。家族和合。家族が力を合わせて財を成す。

●凶……浴室、トイレ、洗面、浄化槽、下水升、コンロ

※妻子と離別（妻は逃げ、子は離れる）。夫婦喧嘩。家庭内別居。離婚

【伏位方】

○吉……主人の部屋・リビング・寝室・台所（コンロ以外の場所）。神棚・仏壇

※主人の権威が上がる・主人の権威がある。家内安全。平安。妖魔が入り難い

●凶……浴室、トイレ、洗面、浄化槽、下水升、コンロ

※家の中が落ち着かない。妖怪・幽霊が出る。怪事が続く。社長、役職者、主人の力がない。部下や子供が表面上のみ合わせる。

⑵ 四凶神

四凶神といっても、その方位そのものが悪いということではなく、理気的に悪い方位ということです。巒頭で看た時、部屋の種類が、リビングや寝室、書斎や台所（コンロは除く）、仏間や神位が四凶神の方に在れば、理気的に悪い方位で、家族と食事したり、団欒したり、睡眠を取ったりするのが悪いのであって、トイレや浴室などがあれば、巒頭と理気が合うので良い象意となります。

【五鬼方】

○吉……トイレ・浴室・納戸・物置・コンロ

※仕事が忙しい・九死に一生を得る（事故に遭う電車や飛行機、船などに乗らなかったなど）。

●凶……主人の部屋・リビング・寝室・台所（コンロ以外の場所）

※突然の事故や事件に巻き込まれる。台所から奇怪な音がする。寝室なら奇病や不治の病にかかる。手術や入院。事故死

【禍害方】

○吉……トイレ・浴室・納戸・物置・コンロ

※家内安全。事故や災害から免れる。口舌、法律問題も和解となる。

●凶……主人の部屋・リビング・寝室・台所（コンロ以外の場所）

※口舌。法律問題。刑獄に遭う。トラブル。紛糾、誹謗・批判を受ける。嫁や妻の事故。些細なことからすべてを失う。

【絶命方】

○吉……トイレ・浴室・納戸・物置・コンロ

※困った時に道が開ける。九死に一生を得る。八方塞がりでの助け

●凶……主人の部屋・リビング・寝室・台所（コンロ以外の場所）

※休職。解雇。失業。貧乏で病気。絶家。絶嗣。癌。奇病。治り難い病気

【六煞方】

○吉……トイレ・浴室・納戸・物置・コンロ

※家が栄え、仕事が順調。昼夜働いても疲れない。仕事を一生懸命する。努力による成功。創業

●凶……主人の部屋・リビング・寝室・台所（コンロ以外の場所）

※夫婦仲が悪い。家庭内別居。別居。離婚。男は家を顧みない。女は浮気をする。賭け事やサラ金に手を出す。色情のトラブル

7 八宅法の実践

八宅法は、巒頭（どのような用途の部屋なのか）と理気（どの方位にどのような八宅神が廻ってきているのか）が合っていることが大切になります。そして、八宅神の五行と、八方位の五行で強弱を考慮する必要があります。その上で、命卦と八宅神の五行を考慮して寝室などは決めたほうが良いですし、神仏の位置は、宅卦を優先したほうが良い形になります。次に八宅法の方法を簡単にまとめました。

①玄関で座山を量る。
②八方位に家を分ける。
③四吉神に、主人の部屋・リビング・寝室・台所（コンロ以外の場所）を持って来るようにする。
④四凶神に、トイレ・浴室・納戸・物置・コンロを持って来るようにする。
⑤コンロは四凶神に置き、四吉神を向けるようにする。
⑥生気方には、ライトを置き明るくする。
⑦命卦と宅卦が違う場合は宅卦を優先する。
⑧門や玄関は四吉神に設け、四吉神に向ける。
⑨八宅法で家を建てる場合は、八神の宮定位五行が廻って来た八神を生ずるか、五行が同じ宮になるべく来るようにする。
⑩その家の主人の命卦と宅卦を東四命や西四命で合わせる。

⑪夫婦で片方が東四命でもう片方が西四命の場合は、玄関は夫の命卦の吉神方位に設け、門を妻の命卦の四吉神方位に設けるようにする（これは逆でも良い）。
⑫神仏は伏位方位が適している。
⑬夫婦で命卦が違う場合は、寝室のドアをもって坐山を測り、部屋自体を八宅法に当てはめて部屋の中で、各自が良い方位に入る様に寝ると良い。
⑭テレビなどは、生気方に置くのが良い。
⑮命卦の「伏位方」には、寝ないようにする。

八宅で合っていても、生活上に問題を抱えている場合が多くあります。それは、この八宅法のみで行っているからであると感じます。この方法のみで家を建てることは勧められません。

八宅法ととても似ていますが使い方が異なる妙派の「八宅門路法」と「生旺法」「納音立向法」と、家の周りの環境や地形の「巒頭」を使用することにより、効果を期待できます（次章で解説）。八神象意はほぼ同じで、太極の取り方（点訣）や線訣は他の看法に通じるものがありますので、八宅法で良く覚えて欲しいと思います。また、台所やコンロの位置はこの八宅法で象意が合う場合が多いので、コンロは四凶神に置いて、四吉神を向けるようにすることが望ましく、また、⑥の生気方にライトを置き明るくする方法も、気の浄化作用と家の活性化に効果があります。いろいろな家を八宅法と照らし合わせて、自身で効果を確かめていただきたいと思います。

第三章「凶」を「吉」に変える看法

八宅門路看法

八宅門路法とは、人が通る動線で吉凶を判断する方法です。

同じ間取りでも、人によってその家の使い方で通る動線が違ってくるのが、同じ家に住んでも運が違ってくる一つの要因であります。

八宅門路法では、一つは、門から家の玄関までの動線で運を取るように歩く方法があります。もう一つは、家を入った所、通常玄関になりますが、玄関を入り、その玄関のホールから各部屋に向かう門路の吉凶を量り、その門路を吉方に変える事で、運を良くしようという方法です。

ホールから各部屋に分かれる場所を「立極点」といい、その立極点の算出法が家の造りによっては少し難しい点があるので、この章では家の中の八宅門路法をご紹介します。

1 八宅門路看法

座山方位四十五度を輔弼《ほひつ》（伏位《ふくい》）とし、生気《せいき》（貪狼《たんろう》）、天医《てんい》（巨門《きょもん》）、禍害《かがい》（禄存《ろくぞん》）、六煞《ろくさつ》（文曲《ぶんきょく》）、五鬼《ごき》（廉貞《れんてい》）、延年《えいねん》（武曲《ぶこく》）、絶命《ぜつめい》（破軍《はぐん》）、と、座山を本卦として、八方位（各四十五度）に分けて判断する陽宅の看法です。座山を手前にして左回りに配していく口訣を書いておきます。

生気＝「生」、天医＝「天」、五鬼＝「五」、延年＝「延」・絶命＝「絶」、伏位＝「伏」＝本卦としています。

私の羅盤には入れていませんが、八宅として羅盤に入っているのがこれです。これは、本卦に対する各方位を覚えれば羅盤に書く必要がないのですが、書いてあれば初学者には便利であろうと思います。

簡略一字の口訣

（座山より左回りに書いてあります）

北西＝乾（伏）・六・天・五・禍・絶・延・生

北東＝艮（伏）・六・絶・禍・生・延・天・五

南東＝巽（伏）・天・五・六・禍・生・絶・延

南西＝坤（伏）・天・延・絶・生・禍・五・六

正北＝坎（伏）・五・天・生・延・絶・禍・六

正東＝震（伏）・延・生・禍・絶・五・天・六

正南＝離（伏）・六・五・絶・延・禍・生・天

正西＝兌（伏）・生・禍・延・絶・六・五・天。

1 吉凶

この門路を変える方法は、意外に効果があります。そして、ある程度ホールに広さがあれば、簡単に変えることができるので実践向きな方法といえます。

吉凶は、左記に示します。その吉方に向かって歩くように門路を変えていくのが八宅門路法です。

吉方位　＝　生気（貪狼星）・天医（巨門星）・延年（武曲星）

凶方位　＝　五鬼（廉貞星）・六煞（文曲星）・絶命（破軍星）・禍害（禄存星）

吉凶問わず（半吉）　＝　伏位（輔弼星）（必ず座山方位が伏位となるため）

貪狼星、巨門星、武曲星が廻っている方位が吉となり、廉貞星、文曲星、破軍星、禄存星が廻っている所が凶となります。

この方法で玄関位置の吉凶は看ません。あくまでも、立極点から各部屋に通じる門路の吉凶を量ったり、大きいビルなどでは、どの方位に住めば良いかを看る方法です。ビル、マンションなどの各部屋や事務所などは、その部屋の入り口で座山を量り、室内の立極点で住居の門路を看ます。

(1) 西四宅

西四宅とは、西側に良い星が集まって、東側に悪い星が集まっている八個の宅がある内の四宅をいいます。

西四宅は「乾宅（戌・乾・亥が坐山の家）」「艮宅（丑・艮・寅が坐山の家）」「兌宅（庚・酉・辛が坐山の家）」「坤宅（未・坤・申が坐山の家）」の四つの宅があります。

そして、この四宅の良い方位は「宅」と同じように「乾方（北西）」「艮方（北東）」「兌方（西方）」「坤方（南西方）」となります。

乾宅圖

東南 巽 ☴ ×禍害	正南 離 ☲ ×絶命	南西 坤 ☷ ○延年
正東 震 ☳ ×五鬼	立極	正西 兌 ☱ ○生気
北東 艮 ☶ ○天医	正北 坎 ☵ ×六煞	北西 乾 ☰ 座 伏位

艮宅圖

東南 巽 ☴ ×絶命	正南 離 ☲ ×禍害	南西 坤 ☷ ○生気
正東 震 ☳ ×六煞	立極	正西 兌 ☱ ○延年
北東 艮 ☶ 座 伏位	正北 坎 ☵ ×五鬼	北西 乾 ☰ ○天医

兌宅圖

東南 巽 ☴ ×六煞	正南 離 ☲ ×五鬼	南西 坤 ☷ ○天医
正東 震 ☳ ×絶命	立極	正西 兌 ☱ 座 伏位
北東 艮 ☶ ○延年	正北 坎 ☵ ×禍害	北西 乾 ☰ ○生気

坤宅圖

東南 巽 ☴ ×五鬼	正南 離 ☲ ×六煞	南西 坤 ☷ 座 伏位
正東 震 ☳ ×禍害	立極	正西 兌 ☱ ○天医
北東 艮 ☶ ○生気	正北 坎 ☵ ×絶命	北西 乾 ☰ ○延年

⑵ 東四宅

東四宅とは、東側に良い星が集まって、西側に悪い星が集まっている八個の宅がある内の四宅をいいます。

東四宅は「坎宅（壬・子・癸が坐山の家）」「震宅（甲・卯・乙が坐山の家）」「巽宅（辰・巽・巳が坐山の家）」「離宅（丙・午・丁が坐山の家）」の四つの宅があります。

そして、この四宅の良い方位は「宅」と同じように「坎方（北）」「震方（東）」「巽方（南東方）」「離方（南方）」となります。

坎宅圖		
東南 巽 ☴ ○生気	正南 離 ☲ ○延年	南西 坤 ☷ ×絶命
正東 震 ☳ ○天医	立極	正西 兌 ☱ ×禍害
北東 艮 ☶ ×五鬼	正北 坎 ☵ 座　伏位	北西 乾 ☰ ×六煞

離宅圖		
東南 巽 ☴ ○天医	正南 離 ☲ 座　伏位	南西 坤 ☷ ×六煞
正東 震 ☳ ○生気	立極	正西 兌 ☱ ×五鬼
北東 艮 ☶ ×禍害	正北 坎 ☵ ○延年	北西 乾 ☰ ×絶命

巽宅圖		
東南 巽 ☴ 座 伏位	正南 離 ☲ ○天医	南西 坤 ☷ ×五鬼
正東 震 ☳ ○延年	立極	正西 兌 ☱ ×六煞
北東 艮 ☶ ×絶命	正北 坎 ☵ ○生気	北西 乾 ☰ ×禍害

震宅圖		
東南 巽 ☴ ○延年	正南 離 ☲ ○生気	南 坤 ☷ ×禍害
正東 震 ☳ 座 伏位	立極	正西 兌 ☱ ×絶命
北東 艮 ☶ ×六煞	正北 坎 ☵ ○天医	北西 乾 ☰ ×五鬼

2 變爻訣《へんこうけつ》

變爻（変爻）とは、陰爻は陽爻に変え、陽爻は陰爻に変えることをいいます。

八卦は三つの爻でできていて、一番下を「下爻《かこう》」または、「初爻《しょこう》」といい、真ん中を「中爻《ちゅうこう》」といい、一番上を「上爻《じょうこう》」といいます。

「下爻変」といえば、一番下の爻が陽爻であれば、陰爻に変えることであり、陽爻であれば陰爻に変えることです。「中爻変」と言えば、真ん中の爻が陰爻であれば、陽爻に変えることであり、陽爻であれば陰爻に変えることです。

「上爻変」といえば、一番上の爻が陰爻であれば、陽爻に変えることであり、陽爻であれば陰爻に変えることです。

つまり、もし「乾」☰の初爻変なら、乾の一番下が陽爻なので一番下を陽爻から陰爻に変えて、「巽」☴となります。

「乾」☰の中爻変なら、乾の中爻が陽爻なので、これを陰爻に変えることになり、「離」☲となります

「乾」☰の上爻変なら、乾の上爻が陽爻なので、これを陰爻に変えることになり、「兌」☱となります

宅卦八方位変爻訣

宅卦（坐山の八卦）から、変爻して、八方位の吉凶神を算出する方法です。

宅卦の上爻変は、「貪狼生気方位」

宅卦の中爻変は、「破軍絶命方位」
宅卦の下爻変は、「禄存禍害方位」
宅卦の上中爻変は、「廉貞五鬼方位」
宅卦の中下爻変は、「巨門天医方位」
宅卦の上下爻変は、「文曲六煞方位」
宅卦の全爻変は、「武曲延年方位」
宅卦の爻の不変は、「輔弼伏位方位」

◇乾宅（☰）

宅卦の上爻変は、兌☱となり、兌は西方なので、西方位は「貪狼生気方位」となる
宅卦の中爻変は、離☲となり、離は南方なので、南方位は「破軍絶命方位」となる
宅卦の下爻変は、巽☴となり、巽は東南方なので、東南方位は「禄存禍害方位」となる
宅卦の上中爻変は、震☳となり、震は東方なので、東方位は「廉貞五鬼方位」となる
宅卦の中下爻変は、艮☶となり、艮は北東方なので、北東方位は「巨門天医方位」となる
宅卦の上下爻変は、坎☵となり、坎は北方なので、北方位は「文曲六煞方位」となる
宅卦の全爻変は、坤☷となり、坤は南西方なので、南西方位は「武曲延年方位」となる
宅卦の爻の不変は、乾☰となり、乾は北西方なので、北西方位は「輔弼伏位方位」となる

◇兌宅（☱）

宅卦の上爻変は、乾☰となり、乾は北西方なので、北西方位は「貪狼生気方位」となる
宅卦の中爻変は、震☳となり、震は東方なので、東方位は「破軍絶命方位」となる
宅卦の下爻変は、坎☵となり、坎は北方なので、北方位は「禄存禍害方位」となる
宅卦の上中爻変は、離☲となり、離は南方なので、南方位は「廉貞五鬼方位」となる
宅卦の中下爻変は、坤☷となり、坤は南西方なので、南西方位は「巨門天医方位」となる
宅卦の上下爻変は、巽☴となり、巽は南東方なので、南東方位は「文曲六煞方位」となる
宅卦の全爻変は、艮☶となり、艮は北東方なので、北東方位は「武曲延年方位」となる
宅卦の爻の不変は、兌☱となり、兌は西方なので、西方位は「輔弼伏位方位」となる

◇離宅（☲）

宅卦の上爻変は、震☳となり、震は東方なので、東方位は「貪狼生気方位」となる
宅卦の中爻変は、乾☰となり、乾は北西方なので、北西方位は「破軍絶命方位」となる
宅卦の下爻変は、艮☶となり、艮は北東方なので、北東方位は「禄存禍害方位」となる
宅卦の上中爻変は、兌☱となり、兌は西方なので、西方位は「廉貞五鬼方位」となる
宅卦の中下爻変は、巽☴となり、巽は南東方なので、南東方位は「巨門天医方位」となる
宅卦の上下爻変は、坤☷となり、坤は南西方なので、南西方位は「文曲六煞方位」となる
宅卦の全爻変は、坎☵となり、坎は北方なので、北方位は「武曲延年方位」となる

宅卦の爻の不変は、離☲となり、離は南方なので、南方位は「輔弼伏位方位」となる

◇震宅（☳）

宅卦の上爻変は、離☲となり、離は南方なので、南方位は「貪狼生気方位」となる
宅卦の中爻変は、兌☱となり、兌は西方なので、西方位は「破軍絶命方位」となる
宅卦の下爻変は、坤☷となり、坤は南西方なので、南西方位は「禄存禍害方位」となる
宅卦の上中爻変は、乾☰となり、乾は北西方なので、北西方位は「廉貞五鬼方位」となる
宅卦の中下爻変は、坎☵となり、坎は北方なので、北方位は「巨門天医方位」となる
宅卦の上下爻変は、艮☶となり、艮は北東方なので、北東方位は「文曲六煞方位」となる
宅卦の全爻変は、巽☴となり、巽は南東方なので、南東方位は「武曲延年方位」となる
宅卦の爻の不変は、震☳となり、震は東方なので、東方位は「輔弼伏位方位」となる

◇巽宅（☴）

宅卦の上爻変は、坎☵となり、坎は北方なので、北方位は「貪狼生気方位」となる
宅卦の中爻変は、艮☶となり、艮は北東方なので、北東方位は「破軍絶命方位」となる
宅卦の下爻変は、乾☰となり、乾は北西方なので、北西方位は「禄存禍害方位」となる
宅卦の上中爻変は、坤☷となり、坤は南西方なので、南西方位は「廉貞五鬼方位」となる
宅卦の中下爻変は、離☲となり、離は南方なので、南方位は「巨門天医方位」となる

宅卦の上下爻変は、兌☱となり、兌は西方なので、西方位は「文曲六煞方位」となる
宅卦の全爻変は、震☳となり、震は東方なので、東方位は「武曲延年方位」となる
宅卦の爻の不変は、巽☴となり、巽は南東方なので、南東方位は「輔弼伏位方位」となる

◇坎宅（☵）

宅卦の上爻変は、巽☴となり、巽は南東方なので、南東方位は「貪狼生気方位」となる
宅卦の中爻変は、坤☷となり、坤は南西方なので、南西方位は「破軍絶命方位」となる
宅卦の下爻変は、兌☱となり、兌は西方なので、西方位は「禄存禍害方位」となる
宅卦の上中爻変は、艮☶となり、艮は北東方なので、北東方位は「廉貞五鬼方位」となる
宅卦の中下爻変は、震☳となり、震は東方なので、東方位は「巨門天医方位」となる
宅卦の上下爻変は、乾☰となり、乾は北西方なので、北西方位は「文曲六煞方位」となる
宅卦の全爻変は、離☲となり、離は南方なので、南方位は「武曲延年方位」となる
宅卦の爻の不変は、坎☵となり、坎は北方なので、北方位は「輔弼伏位方位」となる

◇艮宅（☶）

宅卦の上爻変は、坤☷となり、坤は南西方なので、南西方位は「貪狼生気方位」となる
宅卦の中爻変は、巽☴となり、巽は南東方なので、南東方位は「破軍絶命方位」となる
宅卦の下爻変は、離☲となり、離は南方なので、南方位は「禄存禍害方位」となる

宅卦の上中爻変は、坎☵となり、坎は北方なので、北方位は「廉貞五鬼方位」となる
宅卦の中下爻変は、乾☰となり、乾は北西方なので、北西方位は「巨門天医方位」となる
宅卦の上下爻変は、震☳となり、震は東方なので、東方位は「文曲六煞方位」となる
宅卦の全爻変は、兌☱となり、兌は西方なので、西方位は「武曲延年方位」となる
宅卦の爻の不変は、艮☶となり、艮は北東方なので、北東方位は「輔弼伏位方位」となる

◇坤宅（☷）

宅卦の上爻変は、艮☶となり、艮は北東方なので、北東方位は「貪狼生気方位」となる
宅卦の中爻変は、坎☵となり、坎は北方なので、北方位は「破軍絶命方位」となる
宅卦の下爻変は、震☳となり、震は東方なので、東方位は「禄存禍害方位」となる
宅卦の上中爻変は、巽☴となり、巽は南東方なので、南東方位は「廉貞五鬼方位」となる
宅卦の中下爻変は、兌☱となり、兌は西方なので、西方位は「巨門天医方位」となる
宅卦の上下爻変は、離☲となり、離は南方なので、南位は「文曲六煞方位」となる
宅卦の全爻変は、乾☰となり、乾は北西方なので、北西方位は「武曲延年方位」となる
宅卦の爻の不変は、坤☷となり、坤は南西方なので、南西方位は「輔弼伏位方位」となる

3 起貪狼生氣訣《きたんろうせいきけつ》

「起貪狼生気訣」とは、宅神を覚えるための方法で、宅卦の卦形を変爻することで「貪狼生気方」を算出する方法です。これを覚えておけば、宅卦から「貪狼生気方」を簡単に算出できるので、大変便利な「歌訣」となります。その方法は左記に記した通りです。

乾山兌兌居乾
坎巽上爻兩換先
坤艮二宮皆互起
震離相對紫微天

乾山の上爻變は兌で貪狼となり、兌山の上爻變は乾で貪狼となる
坎山の上爻變は巽で貪狼となり、巽山の上爻變は坎で貪狼となる
坤山の上爻變は艮で貪狼となり、艮山の上爻變は坤で貪狼となる
震山の上爻變は離で貪狼となり、離山の上爻變は震で貪狼となる

■八宅變卦表

次の表は変爻訣に則り八宅神を表にしたものです。一番上は坐山の宅卦をあらわしています。右側は変更した時の八宅神が書いてあります。上の列で宅卦を選び、右の列の八宅神を辿ると交差した所が方位になります。

宅坐（基卦）	北西 乾 ☰	正西 兌 ☱	北東 艮 ☶	南西 坤 ☷	正北 坎 ☵	正南 離 ☲	正東 震 ☳	南東 巽 ☴
上爻變 貪狼生氣	正西 ☱	北西 ☰	南西 ☷	北東 ☶	南東 ☴	正東 ☳	正南 ☲	正北 ☵
中爻變 廉貞五鬼	正東 ☳	正南 ☲	正北 ☵	南東 ☴	北東 ☶	正西 ☱	北西 ☰	南西 ☷
初爻變 武曲延年	南西 ☷	北東 ☶	正西 ☱	北西 ☰	正南 ☲	正北 ☵	南東 ☴	正東 ☳
中爻變 文曲六煞	正北 ☵	南東 ☴	正東 ☳	正南 ☲	北西 ☰	南西 ☷	北東 ☶	正西 ☱
上爻變 禄存禍害	南東 ☴	正北 ☵	正南 ☲	正東 ☳	正西 ☱	北東 ☶	南西 ☷	北西 ☰
中爻變 巨門天医	北東 ☶	南西 ☷	北西 ☰	正西 ☱	正東 ☳	南東 ☴	正北 ☵	正南 ☲
初爻變 破軍絶命	正南 ☲	正東 ☳	南東 ☴	正北 ☵	南西 ☷	北西 ☰	正西 ☱	北東 ☶
	西四宅				東四宅			

④ 立極点《りっきょくてん》

立極点とは、入り口を入り、その空間を通らなければ各部屋に行けない場所の中心をいいます。通常、玄関を入ると各部屋に行く方位が分かれる場所があります。この分かれる場所から看て、各部屋に行く方位を量り、寝室やリビングに行く方位に四吉神を取り、トイレや台所に行く方位を四凶神に取ることによって看る方法です。門路と家の中の各部屋が合致して、外から入ってくる良い気をリビングや寝室などに導き、家の中にある悪い気を外に出す作用が出てきます。つまり、人が出入りするたびに、悪い気を外に出し、良い気を家の中に引き込むことができるのが八宅門路法なのです。

大きい建物やビルなどの場合は、ビルの中心のことも立極点といいますが、入り口ホールなどの中心点も立極点というので錯誤が起こりやすいため、家も大きいビルも中心点を「太極」といい、ホールや建物に入った時にそこを通り各部屋に行く場所の中心点を「立極」ということとします。

■看方および量り方

家の玄関をもって座山を量る太極として、ドアを開け、家の内側から丹田の位置で羅盤を持ち、十字天心線の横の線と玄関ドアの敷居とを合わせ、手前を読むことによって座山を量ります。

立極点から量り、三吉方位（貪狼生気方・巨門天医方・武曲延年方）に、神棚、仏壇、寝室、リビング、台所への入り口があるのを吉とします。トイレや浴室、洗面などは、四凶方を取ります。

立極点算出例

立極点とは、玄関を入ってから各部屋に分かれる「点」を指しています。この点を決める時の法則を例を交えて説明します。

【例1】玄関からリビングが見えている場合

この家は、玄関を入るとそのままリビングに繋がっています。このような間取りの場合の立極点は、玄関を入って広くなった所、この場合はリビングの中心で取ることになります。

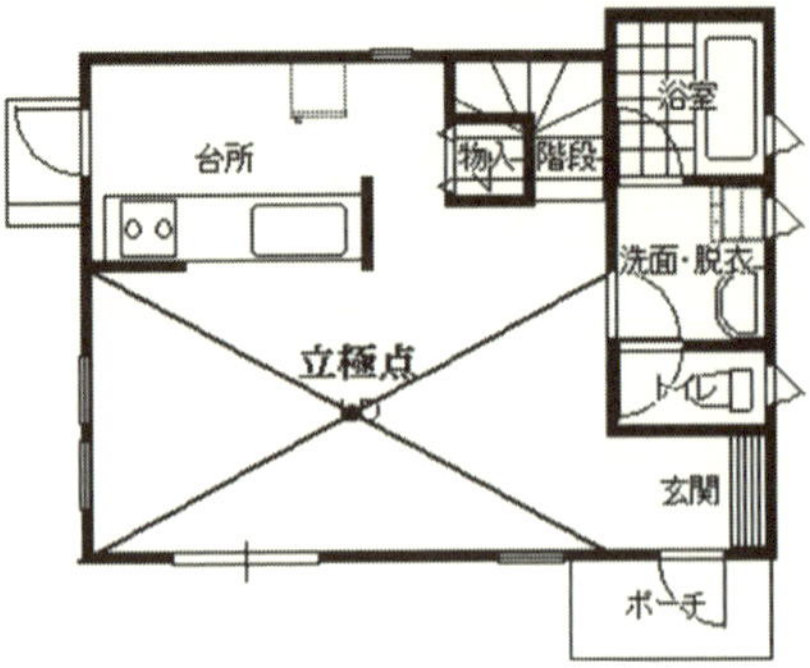

【例2】縦と横の廊下の幅が同じである

このような間取りの場合には、変形した家の中心点を取った時と同じように、廊下と廊下の交差したところを立極点として取ることになります。

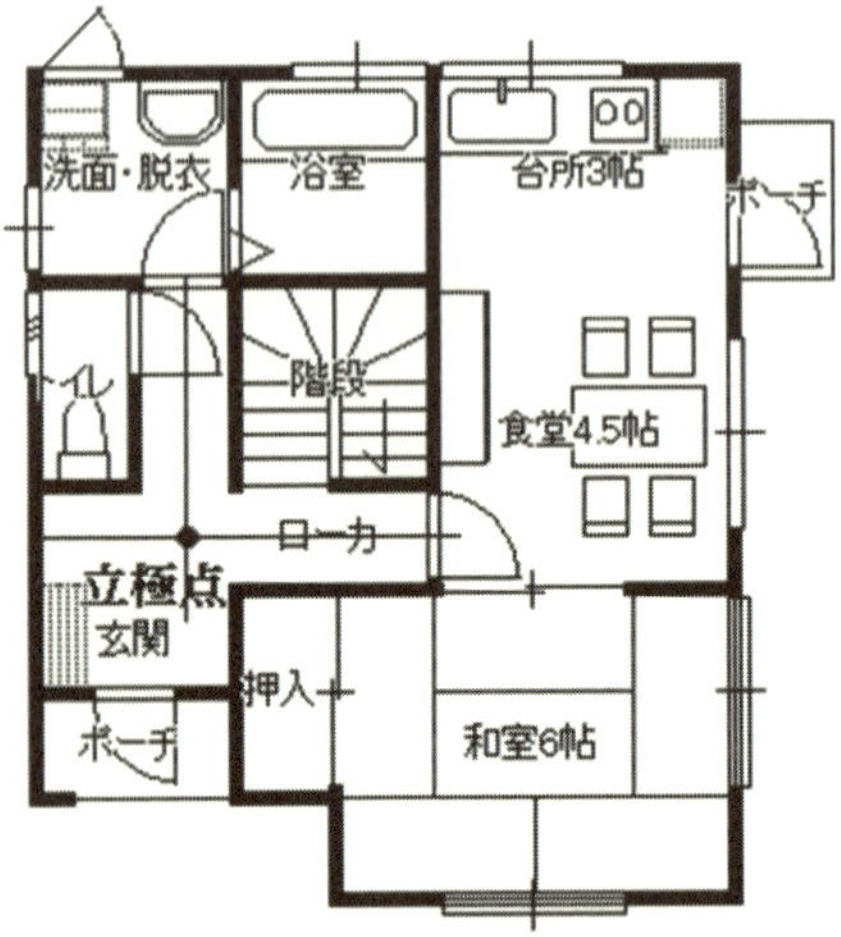

【例3】一般的な家の立極点

一般的な住宅の場合は、ホールの中央の中心点をもって立極点とします。ただし、物が置いてあった場合はその物を除いた面積の中央をもって立極点とします。

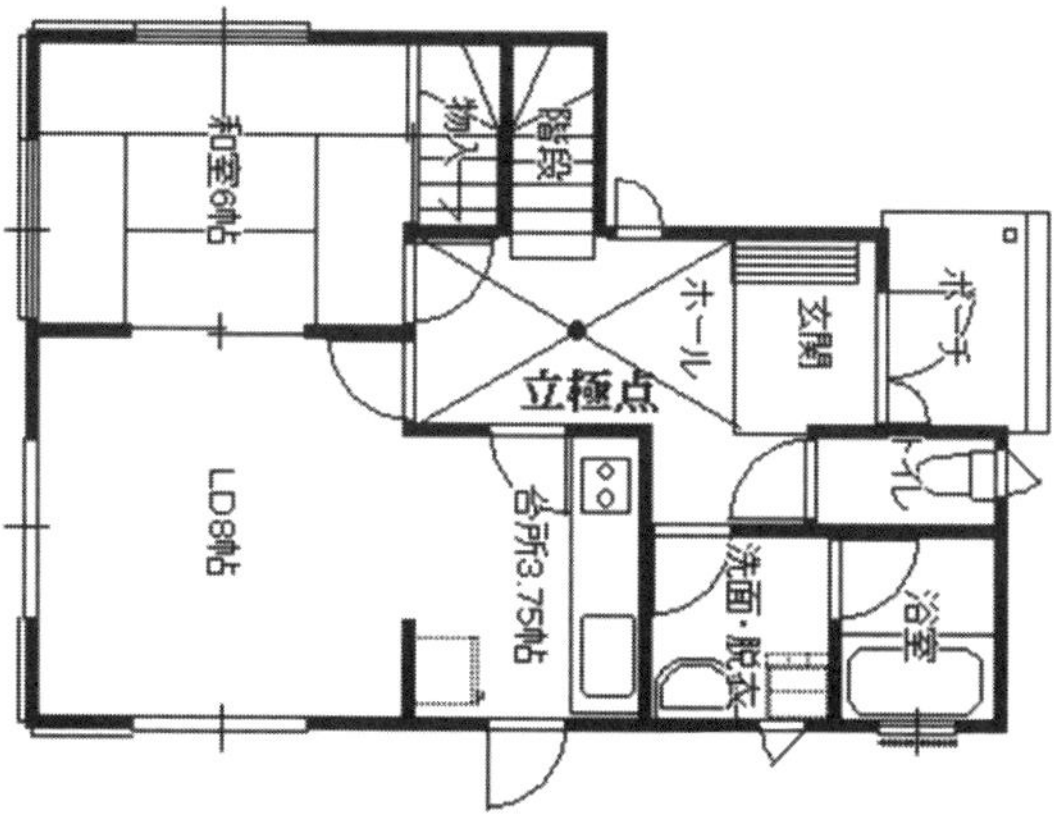

【例4】縦と横の廊下の幅が違う場合の立極点

ホールがL字になっていますが、ホールから曲がった部分の廊下はホールの幅より狭いので、曲がった部分の廊下は取らないでホールのみの中心点で立極点を取るようにします。

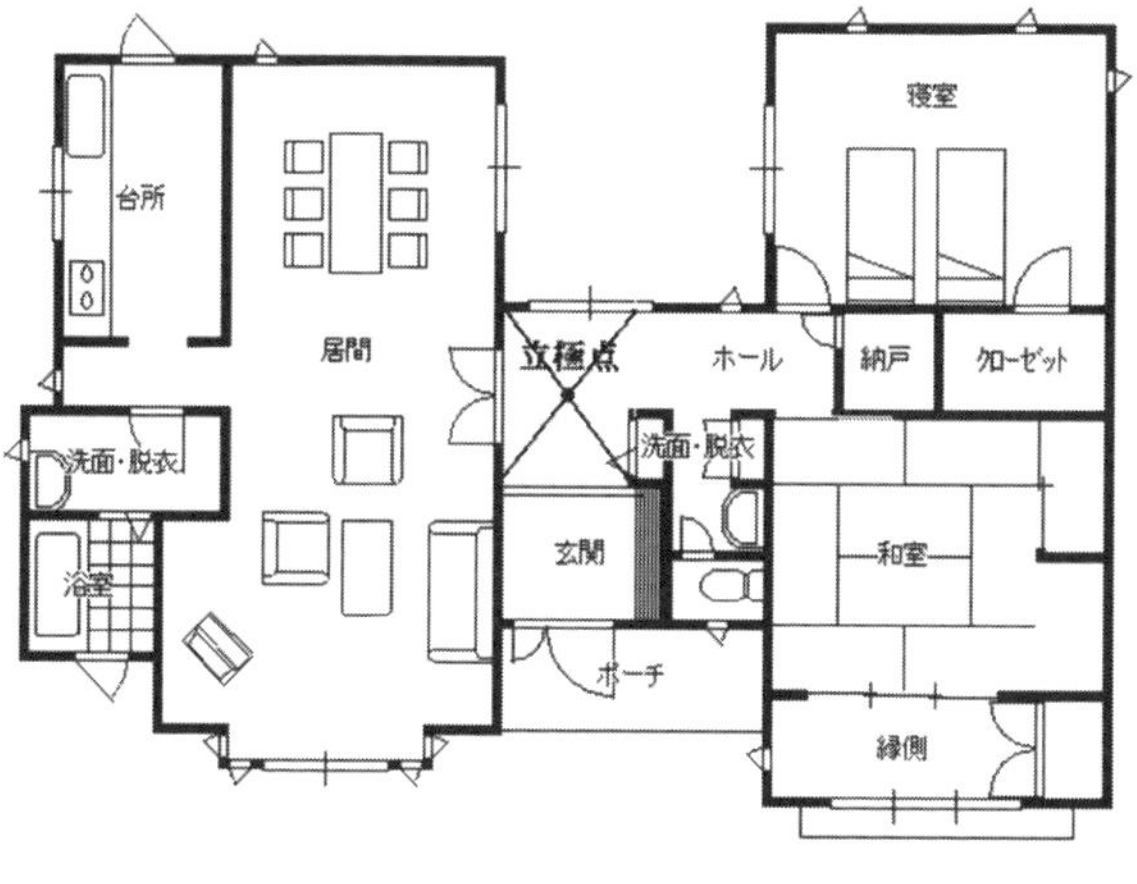

【例5】ホールが二つ繋がったような形の場合の立極点

この家は、玄関を上がると第一のホールがあり、それと繋がって二つ目のホールがあります。最初のホールと二番目のホールを比べると二番目の方が大きいので、このような場合の家は図のような立極点の取り方をして判断します。

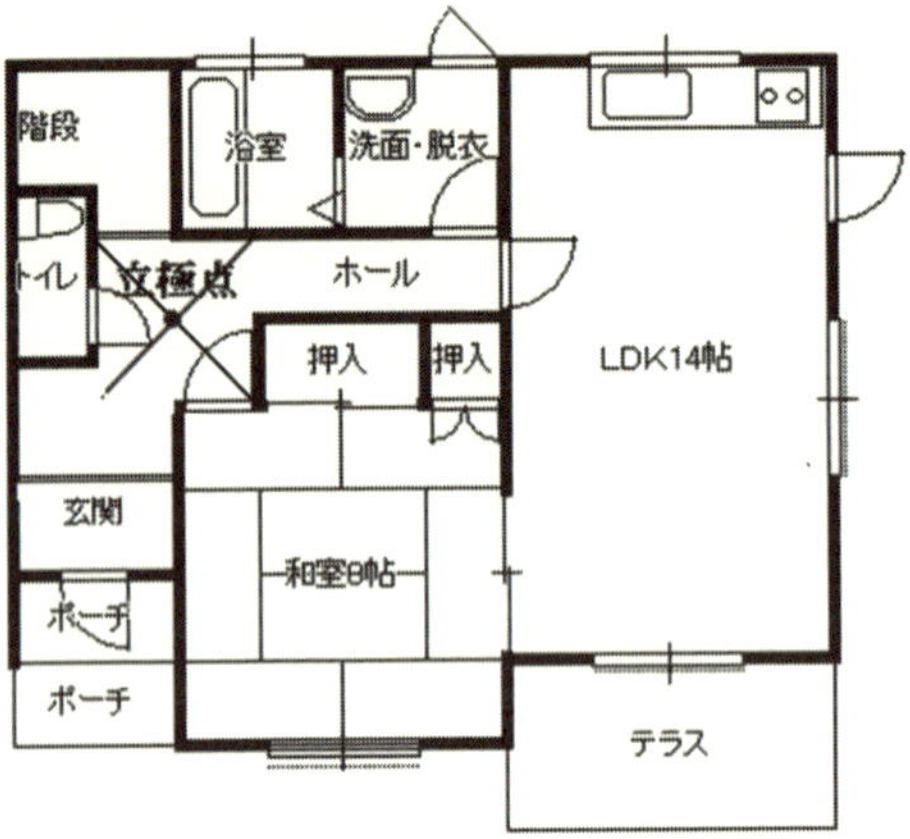

【例6】三方を壁に囲まれた立極点

この家の場合は、玄関を入ると右側と全面が壁であり、玄関側は立極点から吉凶を論じないので三方が壁と同じような状態にあります。このような場合は、通常にホールで取ります。玄関を上がってホールからは左側しか行けないため、八方位の凶神がこの方位に入ると門路はすべてが悪くなってしまう欠点があります。

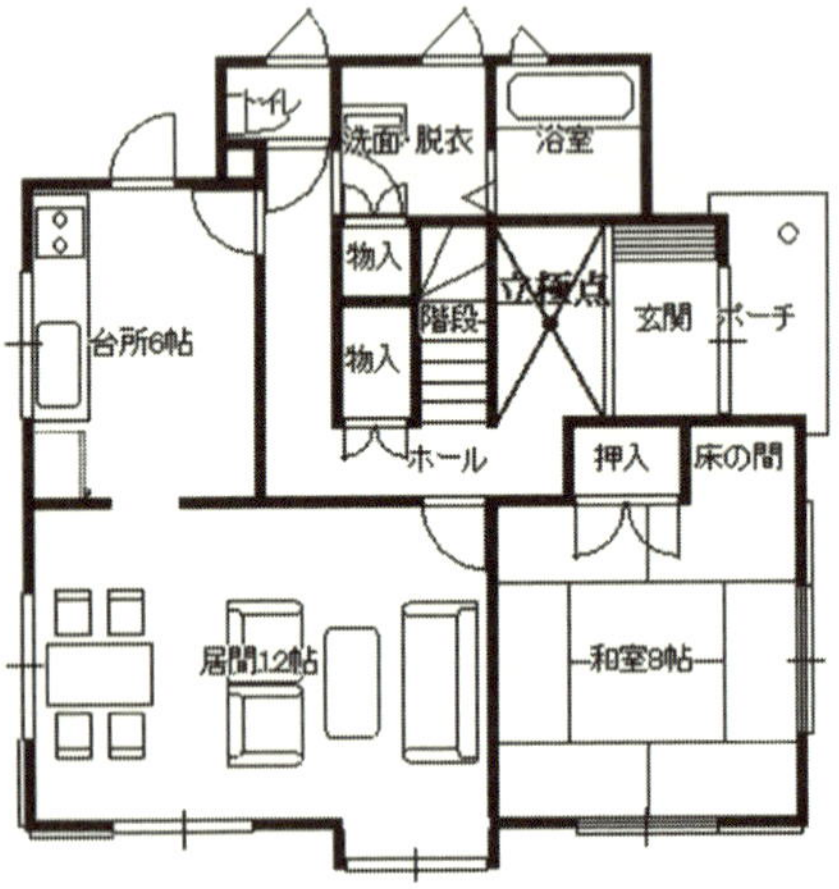

【例7】直しやすい立極点

このような家も数多く見受けられます。通常であれば図のような立極点の取り方をしますが、ホールから繋がる廊下の幅までホールを狭めることにより玄関から一直線の廊下の中心を立極点として取ることもできますし、ホールの幅を物などで調整することにより立極点の位置を容易に変化させることができる造りなので、直しやすい家の一つに入ります。

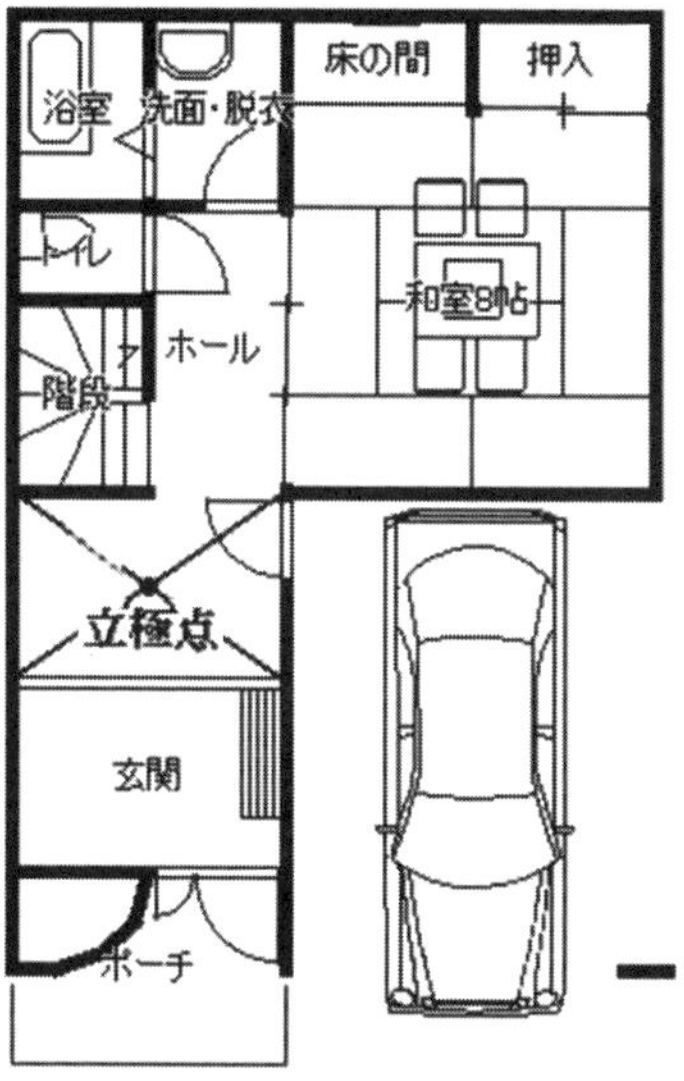

【例8】二世帯住宅の二階の立極点

この図面には、玄関がありません。玄関は階下にってエレベーターで上がってくる造りになっています。このような場合には、まず坐山の取り方が違ってきます。坐山はエレベーターで取るようになり、エレベーターホールの中心が立極点になります。

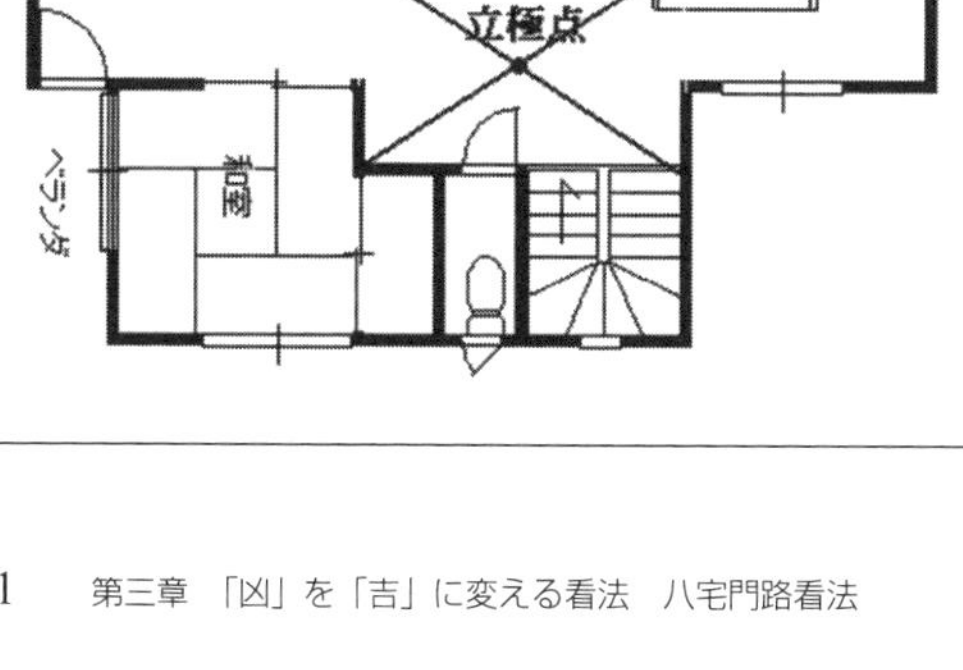

【例9】片方がでこぼこしている場所の立極点

このような家もよくあります。浴室、洗面、トイレ、階段が一直線ではなく凸凹しているのですが、このような家の玄関を入ると、意外と凸凹が気にならず、ホールを上がった後の目線は、台所に続く廊下を意識するものです。このような場合は廊下全体で立極点を取ります。

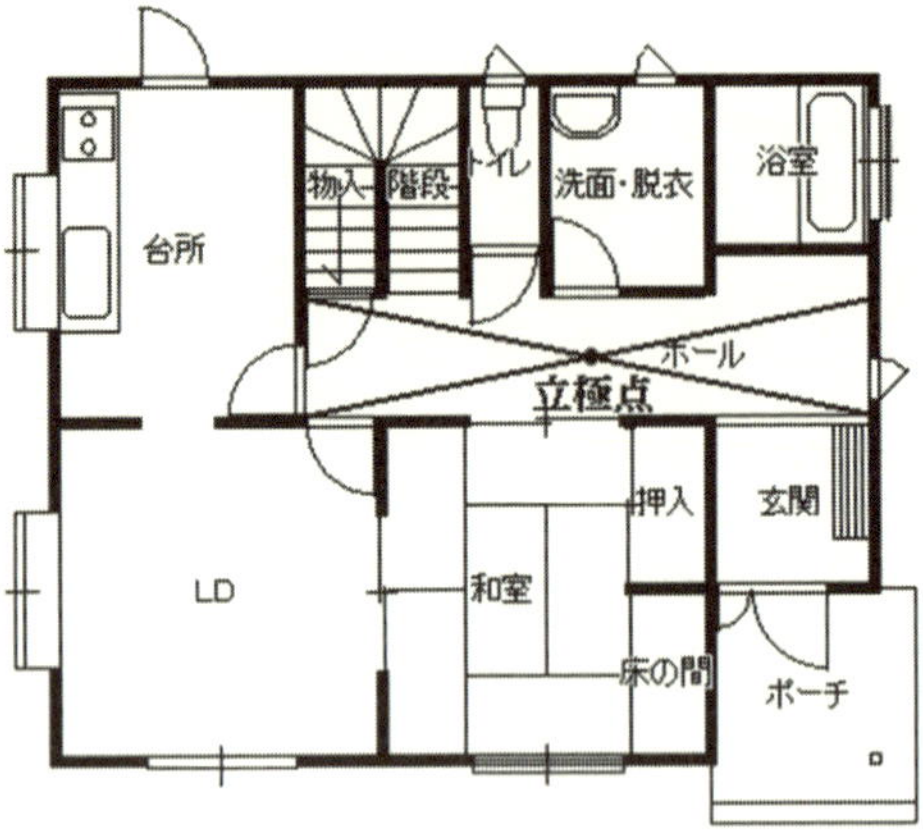

【例10】玄関とフロアの高さが一五センチメートル以下なら下記のように取る

バリアフリー化ということもあり、玄関とホールの段差があまりない玄関が増えています。このような場合は、玄関もホールの一部として考えて、その中心をもって立極点を算出します。その時に玄関とホールの高さの目安は十五センチメートルくらいと考えると良いでしょう。

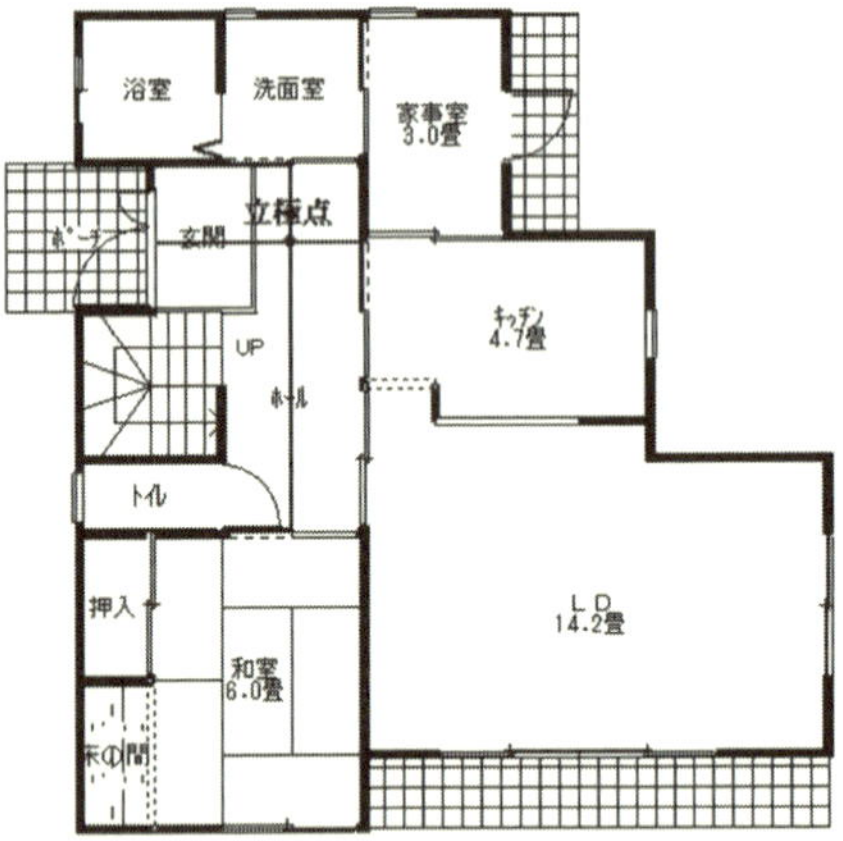

＊玄関からホールへの上がり框までの高さが15cm以下なら玄関も含めて立極点を取るということです（玄関とホールの形による）

【補足1】 ビル、マンションなど

●ビル、マンションなどの場合は、左記のように立極点を取り、三吉方（貪狼生気方、巨門天医方、武曲延年方）の部屋を選ぶようにします。その後に各部屋や事務所の玄関ドアで座山を量り、立極点を取り、判断します。

●通常は自分が出入りする入り口をもって座山を量ります。ただし、通常自分の部屋に行く時にエレベータを使用する場合は、エレベータをもって座山とします。

●店舗などの場合で、従業員入り口がある場合はそこの入り口をもって座山を量ります。二階以上に店舗があり、出勤にエレベーターを使用する場合は、エレベータをもって座山とします。

※同じビルやマンションを使用していても、入り口が二つ以上ある場合は、使用する入り口によって運が変わります。

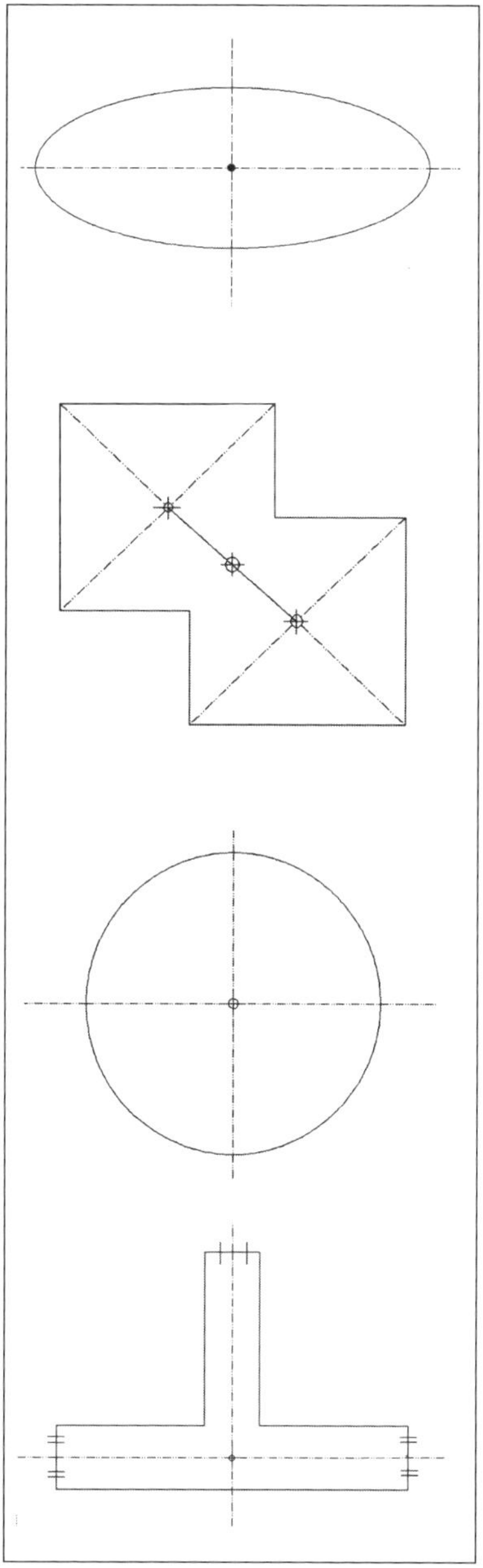

【補足2】異形図の中心の算出法（①の立極点の取り方が違うことに注意）

①凹形	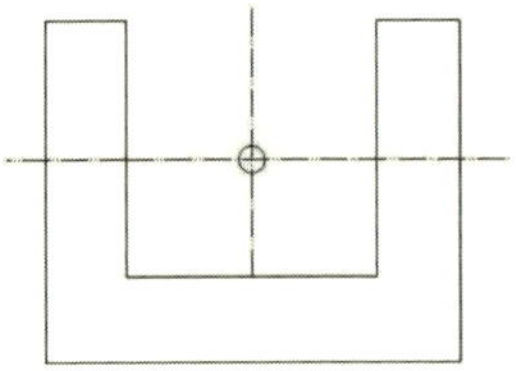	ビルなどの凹形は中心を取ることができないため、左のような立極の取り方をします。この立極点から量り、三吉方位の部屋を選びます（住宅などのホールの立極の取り方とは違います）
②L形	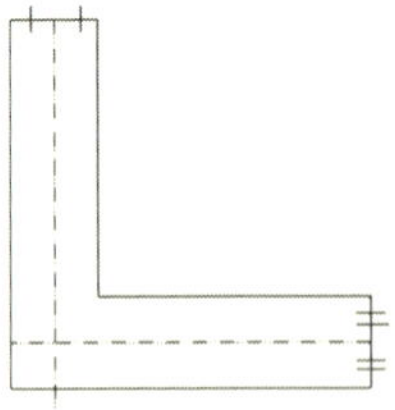	一辺が長いL形の物も中心を取れないため、左図のような立極の取り方をします（住宅のホールなどにも応用できます。その時の要件は縦と横の廊下の幅がほぼ同じことが条件となります）
③円形	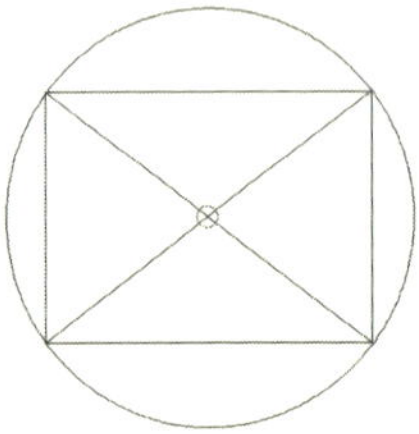	真円の場合は、任意の線を引いてそこから四隅が90度の四角形を書き、その四角形に対角線を引けば、その対角線の交わる点が、円の中心となります（住宅などのホールの立極点を取る場合に応用できます）
④半円	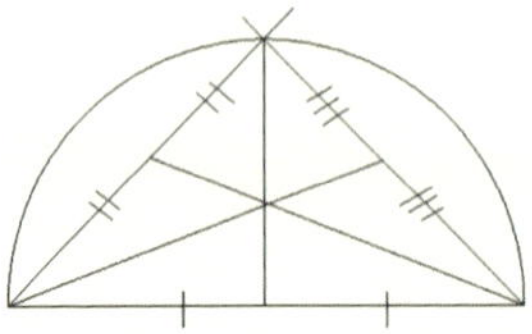	半円辺を二等辺三角形の底辺として三角形を書き三角形の各頂点から辺の中点に線を引いて交わった所が中心となります（住宅などのホールの立極点を取る場合に応用できます）
⑤台形	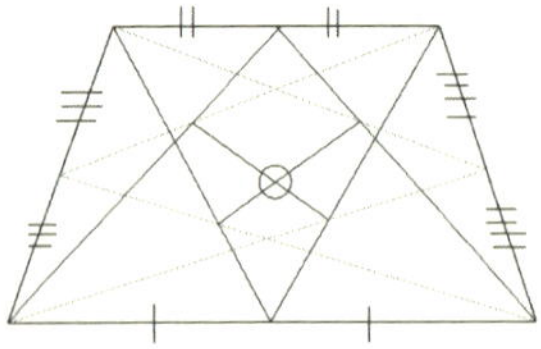	平行四辺形の場合は、角を結ぶ対角線の交点が中心となるが、台形の場合は左図のように線を引き上辺からと下辺から引いた線と、左右の辺から引いた線の交わった所から対角線を引いた時の交点が、中心点となります（住宅などに応用可）

2 宅屋の吉宅改造法

八宅門路法は、玄関から入った空間の中心点を立極点とするので、その空間の面積が変われば、立極点の位置も変わってきます。立極点の位置が変われば、そこから看る八方位も変わってきますので、その原理を利用して、凶だった門路を吉に変えて、入ってくる気を良い気に変えることができます。

例を示して凶を吉に変える方法を説明します。

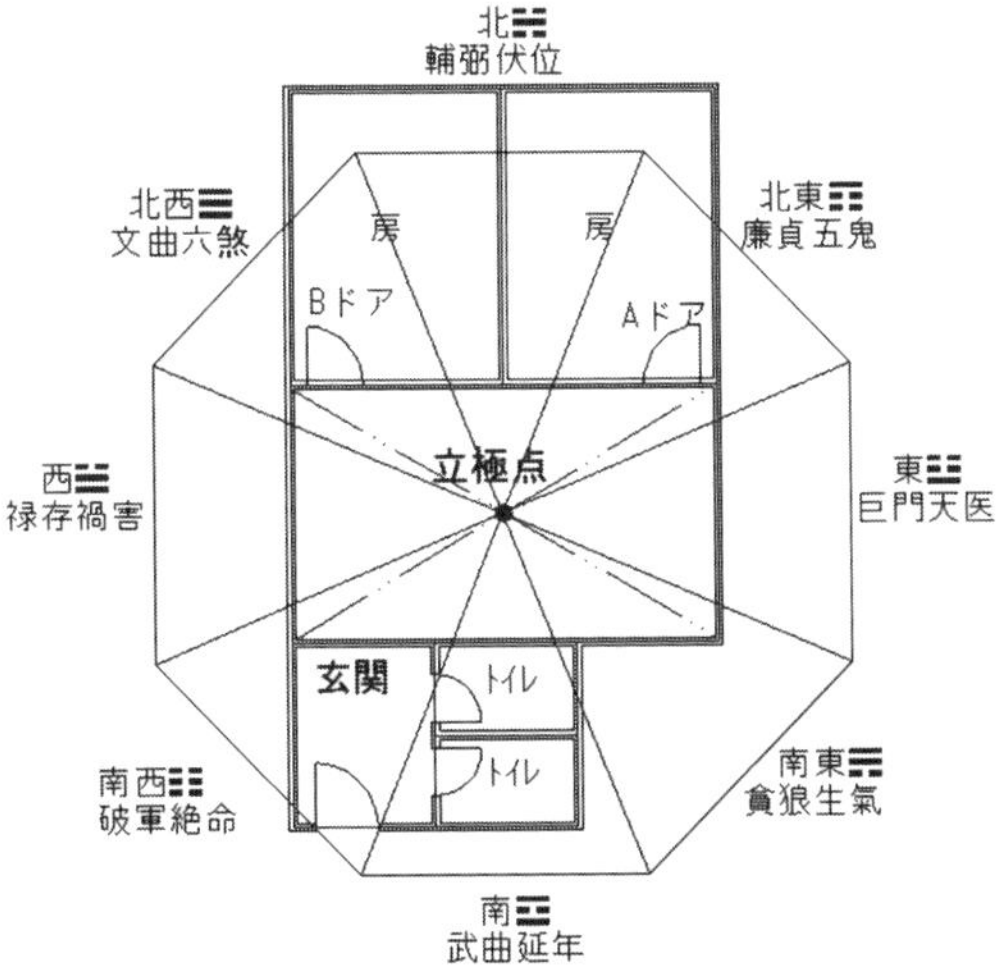

【例】基本圖

上記の図は「坎宅」です。立極点から看て、Aドアは艮方の廉貞五鬼方の凶方に入り、Bのドアも、文曲六煞の凶方位に入っています。

これを、吉方になるように変える方法は以下の通りです。

⑴ 各部屋の門の位置を変えることによって、吉に変える方法

Aドアを西に寄せることで、東北の廉貞五鬼方位から、北の輔弼伏位方となり、凶の門路が吉に変わりました。また、Bドアも東に寄せることによって、門路が文曲六煞の凶門であったものが、輔弼伏位方の吉門に変わりました。

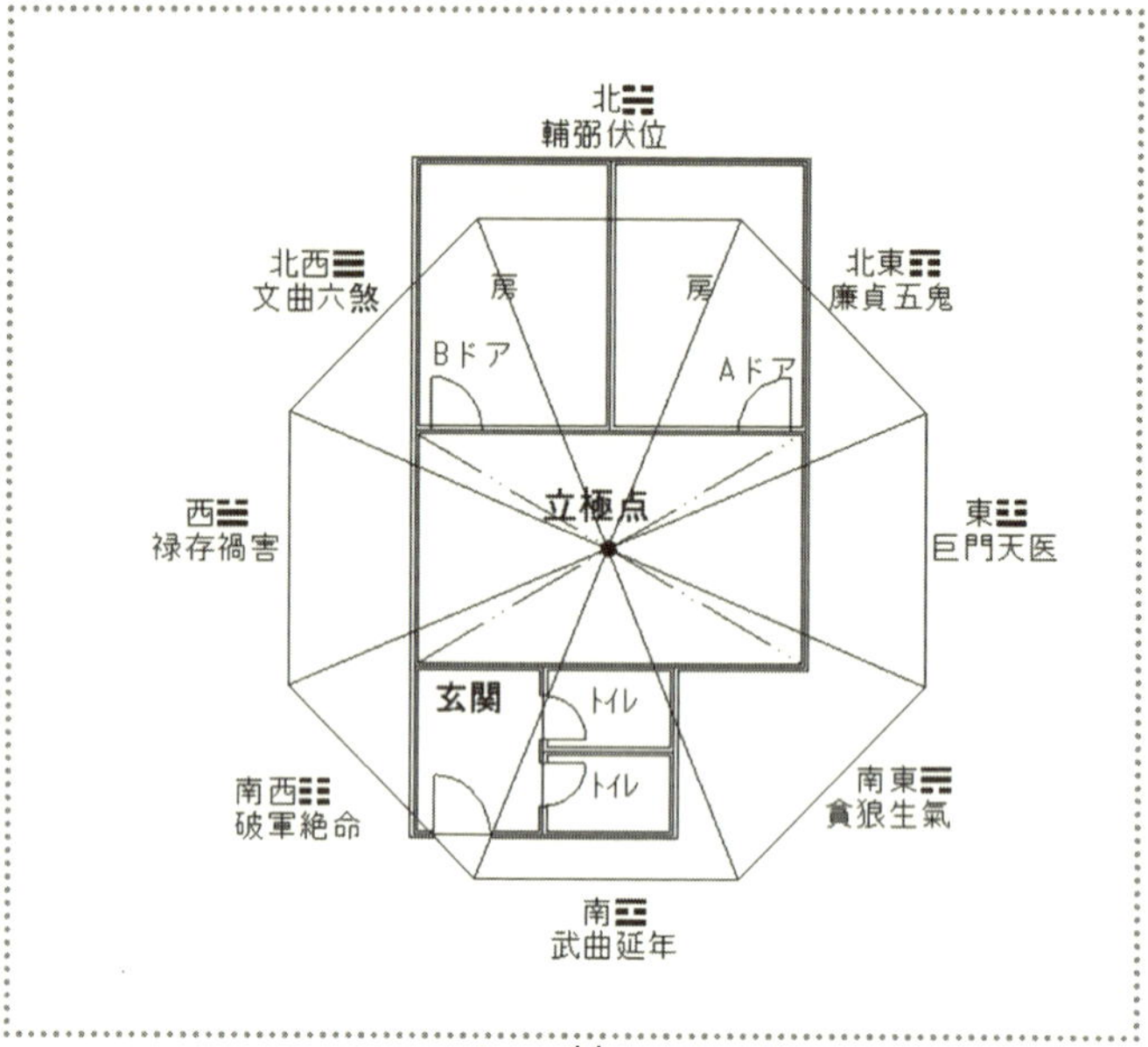

⇓

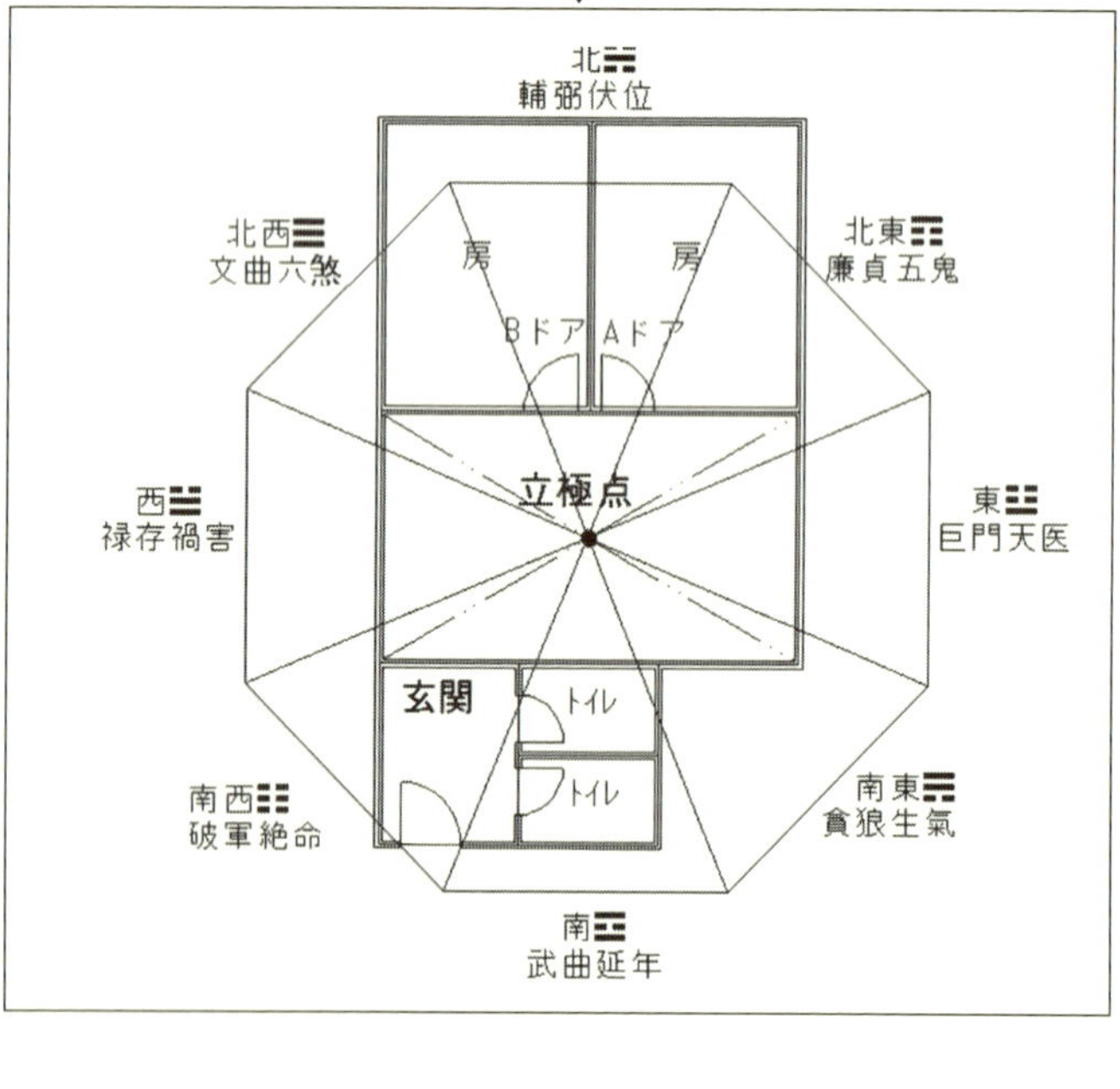

(2) 大門（玄関）の向きを変える方法

大門（玄関）の向きを変えることによって、坎宅から艮宅となったため、立極点より東北方にあるAドアは廉貞五鬼の凶門から輔弼伏位の吉門となりました。また、Bドアも文曲六煞の凶門から、巨門天医の吉門となりました。この方法が可能であれば、一番効果の出やすい方法です。

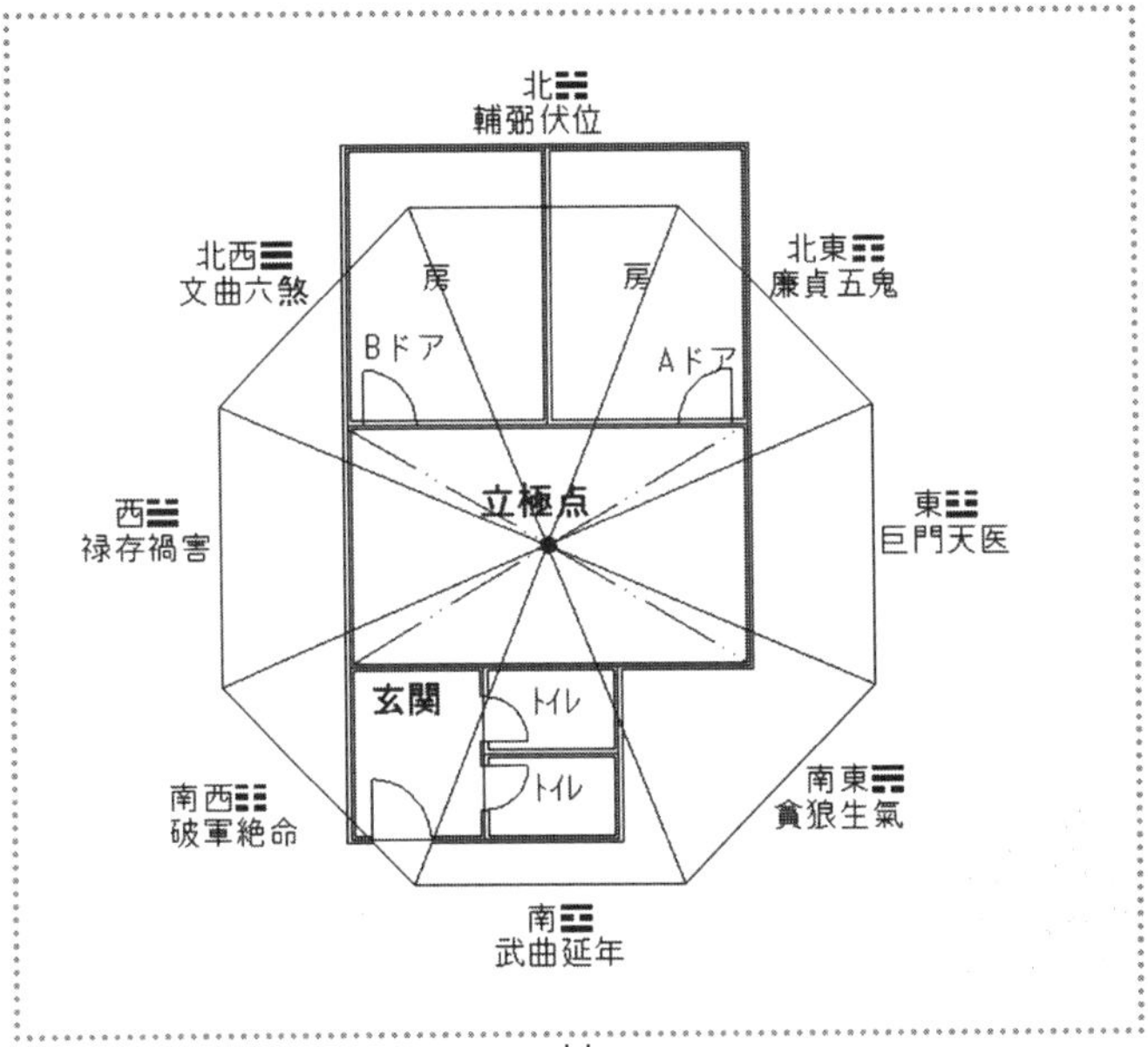

⇓

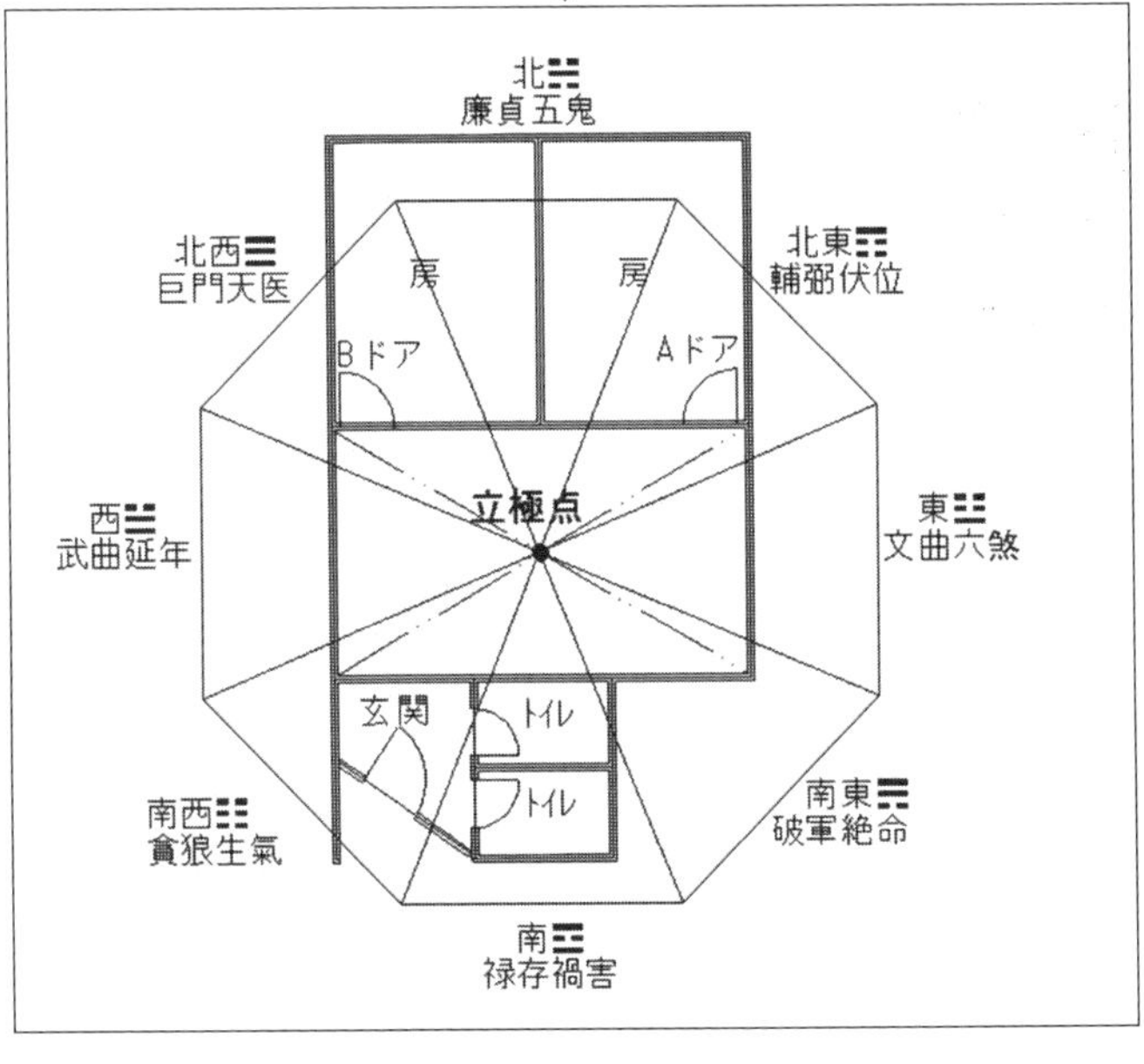

⑶ 立極点を移す方法～その一

大門（玄関）はあくまでもそのままの坎宅で、家の中を改造して立極点の位置を変え、各部屋への門路を変える方法です。左記では、北東の部屋のドアは巨門天医方の東に入り、北東の部屋の気は巨門天医の吉の気で満たされることとなります。南東の部屋のドアは貪狼生気となり、凶から吉と変化させることができました。※ここまでの改造は現実的ではありませんが、間取りによっては効果的です。

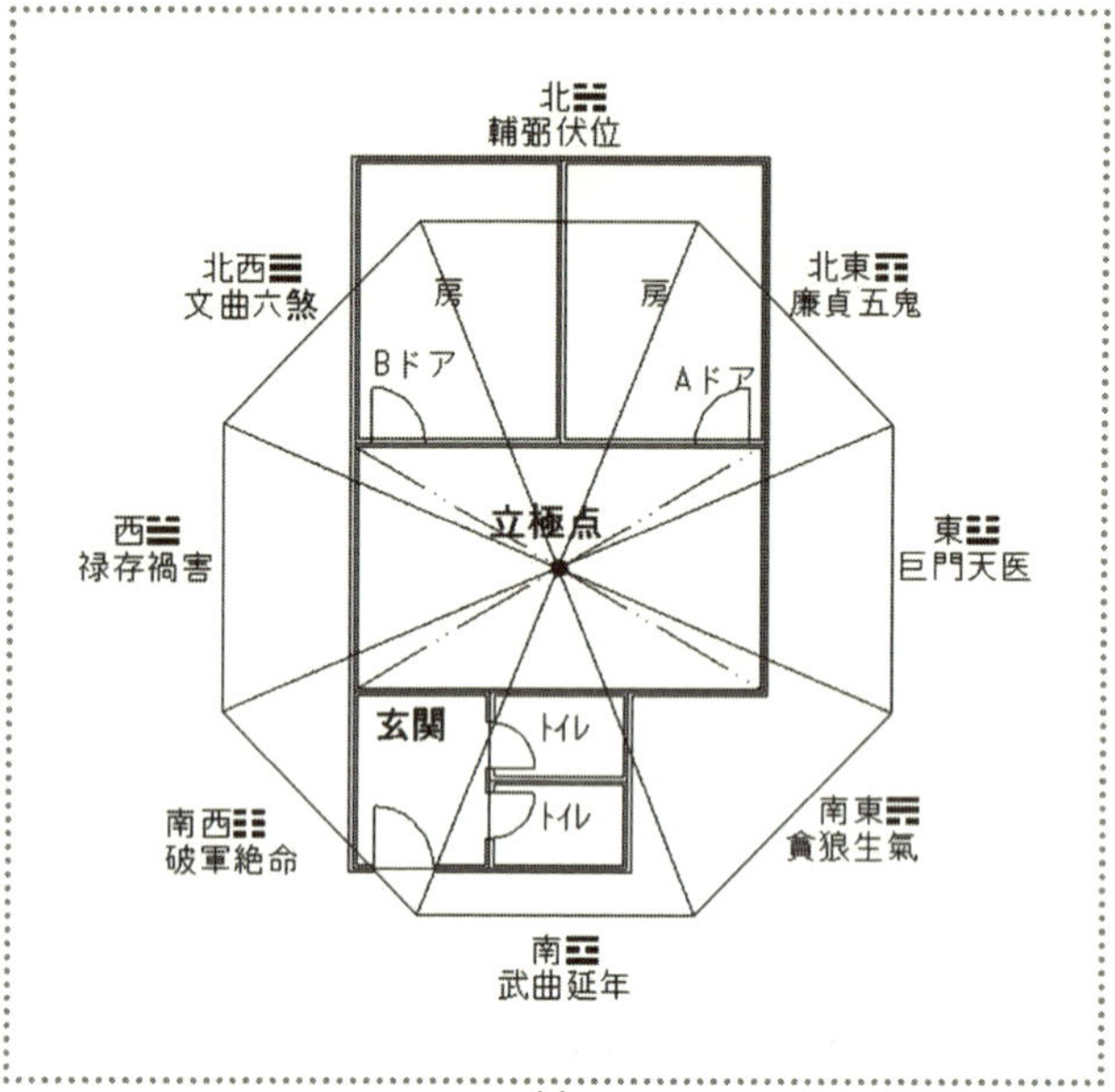

⇓

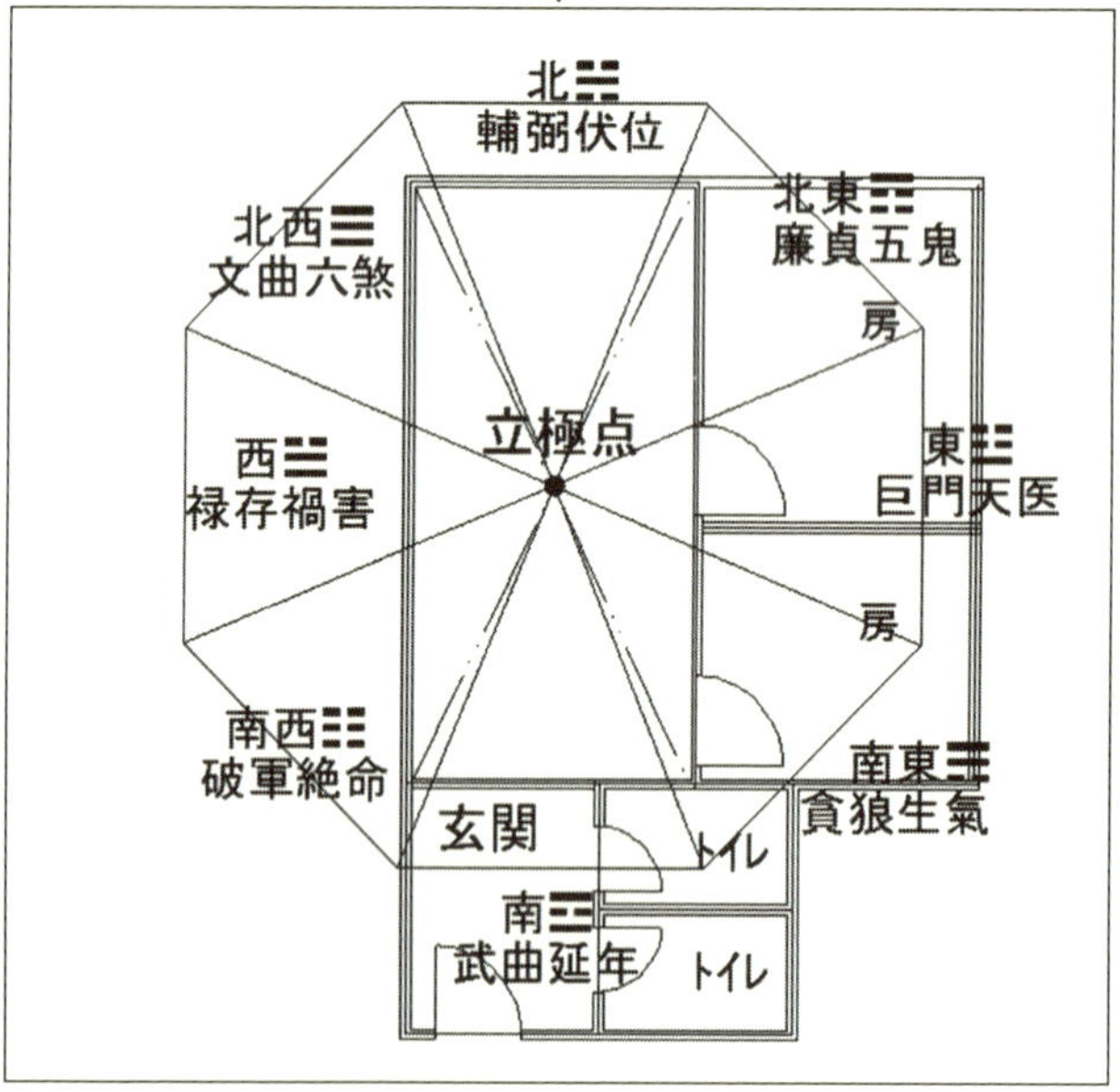

⑷ 立極点を移す方法〜その二

大門（玄関）はあくまでもそのままの坎宅で、家の中を改造して立極点の位置を変え各部屋への門路を変える方法です。左記では、新しい壁とドアを設けることにより、立極点を変え、Bドアに行く門路は輔弼伏位方となり吉方に変わりました。またAドアに行く門路は新しいドアを通るため、巨門天医方に変わり、Aドアに行く門路も凶から吉方に変わりました。

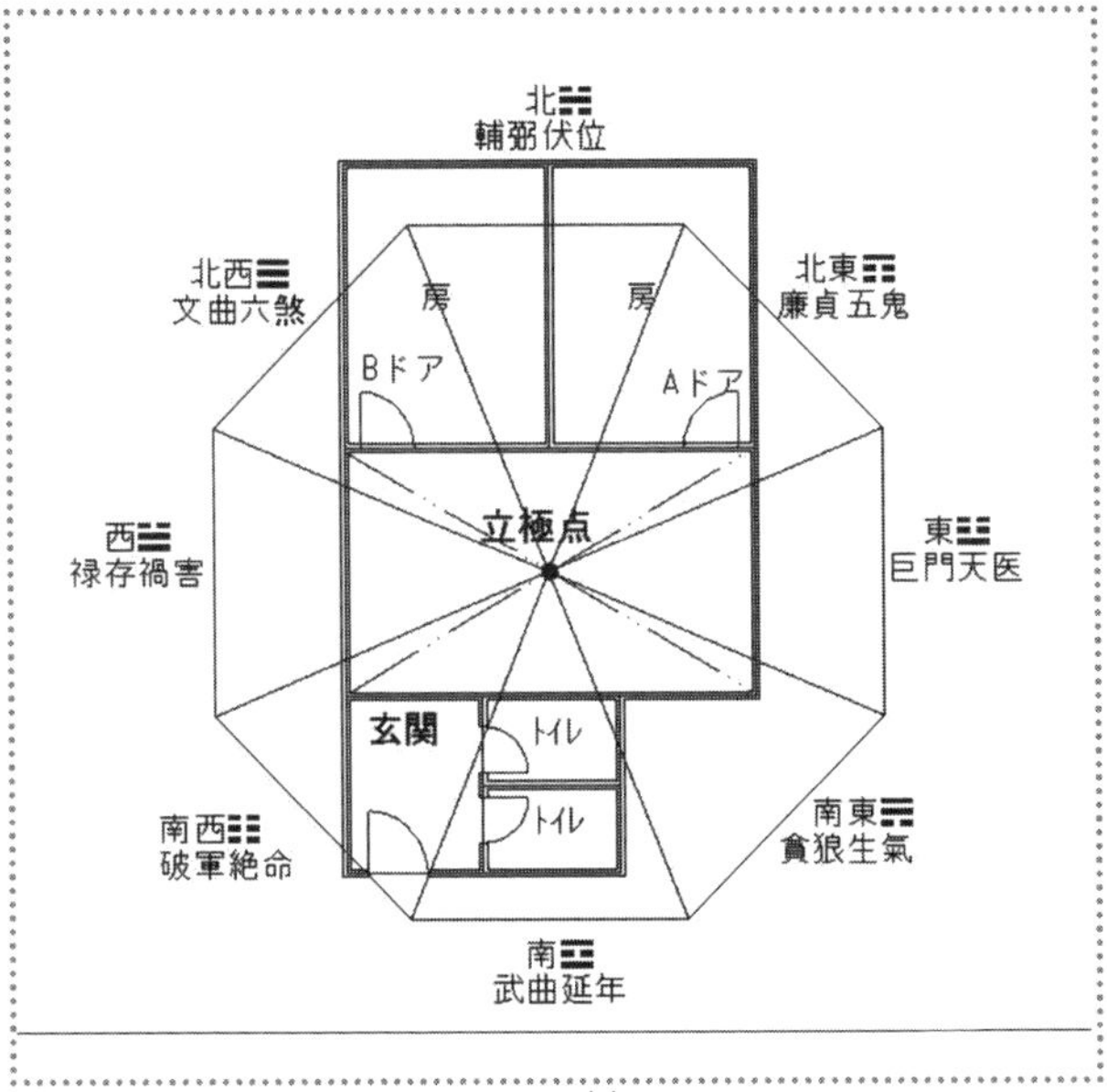

⇓

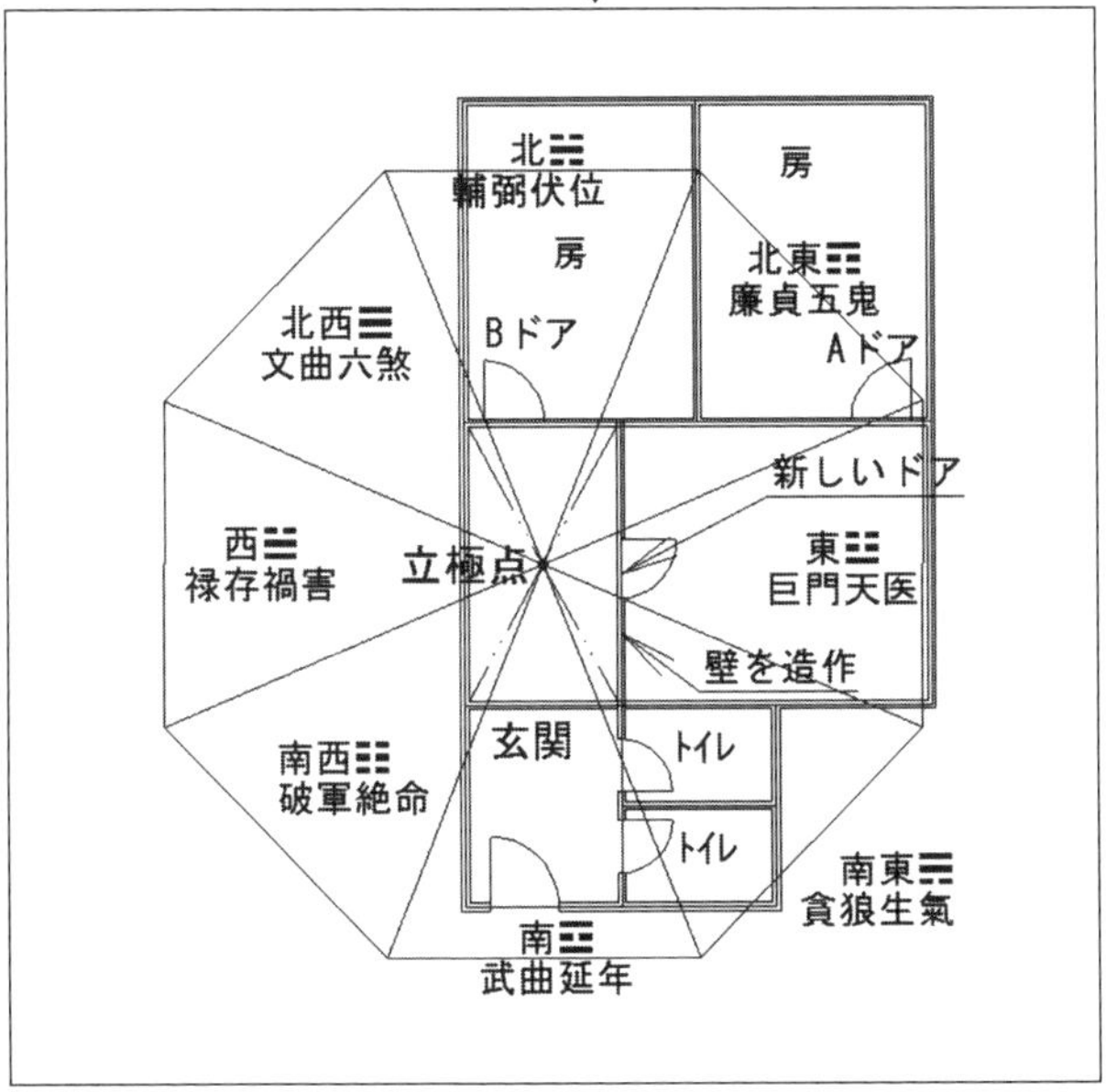

⑸ 立極点を移す方法～その三

大門（玄関）はあくまでもそのままの坎宅で、家の中を改造して立極点の位置を変え各部屋への門路を変える方法です。左記では、屏風を置くことによって立極点を変え、Aドア、Bドアへ行く門路は東の巨門天医方となりました。このことによって凶路だったものが、吉路に変わりました。

屏風は材料は問いませんが、最低、住人の背の高さ以上できれば天井に着くのが良く、風が多く通り屏風の向こうが見えるようでは効果が薄くなります。

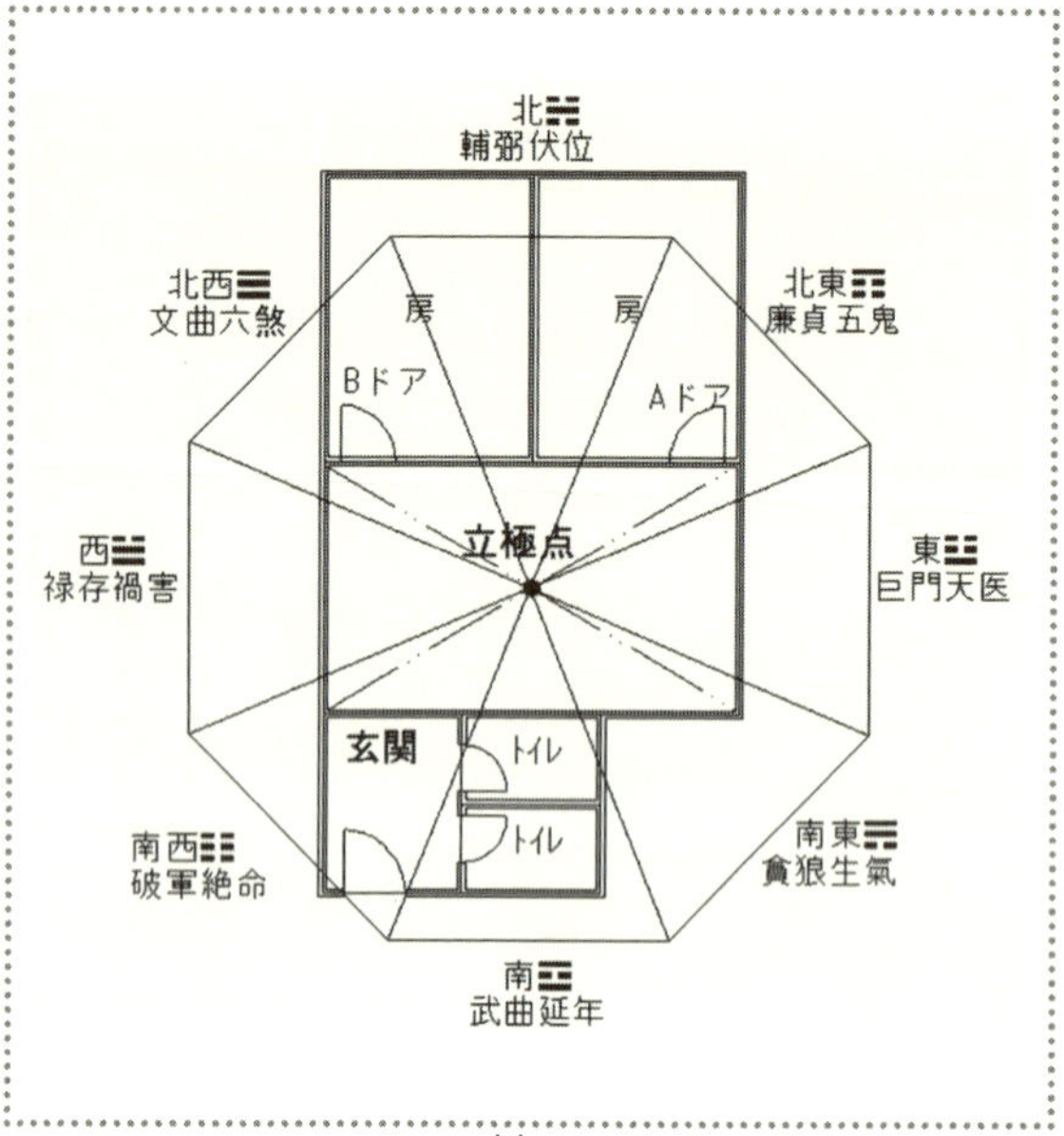

⇓

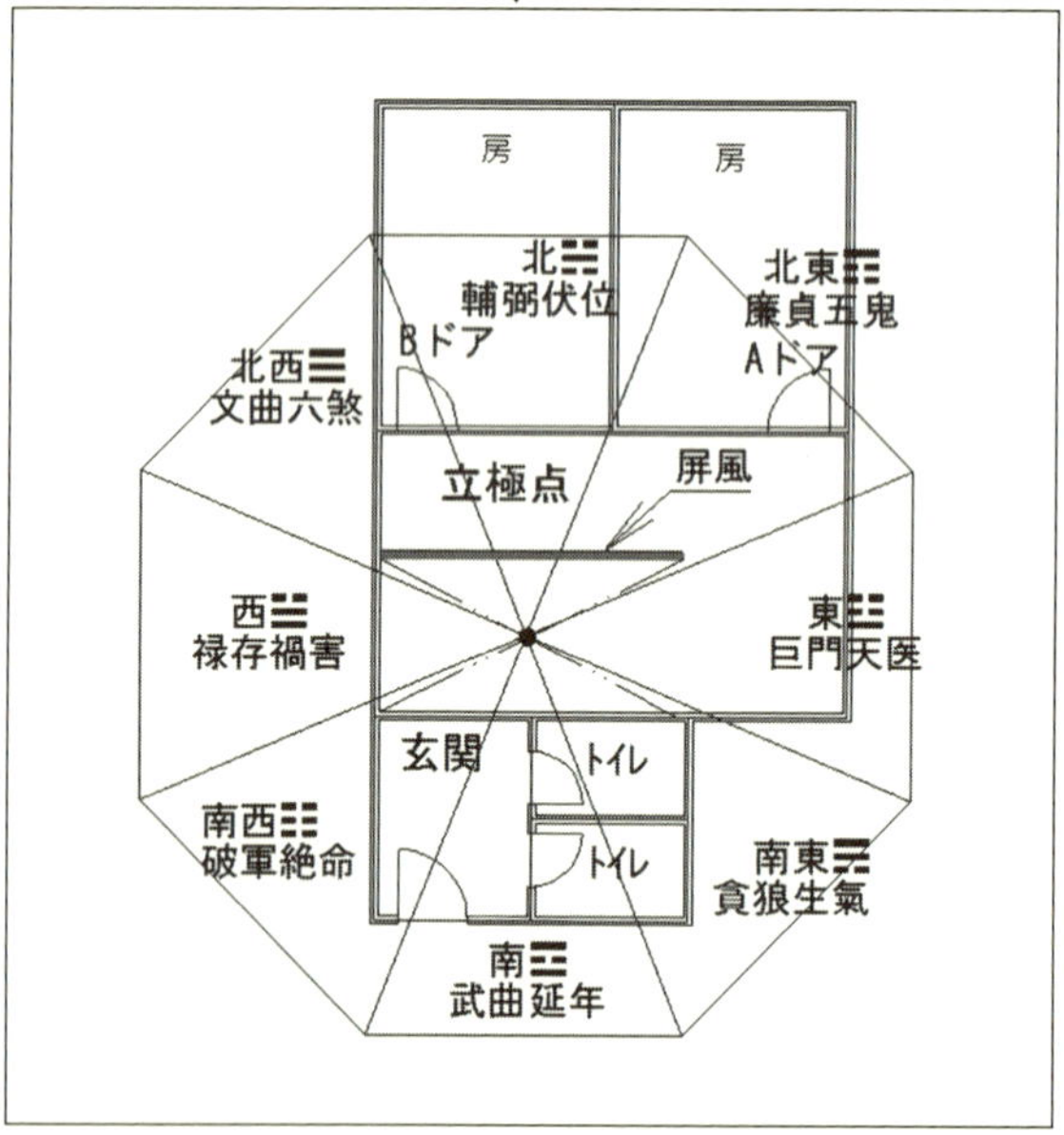

3 八方位の象意

象意も立極点を中心として八方位の門路を看て吉凶を算出するのですが、その象意は八宅法での象意と同じです。ただし、立極点からの玄関方位は吉凶を論じません。玄関で坐山を決定し、すぐ内側にあるホールで立極点を取るために玄関方位を八方位で論じると大きな矛盾となるからです。

(1) 四吉神

四吉神は、貪狼生気方、巨門天医方、武曲延年方、輔弼伏位方の四方位がありますが、この方位に、リビングや寝室、階段（二階への入り口のため）、神仏のある部屋などが門路として取れると吉象意となり、トイレや台所、浴室、洗面などがあれば凶象意となります。

◎貪狼生気　気が生まれる場所。新しい気が生まれるので活発となる。発貴(地位・身分の向上)、発展、増加、活発、天才、賢い男子が生まれる

◎巨門天医　「医」ということから、健康という意味がある。女の子が生まれる。賢い子、財運に恵まれる。健康、落ち着きのある発展

◎武曲延年　年を延ばすという名より、長寿という意味がある。夫婦和合。楽しく生活ができる。長寿。結婚。健康の星

○輔弼伏位　「伏」は鬼を抑え伏すという意味から「平安」という意味となる。鎮伏邪魔（邪気を抑える意）。

平安。安泰。安定。（基本的には吉凶を論じない）

(2) 四凶神

四凶神は、禄存禍害方、文曲六煞方、廉貞五鬼方、破軍絶命方の四方位がありますが、この方位に、トイレや台所、浴室、洗面などがあれば吉象意となり、リビングや寝室、階段（二階への入り口のため）、神仏のある部屋などが門路として取れると凶象意となります

●廉貞五鬼　五つの鬼という字から四方八方から鬼が来ることによって災難、問題が多く出る。癌、病気が多い。手術する人が出る

●禄存禍害　禍に巻き込まれる。誹謗中傷。口舌のトラブル。交通事故。法律、訴訟問題。刑事事件。牢獄。癌、腫瘍など。飛行機、船、電車、車などの突発的な事故

●破軍絶命　命を絶つほどの大きな出来事。物事のつまずき。行き詰り。不純。失業。癌。奇病、難病。奇形。絶嗣

●文曲六煞　精神不安。無気力。脱力感。賭博。浮気。酒色に溺れる。飽きっぽい。色恋沙汰のトラブル。仕事、勉強は飽きっぽいのに、遊びには熱中する。男は家を顧みない

■三元地理山旺衰表

立極点から看て真零神方に水を置く（山以旺、水以衰為旺）、八方位において「真正神」とは三元九運での現運をいいます。それに対して「真零神」は、裏の運をいいます。

元運	九運／八宮	北 壬子癸	北東 丑艮寅	東 甲卯乙	南東 辰巽巳	南 丙午丁	南西 未坤申	西 庚酉辛	北西 戌乾亥
上元	一運	旺氣真正神	休氣	生氣	生氣	煞氣真零神	休氣	囚氣	囚氣
	二運	煞氣	退氣真零神	休氣	休氣	囚氣	旺氣真正神	生氣	生氣
	三運	囚氣	煞氣	旺氣真正神	旺氣	生氣	煞氣	休氣真零神	休氣
中元	四運	囚氣	煞氣	煞氣	旺氣真正神	生氣	煞氣	休氣	休氣真零神
	五運	煞氣	退氣	休氣	休氣	囚氣	旺氣	生氣	生氣
	六運	生氣	囚氣	煞氣	煞氣真零神	休氣	囚氣	旺氣	旺氣真正神
下元	七運	生氣	囚氣	煞氣真零神	煞氣	休氣	囚氣	旺氣真正神	旺氣
	八運	煞氣	旺氣真正神	休氣	休氣	囚氣	退氣真零神	生氣	生氣
	九運	休氣真零神	生氣	囚氣	囚氣	旺氣真正神	生氣	煞氣	煞氣

三元九運において、八運ならば、八の後天八卦は艮の東北方位となります。これが八運の「真正神」となります。それに対して八運の裏運とは、八運の「真零神」は二運方位をいい、後天八卦の二運は坤の南西方なので、南西方が八運の「真零神」となるのです。

この八宅門路法では、立極点から看て「真零神」の方位に水を置くことにより、入ってくる邪気をその水に吸い取らせ、家の中深くに入れないようにする方法があります。

※五運は、前十年の真正神は南東巽で、真零神は北西乾ですから水は北西方に置きます。後十年は、真正神が北西乾で、真零神が南東巽となるので、水は南東方に置きます。

※立極点からの水なのであまり大きくなくとも良いです（縦横深さが二〇～三〇センチメートルぐらい）

八宅法の線訣

六十四卦外盤の卦運をもって、その家の運を量ります。線訣とは、地磁気の磁力線です。

現在は、下元八運（二〇〇四〜二〇二三年）です。この時、六十四卦運の八運を「真正神《しんせいしん》」または、「當運《とううん》」といいます。八運の反対は二運となる。この時の二運を「真零神《しんれいしん》」または「衰運《すいうん》」といいます。八運時、六運、七運は、下元でもうすでに過ぎ去った運なので「退神《たいしん》」といいます。九運は、まだ来てないが、次に當運となるので「進神《しんしん》」といいます。下元において、一、二、三、四運は、下元に対して「衰運」となるので「衰運」または「零神《れいしん》」といいます。

八運時の六十四卦運線訣

○六運　＝　吉　……　事故にたとえれば、事故を起こしても骨折程度で済む

○七運　＝　吉　……　事故にたとえれば、怪我はするが軽傷で済む

○八運　＝　大吉……　事故にたとえれば、無傷で済む

○九運　＝　吉　……　事故にたとえれば、軽い怪我ですむ（九運は、二三四運の親なので「進神」ではあるが、完全な吉神ではない）

○一運　＝　小吉……　事故にたとえれば、軽い怪我ですむ（一運は、六七八運の親なので「吉神」となる）

○二運　＝　大凶……　事故にたとえれば、後遺症が残ったり、廃人となってしまう

○三運　＝　凶　……　事故にたとえれば、重傷で傷が残る

○四運　＝　凶　……　事故にたとえれば、傷が残る

第四章　陽宅に用いる生旺法

陽宅に用いる「生旺法」、別名「紫白法」です。

この方法は「点訣」「線訣」「面訣」の中でいえば「線訣」に入ります。前章の「八宅法」は「面訣」です。「八宅門路法」は、基本的には「面訣」に入りますが、実際には「面訣」と「線訣」の中間でしょう。

この線訣の使い方は、たとえば、八宅法は面訣ですので、良い方向にリビングや部屋を設けた場合に、そちらに居ればどこを向いていても良いということになるのですが、生旺法の線訣では、そこが面として良い方位ならばどこを向いて居ても良いということではなく、面として良い方位でも、向の善し悪しが重要になります。ある空間でどちらを向けば良いのかを定めるのが、この「生旺法」による「線訣」となります。

良い空間（面訣）で、良い向（線訣）に寝たり、座ったり（線訣）することで、初めて面と線の調和が取れ、より良い風水効果を上げることができる方法が「生旺法」です。

八宅法で大空間を看て、門路法で門路を定めて生旺法で小空間の向きの線を合わせることにより、面・方位・線で繋がり、一つの看法が完成するのです。

1 生旺法《せいおうほう》（紫白法）

各部屋（房）の空間を看て立向を定める方法です。立向とは、どの方位を向いて座るかということで、一つの部屋の小さい空間であっても、向方位で運が変わるという考え方を基礎としています。その部屋の特徴から各方位の特徴を出すのですが、部屋の特徴はその部屋の坐山に支配されるため、その部屋の坐山を基本にして、各方位の特徴を出していくことになります。そのように算出した方位に対して、良い方位に座り良い方位を向くというのが「生旺法」の使い方となります。

※八宅法では宅屋の大空間を看る方法でしたが、この「生旺法」は、宅屋の中の小空間（各部屋・寝室・書斎・社長室）などを看る方法です。

※生旺法は、各部屋を八方位に分け、後天八卦を当てはめて、部屋の入り口ドアをもって座山を決め、座山の紫白を中宮に置き、中宮と各方位の相生相剋を看て、各方位の生旺を看る方法です。

1 座山算出

部屋（房）のドアをもって、立向を定めます。

部屋のドアを開け、敷居の線に羅盤の十字天心線の横線を合わせ、丹田の位置で部屋の外から中に向かって量ります。その時、羅盤の先側が、その房の「座山」となり、羅盤の手前側が「向」となります。範囲は八方位に分けるので各方位は四五度となります。

一白房（坎房《かんぼう》＝壬・子・癸山）＝一白は後天定位で北であるから、北が座山で南を向く部屋をいう

二黒房（坤房《こんぼう》＝未・坤・申山）＝二黒は後天定位で南西であるから、南西が座山で北東を向く部屋をいう

三碧房（震房《しんぼう》＝甲・卯・乙山）＝三碧は後天定位で東であるから、東が座山で西を向く部屋をいう

四緑房（巽房《そんぼう》＝辰・巽・巳山）＝四緑は後天定位で南東であるから、南東が座山で北西を向く部屋をいう

六白房（乾房《けんぼう》＝戌・乾・亥山）＝六白は後天定位で北西であるから、北西が座山で南東を向く部屋をいう

七赤房（兌房《だぼう》＝庚・酉・辛山）＝七赤は後天定位で西であるから、西が座山で東を向く部屋をいう

八白房（艮房《ごんぼう》＝丑・艮・寅山）＝八白は後天定位で北東であるから、北東が座山で南西を向く部屋をいう

九紫房（離房《りぼう》＝丙・午・丁山）＝九紫は後天定位で南であるから、南が座山で北を向く部屋をいう

2 配置法

生旺法の各方位の特徴を算出する方法を説明します。

部屋の坐山との関係で各方位の特徴を出しますので、必ず部屋の坐山が八方位でどの宮に当たるかを確認して、それを坐山とし、算出するときは中宮に入れます。

① その房の座山の紫白九星を中宮に振り込む

② その中宮の紫白より、陽遁廻りで各宮に振っていく

③ 中宮の紫白の五行と各宮の五行の対比により、気を五種類に分ける

3 相生相剋算出（中宮と各宮の対比）

中宮に坐山の後天八卦数を入れて、陽遁廻りに廻して各宮を埋めたら、中宮の五行と各宮の五行の相生相剋を算出します。

①中宮五行と宮に入っている紫白の五行を対比して、同じ五行の場合は「旺気《おうき》」となる
②中宮五行と宮に入っている紫白の五行を対比して、宮紫白の五行が中宮を生じる場合は「生気《せいき》」となる
③中宮五行と宮に入っている紫白の五行を対比して、中宮の五行が、宮紫白の五行を生じる場合は、「洩気《ろうき》」となる
④中宮五行と宮に入っている紫白の五行を対比して、中宮の五行が、宮紫白の五行を剋す場合は「死気《しき》」となる
⑤中宮五行と宮に入っている紫白の五行を対比して、宮紫白の五行が、中宮五行を剋す場合は「煞気《さっき》」となる

※相生相剋で基本的に「吉」となるのは、「旺気」と「生気」です。
※相生相剋で基本的に「凶」となるのは、「洩気」と「死気」と「煞気」です。

相生相剋の口訣

「我」とは、部屋の坐山の五行を指します。つまり、「中宮」にある星の五行です。「我」の五行に対して、八方位の五行を相生相剋に当てはめた時の口訣です。

我（中宮＝座山紫白）
我と同じは、「旺気」也
我を生むは、「生気」也
我から生むは、「洩気」也
我が剋すは、「死気」也
我を剋すは、「煞気」也

坎房

南東		南		南西
	九・火 水剋火 死気	五・土 土剋水 煞気	七・金 金生水 生気	
東	八・土 土剋水 煞気	座山：坎 一・水 我	三・木 水生木 洩気	西
	四・木 水生木 洩気	六・金 金生水 生気	二・土 土剋水 煞気	
北東		北		北西

坤房

南東		南		南西
	一・水 土剋水 死気	六・金 土生金 洩気	八・土 土・土同 旺気	
東	九・火 火生土 生気	座山：坤 二・土 我	四・木 木剋土 煞気	西
	五・土 土・土同 旺気	七・金 土生金 洩気	三・木 木剋土 煞気	
北東		北		北西

震房

南東		南		南西
	二・土 木剋土 死気	七・金 金剋木 煞気	九・火 木生火 洩気	
東	一・水 水生木 生気	座山：震 三・木 我	五・土 木剋土 死気	西
	六・金 金剋木 煞気	八・土 木剋土 死気	四・木 木・木同 旺気	
北東		北		北西

巽房

南東		南		南西
	三・木 木・木同 旺気	八・土木 剋土死気	一・水 水生木 生気	
東	二・土 木剋土 死気	座山：震 四・木我	六・金 金剋木 煞気	西
	七・金 金剋木 煞気	九・火 木生火 洩気	五・土 木剋土 死気	
北東		北		北西

乾房

南東		南		南西
	五・土 土生金 生気	一・水 金生水 洩気	三・木 金剋木 死気	
東	四・木 金剋木 死気	座山：乾 六・金 我	八・土 土生金 生気	西
	九・火 火剋金 煞気	二・土 土生金 生気	七・金 金・金同 旺気	
北東		北		北西

兌房

南東		南		南西
	六・金 金・金同 旺気	二・土 土生金 生気	四・木 金剋木 死気	
東	五・土 土生金 生気	座山：兌 七・金 我	九・火 火剋金 煞気	西
	一・水 金生水 洩気	三・木 金剋木 死気	八・土 土生金 生気	
北東		北		北西

艮房

南東		南		南西
	七・金 土生金 洩気	三・木 木剋土 煞気	五・土 土・土同 旺気	
東	六・金 土生金 洩気	座山：乾 八・土 我	一・水 土剋水 死気	西
	二・土 土・土同 旺気	四・木 木剋土 煞気	九・火 火生土 生気	
北東		北		北西

離房

南東		南		南西
	八・土 火生土 洩気	四・木 木生火 生気	六・金 火剋金 死気	
東	七・金 火剋金 死気	座山：離 九・火 我	二・土 火生土 洩気	西
	三・木 木生火 生気	五・土 火生土 洩気	一・水 水剋火 煞気	
北東		北		北西

4 坐と向き（寝位）

生旺法において、ベッドの向きは、とても重要な要件となります。

この向きに運が隠れています。

向きを良い方向に向けることによってそこに流れている気を掴むことができるのです。寝位（ベッドや布団の位置）は、頭がある方が「座山」で足の方が「向」という単純なものではなく、そこには、座山と向きを決める法則があります。それを図によって示します。

①	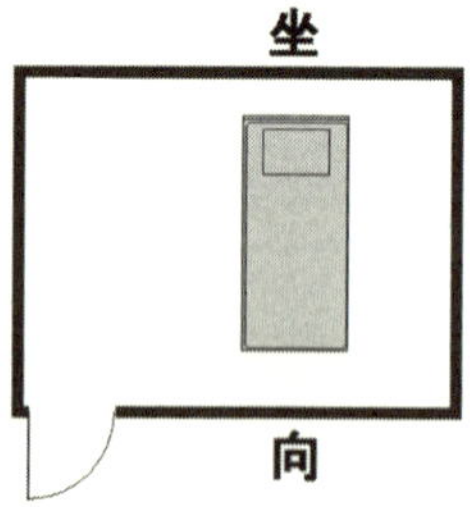	ベッドが、どの壁にも接していない場合は、頭の方向が「座山」となり、足の方向が「向」となります
②	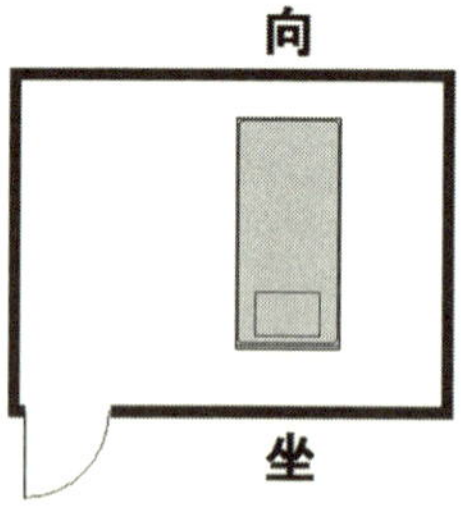	これも、①と同じ考え方で、ベッドがどの壁にも接していないため、頭の方向が「座山」となり、足の方向が「向」となります

③	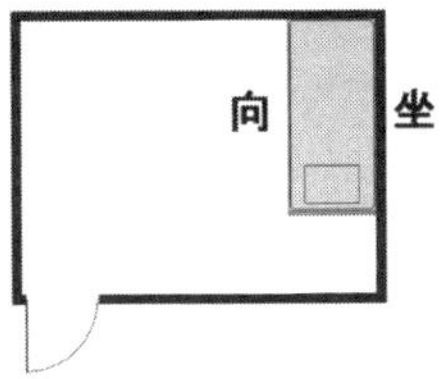	ベッドが、壁に付いている場合は、壁に付いている長手方向が「座山」となります。図の場合は、頭が部屋の座の方に向こうが、部屋の向きの方に向こうが、ベッドの座山は、図のように捉えます
④	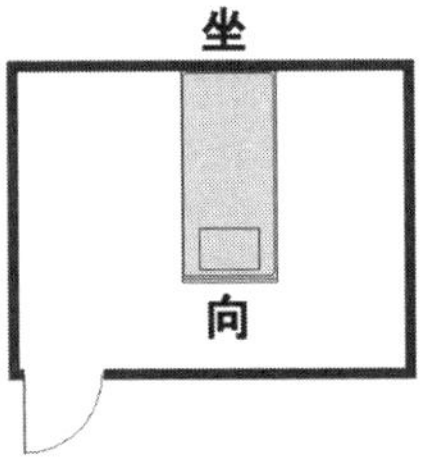	図の場合は、壁にベッドの短辺が付いているが、このような場合は、壁に付いている方が「座山」となります。この場合も③と同じように、頭が部屋の座の方に向こうが、部屋の向きの方に向こうが、ベッドの座山は、図のように捉えます
⑤	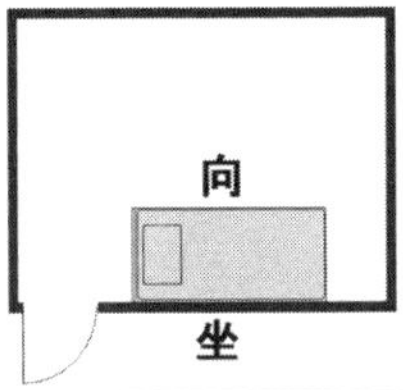	ベッドが、壁に付いている場合は、壁に付いている方向が「座山」となります。図の場合は、頭が右側を向こうが左側を向こうが、ベッドの座山は、図のように捉えます
⑥	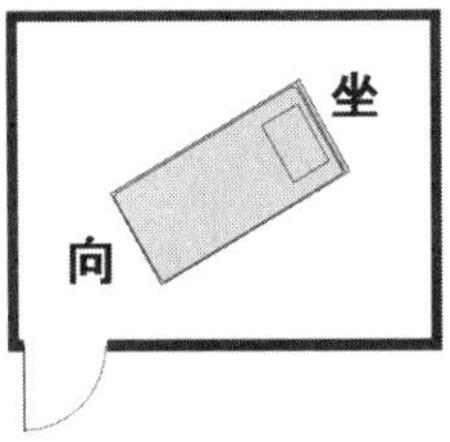	ベッドが壁のどこに付いていない場合は、どのような方向にベッドが向いていようが、ベッドの座山は、ベッドで寝る時に頭のある方が「座山」となり、足の向いている方が「向」となります。図のようになります
⑦	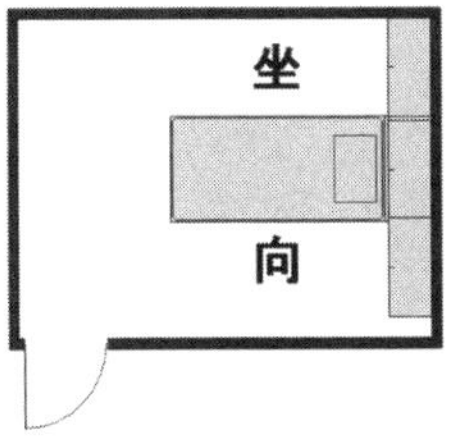	家具などが、ベッドと壁の間にある場合は、頭の方向に関係なく、部屋の座山を、ベッドの座山と捉えます。したがって、向きはおのずと部屋の向きと同じになります。造りつけ家具の場合はその家具を壁と考え、図の場合では、ベッドが造りつけ家具に付いている方を「座山」とするので、右側が座山となります

⑧	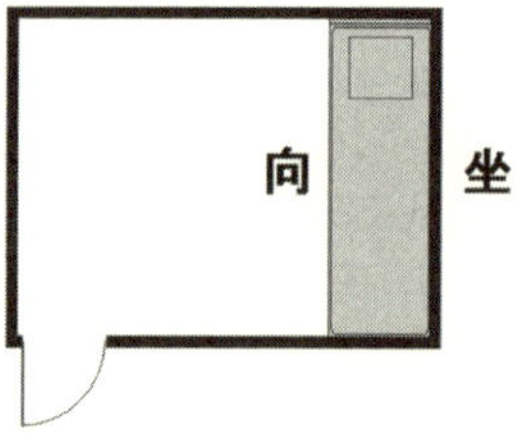	図の場合は、ベッドが壁の三方に接しています。この場合も、ベッドの長手方向の辺が接している方が「座山」となり、その反対方向が「向」となります
⑨	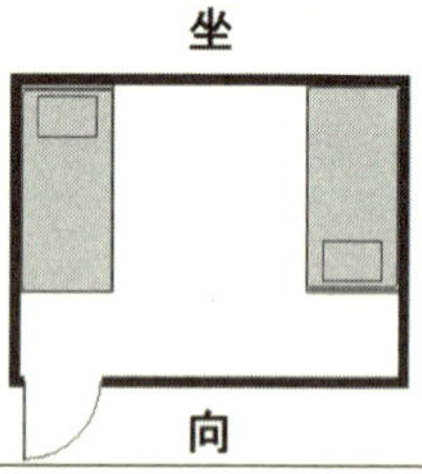	ベッドが二つある場合でかつベッドの短辺が同方向の壁に接している場合は、部屋の坐向と同じと考えます。この場合の頭の向きは問いません
⑩	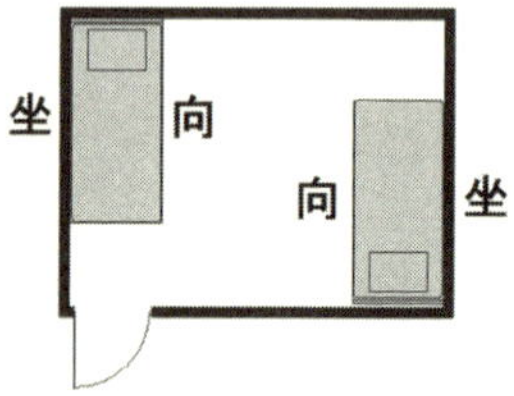	⑦と同じようにベッドが二つあっても、ベッドの短辺が接している壁が違うため、二つのベッドを別々に考え、各ベッドで「坐山」と「向」を看るようにします
⑪	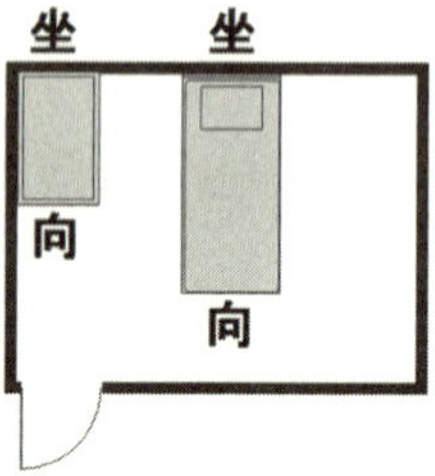	左の図は、ベビーベッドと通常のベッドが同室にある場合であります。この場合は、通常ベッドの「坐」と「向」をベビーベッドにも当てはめて、ベビーベッドがどちらに向いてようが、どの壁面と接していようが、ベビーベッドの「坐」「向」は、通常のベッドの「坐」「向」に準じます
⑫	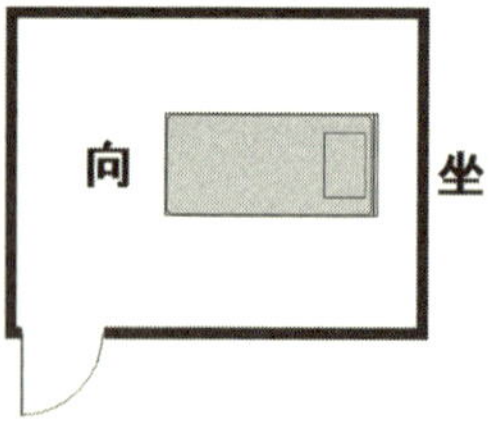	これは、基本的な図で、ベッドがどこの壁にもついていない場合、頭の向きが「坐山」で足の向きが「向」となります

2 五黄位《ごおうい》

五黄位とは、部屋の坐山を中宮に置き、陽遁廻りで廻した時に、必ず「五黄土星」が廻ってくる方位で坐山の反対側の「宮」になります。

この「五黄土星」が入った「壁面」すべてを五黄の方位として「五黄位」と呼びます。坐山の反対側の壁面すべてとは、坐山を部屋の入り口で量っているのですから、部屋の入り口が付いている壁全面が「五黄位」となります。五黄位は中宮の座星の替身であり、自分本体に対して自分をあらわす「影」という関係になります。五黄位に座すのが悪いのは、自分の影に自分が追いやられるという考え方に基づいています。

しかし、五黄位に向くのは、自分の本体があり、影（五黄位）に向くので、自然に合致するため、とても良いと考えます。つまり、「五黄位」に座すのはとても悪いが、「五黄位」に向いて座るのはとても良いことになります。

生旺法で五種類の気を算出した時に、「旺気」に座り「旺気」に向くという方位はありません。しかし、「五黄位」を向く時に、五黄位方位が「旺気」「生気」「洩気」「殺気」「死気」の、どの方位になったとしても、「旺気」と捉えます。つまり、実際には「旺気」に座し、「旺気」に向く方位はないのですが、坐山側に座り、坐山側が「旺気」の場合、「旺気」に座し、「旺気」に向くことになります。

① 五黄位に座す床（ベッド）

「五黄位に座す床」とは、入り口側の壁面に頭が向いている状態をいいます。寝ているものは違っても、ベットでも布団でも象意は同じとなります。

五黄位が座山のベッドの意味

- 夫婦の感情が合わない。夫婦喧嘩
- 流産しやすい
- 男の子が早く亡くなる。または跡継ぎが亡くなる（女児には問題がない）
- 女の子が生まれやすい
- 夫婦の別居・離婚・死別
- 色情（浮気や不倫）、それに関連したトラブル
- 悪性の病気（癌など）にかかったり、手術など
- 独身男性なら、いつまでも結婚できない、女に騙される。独身女性なら、いつまでも嫁に行けない、男性に騙される、不倫で結婚できない男性と縁ができる　など

①		線の壁面が「五黄位」となります。この方位に頭を向けて寝たり、この壁面にベッドを付けて寝ると、五黄位に座すこととなり、前出のような悪象の意味が出てきます
②	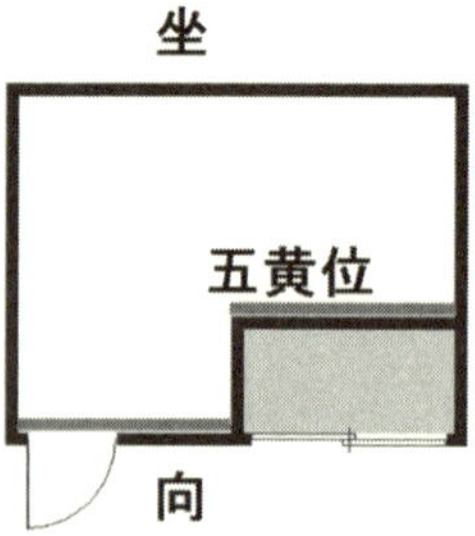	これは五黄位の変形ですが、入り口がある方の壁面は変形していても五黄位となります

2 机の坐向と机の五黄位

机は、どの面が壁に付いていても、座る方が「座山」で、机の前方が「向」となります。

五黄位の机の意味

- 主人（机の持ち主）が精神的圧力に弱くなる
- 机の持ち主が病気になりやすい
- 部下や自分に従う者が、表面上は話を聞き合せるが、その実、内面では逆らうようになる
- 社長の机が五黄位の場合、資金のショートや経営難に陥る
- 家の主人が五黄位に座る場合、破財や損財、病気などの意味が出る

①	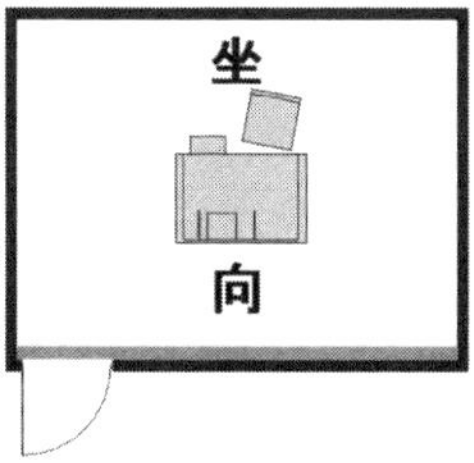	左の図は、机の坐向である。また、太い線の壁面は「五黄位」です。左の場合は、五黄位に向いて座っていることになるため、向きは「吉」となります
②	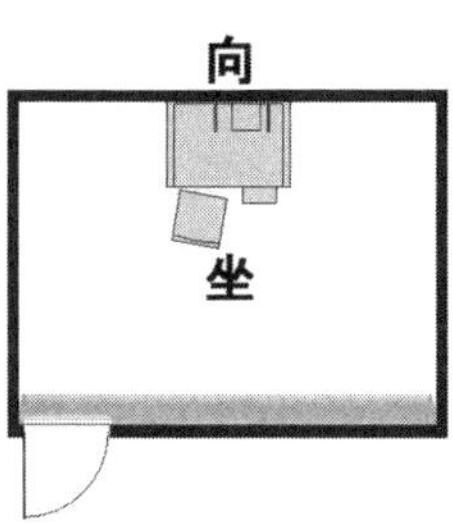	この机は、五黄位に座している机です。机はどの壁に接していても、座る方が座山であるから、五黄位に座っていることになります。この場合、上記のような悪象意が出てきます

3 生旺法の吉凶断法口訣

「坐」とは、座った状態で背中が向いている方向を指します。寝ている状態では、頭がある方位を指します。「迎」とは前から気を受ける状態で、「向」を指します。座っている状態では、自分が向いている方向を指します。寝ている状態では足が向いている方向です。

(1) 坐生（生気に座る）

- 坐生迎生 ……… すべてにおいて一番となる。自由自在に生きられる（実際にはこの方位はない）
- 坐生迎旺 ……… 富、地位共に得る（先に富貴となり、後にお金で名を買う）
- 坐生迎煞 ……… 名声を得るも、人の妬み、恨みを買うこととなる
- 坐生迎洩 ……… 名声を得るが後で名声を失ってしまう（出世するが名声があるために普通の人では問題にならないようなことで、名声を失ってしまう）
- 坐生迎死 ……… 成功するも、病や死を招く。あるいは離婚

(2) 坐旺（旺気に座る）

- 坐旺迎生 ……… 財を得た後に地位を得る（お金で地位や名誉を買う）
- 坐旺迎旺 ……… 取引先の拡大や、集客拡大で財を得る
- 坐旺迎煞 ……… 財を得るが邪魔やトラブル（ゆすり、裏切り、親戚縁者からのたかり、持ち逃げなど）

・坐旺迎洩……成功するが、密かに悪事を働く（汚職や裏金、脱税など）に巻き込まれ多くは残らない
・坐旺迎死……富を得るが病となる。精神的に落ち着かない。苦労して財を築いても妻や夫を亡くして幸せになれない

⑶坐煞（煞気に座る）

煞に座ると「権威」、煞に向くと悪症（癌など）

・坐煞迎生……知名度が上がり出世する
・坐煞迎旺……収入源が多い。ヤクザな仕事で儲ける。特にヤクザやギャンブル等の仕事に向く
・坐煞迎煞……煞をもって「権威」となすが、煞と煞が合わさるため、自滅の象意が出る
・坐煞迎洩……名声を無くす。失墜する。何をやっても徒労に終わる。権威によって自分の権威を潰される
・坐煞迎死……悪いことが多く続き、遂には死を招く（とても悪い方向である）

⑷坐洩（洩気に座る）

・坐洩迎生……一時的に急な成功や発展をするが、長続きしない
・坐洩迎旺……失敗した後の成功。苦労した後に財を築く（この方角はない）
・坐洩迎煞……貧乏極まり、その上泥棒に遭うような、貧乏の極み。非情な苦労や困難。財運、金運に見放される

・坐洩迎洩……失敗や貧困。稼いでも稼いでも貧乏から抜け出せない。無実の罪を着せられるなど
・坐洩迎死……失敗の後の死。心身共の苦労。失敗の後の病。没落など

⑸坐死（死気に座る）

・坐死迎生……窮した後の千載一宮のチャンスや成功。駄目だと思った後にどうにかなる
・坐死迎旺……貧しさが極まった後に富を得る。苦労した後に宝くじに当たったり、遺産を貰ったり、仕事に成功したりする
・坐死迎煞……悪性の病。手術。突発的な事故
・坐死迎洩……貧乏と病気が次々と襲ってくる。病気で貧乏。人の裏切り。人から見放される
・坐死迎死……大失敗、破産、破滅、大病、死

④ 生旺法の取り方

左の図は、兌房の生旺図です。兌房ですから、座山方が西でドアの入口方は東となっています。

北西が生気で南東が旺気となっているため、北西から南東を向くと、生気から旺気を向くことになります。

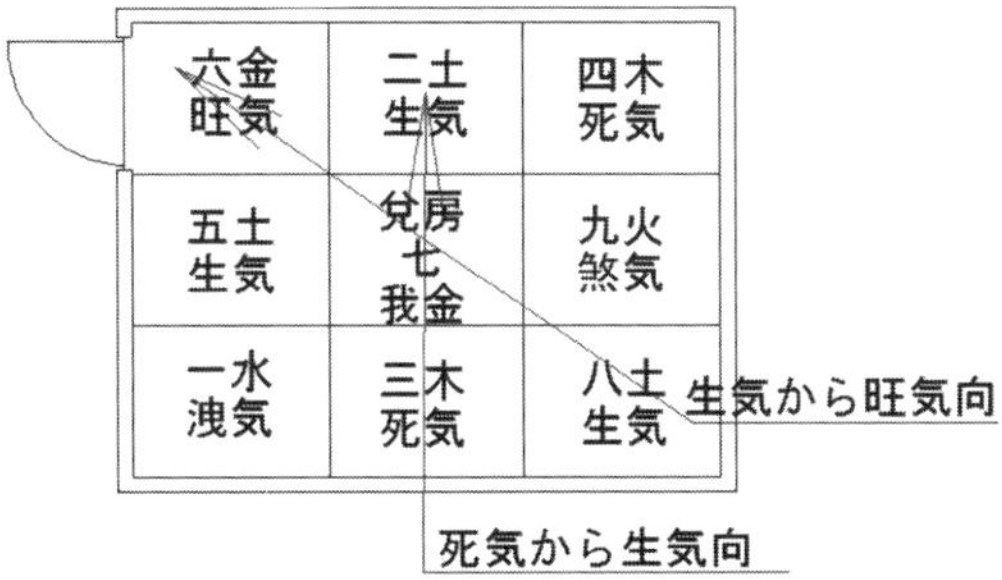

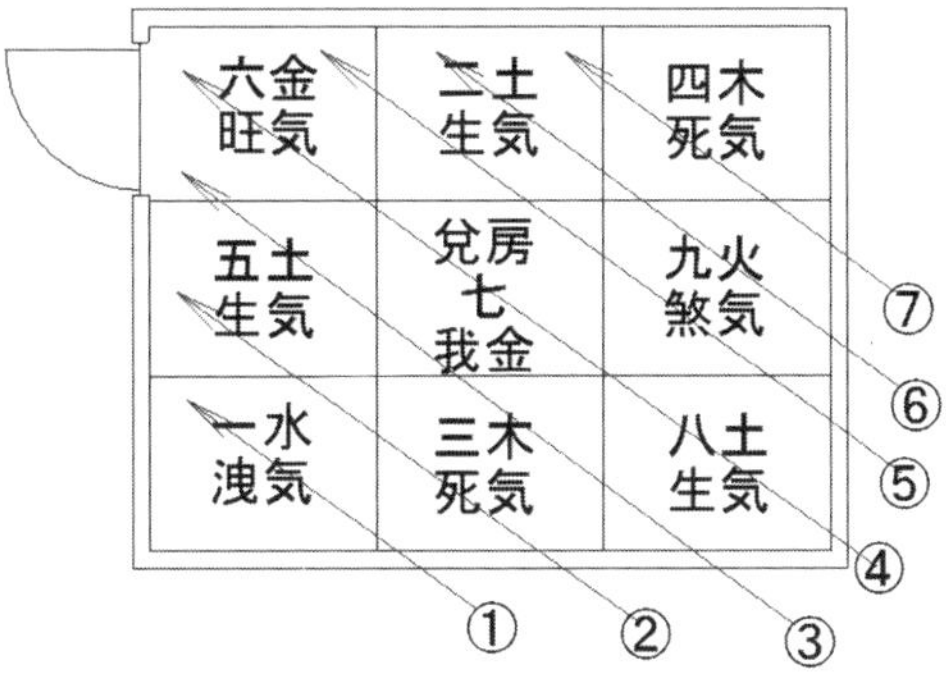

部屋のどこで北西から南東を向いても、生気から旺気を向くこととなります。それが①～⑦の線です。この場合どの線を取るかというと、①～⑦で六十四卦運の當運の磁力線が走っている場所を取るのが良いことになります。

第五章　八方位を使用した水法

龍門八局水法

龍門八局は、別名「乾坤國宝《けんこんこくほう》」とも「三朋法《さんほうほう》」とも「三天水法《さんてんすいほう》」とも呼ばれる水法です。

水法を看るということは、砂法を看ることに通じます。水は高い所から低い所に流れるというのは当たり前のことですが、山や街並み、道路などを見た時に雨が降ったら、どのように雨水が流れるのかを看るのが基本的な水法で、意外とどのように流れるかを見極めるのは慣れないと難しいものです。

雨は「天の気」であり、水法は天の気が墓所や家屋の周りをどのように取り巻くのかを見極め、その取り巻き方によって、どのような象意をもたらすかを量る技法です。

この技法の理論はあまり難しくはありませんが、実践において水法をもって、その象意を紐解く作業は、実践が伴わないとなかなか看られないものです。今回は、二十四山ではなく、八方位で、座山に対して、八方位のどこから水が来て、八方位のどこに流れて行くのかを看ることによって吉凶を量る水法を行います。

1 龍門八局水法

龍門八局水法とは、座山を主として来水と去水が良い方向から来て、家や墓所に対して良い影響を与える方位に流れているかを量る方法です。またこの方法は、八方位を基準にして量るので各方位が四五度となります。

八方位は以下のとおりです。

先天位《せんてんい》
後天位《こうてんい》
賓位《ひんい》
客位《きゃくい》
天劫位《てんごうい》
地刑位《ちけいい》
案劫位《あんごうい》
輔卦位《ほかい》

この方位は、先天圖数と後天圖数の交媾によって決定します。

1 先天位

龍門八局では座山を後天八卦で取ります。たとえば、後天八卦で坎は「北」となりますが、先天八卦では、坎は後天八卦の「兌」の位置になるので、「先天位」とは、坎山であれば「兌」の位置になります。他の座山も同様に算出します。先天位とは、座山の先天の位置をいう。

「先天位」から来る水は吉祥をもたらし、「先天位」に流れ出る水は悪象をもたらします。

その象意は次の通りです。

● 先天水が来水（朝来）すれば地位や身分の向上となる
● 先天水が去水（走破）すれば地位や身分を損なう
● 先天位二十四山の天干から来去すれば、男にその吉凶が出る
● 先天位二十四山の地支から来去すれば、女にその吉凶が出る
● 地支から去水すれば、財が少ないこととなる
● 天元から来去すれば、1・4・7子に吉凶が出る
● 地元から来去すれば、2・5・8子に吉凶が出る
● 人元から来去すれば、3・6・9子に吉凶が出る

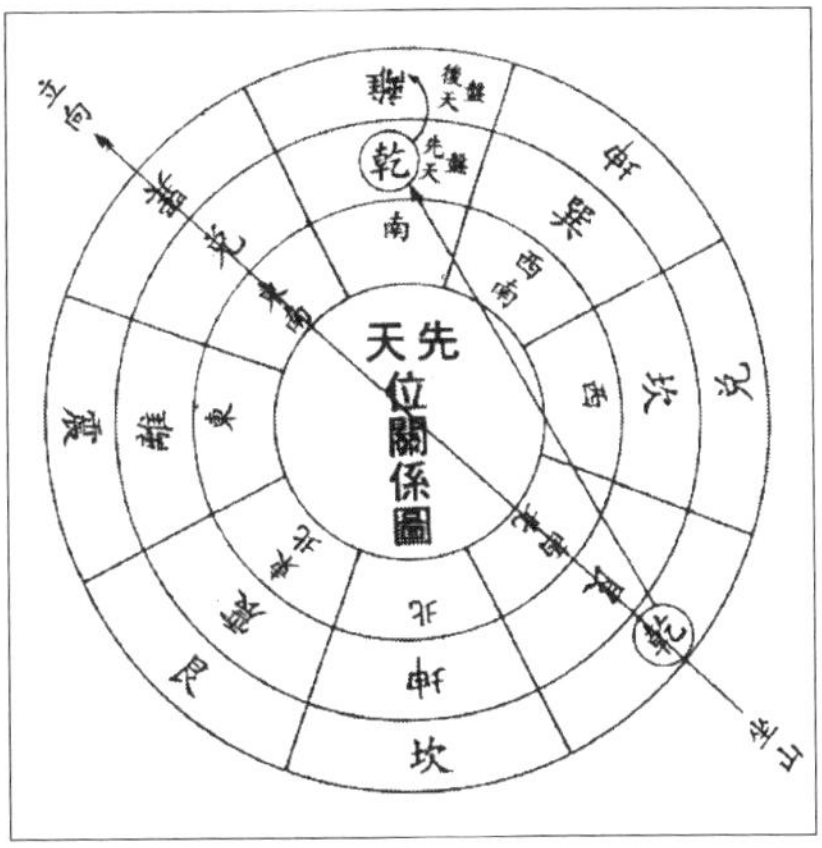

⑴ 乾山巽向先天位＝南の離となる

後天位の「乾」は、北西にあり、先天位の「乾」は、南にある。
よって、乾山の先天位は、後天位の離となり、乾の先天位は南となる

⑵ 坎山離向先天位＝西の兌となる

後天位の「坎」は、北にあり、先天位の「坎」は、西にある。
よって、坎山の先天位は、後天位の兌となり、坎の先天位は西となる

⑶ 艮山坤向先天位＝北西の乾となる

後天位の「艮」は、北東にあり、先天位の「艮」は、北西にある。
よって、艮山の先天位は、後天位の乾となり、艮の先天位は北西となる。

⑷ 震山兌向先天位＝北東の艮となる

後天位の「震」は、東にあり、先天位の「震」は、北東にある。
よって、震山の先天位は、後天位の艮となり、震の先天位は北東となる。

⑸ 巽山乾向先天位＝南西の坤となる

後天位の「巽」は、南東にあり、先天位の「巽」は、南西にある。

よって、巽山の先天位は、後天位の坤となり、巽の先天位は南西となる。

⑹ 離山坎向先天位＝東の震となる

後天位の「離」は、南にあり、先天位の「離」は、東にある。

よって、離山の先天位は、後天位の震となり、離の先天位は東となる。

⑺ 坤山艮向先天位＝北の坎となる

後天位の「坤」は、南西にあり、先天位の「坤」は、北にある。

よって、坤山の先天位は、後天位の坎となり、坤の先天位は北となる。

⑻ 兌山震向先天位＝南東の巽となる

後天位の「兌」は、西にあり、先天位の「兌」は、南東にある。

よって、兌山の先天位は、後天位の巽となり、兌の先天位は南東となる。

2 後天位

「後天位」とは、座山に入る「先天八卦」の後天方位を指す。

たとえば、座山が壬か子か癸であれば、北の座山となり座山は「坎山」となる。坎宮には先天八卦で「坤」が入る。「坤」は後天八卦で南西の位置であるから、坎山に対して南西の水が「後天位」となります。他の座山も同様に算出します。「後天位」から来る水は吉祥をもたらし、「後天位」に流れ出る水は悪象をもたらす。

その象意は次の通りです。

- 後天水が来水（朝来）すれば財や金銭に恵まれることとなる。
- 後天水が去水（走破）すれば財や金銭を損なう。
- 後天位の二十四山の天干から来去すれば、男にその吉凶が出る。
- 後天位の二十四山の地支から来去すれば、女にその吉凶が出る。

(1) 乾山巽向後天位＝艮の北東となる

後天位の「乾」は、北西にあり、北西には先天で「艮」が入る。

「艮」の後天位は北東となる。よって、乾山の後天位は、艮となり、北東となる。

(2) 坎山離向後天位＝坤の南西となる

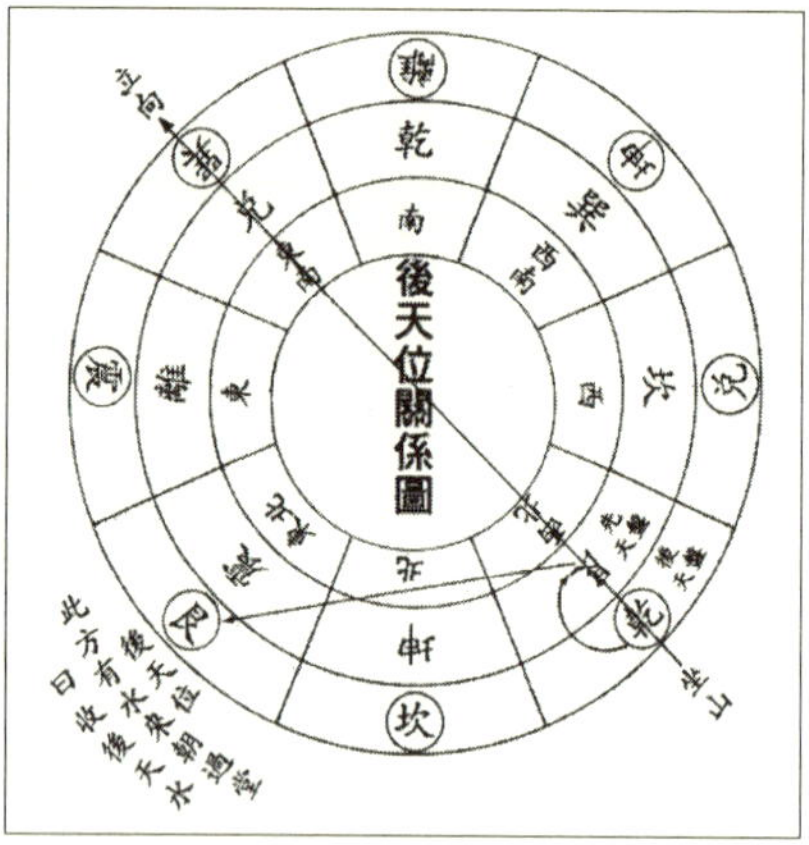

後天位の「坎」は、北にあり、北には先天で「坤」が入る。
「坤」の後天位は南西となる。よって、坎山の後天位は、坤となり、南西となる。

(3) 艮山坤向後天位＝震の東となる

後天位の「艮」は、北東にあり、北東には先天で「震」が入る。
「震」の後天位は東となる。よって、艮山の後天位は、震となり、東となる。

(4) 震山兌向後天位＝離の南となる

後天位の「震」は、東にあり、東には先天で「離」が入る。
「離」の後天位は南となる。よって、震山の後天位は、離となり、南となる。

(5) 巽山乾向後天位＝兌の西となる

後天位の「巽」は、南東にあり、南東には先天で「兌」が入る。
「兌」の後天位は西となる。よって、巽山の後天位は、兌となり、西となる。

(6) 離山坎向後天位＝乾の北西となる

後天位の「離」は、南にあり、南には先天で「乾」が入る。「乾」の後天位は北西となる。よって、離山の後天位は、乾となり、北西となる

(7) 坤山艮向後天位＝巽の南東となる

後天位の「坤」は、南西にあり、南西には先天で「巽」が入る。「巽」の後天位は南東となる。よって、坤山の後天位は、巽となり、南東となる

(8) 兌山震向後天位＝坎の北となる

後天位の「兌」は、西にあり、西には先天で「坎」が入る。「坎」の後天位は北となる。よって、兌山の後天位は、坎となり、北となる

3 賓位

「賓位《ひんい》」とは、敬うべき客の位置という意味であり、「先天位」、「後天位」とは異なり、「向き」から算出します。

たとえば、坎山離向の場合、向きの「離」から算出します。

後天八卦の「離」は、南にあり、離の先天は、東方位の後天八卦「震」になるので、東方位が坎山離向の「賓位」となります。他の座山も同様に算出します。「賓位」は、状態によって吉凶が変わりますが、基本的には去水に良く、来水に悪いという判断になります。象意は次の通りです。

- 賓位は、去水によろしく、来水にはよろしくない
- 賓位が来水（朝来）すれば、親戚は子孫に恵まれ良くなるが、本家は跡継ぎにも恵まれず家運が下がって行くこととなってしまう。また、生まれる子供は女子となる
- 賓位が去水（走破）すれば子孫に恵まれ繁栄する
- 婿取りや養子の場合は、賓位からの来水も福に恵まれる。ただし生まれる子供は女子が多い
- 先後天水が合流して家の前を通り、賓位に流れ出れば、男女とも身分や地位、金銭に恵まれ富貴となる

※賓位は「向」より算出する。

(1) 乾山巽向賓位＝坤の南西となる

乾山の向きは「巽」である。後天位の「巽」は、南東にあり、巽の先天は、後天「坤」の位置に入る。よって、乾山の賓位は「坤」の南西となる。

(2) 坎山離向賓位＝震の東となる

坎山の向きは「離」である。後天位の「離」は、南にあり、離の先天は、後天「震」の位置に入る。よって、坎山の賓位は「震」の東となる。

(3) 艮山坤向賓位＝坎の北となる

艮山の向きは「坤」である。後天位の「坤」は、南西にあり、坤の先天は、後天「坎」の位置に入る。よって、艮山の賓位は「坎」の北となる。

(4) 震山兌向賓位＝巽の南東となる

震山の向きは「兌」である。後天位の「兌」は、西にあり、兌の先天は、後天「巽」の位置に入る。よって、震山の賓位は「巽」の南東となる。

(5) 巽山乾向賓位＝離の南となる

巽山の向きは「乾」である。後天位の「乾」は、北西にあり、乾の先天は、後天「離」の位置に入る。よって、巽山の賓位は「離」の南となる。

(6) 離山坎向賓位＝兌の西となる

離山の向きは「坎」である。後天位の「坎」は、北にあり、坎の先天は、後天「兌」の位置に入る。よって、離山の賓位は「兌」の西となる。

(7) 坤山艮向賓位＝乾の北西となる

坤山の向きは「艮」である。後天位の「艮」は、北東にあり、艮の先天は、後天「乾」の位置に入る。よって、坤山の賓位は「乾」の北西となる。

(8) 兌山震向賓位＝艮の北東となる

兌山の向きは「震」である。後天位の「震」は、東にあり、震の先天は、後天「艮」の位置に入る。よって、兌山の賓位は「艮」の北東となる。

郵便はがき

恐縮ですが
切手をお貼り
ください

1 0 7 0 0 6 2

東京都港区南青山5-1-10
南青山第一マンションズ602

株式会社 太玄社

愛読者カード係 行

フリガナ		性別
お名前		男 ・ 女
年齢	歳	ご職業
ご住所	〒	
電話		
FAX		
E-mail		
お買上書店	都道府県 市区郡 書店	

ご愛読者カード

ご購読ありがとうございました。このカードは今後の参考にさせていただきたいと思いますので、アンケートにご記入のうえ、お送りくださいますようお願いいたします。

●お買い上げいただいた本のタイトル

●この本をどこでお知りになりましたか。

1. 書店で見て
2. 知人の紹介
3. 新聞・雑誌広告で見て
4. DM
5. その他（　　　　　　　　　　　　　　　　　　　　　　　　　　）

●ご購読の動機

●この本をお読みになってのご感想をお聞かせください。

●今後どのような本の出版を希望されますか？

購入申込書

本と郵便振替用紙をお送りしますので到着しだいお振込みください（送料をご負担いただきます）

書　籍　名	冊数
	冊
	冊

4 客位

「客位」とは、文字通り、お客様の位置という意味であり、「賓位」と同様に「向き」から算出します。

たとえば、坎山離向の場合、向きの「離」から算出します。

後天八卦の「離」は、南にあり、先天八卦では、南の方位に「乾」が入ります。「乾」の後天八卦方位は「北西」になりますので、北西が坎山離向の「客位」となります。他の座山も同様に算出します。

「客位」は、状態によって吉凶が変わりますが、基本的には去水に良く、来水に悪いという判断になります。

その象意は次の通りであります。

● 客位は、去水によろしく、来水にはよろしくない
● 客位が来水（朝来）すれば、女子にはよろしいが男子にはよろしくない。外に出た親戚は子孫に恵まれ良くなるが、本家は跡継ぎにも恵まれず家運が下がって行くこととなってしまう。また、生まれる子供は女子となる
● 客位が去水（走破）すれば子孫に恵まれ繁栄する
● 婿や養子を取りたければ、客位よりの来水を使用すると良い
● 先後天水が合流して家の前を通り、賓位に流れ出れば、男女とも身分や地位、金銭に恵まれ富貴となる

※客位は「向」より算出する。

(1) 乾山巽向客位＝兌の西となる

乾山の向きは「巽」である。後天「巽」宮の先天には、「兌」が居る。その「兌」の後天は西となる。したがって、乾山の客位は、「兌」の西となる

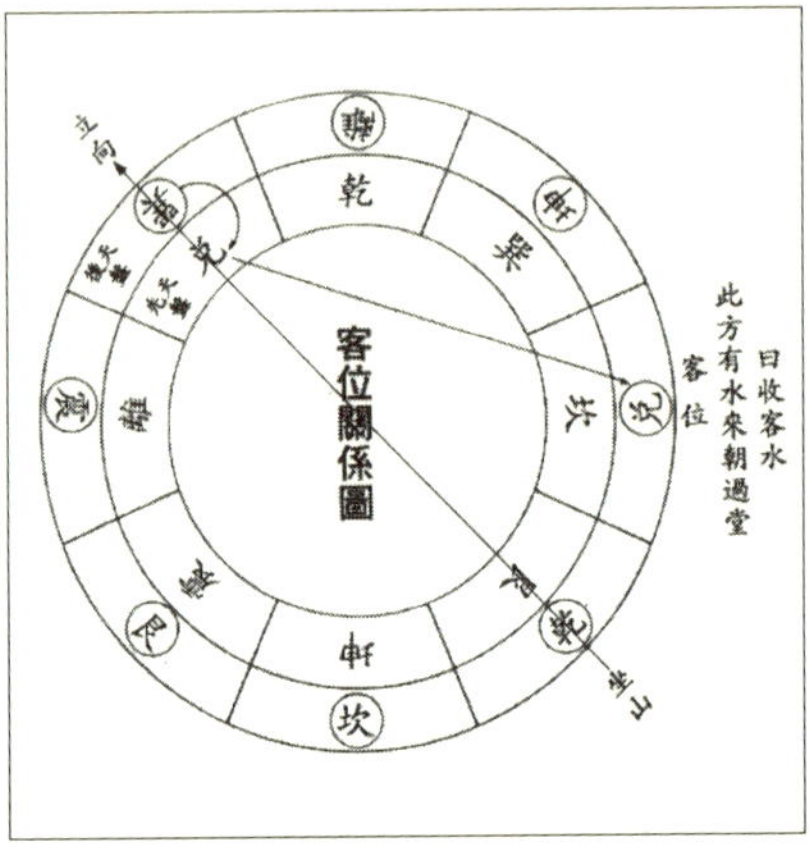

(2) 坎山離向客位＝乾の北西となる

坎山の向きは「離」である。後天「離」宮の先天には、「乾」が居る。その「乾」の後天は北西となる。したがって、坎山の客位は、「乾」の北西となる

(3) 艮山坤向客位＝巽の南東となる

艮山の向きは「坤」である。後天「坤」宮の先天は、「巽」が居る。その「巽」の後天は北東となる。したがって、艮山の客位は、「巽」の南東となる

(4) 震山兌向客位＝坎の北となる

震山の向きは「兌」である。後天「兌」宮の先天は、「坎」が居る。その「坎」の後天は北となる。したがって、震山の客位は、「坎」の北となる

⑸ 巽山乾向客位＝艮の北東となる

巽山の向きは「乾」である。後天「乾」宮の先天は、「艮」が居る。その「艮」の後天は北東となる。したがって、巽山の客位は、「艮」の北東となる

⑹ 離山坎向客位＝坤の南西となる

離山の向きは「坎」である。後天「坎」宮の先天は、「坤」が居る。その「坤」の後天は南西となる。したがって、離山の客位は、「坤」の南西となる

⑺ 坤山艮向客位＝震の東となる

坤山の向きは「艮」である。後天「艮」宮の先天は、「震」が居る。その「震」の後天は東となる。したがって、坤山の客位は、「震」の東となる

⑻ 兌山震向客位＝離の南となる

兌山の向きは「震」である。後天「震」宮の先天は、「離」が居る。その「離」の後天は南となる。したがって、兌山の客位は、「離」の南となる

5 天劫位（天門）・地刑位（地門）

「天劫位《てんごうい》」は別名「天門《てんもん》」といい、座山より算出します。

「地刑位《ちけいい》」は別名「地門《ちもん》」といい、「天劫位」から算出します。

「天劫位」は、座山に入る先天八卦の後天位に入る先天八卦となります。

「天劫位」は必ず、向の宮の「右隣り」か「左隣り」に入ります。

「地刑位」は「天劫位」が「向き」の「右隣り」に入れば、「地刑位」は向きの「左隣り」に入り、「天劫位」が「向き」の「左隣り」に入れば、「地刑位」は向きの「右隣り」に入ります。

たとえば、坎山離向であれば、座山「坎」に入る先天八卦は「坤」であり、坤の後天八卦は南西にあり、南西に入る先天八卦では「巽」となるので、巽の後天方位の南東が「天劫位」となります。「天劫位」が向き（離）の「左側（東南）」に入ったので、「地刑位」は向き離の右側（南西）である「坤宮」になります。

天劫位から来水となることを、もっとも忌む。（天劫位来水凶）

地刑位から去水となることを、忌む。（地刑位去水凶）

- 天劫位は、去水によろしく、来水にはよろしくない。
- 地刑位は、来水によろしく、去水にはよろしくない。
- 天劫位が来水（朝来）すれば、家業は衰退し、身分を失い子孫は血を見るような争いに巻き込まれる。
- 地刑位から去水すれば、財運は衰退し、妻は苦労するし、病気にもなってしまう。
- 天劫位の来水方向や地刑位の去水方向に五黄が廻ってきたり、歳破が廻ってきた時が最も怖い。また、その方向に侵射などがあると、やはり脅威が増すこととなる。

※天劫位と地刑位は、立向の必ず左右に位置します。天劫位が立向の左隣に来れば、地刑位は立向の右隣となります。それとは逆に天劫位が立向の右隣になれば、地刑位は立向の左隣に来ることになります。

(1) 乾山巽向＝天劫位は震（東）に在り、地刑位は離（南）となる

乾山乾宮の先天は「艮」である。艮の後天位の先天は「震」となる。

したがって、天劫位は「震」の東となる。

乾山の向きは巽向きである。天劫位は震だったため、向き「巽」の左側に来たので、地刑位は向き「巽」の右側の宮である「離」の南に配置される。

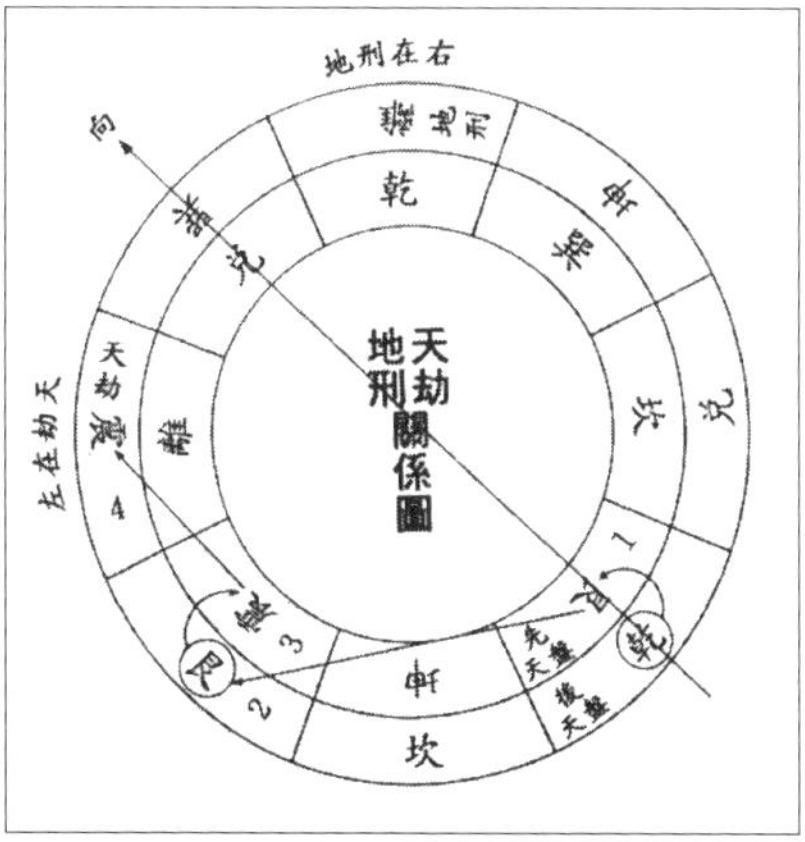

(2) 坎山離向＝天劫位は巽（南東）に在り、地刑位は坤（南西）となる

坎山坎宮の先天は「坤」である。坤の後天位の先天は「巽」となる。

したがって、天劫位は「巽」の南東となる。

坎山の向きは離向きである。天劫位は巽だったため、向き「離」の左側に来たので、地刑位は向き「離」の右側の宮である「坤」の南西に配置される。

(3) 艮山坤向＝天劫位は離（南）に在り、地刑位は兌（西）となる

艮山艮宮の先天は「震」である。震の後天位の先天は「離」となる。

したがって、天劫位は「離」の南となる。

艮山の向きは坤向きである。天劫位は離だったため、向き「坤」の左側に来たので、地刑位は向き「坤」の右側の宮である「兌」の西に配置される。

(4) 震山兌向＝天劫位は乾（北西）に在り、地刑位は坤（南西）となる

震山震宮の先天は「離」である。離の後天位の先天は「乾」となる。

したがって、天劫位は「乾」の北西となる。

震山の向きは兌向きである。天劫位は乾だったため、向き「兌」の右側に来たので、地刑位は向き「兌」の左側の宮である「坤」の南西に配置される。

(5) 巽山乾向＝天劫位は坎（北）に在り、地刑位は兌（西）となる

巽山巽宮の先天は「兌」である。兌の後天位の先天は「坎」となる。

したがって、天劫位は「坎」の北となる。

巽山の向きは乾向きである。天劫位は坎だったため、向き「乾」の右側に来たので、地刑位は向き「乾」の左側の宮である「兌」の西に配置される。

⑹離山坎向＝天劫位は艮（北東）に在り、地刑位は乾（北西）となる

離山離宮の先天は「乾」である。乾の後天位の先天は「艮」となる。したがって、天劫位は「艮」の北東となる。

離山の向きは乾向きである。天劫位は艮だったため、向き「坎」の右側に来たので、地刑位は向き「坎」の左側の宮である「乾」の北西に配置される。

⑺坤山艮向＝天劫位は震（東）に在り、地刑位は坎（北）となる

坤山坤宮の先天は「巽」である。巽の後天位の先天は「兌」となる。兌は立向の左右の宮ではないため、兌と対面の震と入れ替えると、天劫位は「震」の東となる。

坤山の向きは艮向きである。天劫位は震だったため、向き「艮」の右側に来たので、地刑位は向き「艮」の左側の宮である「坎」の北に配置される。

⑻兌山震向＝天劫位は艮（北東）に在り、地刑位は巽（南東）となる

兌山兌宮の先天は「坎」である。坎の後天位の先天は「坤」となる。坤は立向の左右の宮ではないため、坤と対面の艮と入れ替えると、天劫位は「艮」の北東となる。

兌山の向きは震向きである。天劫位は艮だったため、向き「震」の左側に来たので、地刑位は向き「震」の右側の宮である「巽」の南東に配置される。

6 案劫位

「案劫位」とは別名「堂劫位」とも呼ばれています。

「劫」とは、「おとしめる」「脅かす」という意味があり、「案劫位（あんごうい）」とは、「安定を脅かす」とか「明堂」を脅かすという意味となります。「案劫位（堂劫位）」は、必ず向きの宮に回座します。

たとえば、坎山離向であれば、向きの離方が「案劫位」となります。他の坐山も同様に向きに「案劫位」が来ます。つまり、「向＝案劫位」となります。

- 案劫位方位に屋根の角や大きな石、古井戸、目立つ古い木や家を冲射があるような場合は、主に子供に害が及び、事故やけがを被ることとなる
- 案劫方位から、玄の字のように曲がりながら出て行く水は良い象意をもたらすが、直線的に出て行く場合は良くない象意をもたらす
- 先天位二十四山の天干から来去すれば、男にその吉凶が出る
- 先天位二十四山の地支から来去すれば、女にその吉凶が出る
- 地支から去水すれば、財が少ないこととなる
- 天元から来去すれば、1・4・7子に吉凶が出る
- 地元から来去すれば、2・5・8子に吉凶が出る
- 人元から来去すれば、3・6・9子に吉凶が出る

口訣

（案劫位、即立向之位）

①乾山巽向……案劫位＝巽（南東）
②坎山離向……案劫位＝離（南）
③艮山坤向……案劫位＝坤（南西）
④震山兌向……案劫位＝兌（西）
⑤巽山乾向……案劫位＝乾（北西）
⑥離山坎向……案劫位＝坎（北）
⑦坤山艮向……案劫位＝艮（北東）
⑧兌山震向……案劫位＝震（東）

7 輔卦位

輔卦位とは、座山、立向、先天、後天、賓客位、天劫位、地刑などを抜いて残った宮です。輔卦位からの来水は吉であり、去水は凶となります。

①乾山巽向……輔卦位＝坎（北）
②坎山離向……輔卦位＝艮（北東）
③艮山坤向……輔卦位＝兌（西）
④震山兌向……輔卦位＝坤（南西）
⑤巽山乾向……輔卦位＝震（東）
⑥離山坎向……輔卦位＝巽（南東）
⑦坤山艮向……輔卦位＝離（南）・兌（西）
⑧兌山震向……輔卦位＝乾（北西）・坤（南西）

8 庫池

庫池とは即ち、財を貯める池であり、この方位にきれいな水があるか、この方位から水が来るのは良いことです。ただし、他の凶の来水と一緒の場合は明堂を横切ってはいけません。

① 乾山巽向……（戌・乾・亥山）庫池在艮位
② 坎山離向……（壬・子・癸山）庫池在坤位
③ 艮山坤向……（丑・艮・寅山）庫池在乾位
④ 震山兌向……（甲・卯・乙山）庫池在坎位（壬位）
⑤ 巽山乾向……（辰・巽・巳山）庫池在坤位
⑥ 離山坎向……（丙・午・丁山）庫池在兌位（辛位）
⑦ 坤山艮向……（未・坤・申山）庫池在巽位
⑧ 兌山震向……（庚・酉・辛山）庫池在坎位

9 曜殺

八卦本宮についている官鬼から導き出したもので、この方位に、屋根の角、大石、古井戸、煙突や煙などがあると、身分や地位を損ない、破財するといわれているものです。

坐山＼曜	曜殺方		
	正曜（本曜）	地曜（後天曜）	天曜（先天曜）
乾山（戌・乾・亥）	午	寅	亥
坎山（壬・子・癸）	辰	卯	巳
艮山（丑・艮・寅）	寅	申	午
震山（甲・卯・乙）	申	亥	寅
巽山（辰・巽・巳）	酉	巳	卯
離山（丙・午・丁）	亥	午	申
坤山（未・坤・申）	卯	酉	辰
兌山（庚・酉・辛）	巳	辰	酉

※納甲《なっこう》による二十四山に対する「曜」と違うところに注意。

10 龍門八局・曜殺表

上の段が坐山の宮で、右が龍門八局の位置になります。坐山を算出してその列を下に見ていくと龍門八局の各方位となります。

位＼坐	乾山	坎山	艮山	震山	巽山	離山	坤山	兌山
先天位	離	兌	乾	艮	坤	震	坎	巽
後天位	艮	坤	震	離	兌	乾	巽	坎
賓　位	坤	震	坎	巽	離	兌	乾	艮
客　位	兌	乾	巽	坎	艮	坤	震	離
天劫位	震	巽	離	乾	坎	艮	震	艮
地刑位	離	坤	兌	坤	兌	乾	坎	巽
案劫位	巽	離	坤	兌	乾	坎	艮	震
庫　池	艮	坤	乾	坎	坤	兌	巽	坎
輔卦位	坎	艮	兌	坤	震	巽	離・兌	乾・坤
正　曜	午	辰	寅	申	酉	亥	卯	巳
地　曜	寅	卯	申	亥	巳	午	酉	辰
天　曜	亥	巳	午	寅	卯	申	辰	酉

11 太極と坐山測定と滴水位置

太極：八方位を分ける点は家の中心になります。
座向：家の座山の定め方は、「玄関」の位置で座向を量り定めます。
滴水位置（水を看る場所）

① 玄関の雨が落ちてくるポーチの屋根先、または門があれば門から看る
② 来水とは「水が来る方位」で①で看た時に最初に道路や川が見える方位を量る
③ 去水とは「水が去って行く方位」で道路や川が見えなくなる位置を量る
④ 来水と去水を位置①で確かめたら、家の中心からその場所を量り判断する

この方法は、滴水位置から水の来去方位を量っても、その方位をもう一度家の中心から量り直す必要があります。つまり滴水位置での測定は単なる目安であり、その方位を家の中心から見た時に置き換えて水の来去の方位を定める必要があります。また、滴水位置から量った方位も象意として出る場合がありますので、両方を加味して判断するのが適切といえます。

(1) 坎山（壬・子・癸山）

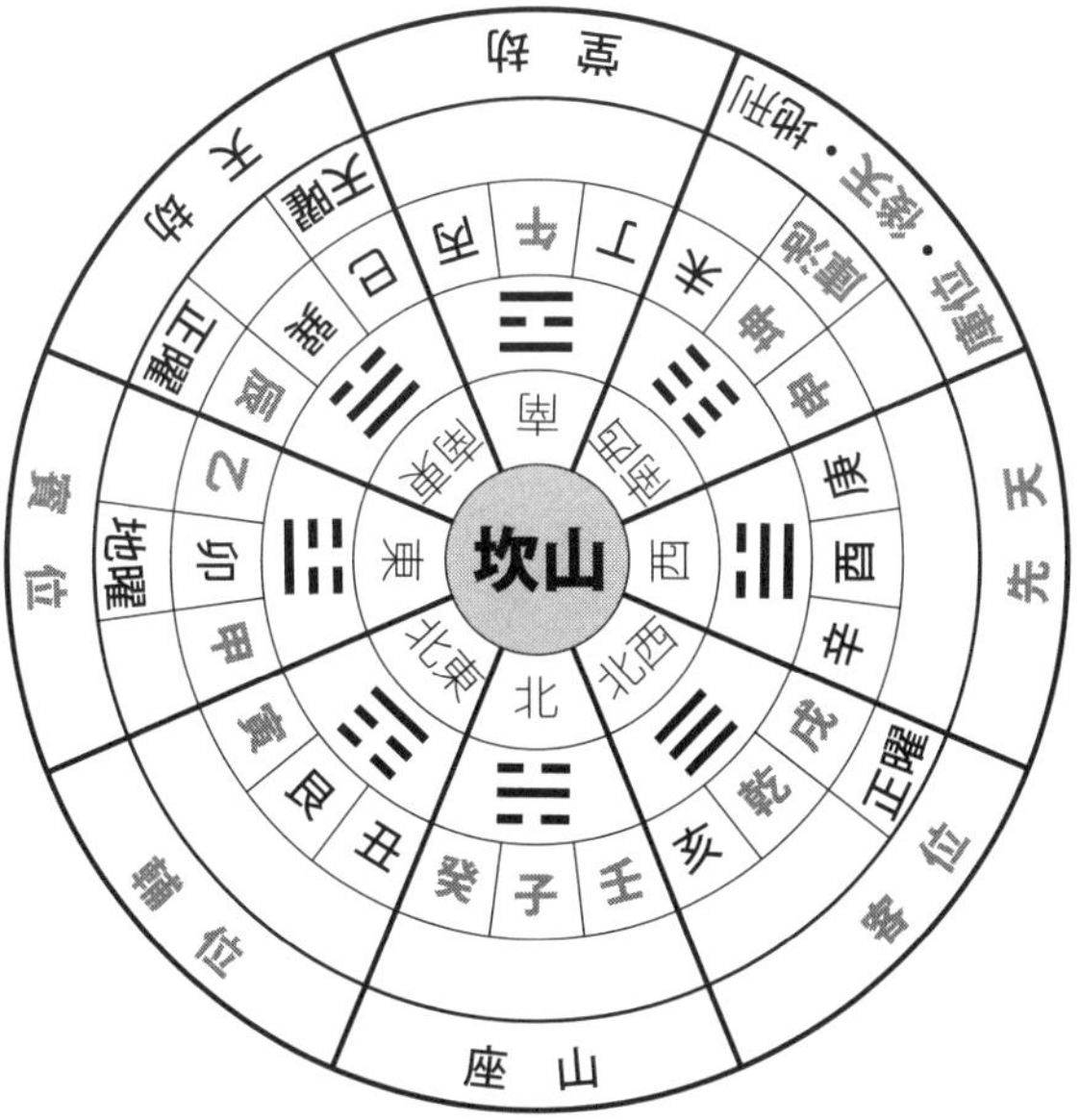

先天位＝基本的に来水に良く、去水に悪い。

後天位＝基本的に来水に良く、去水に悪い。

賓　位＝基本的に去水に良く、来水に悪い。

客　位＝基本的に去水に良く、来水に悪い。

天劫位＝基本的に去水に良く、来水に悪い。

地刑位＝基本的に来水に良く、去水に悪い。

案劫位（堂劫位）＝基本的に去水に良く、来水に悪い。

庫　地＝基本的に来水に良く、去水に悪い。

輔卦位＝基本的に来水に良く、去水に悪い。

(2) 艮山（丑・艮・寅山）

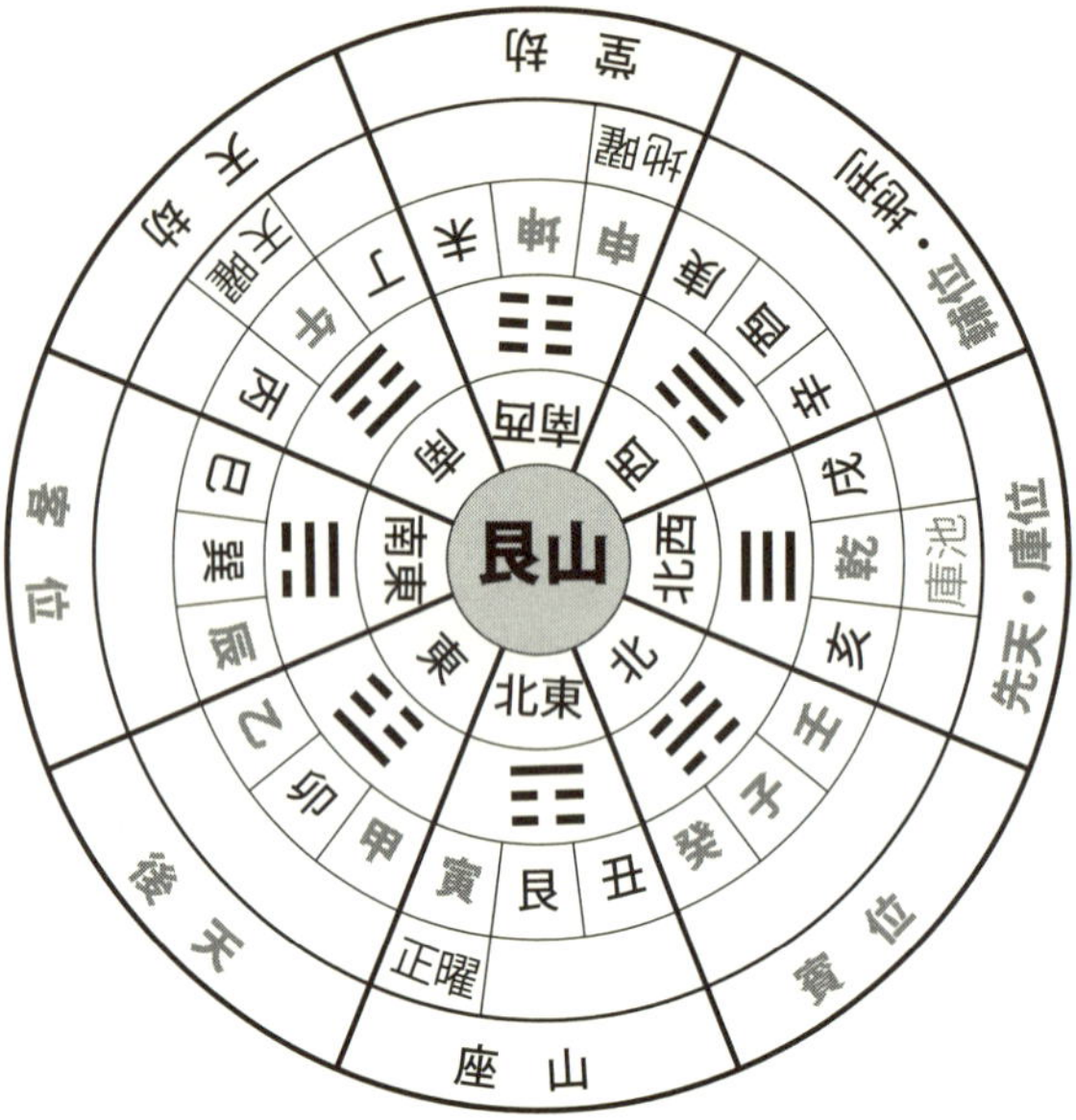

先天位＝基本的に来水に良く、去水に悪い。

後天位＝基本的に来水に良く、去水に悪い。

賓　位＝基本的に去水に良く、来水に悪い。

客　位＝基本的に去水に良く、来水に悪い。

天劫位＝基本的に去水に良く、来水に悪い。

地刑位＝基本的に来水に良く、去水に悪い。

案劫位（堂劫位）＝基本的に去水に良く、来水に悪い。

庫　地＝基本的に来水に良く、去水に悪い。

輔卦位＝基本的に来水に良く、去水に悪い。

(3) 震山（甲・卯・乙山）

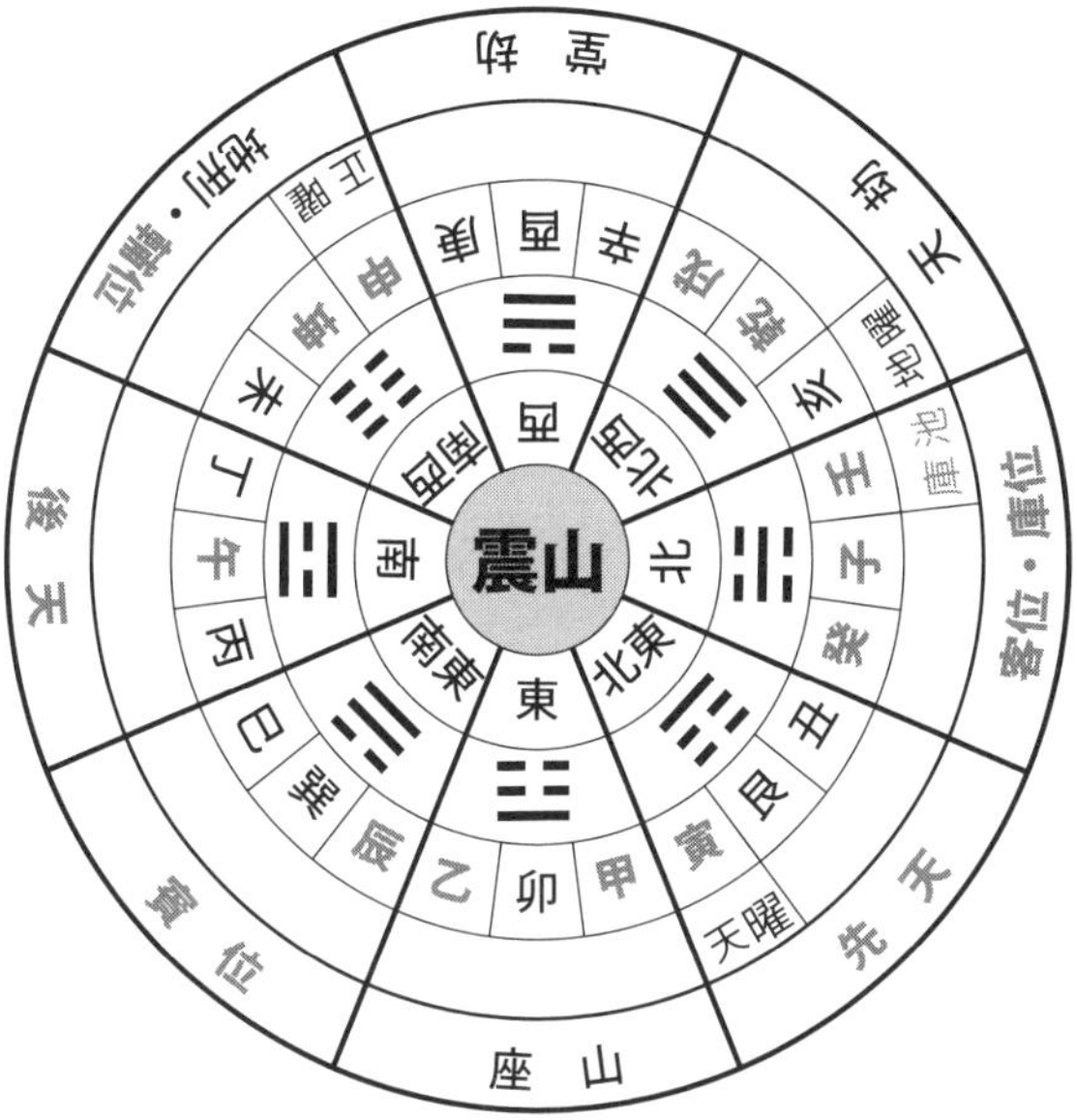

先天位＝基本的に来水に良く、去水に悪い。

後天位＝基本的に来水に良く、去水に悪い。

賓　位＝基本的に去水に良く、来水に悪い。

客　位＝基本的に去水に良く、来水に悪い。

天劫位＝基本的に去水に良く、来水に悪い。

地刑位＝基本的に来水に良く、去水に悪い。

案劫位（堂劫位）＝基本的に去水に良く、来水に悪い。

庫　地＝基本的に来水に良く、去水に悪い。

輔卦位＝基本的に来水に良く、去水に悪い。。

⑷ 巽山（辰・巽・巳山）

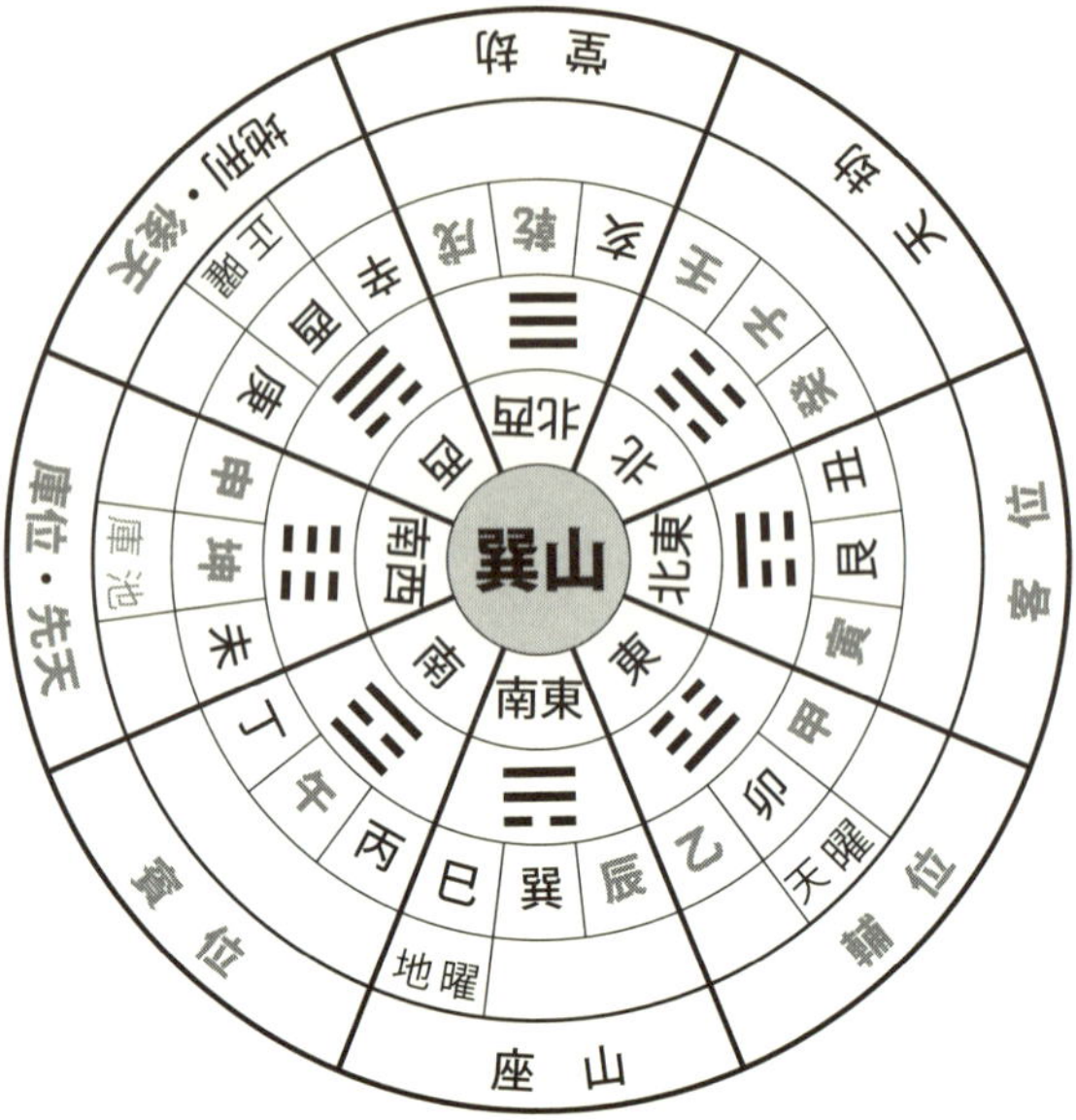

先天位＝基本的に来水に良く、去水に悪い。

後天位＝基本的に来水に良く、去水に悪い。

賓　位＝基本的に去水に良く、来水に悪い。

客　位＝基本的に去水に良く、来水に悪い。

天劫位＝基本的に去水に良く、来水に悪い。

地刑位＝基本的に来水に良く、去水に悪い。

案劫位（堂劫位）＝基本的に去水に良く、来水に悪い。

庫　地＝基本的に来水に良く、去水に悪い。

輔卦位＝基本的に来水に良く、去水に悪い。

(5) 離山（丙・午・丁山）

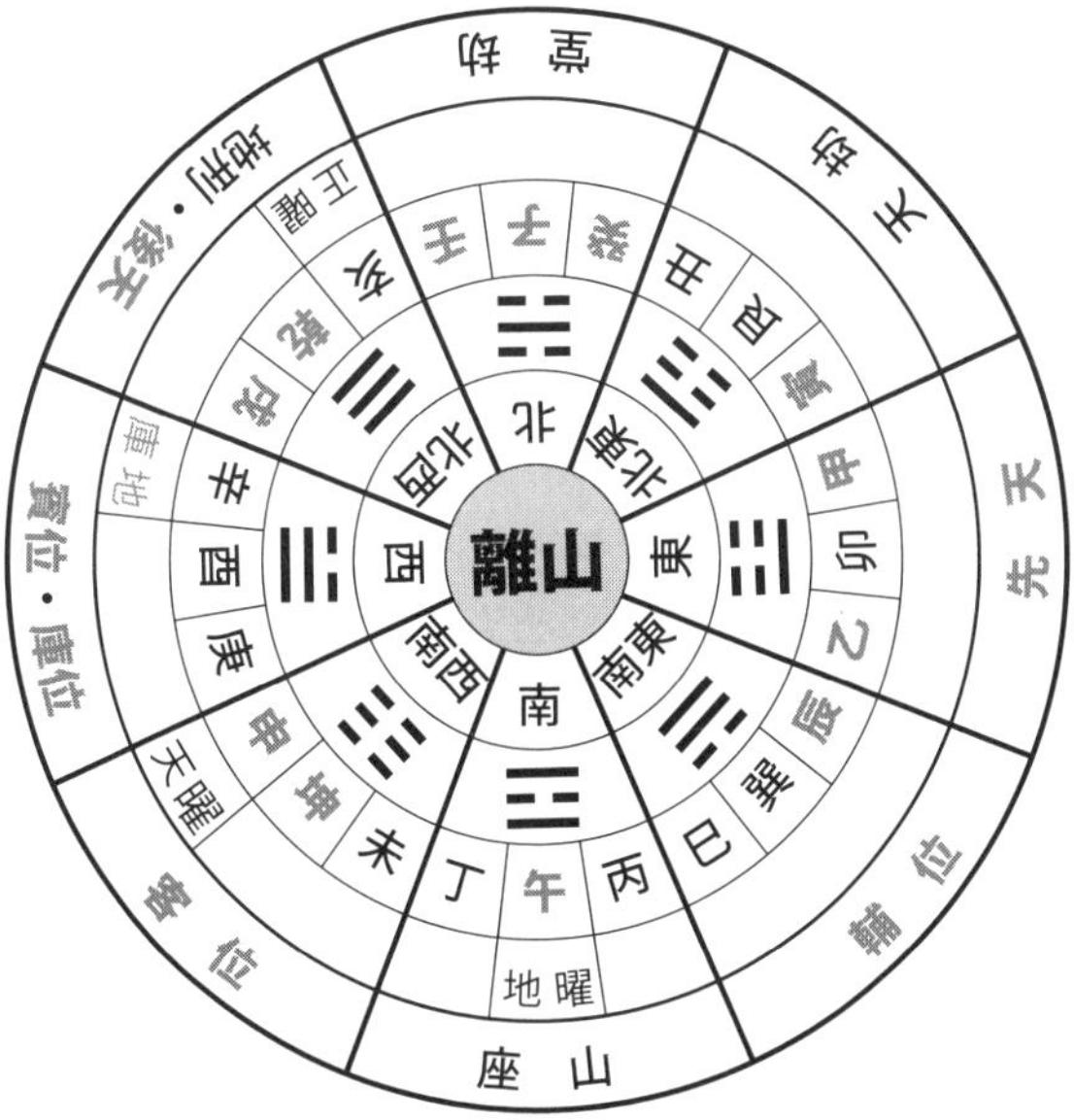

先天位＝基本的に来水に良く、去水に悪い。

後天位＝基本的に来水に良く、去水に悪い。

賓　位＝基本的に去水に良く、来水に悪い。

客　位＝基本的に去水に良く、来水に悪い。

天劫位＝基本的に去水に良く、来水に悪い。

地刑位＝基本的に来水に良く、去水に悪い。

案劫位（堂劫位）＝基本的に去水に良く、来水に悪い。

庫　地＝基本的に来水に良く、去水に悪い。

輔卦位＝基本的に来水に良く、去水に悪い。

(6) 坤山（未・坤・申山）

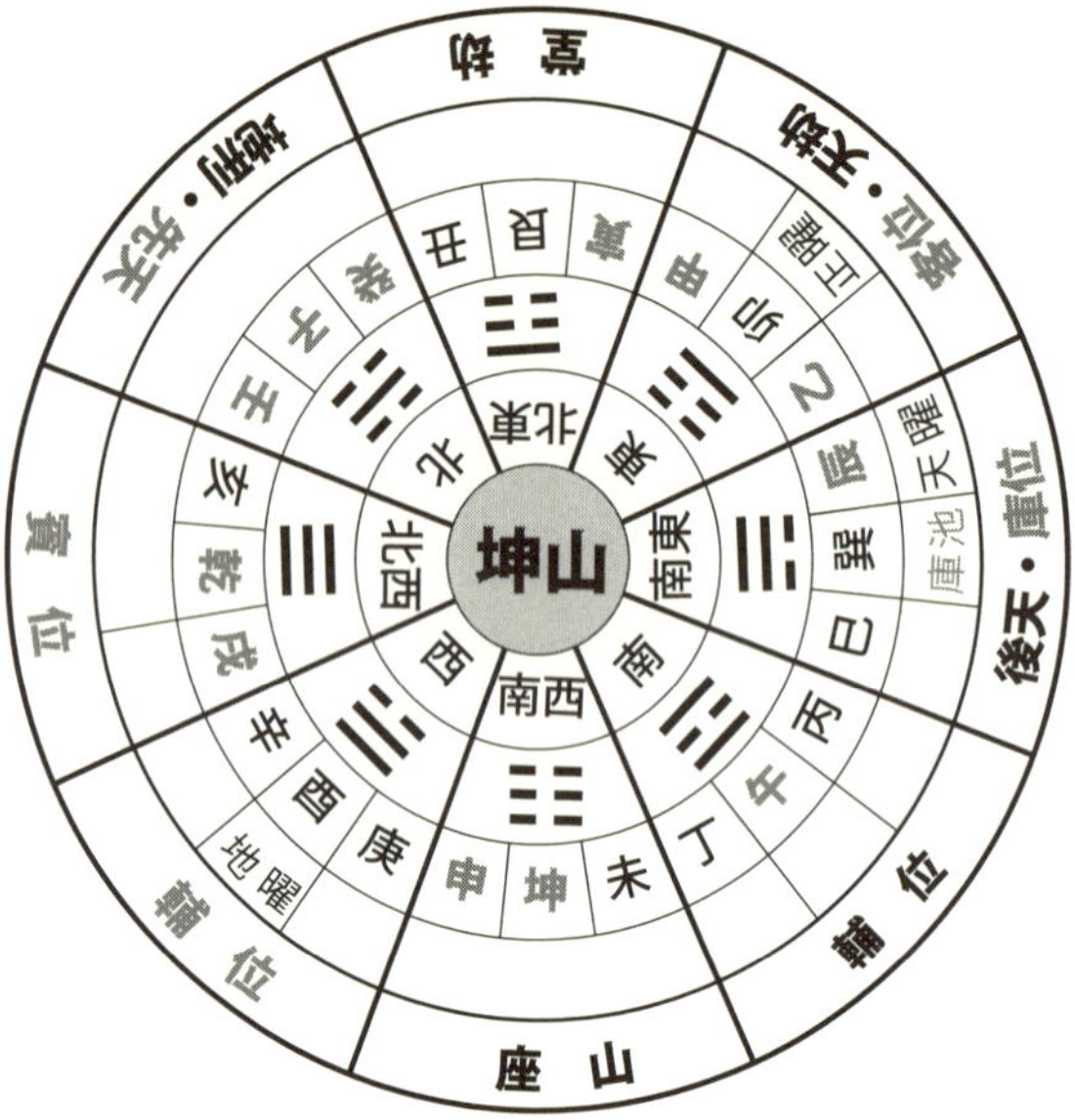

先天位＝基本的に来水に良く、去水に悪い。

後天位＝基本的に来水に良く、去水に悪い。

賓　位＝基本的に去水に良く、来水に悪い。

客　位＝基本的に去水に良く、来水に悪い。

天劫位＝基本的に去水に良く、来水に悪い。

地刑位＝基本的に来水に良く、去水に悪い。

案劫位（堂劫位）＝基本的に去水に良く、来水に悪い。

庫　地＝基本的に来水に良く、去水に悪い。

輔卦位＝基本的に来水に良く、去水に悪い。

⑺ 兌山（庚・酉・辛山）

先天位＝基本的に来水に良く、去水に悪い。

後天位＝基本的に来水に良く、去水に悪い。

賓　位＝基本的に去水に良く、来水に悪い。

客　位＝基本的に去水に良く、来水に悪い。

天劫位＝基本的に去水に良く、来水に悪い。

地刑位＝基本的に来水に良く、去水に悪い。

案劫位（堂劫位）＝基本的に去水に良く、来水に悪い。

庫　地＝基本的に来水に良く、去水に悪い。

輔卦位＝基本的に来水に良く、去水に悪い。

⑻ 乾山（戌・乾・亥山）

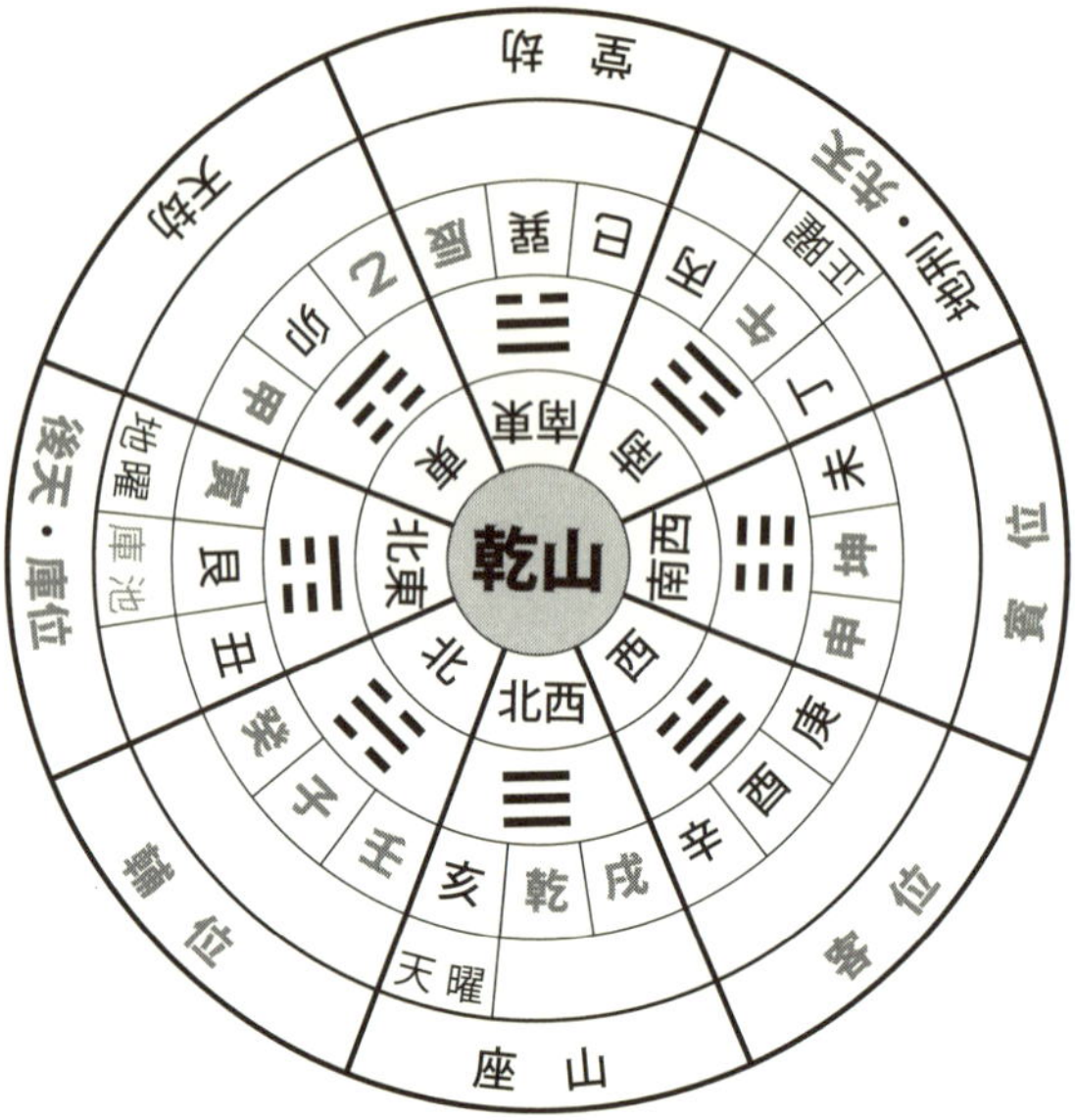

先天位＝基本的に来水に良く、去水に悪い。

後天位＝基本的に来水に良く、去水に悪い。

賓　位＝基本的に去水に良く、来水に悪い。

客　位＝基本的に去水に良く、来水に悪い。

天劫位＝基本的に去水に良く、来水に悪い。

地刑位＝基本的に来水に良く、去水に悪い。

案劫位（堂劫位）＝基本的に去水に良く、来水に悪い。

庫　地＝基本的に来水に良く、去水に悪い。

輔卦位＝基本的に来水に良く、去水に悪い。

第六章　二十四山を使用した水法　輔星課水法

龍門八局水法は、座山から八方位で来水吉凶と去水の吉凶を看る方法でしたが、二十四山を使用して「来水」「去水」の吉凶を量る「輔星《ほせい》課水法」またの名を「水龍翻卦《はんか》水法」や「輔弼水法」と呼ばれる水法を紹介します。

この水法は、羅盤の地盤二十四方位で判断するのではなく、羅盤の天盤二十四方位を使って判断します。

① 座向は玄関の立向をもって、羅盤の地盤で定めます

② 水は羅盤の「天盤」を使用して量ります

③ この水法は、座向の「向き」をもって判断します

○天盤と地盤は十五度の差がありますので、水を量る時必ず天盤を使用してください。

※この輔星課水法口訣は玄妙派羅盤の第二十六層に記されています。

1 輔星課水法（水龍翻卦水法）

輔星課水法とは、二十四山を納甲して、八卦九星に分け、来水に良い方位、来水に悪い方位、去水に良い方位、去水に悪い方位を「向き」の二十四山から算出する方法です。

九星には、

❶貪狼《たんろう》　❷巨門《きょもん》　❸禄存《ろくぞん》　❹文曲《ぶんきょく》、❺廉貞《れんてい》　❻武曲《ぶこく》　❼破軍《はぐん》　❽輔弼《ほひつ》（左輔《さほ》・右弼《うひつ》を合わせたもの）

の八つの方位に向きの二十四山から分けることとなります。

※❶貪狼、❷巨門…の丸数字は九星を表し、❶と書いてあれば「貪狼」のことであり、❷と書いてあれば「巨門」のことであり、❸と書いてあれば「禄存」のことであり、❹と書いてあれば「文曲」のことであり、❺と書いてあれば「廉貞」のことであり、❻と書いてあれば「武曲」のことであり、❼と書いてあれば「破軍」のことであり、❽と書いてあれば「輔弼」のことです。

これは「納甲」した向きの二十四山から算出するので、向きの八卦によって異なってきます。

1 納甲《なっこう》

「納甲」とは、太陽・月・地球の位置関係で決まる「月の満ち欠け」をもとに、十干と十二支を八卦に分けることをいいます。

二十四山を納甲すると、次のようになります。

乾《けん》卦＝「乾《けん》」「甲《きのえ》」で卦形は☰となる
兌《だ》卦＝「巳《み》」「酉《とり》」「丑《うし》」「丁《ひのと》」で卦形は☱となる
離《り》卦＝「寅《とら》」「午《うま》」「戌《いぬ》」「壬《みずのえ》」で卦形は☲となる
震《しん》卦＝「亥《い》」「卯《う》」「未《ひつじ》」「庚《かのえ》」で卦形は☳となる
巽《そん》卦＝「巽《そん》」「辛《かのと》」で卦形は☴となる
坎《かん》卦＝「申《さる》」「子《ね》」「辰《たつ》」「癸《みずのと》」で卦形は☵となる
艮《ごん》卦＝「艮《ごん》」「丙《ひのえ》」で卦形は☶となる
坤《こん》卦＝「坤《こん》」「乙《おつ》」で卦形は☷となる

2 九星算出

この看法は、座向の「向き」の二十四山を八卦に直し、それを変爻して、天盤で量った二十四山の八卦を当てはめ九星を算出します。たとえば、座向が地盤で量って「庚山甲向」、来水が天盤で量って「辰」、去水が天盤で量って「丑」だったとすると、以下のように看ていきます。

① 向の二十四山を納甲理論で八卦に直します。この例では、向が「甲」なので納甲すると八卦の「乾」になります。
② 来水の「辰」は納甲すると八卦の「坎」になります。
③ 去水の「丑」は納甲すると八卦の「兌」になります。
④ 向の八卦「乾」から看て、来水「辰」の八卦の「坎」は九星に分けると「貪狼」となり、来水では合局となります。
⑤ 向の八卦「乾」から看て、去水「丑」の八卦の「兌」は九星に分けると「文曲」となり、去水では合局となります。

八卦に分ける変更の仕方は以下のとおりです。

向きの二十四山の八卦を変爻して、九星を算出する
向きの八卦は基本となるため「輔弼」となる
向きの八卦の中爻を変爻すると「武曲」となる
武曲になった卦の下爻を変爻すると「破軍」となる
破軍になった卦の中爻を変爻すると「廉貞」となる
廉貞になった卦の上爻を変爻すると「貪狼」となる
貪狼になった卦の中爻を変爻すると「巨門」となる
巨門になった卦の下爻を変爻すると「禄存」となる
禄存になった卦の中爻を変爻すると「文曲」となる

基本の卦が「輔弼」、それを中爻変すると「武曲」、それを下爻変すると「破軍」、それを中爻変すると「廉貞」、それを上爻変すると「貪狼」、それを中爻変すると「巨門」、それを下爻変すると「禄存」、それを中爻変すると「文曲」となり、文曲を上爻変すると本卦の「輔弼」に戻ります。

変爻は、本卦から、中下中上中下中となります。

3 八卦九星

九星を八卦に納めることをいい、「貪狼《たんろう》」「巨門《きょもん》」「禄存《ろくぞん》」「文曲《ぶんきょく》」「廉貞《れんてい》」「武曲《ぶきょく》」「破軍《はぐん》」「輔弼《ほひつ》」の八星ですが、「輔弼」は「輔星」と「弼星」が合わさったものなので「九星」と呼んでいます。以下に向の八卦から九星を算出したものを書いてあります。

(1) 乾卦＝☰……向きが「乾」「甲」の場合

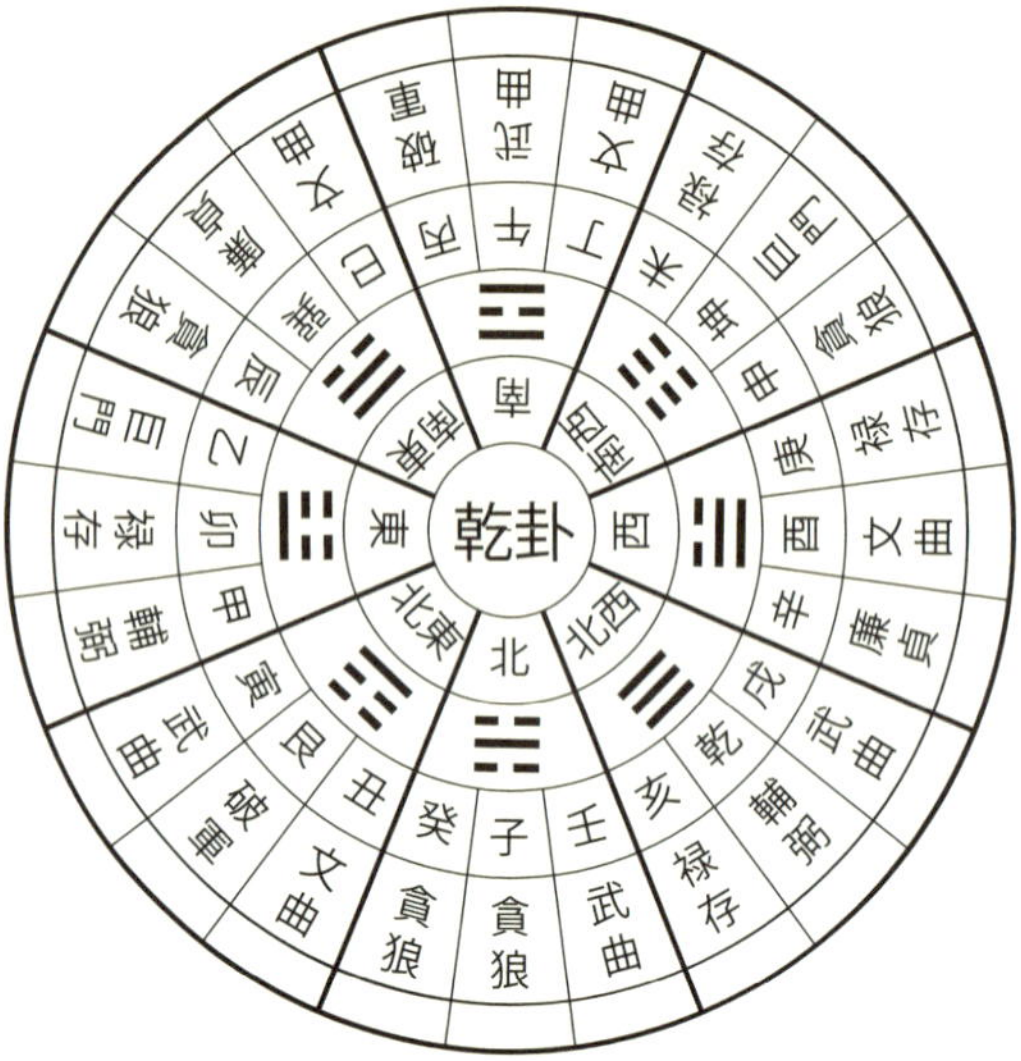

❽輔弼（本卦不変＝乾☰）
　＝　乾卦二十四山「乾」「甲」
❻武曲（中爻変＝離☲）
　＝　離卦二十四山「寅」「午」「戌」「壬」
❼破軍（下爻変＝艮☶）
　＝　艮卦二十四山「艮」「丙」
❺廉貞（中爻変＝巽☴）
　＝　巽卦二十四山「巽」「辛」
❶貪狼（上爻変＝坎☵）
　＝　坎卦二十四山「申」「子」「辰」「癸」
❷巨門（中爻変＝坤☷）
　＝　坤卦二十四山「坤」「乙」
❸禄存（下爻変＝震☳）
　＝　震卦二十四山「亥」「卯」「未」「庚」
❹文曲（中爻変＝兌☱）
　＝　兌卦二十四山「巳」「酉」「丑」「丁」

(2) 兌卦☱……向きが「巳」「酉」「丑」「丁」の場合

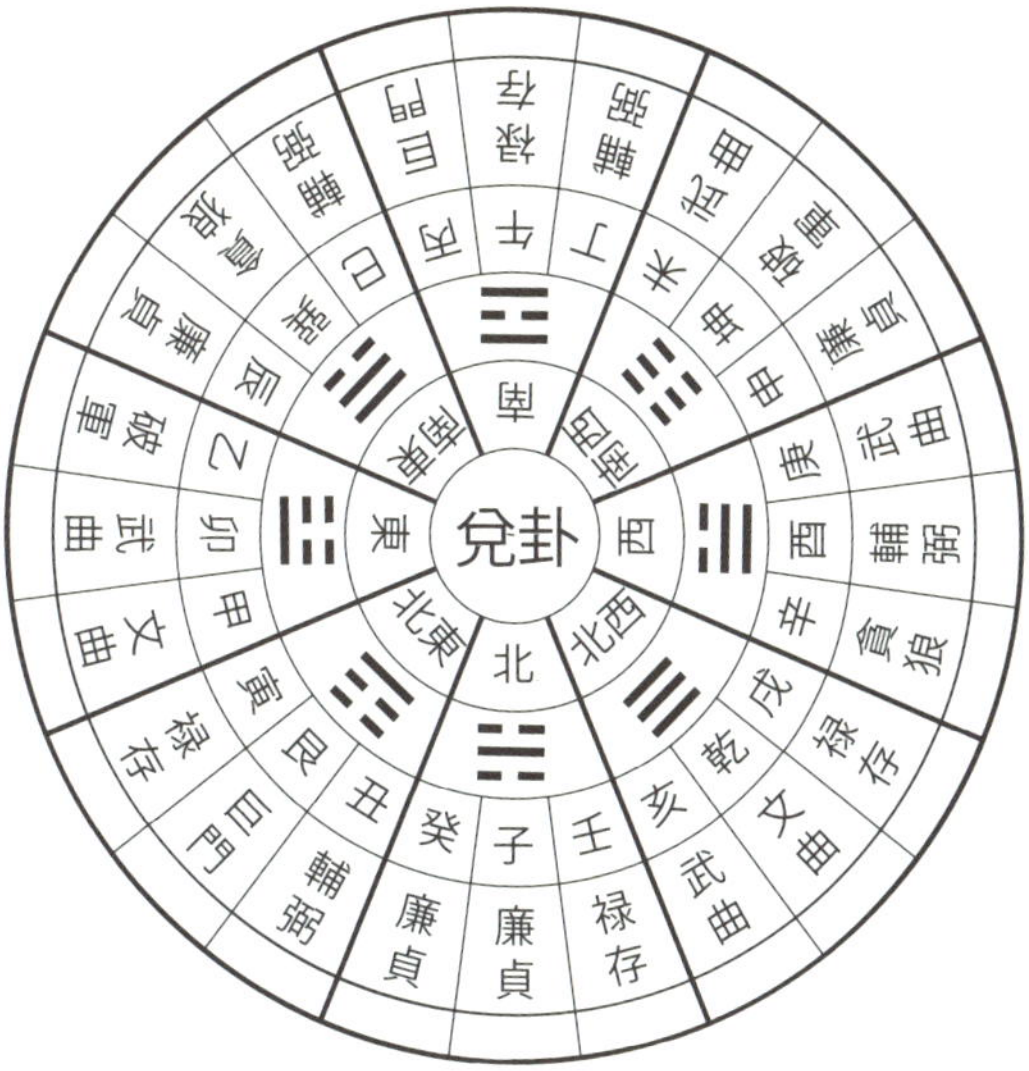

❽輔弼（本卦不変＝兌☱）
　＝　兌卦二十四山「巳」「酉」「丑」「丁」
❻武曲（中爻変＝震☳）
　＝　震卦二十四山「亥」「卯」「未」「庚」
❼破軍（下爻変＝坤☷）
　＝　坤卦二十四山「坤」「乙」
❺廉貞（中爻変＝坎☵）
　＝　坎卦二十四山「申」「子」「辰」「癸」
❶貪狼（上爻変＝巽☴）
　＝　巽卦二十四山「巽」「辛」
❷巨門（中爻変＝艮☶）
　＝　艮卦二十四山「艮」「丙」
❸禄存（下爻変＝離☲）
　＝　離卦二十四山「寅」「午」「戌」「壬」
❹文曲（中爻変＝乾☰）
　＝　乾卦二十四山「乾」「甲」

(3) 離卦☲……向きが「寅」「午」「戌」「壬」の場合

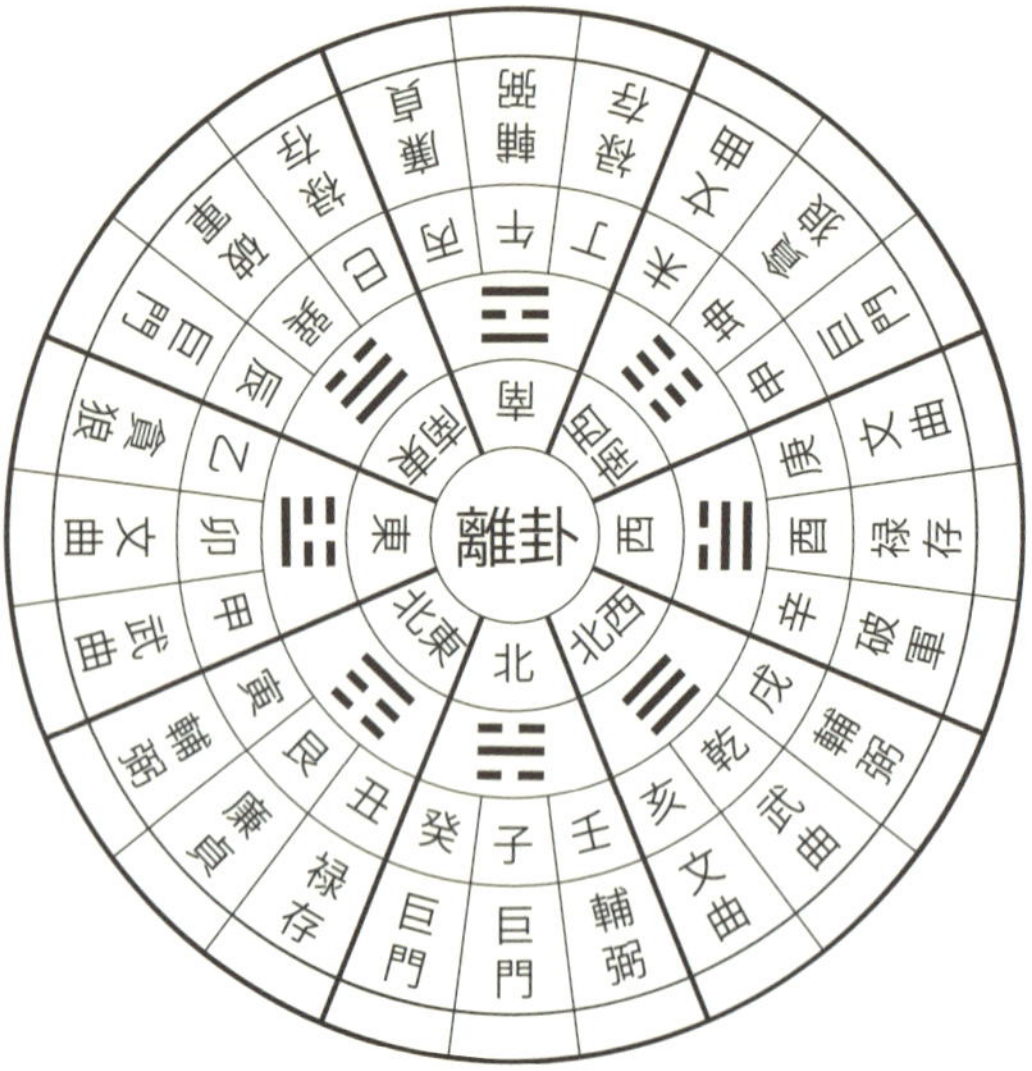

❽輔弼（本卦不変＝離☲）
　　＝　離卦二十四山「寅」「午」「戌」「壬」

❻武曲（中爻変＝乾☰）
　　＝　乾卦二十四山「乾」「甲」

❼破軍（下爻変＝巽☴）
　　＝　巽卦二十四山「巽」「辛」

❺廉貞（中爻変＝艮☶）
　　＝　艮卦二十四山「艮」「丙」

❶貪狼（上爻変＝坤☷）
　　＝　坤卦二十四山「坤」「乙」

❷巨門（中爻変＝坎☵）
　　＝　坎卦二十四山「申」「子」「辰」「癸」

❸禄存（下爻変＝兌☱）
　　＝　兌卦二十四山「巳」「酉」「丑」「丁」

❹文曲（中爻変＝震☳）
　　＝　震卦二十四山「亥」「卯」「未」「庚」

⑷ 震卦☳……向きが「亥」「卯」「未」「庚」の場合

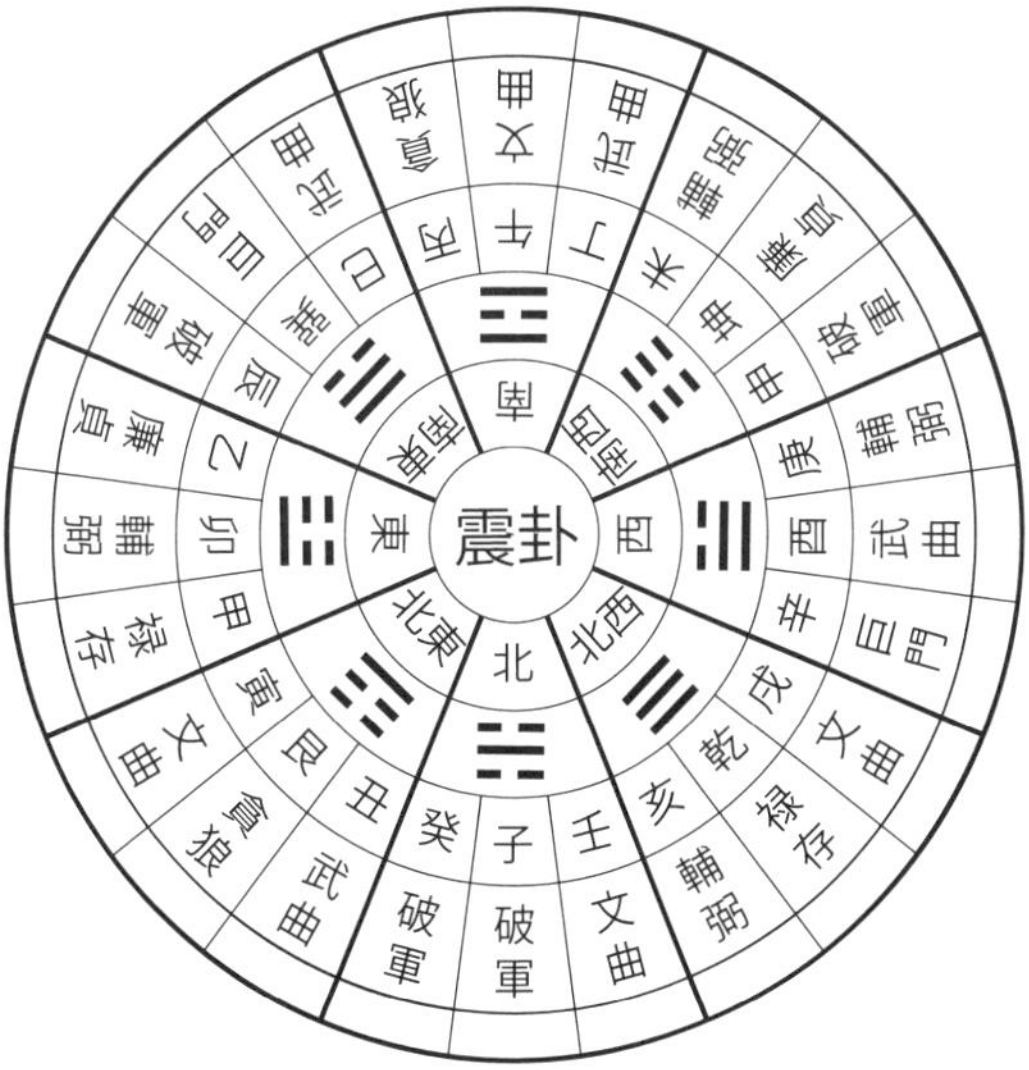

❽輔弼（本卦不変＝震☳）
　　＝　震卦二十四山「亥」「卯」「未」「庚」
❻武曲（中爻変＝兌☱）
　　＝　兌卦二十四山「巳」「酉」「丑」「丁」
❼破軍（下爻変＝坎☵）
　　＝　坎卦二十四山「申」「子」「辰」「癸」
❺廉貞（中爻変＝坤☷）
　　＝　坤卦二十四山「坤」「乙」
❶貪狼（上爻変＝艮☶）
　　＝　艮卦二十四山「艮」「丙」
❷巨門（中爻変＝巽☴）
　　＝　巽卦二十四山「巽」「辛」
❸禄存（下爻変＝乾☰）
　　＝　乾卦二十四山「乾」「甲」
❹文曲（中爻変＝離☲）
　　＝　離卦二十四山「寅」「午」「戌」「壬

(5) 巽卦☴……向きが「巽」「辛」の場合

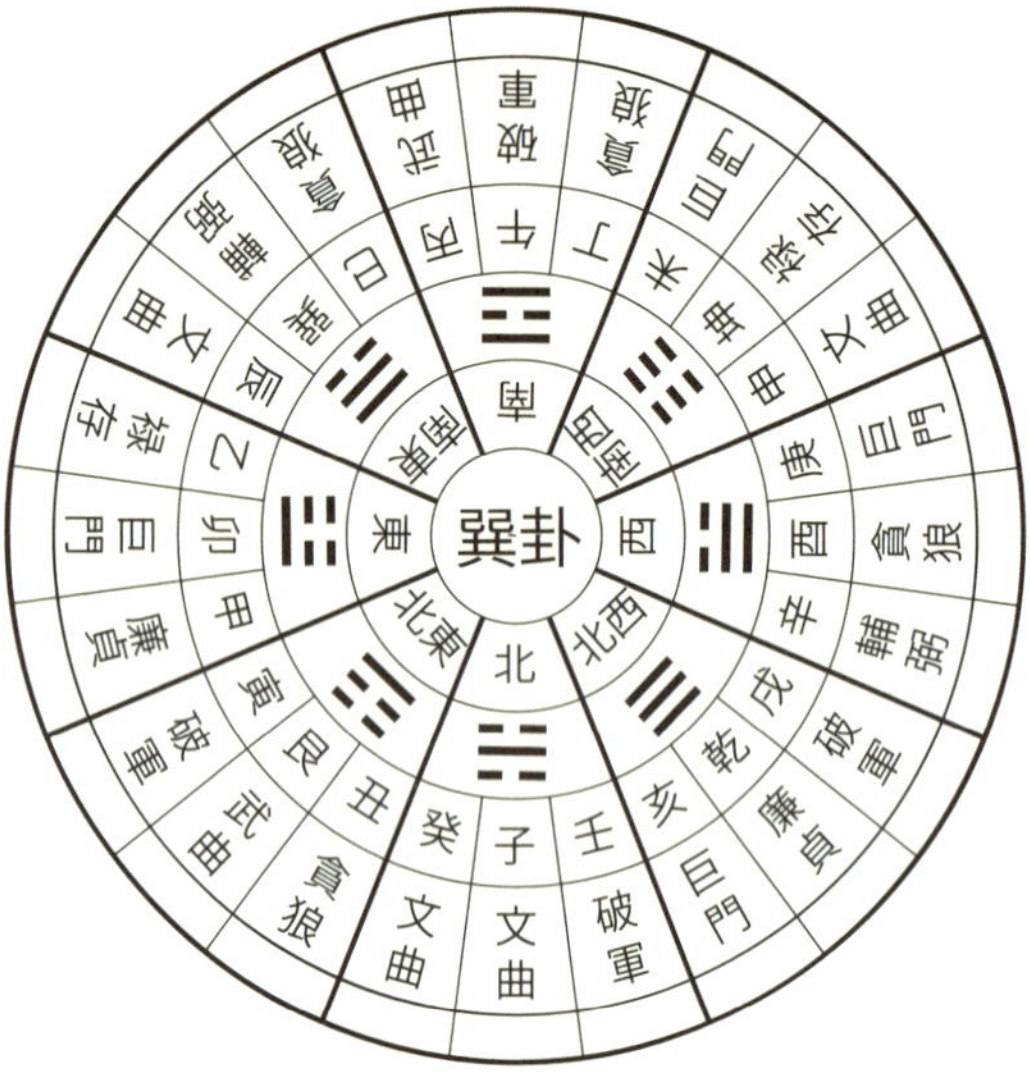

❽輔弼（本卦不変＝巽☴）
　＝　巽卦二十四山「巽」「辛」
❻武曲（中爻変＝艮☶）
　＝　艮卦二十四山「艮」「丙」
❼破軍（下爻変＝離☲）
　＝　離卦二十四山「寅」「午」「戌」「壬」
❺廉貞（中爻変＝乾☰）
　＝　乾卦二十四山「乾」「甲」
❶貪狼（上爻変＝兌☱）
　＝　兌卦二十四山「巳」「酉」「丑」「丁」
❷巨門（中爻変＝震☳）
　＝　震卦二十四山「亥」「卯」「未」「庚」
❸禄存（下爻変＝坤☷）
　＝　坤卦二十四山「坤」「乙」
❹文曲（中爻変＝坎☵）
　＝　坎卦二十四山「申」「子」「辰」「癸」

⑹ 坎卦☵……向きが「申」「子」「辰」「癸」の場合

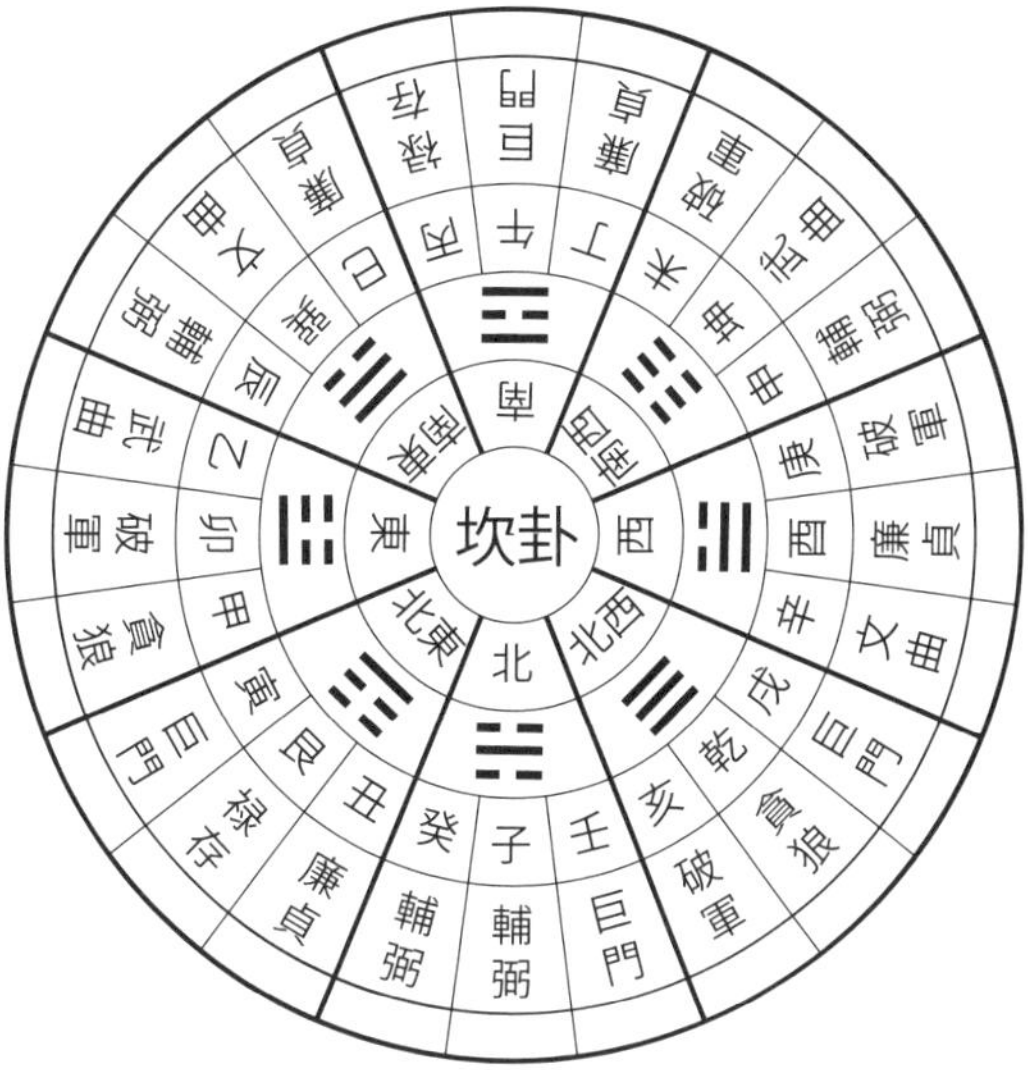

❽輔弼（本卦不変＝坎☵）

＝　坎卦二十四山「申」「子」「辰」「癸」

❻武曲（中爻変＝坤☷）

＝　坤卦二十四山「坤」「乙」

❼破軍（下爻変＝震☳）

＝　震卦二十四山「亥」「卯」「未」「庚」

❺廉貞（中爻変＝兌☱）

＝　兌卦二十四山「巳」「酉」「丑」「丁」

❶貪狼（上爻変＝乾☰）

＝　乾卦二十四山「乾」「甲」

❷巨門（中爻変＝離☲）

＝　離卦二十四山「寅」「午」「戌」「壬」

❸禄存（下爻変＝艮☶）

＝　艮卦二十四山「艮」「丙」

❹文曲（中爻変＝巽☴）

＝　巽卦二十四山　「巽」「辛」

⑺ 艮卦＝☶……向きが「艮」「丙」の場合

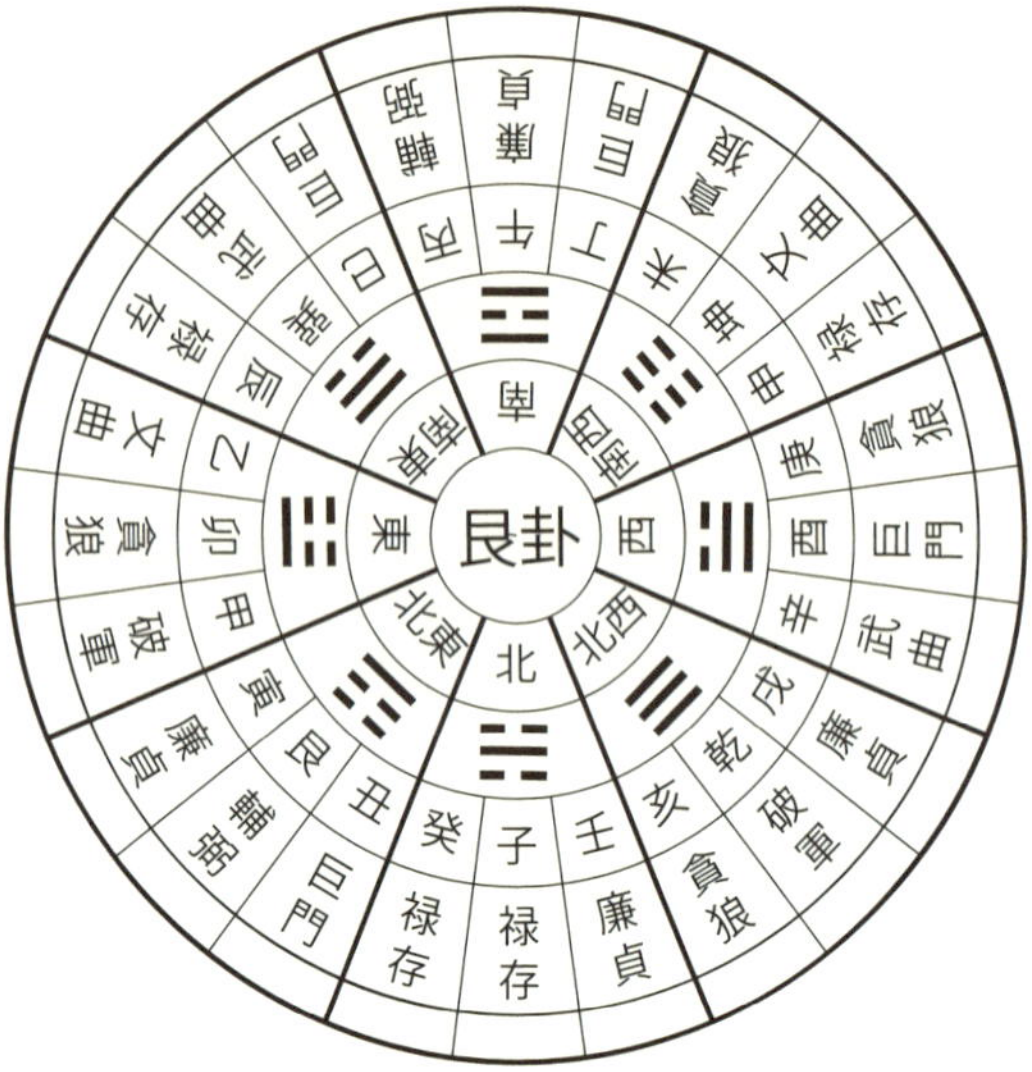

❽輔弼（本卦不変＝艮☶）
　　＝　艮卦二十四山「艮」「丙」
❻武曲（中爻変＝巽☴）
　　＝　巽卦二十四山「巽」「辛」
❼破軍（下爻変＝乾☰）
　　＝　乾卦二十四山「乾」「甲」
❺廉貞（中爻変＝離☲）
　　＝　離卦二十四山「寅」「午」「戌」「壬」
❶貪狼（上爻変＝震☳）
　　＝　震卦二十四山「亥」「卯」「未」「庚」
❷巨門（中爻変＝兌☱）
　　＝　兌卦二十四山「巳」「酉」「丑」「丁」
❸禄存（下爻変＝坎☵）
　　＝　坎卦二十四山「申」「子」「辰」「癸」
❹文曲（中爻変＝坤☷）
　　＝　坤卦二十四山「坤」「乙」

(8) 坤卦＝☷……向きが「坤」「乙」の場合

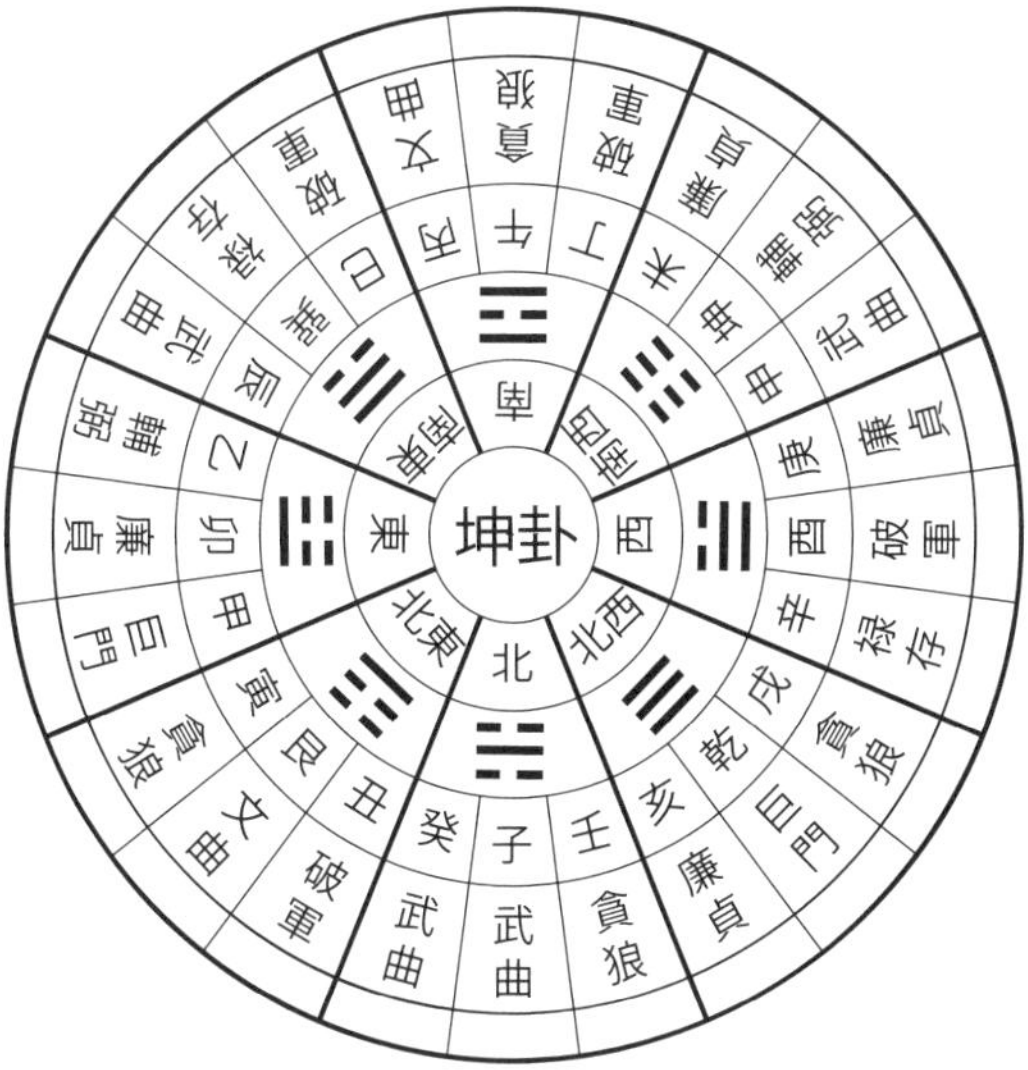

❽輔弼（本卦不変＝坤☷）
＝　坤卦二十四山「坤」「乙」
❻武曲（中爻変＝坎☵）
＝　坎卦二十四山「申」「子」「辰」「癸」
❼破軍（下爻変＝兌☱）
＝　兌卦二十四山「巳」「酉」「丑」「丁」
❺廉貞（中爻変＝震☳）
＝　震卦二十四山「亥」「卯」「未」「庚」
❶貪狼（上爻変＝離☲）
＝　離卦二十四山「寅」「午」「戌」「壬」
❷巨門（中爻変＝乾☰）
＝　乾卦二十四山「乾」「甲」
❸禄存（下爻変＝巽☴）
＝　巽卦二十四山「巽」「辛」
❹文曲（中爻変＝艮☶）
＝　艮卦二十四山「艮」「丙」

4 九星象意

水が流れる時、自分の家に向かってくる方位を「来水」といい、流れ去って行く方位を「去水」といいます。水には来水で「吉」となるものと、「凶」となるものがあり、去水でも「吉」となるものと「凶」となるものがあります。

九星象意では、来水で吉の場合の象意と、凶の場合の象意と去水で吉の場合の象意と凶の場合の象意が示してあります。また、誰にその象意が出やすいのか、いつその象意が出やすいのかも書いてあります。

「公位」とは、何番目の子供に出やすいかを示しているとともに、年齢によって一番年上に出るか、二番目の人に出るかも示唆しています。

(1) 貪狼水（合局・破局）来水にて合局、去水にて破局

○ 来水合局―積極的で、決断力があり頭脳明晰にて、精力的に動き、仕事で成功する。職人的気質で一芸に秀でて、実力者となる。また、人の縁で、お金が入り、不動産や財産を多く手にすることができる

● 去水破局―非礼で高慢となり、時には凶暴となる。また、支配的であり暴力的になる。遊び好きとなり、遊興や、女性のためにお金を使い、時に破産することもある

■ 破局の場合、身体的には、手足・筋肉・肝臓・胆囊・梅毒・リュウマチなどの、病気になりやすい。

※ 八卦に分ければ「震卦」であり、「木」の年月日・方位においてその霊力を発し、公位は一、四、七となる。

⑵ 巨門水（合局・破局）来水にて合局、去水にて破局

○ 来水合局―堅実で、真面目で貞節あり人や物を育てる能力に長けている。別名を「天財」とも呼び「財」の星でもある。その霊力は「商売」や「事業」で活かされ成功へと導かれる。また、金銭だけでなく、長寿にも恵まれる

● 去水破局―優柔不断であり、心が不安定になりやすい。「商売」「事業」での失敗、失業などの羽目に会う。破産や夜逃げなどをしやすい。また、家庭不和や離婚になりやすく、時には、子供が早く逝くこともある。また子供を捨ててしまうこともある

■ 破局の場合、身体的には、胃腸・皮膚（アトピーなど）・口内・咽頭・口の回りなどの病気や婦人科系の病気、出産なども、気をつけねばならない。

※ 八卦に分ければ「坤卦」であり、「土」の年月日・方位においてその霊力を発し、公位は二・五・八となる。

⑶ 祿存水（合局・破局）去水にて合局、来水にて破局

○ 去水合局―誠実で真面目であり、慎重に一歩一歩、確実に財産を築き上げることができる。「祿存」は、玄空卦中で「庫」（倉）の星であるため、節約と誠実によって大いに財産を得ることができる

● 来水破局―頑固で、視野が狭く融通のきかない人となり、何事もいい加減となってしまう。また、酒や色に溺れたり、賭け事などで身を崩すこととなる。跡継ぎがいなかったり、いても養子となったりして、家を捨て離れて行ってしまう。また、服毒や首吊りなどをすることもある

■破局の場合、身体的には、脊髄・腰・関節・浮腫（むくみ）・肝硬変・子宮や卵巣の膿腫・神経性などの病気。
※八卦に分ければ「艮卦」であり、「土」の年月日・方位においてその霊力を発し、公位は　三・六・九となる。

⑷ 文曲水（合局・破局）去水にて合局、来水にて破局

○去水合局―気品のある子供が生まれ、志をしっかりもつ。家門は栄華を誇る。男女共妖艶を漂わせる魅力をもつようになる。「文曲星」は、玄空卦中で「桃花（色）」の星であるため、異性との関わりが多くなる

●来水破局―男性は「酒」や「女」「ギャンブル」のために身を崩し、女性は、他の男のために化粧をする。また、女性は家事をせず、家が乱雑となる。男女共に、外でトラブルが多く、仕事・身分が不安定となる。離婚しやすく、水難事故に遭いやすい。また、堕胎もある

■破局の場合、身体的には腎臓・耳・生殖器・子宮・膀胱・血液・リュウマチ・心臓の病気になりやすい。
※八卦に分ければ「坎卦」であり、「水」の年月日・方位においてその霊力を発し、公位は一・四・七となる。

⑸ 廉貞水（合局・破局）去水にて合局、来水にて破局

○去水合局―健康・長寿であり、繁栄富貴を手にすることができる。また、美人・賢人が生まれる（来水の意味を強める働きがある）

●来水破局―陰険で誠実さや礼儀に欠け、傍若無人の行いをする。見栄を張り執念深く、思い込みが激しい。無気力・自殺・堕胎・火災などの象意が強い。また奇形児の出産や出産時の母親の死亡など

がある

■破局の場合、身体的には目・心臓・腸・やけど・心労・ガンなどの病気になりやすい。特に〝ガン〟の象意が強い。

※八卦に分ければ「離卦」であり、「火」の年月日・方位においてその霊力を発し、公位は一・四・七となる。

⑹武曲水（合局・破局）来水にて合局、去水にて破局

○来水合局―気品に溢れ、身分が高く立身出世の道を歩むことができる。また、雄弁で敬愛が深く、福寿を得る事ができる。国家公務員・議員の席に就くことができる

●去水破局―息子も、娘も他所に出てしまう。才ある子は夭折し、愚鈍の子は長生きする。色情に溺れやすく、遊び好きとなる。事故、怪我に遭いやすく、手術もしやすい

■破局の場合、身体的には咽・口・歯・肺・呼吸器系・鼻血・梅毒などの病気になりやすい。

※八卦に分ければ「兌卦」であり、「金」の年月日・方位においてその霊力を発し、公位は三・六・九となる。

⑺破軍水（合局・破局）去水にて合局、来水にて破局

○去水合局―大吉祥となる。円満さと剛健さを同時にもち、純正な正義を持って理想を実現して行く。さらに、〝英雄〟〝指導者〟時には〝皇帝〟に近い人間を生み出す。

●来水破局―性が荒く、諍いや揉め事を好み、独善的となる。借りた金品は返さない。生活が不

安定でその日暮らしとなる。略奪や殺傷をすることもある。手足を失う恐れがあり、産後の死・落雷・投水・跡継ぎの死などに遭いやすい。

■破局の場合、身体的には聾唖・三つ口・頭の病・胸・肺・大腸などの病気。関節痛・骨癌・治りにくい病気の象意がある。また、手術をする。

※八卦に分ければ「乾卦」であり、「金」と「水」の年月日・方位においてその霊力を発し、公位は一・四・七となる。

⑻輔弼星（合局・破局）来水にて合局、去水にて破局

○来水合局―温和で人のことを思いやる慈愛に満ちた人となる。また、仲むつまじい夫婦・親思いの子供となる。そして繁栄・富貴・長寿も手にすることができる。友人が助けてくれる。また目上の人の引き立て、援助がある

●去水破局―優柔不断で遊び好きとなる。夫婦仲が悪く、子供は親に逆らう。兄弟・親戚との仲が悪い。やもめとなったり、人生に不和がつきまとう。また、お金の損失がある

■破局の場合、身体的には頭髪・咽・呼吸器・腸・肺・白眼・神経症などの病気の象意がある。

※八卦に分ければ「巽卦」であり、「木」の年月日・方位においてその霊力を発し、公位は一・四・七となる。

5 太極位置

輔星課水法における量る位置を説明します。今までのテキストと重複しますが、水法において、水を看る所はとても大切なので感じをつかんでいただきたいと思います。

■水法などの屋外による点訣

①門Ⅰ	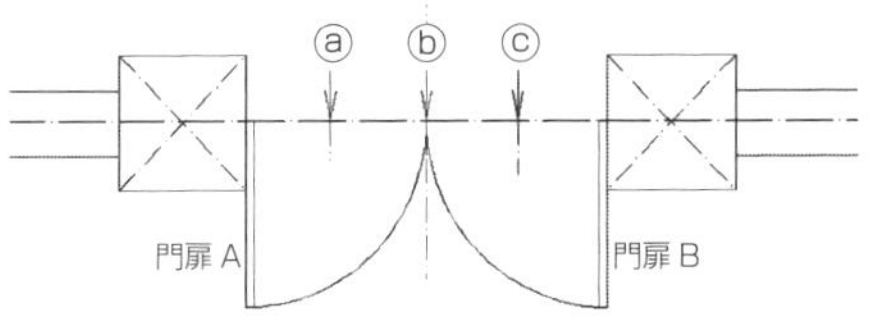
	門扉Aより出入している場合はⓐが太極、門扉Bより出入している場合はⓒが太極。門扉を開けっぱなしか、または門扉がない場合はⓑが太極となります。門扉が片開きの場合は、門扉の中心が太極となる。門扉があっても、駐車場などから出入りしている場合は出入りしている場所を太極として量ります
②門Ⅱ	
	○点が水法などを看る太極となります。この場所が太極になるのは、この○点の両側は塀と看て塀と塀の間から敷地の空間に入るからで、つまり、敷地と敷地の外を分ける物がある場合は、敷地に入る所をもって太極とするからです。○点の高さは「丹田」の位置です

③玄関Ⅰ	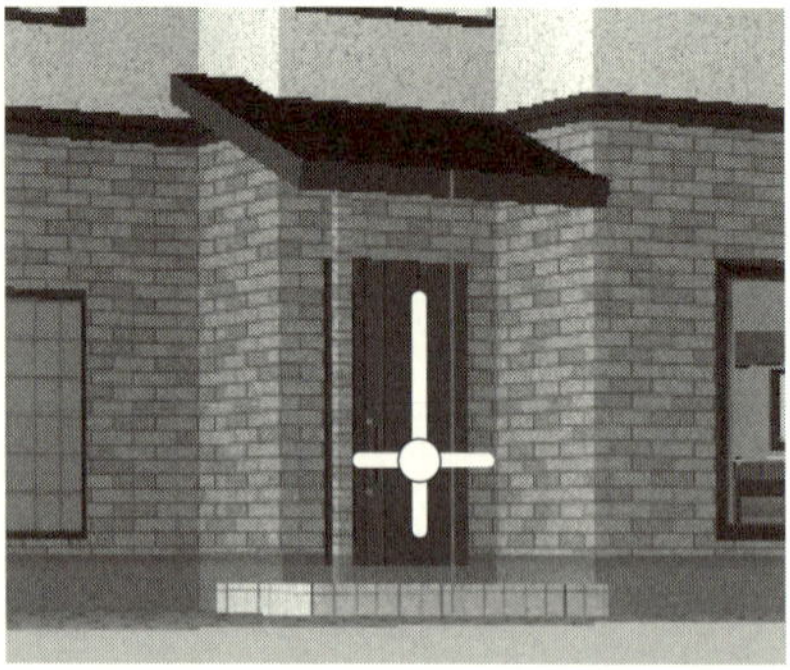	門がない場合の基本的な太極の場所です。屋根がある場合は、玄関ポーチの屋根先で玄関ドアの延長が水法を看る太極となります
④玄関Ⅱ		玄関屋根がなく、2階の軒先も出ていない場合は、玄関上部の壁を垂直に落とした所を太極とします。ドアを開けて量るようにします。2階の軒先が出ている場合は、ドアの延長でその軒先で看るようにします
⑤玄関Ⅲ	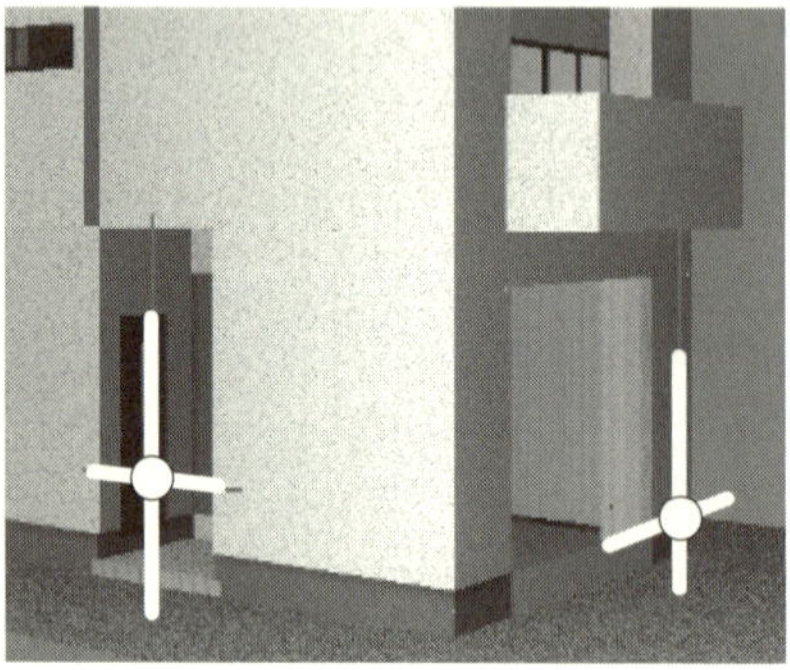	玄関から、ポーチの出入りが2カ所からできる場合は、多く出入りしている場所を太極とします。両方から量り、水が合うほうから出入りするようにします

太極1		駐車場には太極を通らないと行けないので、○の所が太極となります
太極2		上記の門路は門扉の中と駐車場が繋がっています。門扉からの出入りが多ければ、門扉で量ります。車のところからの出入りが多ければ、車の出入り口が太極となります
太極3		門から玄関までの階段と、駐車場は低い土留めによって区切られているため、玄関から直接駐車場にはいけないので、玄関階段下で太極を取ります。もし玄関から直接駐車場に降りることができ、尚且つ駐車場からの出入りが多ければ、駐車場側の○の所で太極を取ります

6 座山測量位と羅盤使用層

座向を量ることは風水を理気で判断する要となりますので、間違えるとすべてがくるってしまいます。八方位、二十四方位、六十方位、六十四方位、七十二方位、百二十方位、三百八十四方位とだんだん細かく量る必要性が出てきます。その時に最初にきちんとした量り方を覚えないと正確に量れなくなってしまうので度数で量る癖をつけたほうが良いと思います。

座山測量位

通常、座山を決める場合、まず玄関の枠、そして家の中心など何カ所かで量り、同じ方位であればその方位を座山として考えます。他に、玄関から一～一・五メートルぐらい離れて玄関の枠線を目安として座山を量る方法もあります。

※座山は地盤二十四山で取り、水は天盤で取ります。

座山の量り方

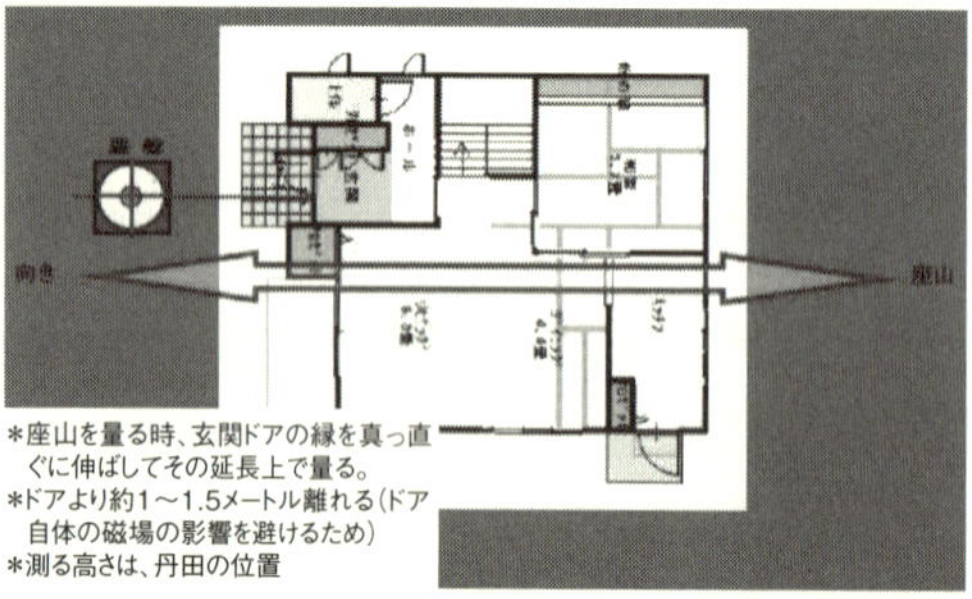

＊座山を量る時、玄関ドアの縁を真っ直ぐに伸ばしてその延長上で量る。
＊ドアより約1～1.5メートル離れる（ドア自体の磁場の影響を避けるため）
＊測る高さは、丹田の位置

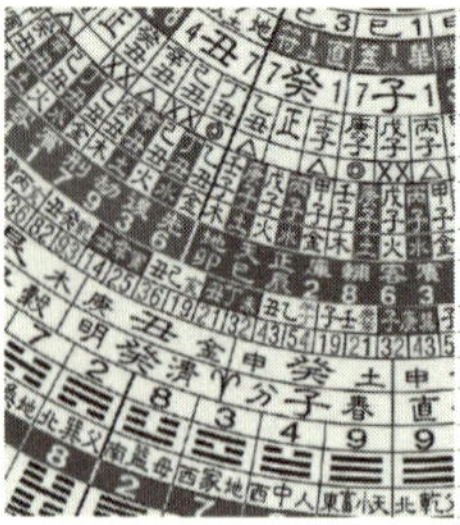

羅盤使用層～天盤使用

7 造作時立向の定め方（地盤二十四山使用）

この陰陽は、玄妙派羅盤の第五層に記してあります。第五層の緑色が「陽」となります。
立向を定める場合、二十四山の陰陽を看て、陰と陽の間は取らないようにします。

立向陰陽圖（地盤）

立向例～丙山壬向（他はこれにならう）

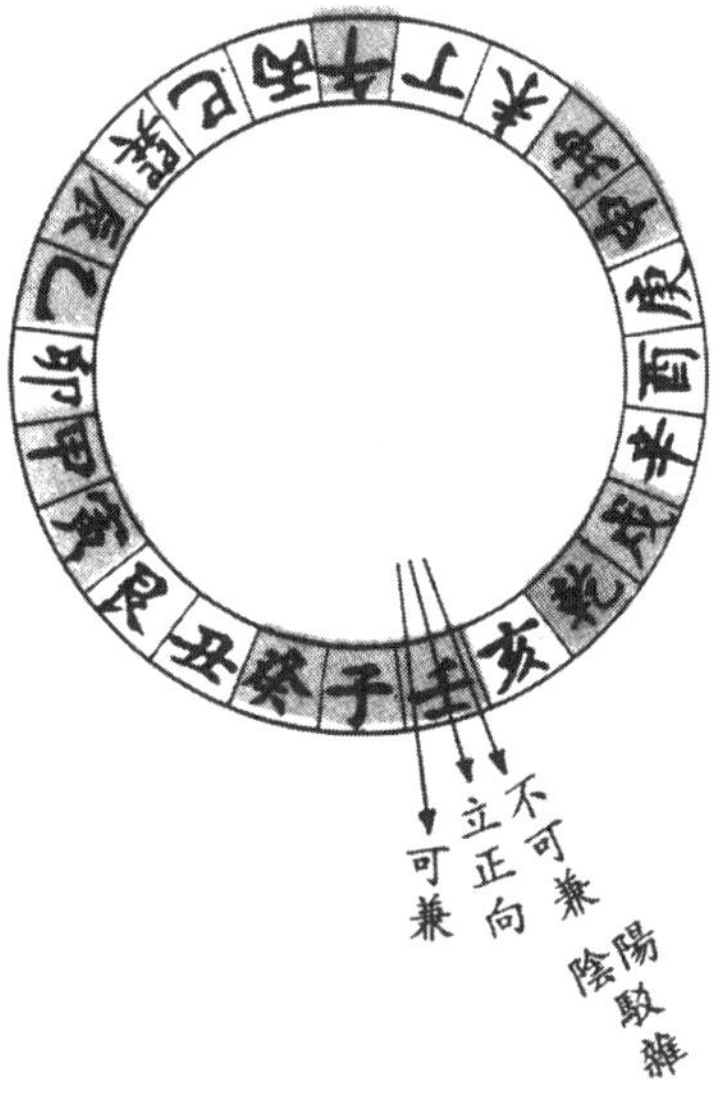

8 造作時来水去水の定め方（天盤使用）

「壬」は陽で「亥」は陰です。壬兼子の場合は壬も子も陽のため取ることが良いのですが、壬兼亥の場合は壬が陽で亥が陰のため、陰陽差錯となり、あまり良い水の方向ではないことがわかります。

水局陰陽圖（天盤）

水局例～壬水（他はこれにならう）

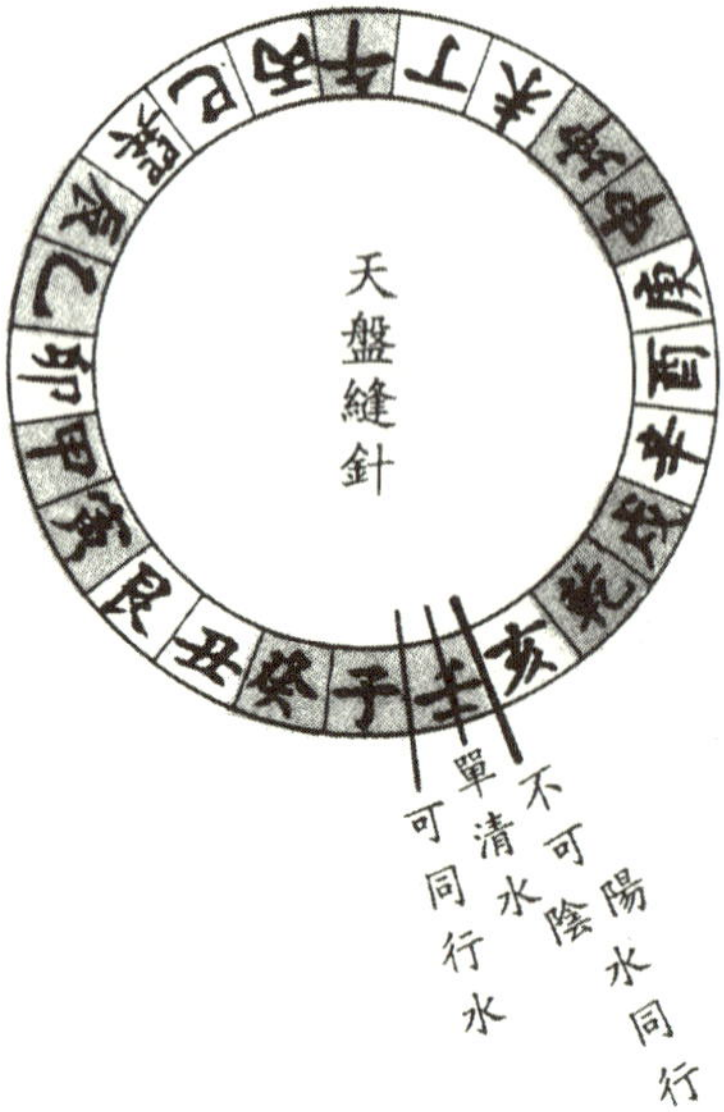

9 要訣

座山は地盤で取り、水は天盤で取ります。二十四山陰陽の陰と陽の間は取らないようにします、

立向に「陽」山を取ったら、水も天盤二十四山の「陽」の字のところを取る

立向に「陰」山を取ったら、水も天盤二十四山の「陰」の字のところを取る

2 八煞

この水法も八煞を忌み嫌うと考えます。通常は座山との関係ですが、この輔星課水法は向きの八卦から変爻して算出しているため、向きをもとにして考えるべきだと思います。

坎卦を向きに取ったとき、坎卦と震卦からの来去水を忌む
震卦を向きに取ったとき、坎卦と坤卦と離卦からの来去水を忌む
坤卦を向きに取ったとき、震卦からの来去水を忌む
離卦を向きに取ったとき、震卦と乾卦と艮卦からの来去水を忌む
乾卦を向きに取ったとき、離卦からの来去水を忌む
艮卦を向きに取ったとき、離卦からの来去水を忌む
兌卦を向きに取ったとき、兌卦と巽卦からの来去水を忌む
巽卦を向きに取ったとき、兌卦からの来去水を忌む

輔星課速査表

輔　星　課　水　法　※向きが主

向き／九星	乾・甲 乾卦向		坤・乙 坤卦向		庚卯未亥 震卦向		巽・辛 巽卦向		子癸辰申 坎卦向		壬寅午戌 離卦向		艮・丙 艮卦向		丁酉丑巳 兌卦向	
輔弼 不變	乾卦☰	乾・甲	坤卦☷	坤・乙	震卦☳	庚・卯 未・亥	巽卦☴	巽・辛	坎卦☵	子・癸 辰・申	離卦☲	壬・寅 午・戌	艮卦☶	艮・丙	兌卦☱	丁・酉 丑・巳
武曲 中爻變	離卦☲	壬・寅 午・戌	坎卦☵	子・癸 辰・申	兌卦☱	丁・酉 丑・巳	艮卦☶	艮・丙	坤卦☷	坤・乙	乾卦☰	乾・甲	巽卦☴	巽・辛	震卦☳	庚・卯 未・亥
破軍 下爻變	艮卦☶	艮・丙	兌卦☱	丁・酉 丑・巳	坎卦☵	子・癸 辰・申	離卦☲	壬・寅 午・戌	震卦☳	庚・卯 未・亥	巽卦☴	巽・辛	乾卦☰	乾・甲	坤卦☷	坤・乙
廉貞 中爻變	巽卦☴	巽・辛	震卦☳	庚・卯 未・亥	坤卦☷	坤・乙	乾卦☰	乾・甲	兌卦☱	丁・酉 丑・巳	艮卦☶	艮・丙	離卦☲	壬・寅 午・戌	坎卦☵	子・癸 辰・申
貪狼 上爻變	坎卦☵	子・癸 辰・申	離卦☲	壬・寅 午・戌	艮卦☶	艮・丙	兌卦☱	丁・酉 丑・巳	乾卦☰	乾・甲	坤卦☷	坤・乙	震卦☳	庚・卯 未・亥	巽卦☴	巽・辛
巨門 中爻變	坤卦☷	坤・乙	乾卦☰	乾・甲	巽卦☴	巽・辛	震卦☳	庚・卯 未・亥	離卦☲	壬・寅 午・戌	坎卦☵	子・癸 辰・申	兌卦☱	丁・酉 丑・巳	艮卦☶	艮・丙
祿存 下爻變	震卦☳	庚・卯 未・亥	巽卦☴	巽・辛	乾卦☰	乾・甲	坤卦☷	坤・乙	艮卦☶	艮・丙	兌卦☱	丁・酉 丑・巳	坎卦☵	子・癸 辰・申	離卦☲	壬・寅 午・戌
文曲 中爻變	兌卦☱	丁・酉 丑・巳	艮卦☶	艮・丙	離卦☲	壬・寅 午・戌	坎卦☵	子・癸 辰・申	巽卦☴	巽・辛	震卦☳	庚・卯 未・亥	坤卦☷	坤・乙	乾卦☰	乾・甲

第七章　二十四山の座山を使用した山龍翻卦法

輔星課水法は向きから納甲理論で二十四方位を八卦に分け来水吉凶と去水の吉凶を看る方法でしたが、この章では二十四山の座山を使用して家を二十四方位に分け、家の吉凶を量る「山龍翻卦《はんか》法」を行います。二十四山の納甲理論は、「輔星課水法」と同じですが、輔星課水法が「向」をもとに変爻して九星を算出したのに対して、「山龍翻卦法」は「座山」をもとにして算出する事と変爻の仕方だけが違いとなります。

「山龍翻卦法」と「輔星課水法」と併せて使用して、「財」を良くする「五鬼財運局」という特殊な形を造る事ができます。「五鬼財運局」とは、「鬼」を使役して財を集めるということであり、この各局を造る時に間違ってしまうと、財が集まるどころか鬼だけが集まり、悪い事が立て続けに起こることにもなりえますので、気をつけなければいけません。「山龍翻卦法」は、座山をもとにして二十四方位を九星に分けて、吉星の所にリビングや寝室を置き、凶星の所にトイレや不浄物を置くという方法です。

九星の出し方から説明していきます。この山龍翻卦法は、玄妙派羅盤の第二十七層に記されています。

1 山龍翻卦法

山龍翻卦法とは、座山納甲卦を本卦として、各二十四山を納甲して、八卦九星に分け、玄関や寝室などに良い方位、玄関や寝室に悪い方位を「座山」の二十四山から算出する方法です。

九星には、❶貪狼《たんろう》 ❷巨門《きょもん》 ❸禄存《ろくぞん》 ❹文曲《ぶんきょく》、❺廉貞《れんてい》 ❻武曲《ぶこく》 ❼破軍《はぐん》 ❽輔弼《ほひつ》（左輔《さほ》・右弼《うひつ》）を合わせたもの）の八つの方位に向きの二十四山から分けます。

❶貪狼、❷巨門……の丸数字は、九星を表し、

❶と書いてあれば、「貪狼」のことであり、
❷と書いてあれば、「巨門」のことであり、
❸と書いてあれば、「禄存」のことであり、
❹と書いてあれば、「文曲」のことであり、
❺と書いてあれば、「廉貞」のことであり、
❻と書いてあれば、「武曲」のことであり、
❼と書いてあれば、「破軍」のことであり、
❽と書いてあれば、「輔弼」のことである。

これは「納甲」した座山の二十四山から算出するので、座山の八卦によって異なってきます。

1 納甲《なっこう》

二十四座山を納甲すると、次のようになります。

乾卦山＝「乾山」「甲山」で、本卦形は☰となる
兌卦山＝「巳山」「酉山」「丑山」「丁山」で、本卦形は☱となる
離卦山＝「寅山」「午山」「戌山」「壬山」で、本卦形は☲となる
震卦山＝「亥山」「卯山」「未山」「庚山」で、本卦形は☳となる
巽卦山＝「巽山」「辛山」で、本卦形は☴となる
坎卦山＝「申山」「子山」「辰山」「癸山」で、本卦形は☵となる
艮卦山＝「艮山」「丙山」で、本卦形は☶となる
坤卦山＝「坤山」「乙山」で、本卦形は☷となる

２ 九星算出

「座山」の二十四山から、すべての二十四山の九星を算出します。座山の二十四山の八卦を変爻して、九星を算出します。

座山の八卦は基本となるため、「輔弼」となる
座山の八卦の上爻を変爻すると、「貪狼」となる
貪狼になった卦の中爻を変爻すると「巨門」となる
巨門になった卦の下爻を変爻すると「禄存」となる
禄存になった卦の中爻を変爻すると「文曲」となる
文曲になった卦の上爻を変爻すると「廉貞」となる
廉貞になった卦の中爻を変爻すると「武曲」となる
武曲になった卦の下爻を変爻すると「破軍」となる
破軍になった卦の中爻を変爻すると「輔弼」の本家に戻る

基本の卦が「輔弼」、それを上爻変すると「貪狼」、それを中爻変すると「巨門」、それを下爻変すると「禄存」、それを中爻変すると「文曲」、それを上爻変すると「廉貞」、それを中爻変すると「武曲」、それを下爻変すると「破軍」となり、破軍を中爻変すると本卦の「輔弼」に戻ります。変爻は、本卦から、上中下中上中下となり、さらに中爻変で本卦となります。

3 八卦九星

座山で算出した二十四山をもとに九星に分けたものを書いておきますので、座山をもとに九星を確認してください。

(1) 乾卦＝☰……座山が「乾」「甲」の場合

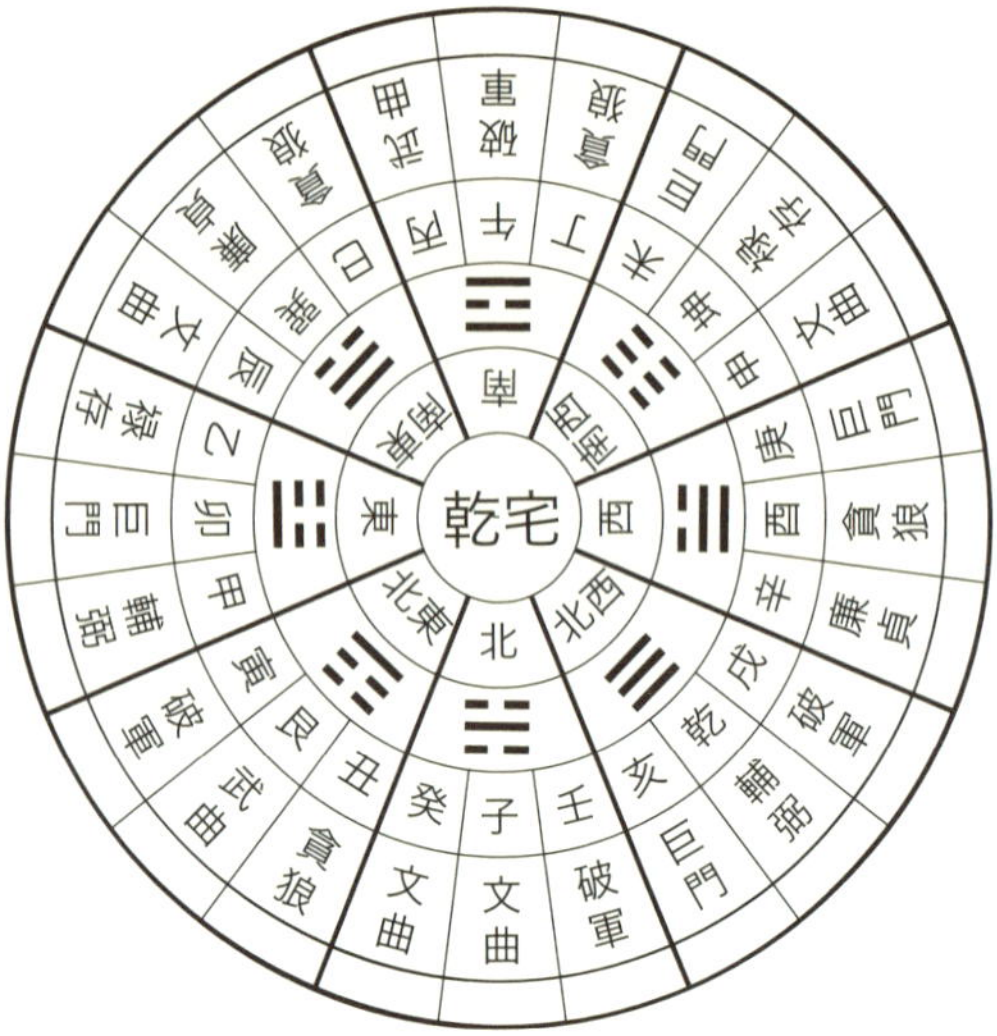

❽輔弼（本卦不変＝乾☰）
＝　乾卦二十四山「乾」「甲」
❶貪狼（上爻変＝兌☱）
＝　兌卦二十四山「巳」「酉」「丑」「丁」
❷巨門（中爻変＝震☳）
＝　震卦二十四山「亥」「卯」「未」「庚」
❸禄存（下爻変＝坤☷）
＝　坤卦二十四山「坤」「乙」
❹文曲（中爻変＝坎☵）
＝　坎卦二十四山「申」「子」「辰」「癸」
❺廉貞（上爻変＝巽☴）
＝　巽卦二十四山「巽」「辛」
❻武曲（中爻変＝艮☶）
＝　艮卦二十四山「艮」「丙」
❼破軍（下爻変＝離☲）
＝　離二十四山「寅」「午」「戌」「壬」
❽輔弼（破軍の中爻変＝乾☰）
＝　本卦乾卦に戻る「乾」「甲」

(2) 兌卦＝☱……座山が「巳」「酉」「丑」「丁」の場合

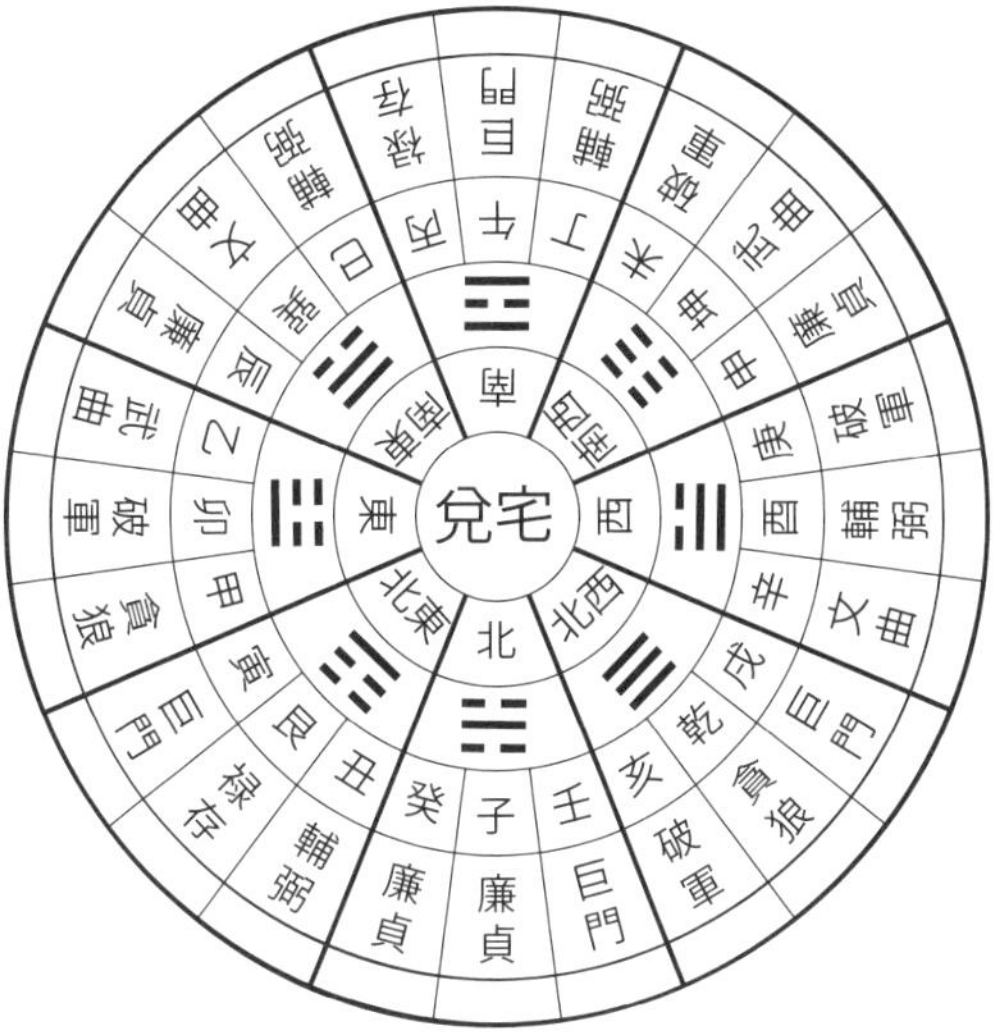

❽輔弼（本卦不変＝兌☱）
　＝　兌卦二十四山「巳」「酉」「丑」「丁」
❶貪狼（上爻変＝乾☰）
　＝　乾卦二十四山「乾」「甲」
❷巨門（中爻変＝離☲）
　＝　離卦二十四山「寅」「午」「戌」「壬」
❸禄存（下爻変＝艮☶）
　＝　艮卦二十四山「艮」「丙」
❹文曲（中爻変＝巽☴）
　＝　巽卦二十四山「巽」「辛」
❺廉貞（上爻変＝坎☵）
　＝　坎卦二十四山「申」「子」「辰」「癸」
❻武曲（中爻変＝坤☷）
　＝　坤卦二十四山「坤」「乙」
❼破軍（下爻変＝震☳）
　＝　震卦二十四山「亥」「卯「未」「庚」
❽輔弼（破軍の中爻変＝兌☱）
　＝　本卦兌卦に戻る「巳」「酉」「丑」「丁」

⑶ 離卦＝☲……座山が「寅」「午」「戌」「壬」の場合

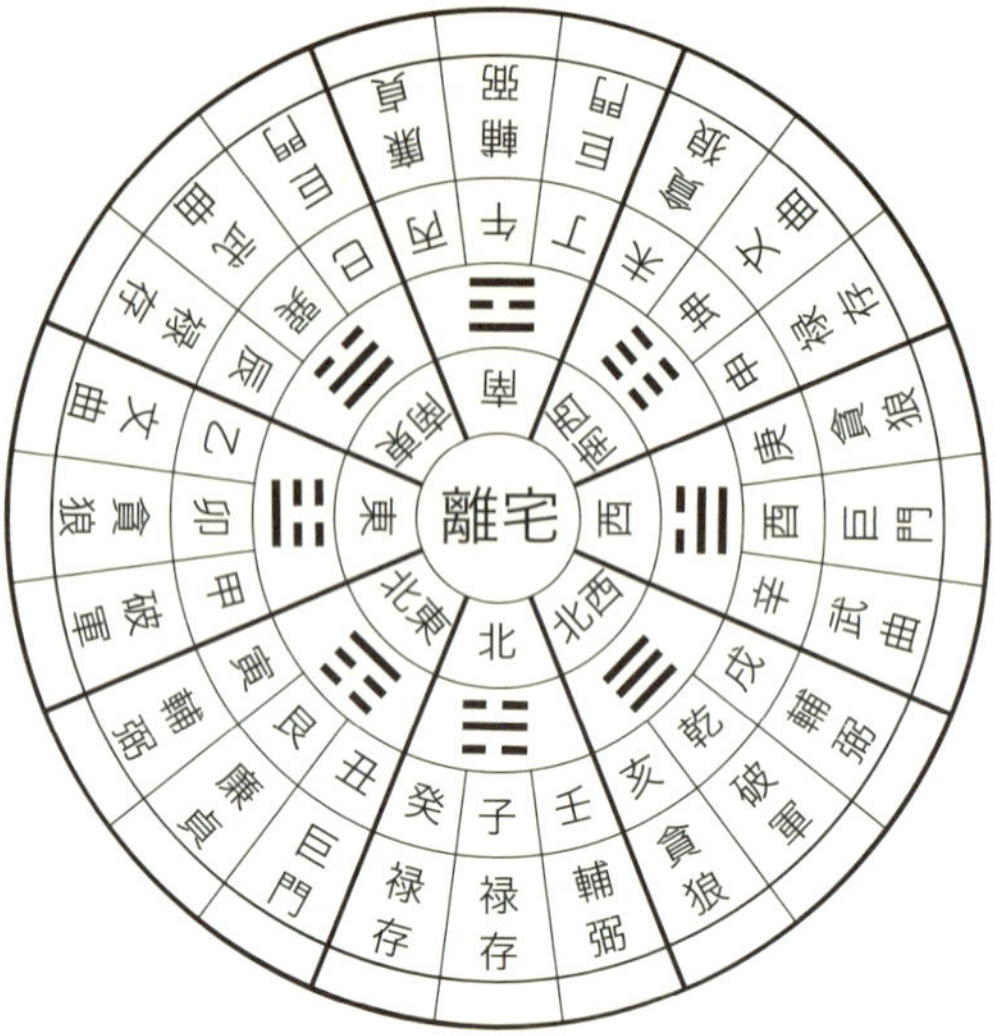

❽輔弼（本卦不変＝離☲）
＝　離卦二十四山「寅」「午」「戌」「壬」
❶貪狼（上爻変＝震☳）
＝　震卦二十四山「亥」「卯「未」「庚」
❷巨門（中爻変＝兌☱）
＝　兌卦二十四山「巳」「酉」「丑」「丁」
❸禄存（下爻変＝坎☵）
＝　坎卦二十四山「申」「子」「辰」「癸」
❹文曲（中爻変＝坤☷）
＝　坤卦二十四山「坤」「乙」
❺廉貞（上爻変＝艮☶）
＝　艮卦二十四山「艮」「丙」
❻武曲（中爻変＝巽☴）
＝　巽卦二十四山「巽」「辛」
❼破軍（下爻変＝乾☰）
＝　乾卦二十四山「「乾」「甲」
❽輔弼（破軍の中爻変＝離☲）
＝　本卦離卦に戻る「寅」「午」「戌」「壬」

(4) 震卦☳座山が「亥」「卯」「未」「庚」の場合

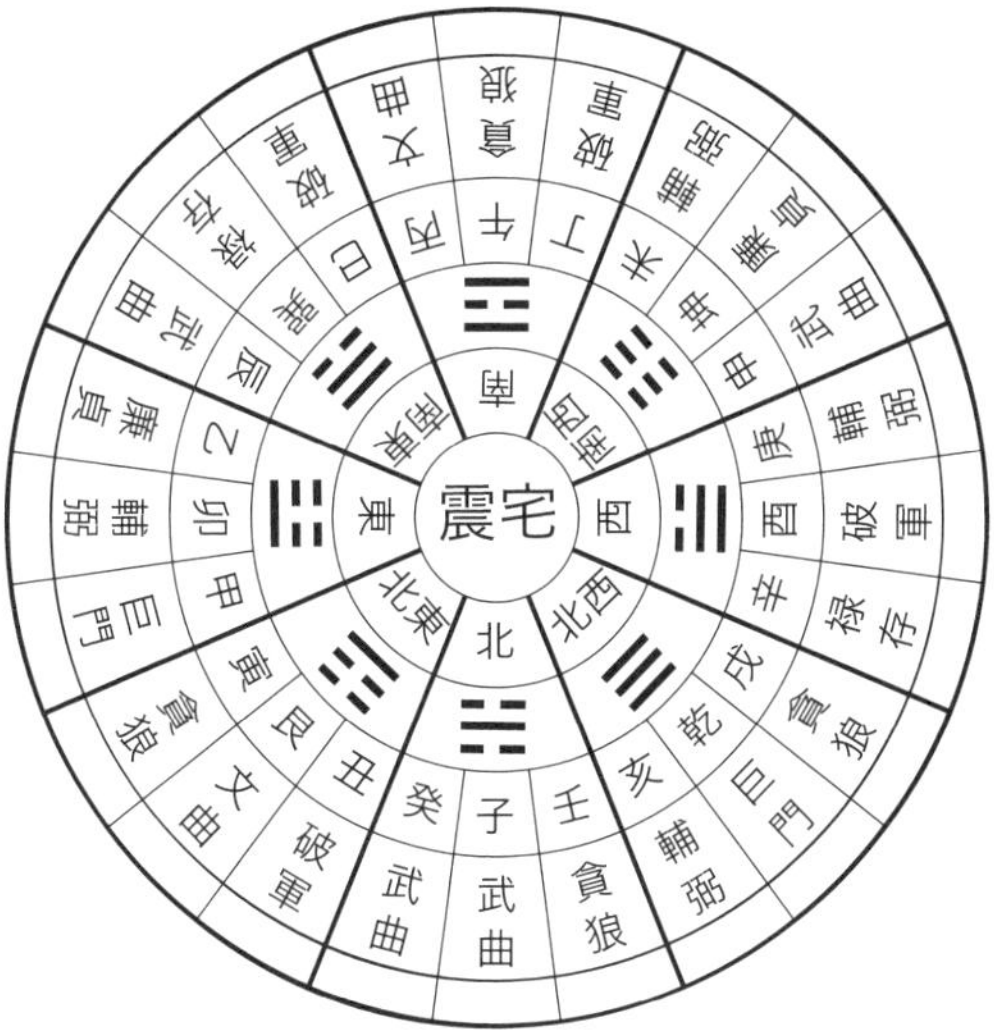

❽輔弼（本卦不変＝震☳）
　　＝　震卦二十四山「亥」「卯「未」「庚」
❶貪狼（上爻変＝離☲）
　　＝　離卦二十四山「寅」「午」「戌」「壬」
❷巨門（中爻変＝乾☰）
　　＝　乾卦二十四山「乾」「甲」
❸禄存（下爻変＝巽☴）
　　＝　巽卦二十四山「巽」「辛」
❹文曲（中爻変＝艮☶）
　　＝　艮卦二十四山「艮」「丙」
❺廉貞（上爻変＝坤☷）
　　＝　坤卦二十四山「坤」「乙」
❻武曲（中爻変＝坎☵）
　　＝　坎卦二十四山「申」「子」「辰」「癸」
❼破軍（下爻変＝兌☱）
　　＝　兌卦二十四山「巳」「酉」「丑」「丁」
❽輔弼（破軍の中爻変＝震☳）
　　＝　本卦震卦に戻る「亥」「卯」「未」「庚」

⑸ 巽卦＝☴……座山が「巽」「辛」の場合

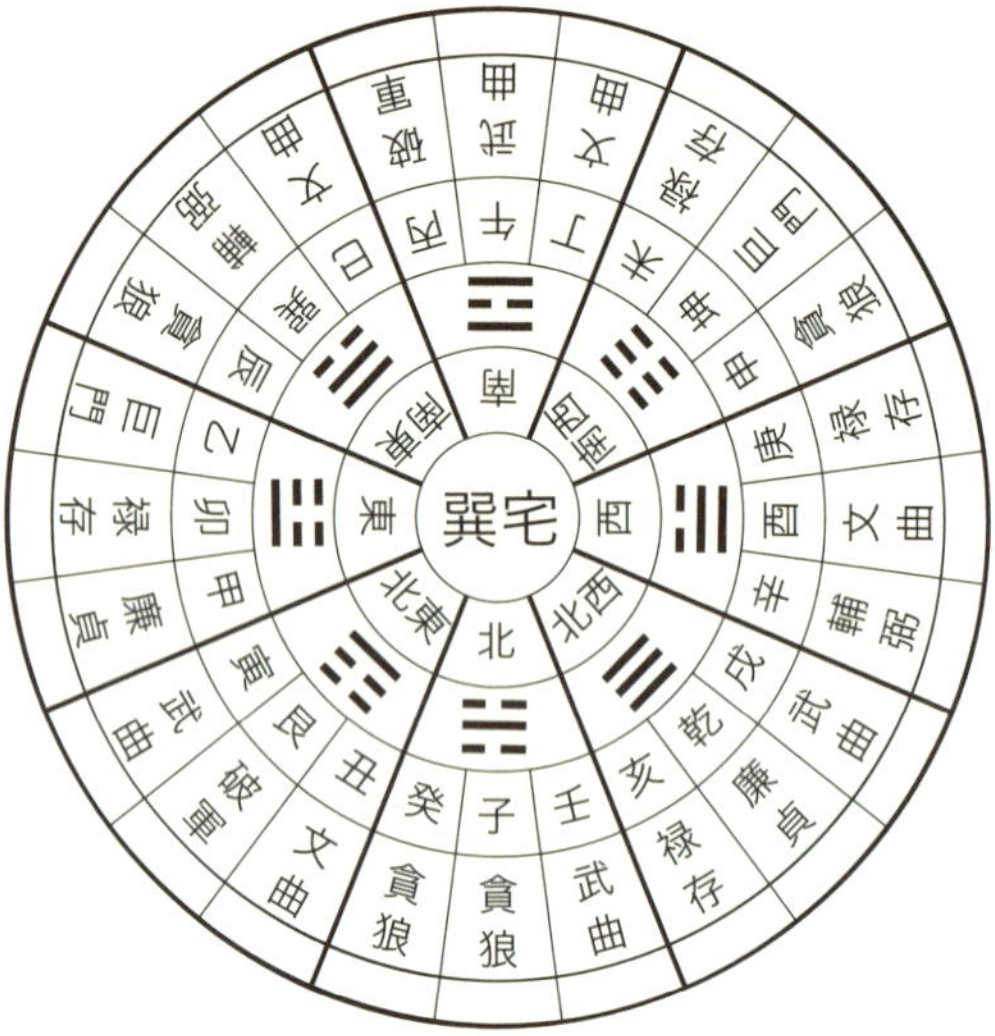

❽輔弼（本卦不変＝巽☴）
　＝　巽卦二十四山「巽」「辛」
❶貪狼（上爻変＝坎☵）
　＝　坎卦二十四山「申」「子」「辰」「癸」
❷巨門（中爻変＝坤☷）
　＝　坤卦二十四山「坤」「乙」
❸禄存（下爻変＝震☳）
　＝　震卦二十四山「亥」「卯「未」「庚」
❹文曲（中爻変＝兌☱）
　＝　兌卦二十四山「巳」「酉」「丑」「丁」
❺廉貞（上爻変＝乾☰）
　＝　乾卦二十四山「乾」「甲」
❻武曲（中爻変＝離☲）
　＝　離卦二十四山「寅」「午」「戌」「壬」
❼破軍（下爻変＝艮☶）
　＝　艮卦二十四山「艮」「丙」
❽輔弼（破軍の中爻変＝巽☴）
　＝　本卦巽卦に戻る「巽」「辛

⑹ 坎卦＝☵……座山が「申」「子」「辰」「癸」の場合

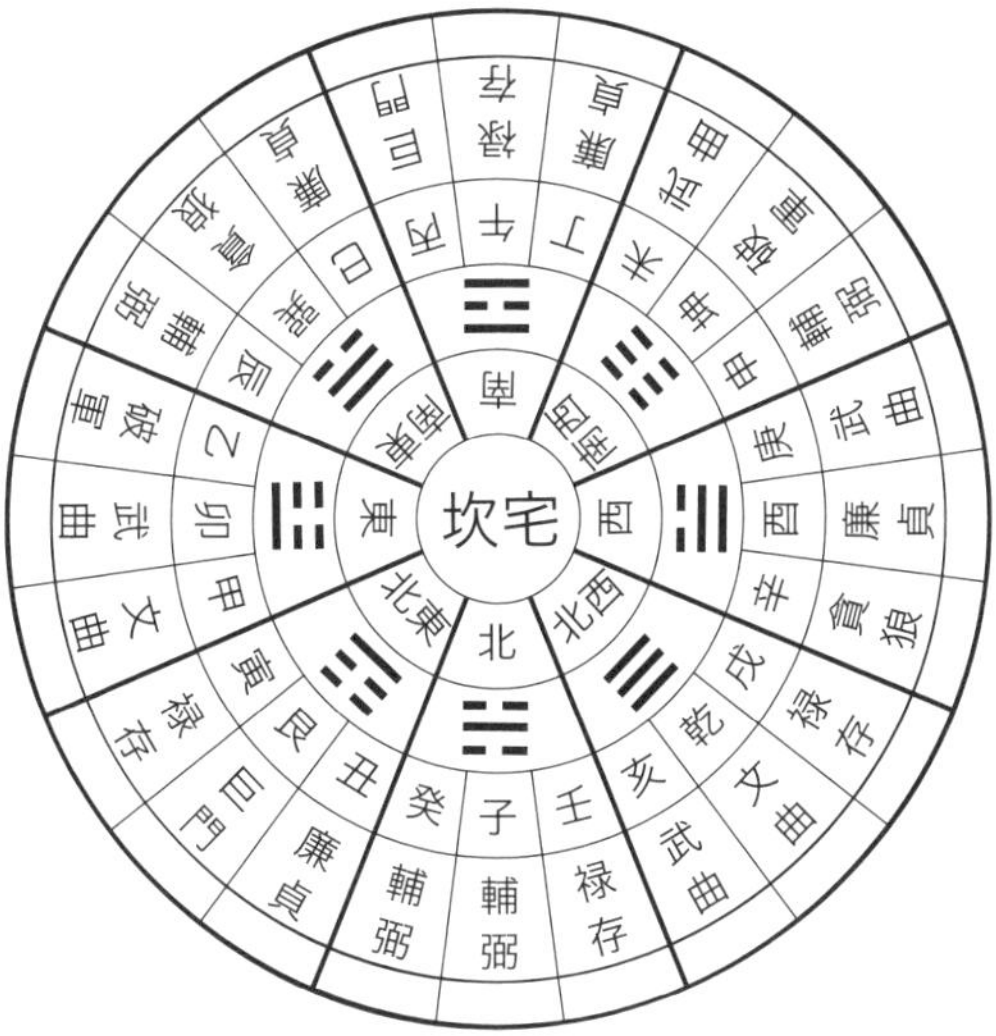

❽輔弼（本卦不変＝坎☵）
　　＝　坎卦二十四山「申」「子」「辰」「癸」
❶貪狼（上爻変＝巽☴）
　　＝　巽卦二十四山「巽」「辛」
❷巨門（中爻変＝艮☶）
　　＝　艮卦二十四山「艮」「丙」
❸禄存（下爻変＝離☲）
　　＝　離卦二十四山「寅」「午」「戌」「壬」
❹文曲（中爻変＝乾☰）
　　＝　乾卦二十四山「乾」「甲」
❺廉貞（上爻変＝兌☱）
　　＝　兌卦二十四山「巳」「酉」「丑」「丁」
❻武曲（中爻変＝震☳）
　　＝　震卦二十四山「亥」「卯「未」「庚」
❼破軍（下爻変＝坤☷）
　　＝　坤卦二十四山「坤」「乙」
❽輔弼（破軍の中爻変＝坎☵）
　　＝　本卦坎卦に戻る「申」「子」「辰」「癸」

(7) 艮卦＝☶……艮卦（座山が「艮」「丙」の場合）

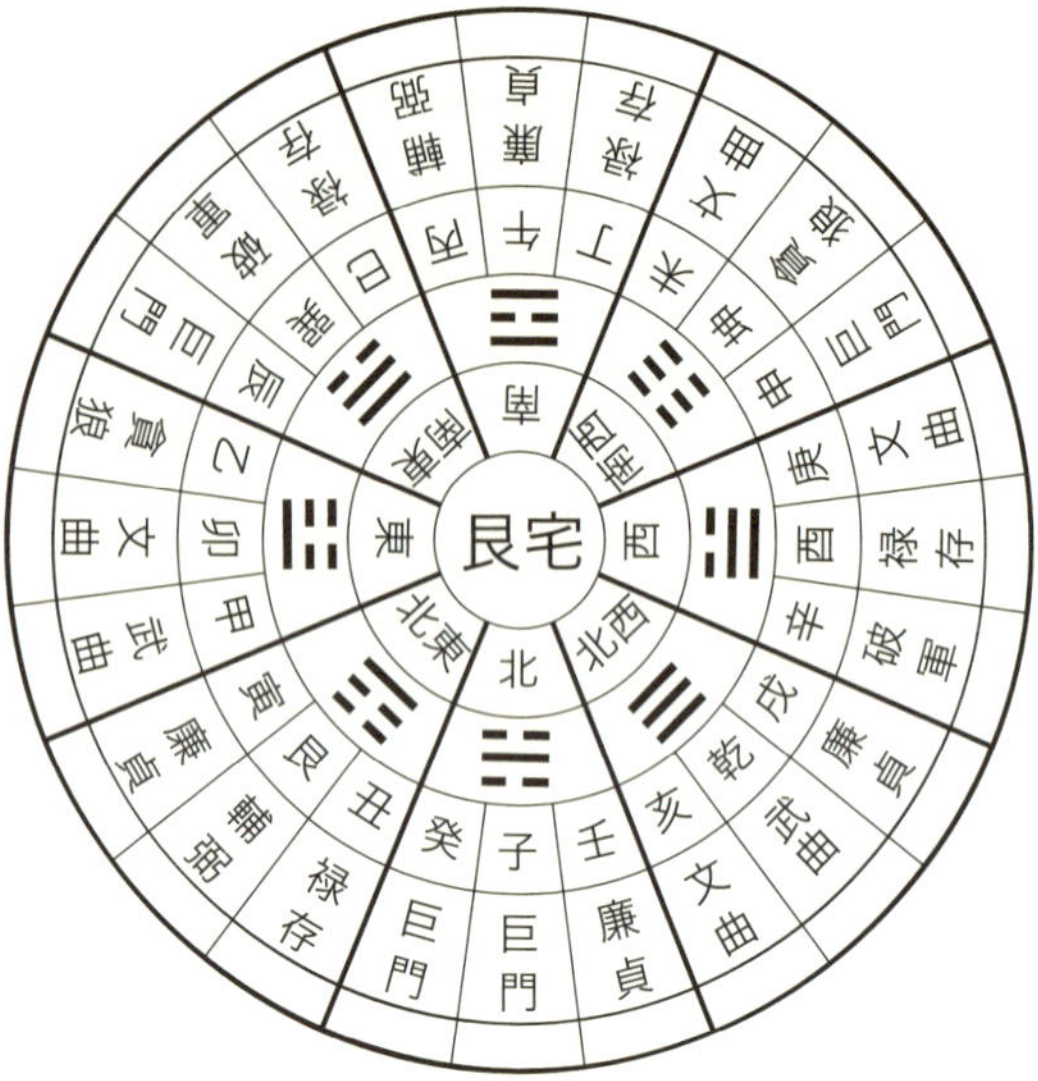

❽輔弼（本卦不変＝艮☶）
　＝　艮卦二十四山「艮」「丙」
❶貪狼（上爻変＝坤☷）
　＝　坤卦二十四山「坤」「乙」
❷巨門（中爻変＝坎☵）
　＝　坎卦二十四山「申」「子」「辰」「癸」
❸禄存（下爻変＝兌☱）
　＝　兌卦二十四山「巳」「酉」「丑」「丁」
❹文曲（中爻変＝震☳）
　＝　震卦二十四山「亥」「卯「未」「庚」
❺廉貞（上爻変＝離☲）
　＝　離卦二十四山「寅」「午」「戌」「壬」
❻武曲（中爻変＝乾☰）
　＝　乾卦二十四山「乾」「甲」
❼破軍（下爻変＝巽☴）
　＝　巽卦二十四山「巽」「辛」
❽輔弼（破軍の中爻変＝艮☶）
　＝　本卦艮卦に戻る「艮」「丙」

⑻ 坤卦＝☷……座山が「坤」「乙」の場合

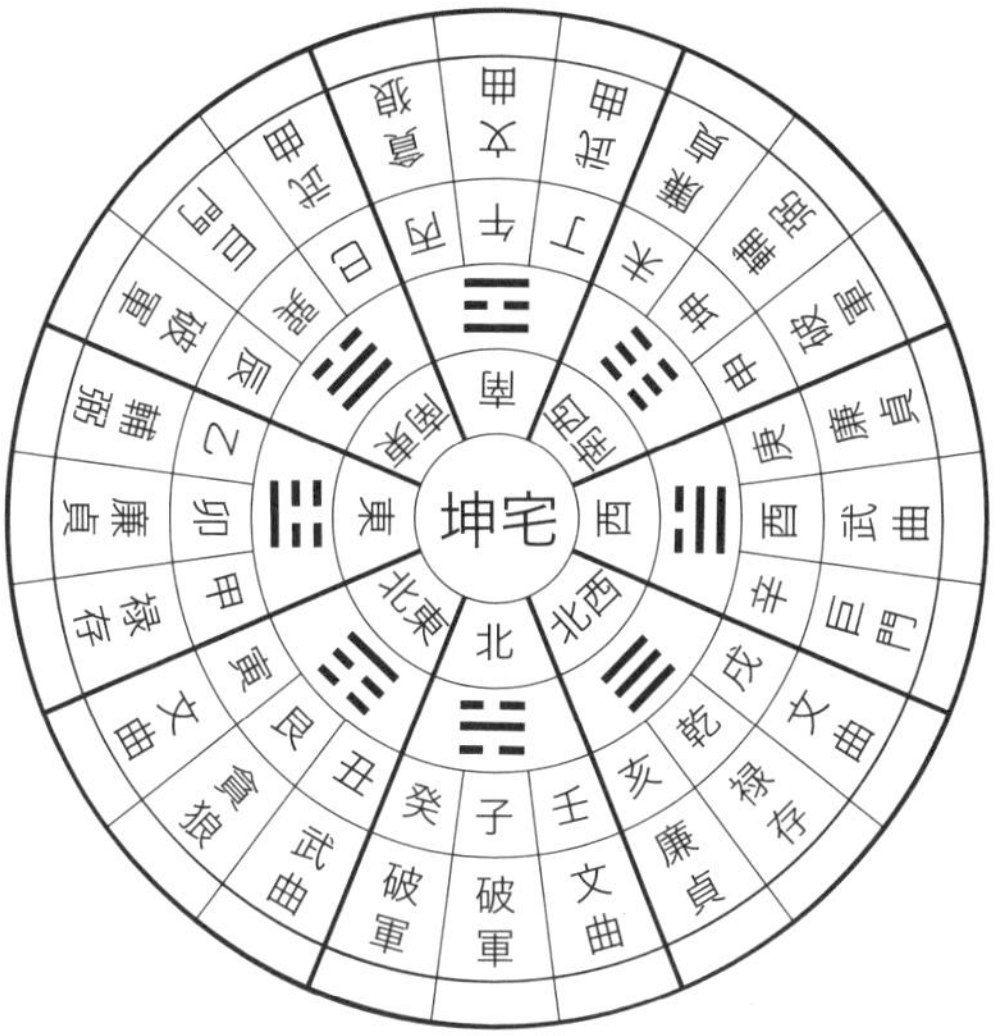

❽輔弼（本卦不変＝坤☷）

＝　坤卦二十四山「坤」「乙」

❶貪狼（上爻変＝艮☶）

＝　艮卦二十四山「艮」「丙」

❷巨門（中爻変＝巽☴）

＝　巽卦二十四山「巽」「辛」

❸禄存（下爻変＝乾☰）

＝　乾卦二十四山「乾」「甲」

❹文曲（中爻変＝離☲）

＝　離卦二十四山「寅」「午」「戌」「壬」

❺廉貞（上爻変＝震☳）

＝　震卦二十四山「亥」「卯「未」「庚」

❻武曲（中爻変＝兌☱）

＝　兌卦二十四山「巳」「酉」「丑」「丁」

❼破軍（下爻変＝坎☵）

＝　坎卦二十四山「申」「子」「辰」「癸」

❽輔弼（破軍の中爻変＝坤☷）

＝　本卦坤卦に戻る「坤」「乙」

4 九星象意

九星象意の「基本的に吉」「基本的に凶」というのは、そこの場所でくつろいだり、家族が集まったり、寝たりすること、つまりそこに入ってくつろげる場所に「基本的に吉」の星が入ると良く、汚れを流したり（浴室、洗面、トイレなど）の方位が「基本的に凶」に入ると良いと考えます。これは、良い水が入ると吉、悪い水が出て行くと吉という考え方と基本的に一致しています。

このことを考慮して九星象意を看ると理解が深まると思います。

(1) 貪狼方位＝基本的吉凶＝吉

○吉方位―玄関・寝室・ベッド・リビング・コンロ・テレビ・ステレオ・パソコンなど

○吉象意―積極的で、決断力があり頭脳明晰にて、精力的に動き、仕事で成功する。職人的気質で一芸に秀でて、実力者となる。また、人の縁で、お金が入り、不動産や財産を多く手にすることができる

●凶方位―トイレ・洗濯室・浴室・洗面など

●凶象意―非礼で高慢となり、時には凶暴となる。また、支配的であり暴力的になる。遊び好きとなり、遊興や、女性のためにお金を使い、時に破産することもある

■破局の場合、身体的には、手足・筋肉・肝臓・胆嚢・梅毒・リュウマチなどの、病気になりやすい。

※八卦に分ければ「震卦」であり、「木」の年月日・方位においてその霊力を発し公位は一、四、七となる

⑵ 巨門方位＝基本的吉凶＝吉

○ 吉方位―玄関・寝室・ベッド・リビング・コンロ・テレビ・ステレオ・パソコンなど

○ 吉象意―堅実で、真面目で貞節あり人や物を育てる能力に長けている。別名を「天財」とも呼び「財」の星でもある。その霊力は「商売」や「事業」で活かされ成功へと導かれる。また、金銭だけでなく、長寿にも恵まれる

● 凶方位―トイレ・洗濯室・浴室・洗面など

● 凶象意―優柔不断であり、心が不安定になりやすい。「商売」「事業」での失敗、失業などの羽目に会う。破産や夜逃げなどをしやすい。また、家庭不和や離婚になりやすく、時には、子供が早く逝く事もある。また子供を捨ててしまう事もある

■ 破局の場合、身体的には、胃腸・皮膚（アトピーなど）・口内・咽頭・口の回りなどの病気や婦人科系の病気、出産なども、気をつけねばならない

※ 八卦に分ければ「坤卦」であり、「土」の年月日・方位においてその霊力を発し、公位は二・五・八となる。

⑶ 祿存方位＝基本的吉凶＝凶

○ 吉方位―トイレ・洗濯室・浴室・洗面など

○ 吉象意―誠実で真面目であり、慎重に一歩一歩、確実に財産を築き上げることができる。「祿存」は、玄空卦中で「庫」（倉）の星であるため、節約と誠実によって大いに財産を得ることができる

● 凶方位―玄関・寝室・ベッド・リビング・コンロ・テレビ・ステレオ・パソコンなど

●凶象意—頑固で、視野が狭く融通のきかない人となり、何事もいい加減となってしまう。また、酒や色に溺れたり、賭け事などで身を崩す事となる。跡継ぎがいなかったり、いても養子となったりして、家を捨て離れて行ってしまう。また、服毒や首吊りなどをすることもある

■破局の場合、身体的には、脊髄・腰・関節・浮腫（むくみ）・肝硬変・子宮や卵巣の膿腫・神経性などの病気。

※八卦に分ければ「艮卦」であり、「土」の年月日・方位においてその霊力を発し、公位は　三・六・九となる

⑷文曲方位＝基本的吉凶＝凶

○吉方位—トイレ・洗濯室・浴室・洗面など

○吉象意—気品のある子供が生まれ、志をしっかりもつ。家門は栄華を誇る。男女共妖艶を漂わせる魅力をもつようになる。「文曲星」は、玄空卦中で「桃花（色）」の星であるため、異性との関わりが多くなる

●凶方位—玄関・寝室・ベッド・リビング・コンロ・テレビ・ステレオ・パソコンなど

●凶象意—男性は「酒」や「女」、「ギャンブル」のために身を崩し、女性は、他の男のために化粧をする。また、女性は家事をせず、家が乱雑となる。男女共に、外でトラブルが多く、仕事・身分が不安定となる。離婚しやすく、水難事故に遭いやすい。また、堕胎もある

■破局の場合、身体的には腎臓・耳・生殖器・子宮・膀胱・血液・リュウマチ・心臓の病気になりやすい

※八卦に分ければ「坎卦」であり、「水」の年月日・方位においてその霊力を発し、公位は一・四・七となる。

(5)廉貞方位＝基本的吉凶＝凶

○吉方位―トイレ・洗濯室・浴室・洗面等
○吉象意―健康・長寿であり、繁栄富貴を手にすることができる。また、美人・賢人が生まれる。（来水の意味を強める働きがある）
●凶方位―玄関・寝室・ベッド・リビング・コンロ・テレビ・ステレオ・パソコンなど
●凶象意―陰険で誠実さや礼儀に欠け、傍若無人の行いをする。見栄を張り執念深く、思い込みが激しい。無気力・自殺・堕胎・火災などの象意が強い。また奇形児の出産や出産時の母親の死亡などがある。

■破局の場合、身体的には目・心臓・腸・やけど・心労・ガンなどの病気になりやすい。特にガンの象意が強い。

※八卦に分ければ「離卦」であり、「火」の年月日・方位においてその霊力を発し、公位は一・四・七となる。

(6)武曲方位＝基本的吉凶＝吉

○吉方位―玄関・寝室・ベッド・リビング・コンロ・テレビ・ステレオ・パソコン等
○吉象意―気品に溢れ、身分が高く立身出世の道を歩むことができる。また、雄弁で敬愛が深く、福寿を得ることができる。国家公務員・議員の席に就くことができる。

●凶方位―トイレ・洗濯室・浴室・洗面など
●凶象意―息子も娘も他所に出てしまう。才ある子は夭折し、愚鈍の子は長生きする。色情に溺れやすく、遊び好きとなる。事故、怪我に遭いやすく、手術もしやすい。
■破局の場合、身体的には咽・口・歯・肺・呼吸器系・鼻血・梅毒などの病気になりやすい。
※八卦に分ければ「兌卦」であり、「金」の年月日・方位においてその霊力を発し、公位は三・六・九となる。

(7) 破軍方位＝基本的吉凶＝凶

○吉方位―トイレ・洗濯室・浴室・洗面など
○吉象意―大吉祥となる。円満さと剛健さを同時にもち、純正な正義を持って理想を実現して行きます。さらに、〝英雄〟〝指導者〟時には〝皇帝〟に近い人間を生み出す。
●凶方位―玄関・寝室・ベッド・リビング・コンロ・テレビ・ステレオ・パソコンなど
●凶象意―性が荒く、諍いや揉め事を好み、独善的となる。借りた金品は返さない。生活が不安定でその日暮らしとなる。略奪や殺傷をする事もある。手足を失う恐れが有り、産後の死・落雷・投水・跡継ぎの死などに遭いやすい。
■破局の場合、身体的には聾唖・三つ口・頭の病・胸・肺・大腸などの病気。関節痛・骨癌・治りにくい病気の象意がある。また、手術をする。
※八卦に分ければ「乾卦」であり、「金」と「水」の年月日・方位においてその霊力を発し、公位は一・四・七となる。

(8) 輔弼方位＝基本的吉凶＝吉

○吉方位—玄関・寝室・ベッド・リビング・コンロ・テレビ・ステレオ・パソコンなど

○吉象意—温和で人のことを思いやる慈愛に満ちた人となる。また、仲むつまじい夫婦・親思いの子供となる。そして繁栄・富貴・長寿も手にすることができる。友人が助けてくれる。また目上の人の引き立て、援助がある

●凶方位—トイレ・洗濯室・浴室・洗面など

●凶象意—優柔不断で遊び好きとなる。夫婦仲が悪く、子供は親に逆らう。兄弟・親戚との仲が悪い。やもめとなったり、人生に不和がつきまとったりする。また、お金の損失がある

■破局の場合、身体的には頭髪・咽・呼吸器・腸・肺・白眼・神経症などの病気の象意がある。

※八卦に分ければ「巽卦」であり、「木」の年月日・方位においてその霊力を発し、公位は一・四・七となる。

2 太極位置

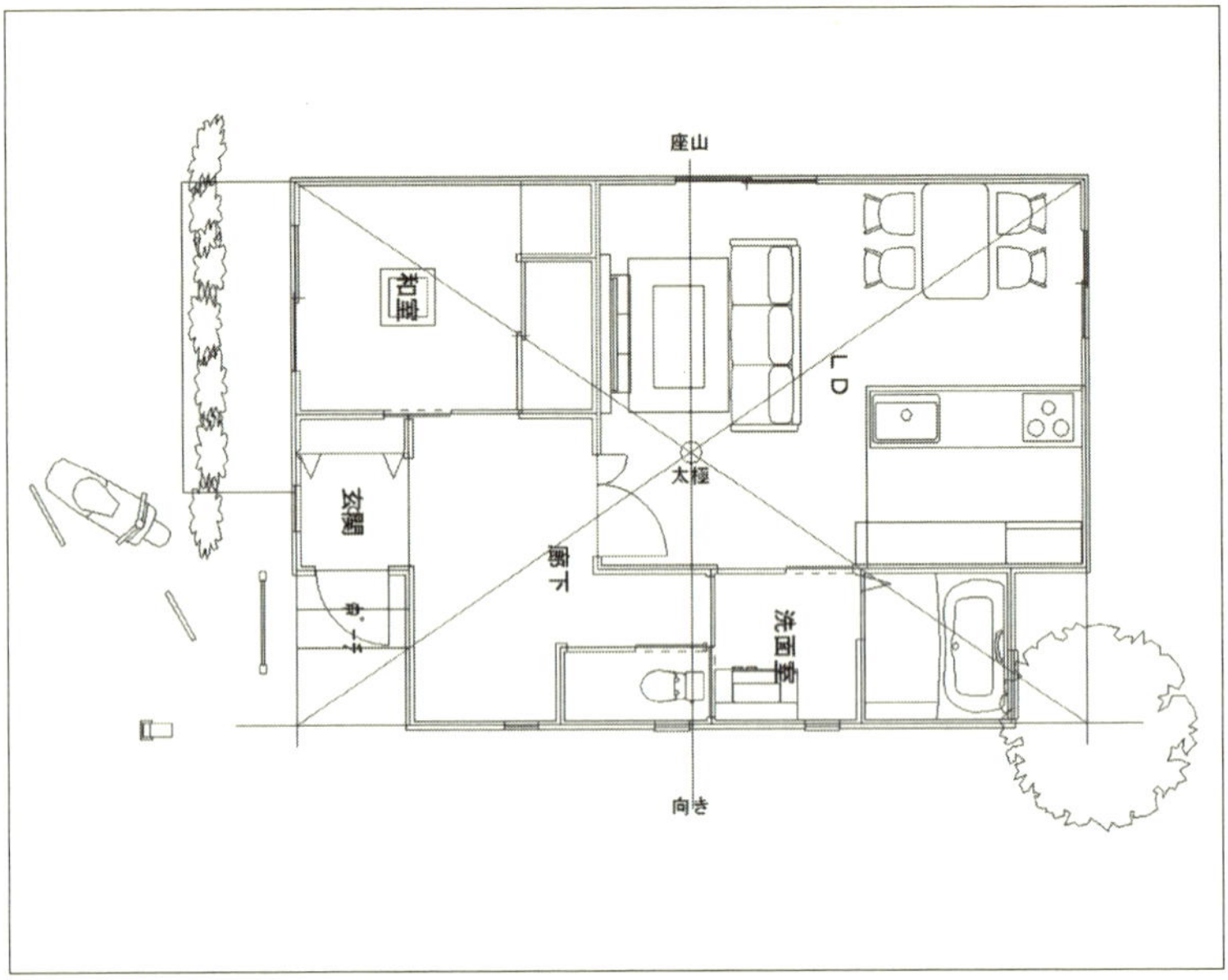

太極とは、座山から算出した方位をもとに二十四方位を分ける位置をいい、この看法では家の中心を太極とします。座山を正確に量っても、太極を正確に量らないと二十四方位の方位がくるってしまいますので慎重に太極を決定してください。

上図は「太極」の取り方の例です。

- 欠けている部分を補い、対角線を引き、その中心を太極としている
- この例に従い、太極は家全体の中心をもって太極とする
- 各部屋の「小太極」を取り、その中心（小太極）が二十四方位の何の字かによって判断する

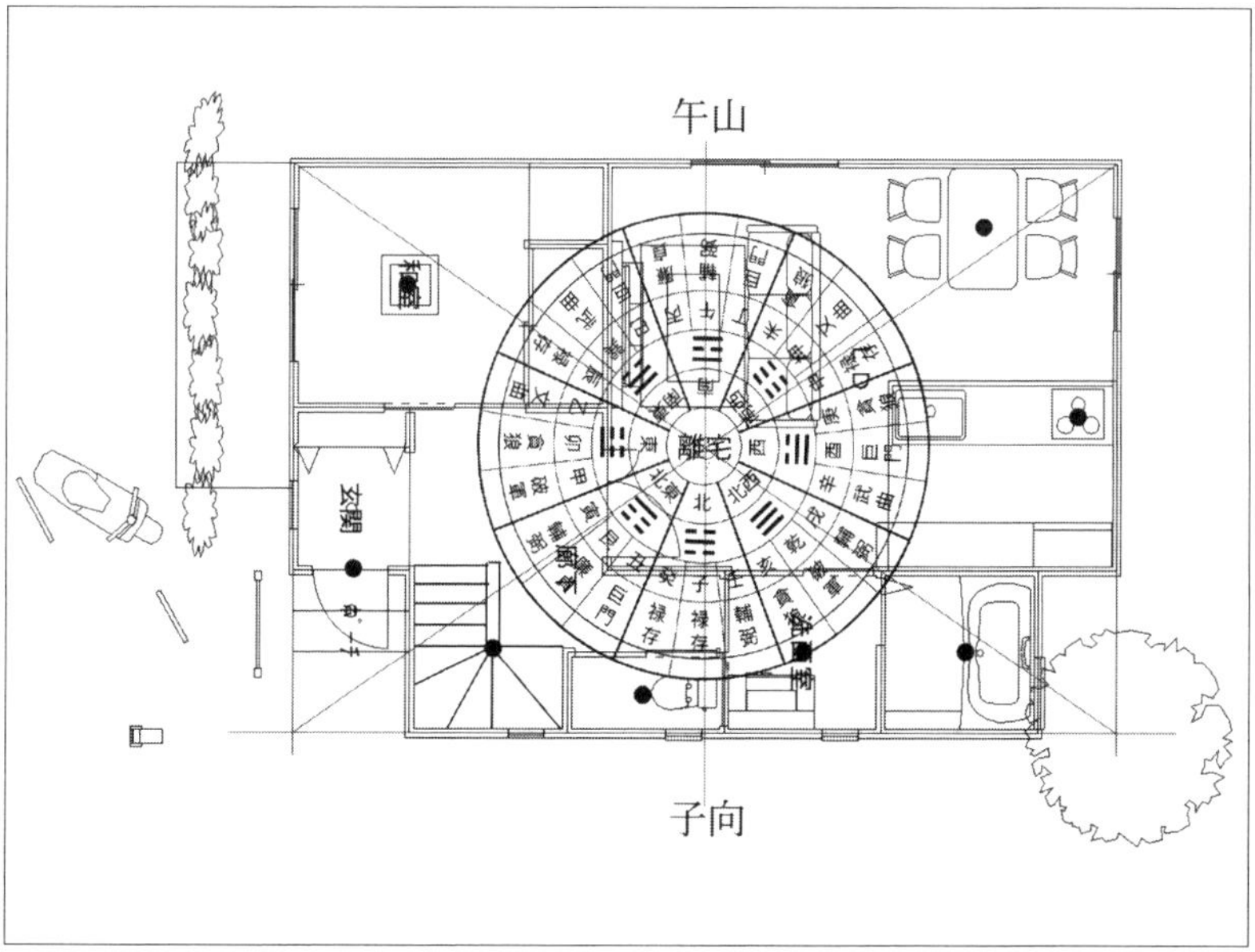

上の図は、午山子向きの家の図です。午は離卦ですから、離山の家となります。

・リビング、和室、玄関、キッチンテーブル、リビングの椅子などは、貪狼・巨門・武曲、輔弼に入るのが良い

・トイレ、浴室、洗面などは、禄存、文曲、廉貞、破軍に入るのが良い

玄関　……　寅　＝　輔弼　……　吉
和室　……　辰　＝　禄存　……　凶
コンロ……　酉　＝　巨門　……　吉
浴室　……　戌　＝　輔弼　……　凶
洗面　……　亥　＝　貪狼　……　凶
※他は右に習う

1 座山測量位と羅盤使用層

座向の量り方と太極（家の中心）の算出、羅盤測量の正確性が一体となった時に初めて看法の持っている不思議さを引き出すことができます。量り方を「量」と書くのは、三次元の空間を量っているから「量」と書きます。そのことを掘り下げて多くの物件を見ていけば、おのずと正確に量ることができ、看法の不思議さを引き出すことができるようになります。

座山測量位

通常、座山を決める場合、まず玄関の枠、そして家の中心など何カ所かで量り、同じ方位であればその方位を座山として考えます。他に、玄関から一～一・五メートルぐらい離れて玄関の枠線を目安として座山を量る方法もあります。

座山の量り方

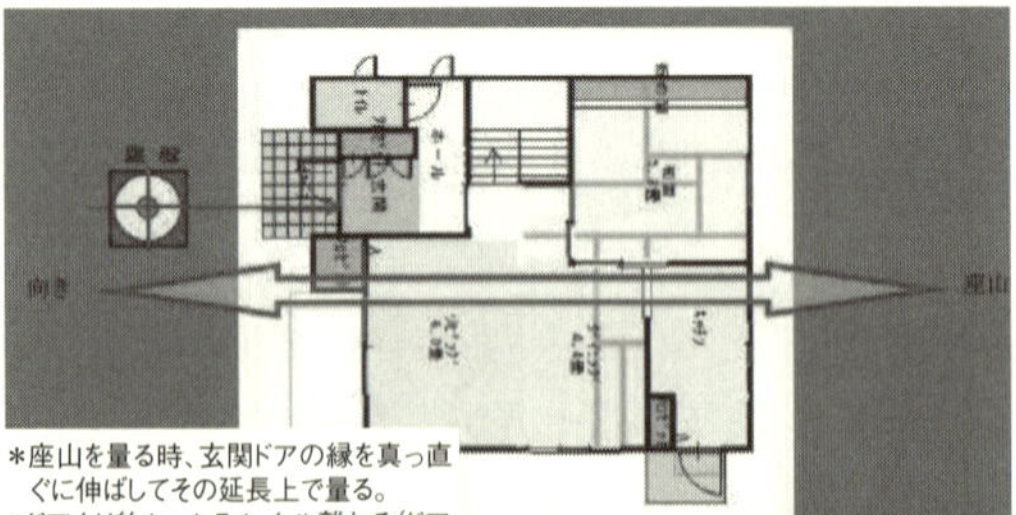
＊ドアより約1～1.5メートル離れる（ドア自体の磁場の影響を避けるため）
＊測る高さは、丹田の位置

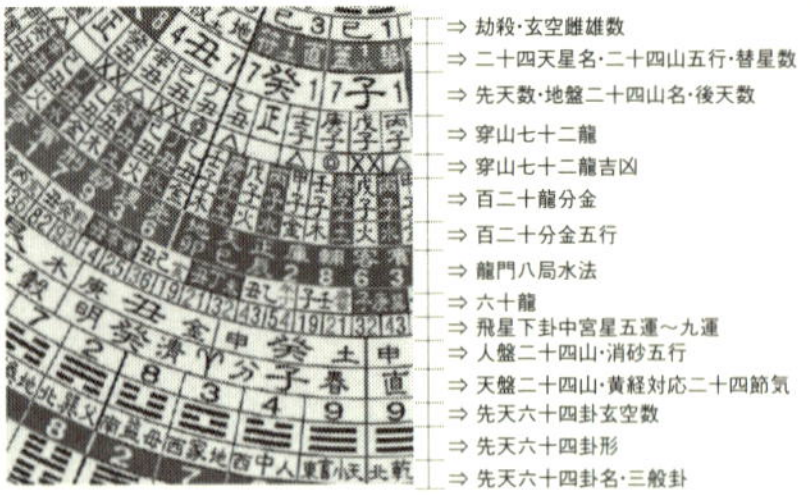

羅盤使用層～地盤使用

山《さん》龍《りゅう》翻《はん》卦《か》法《ほう》　※座が主

座山 九星	乾・甲 乾卦座		坤・乙 坤卦座		庚卯未亥 震卦座		巽・辛 巽卦座		子癸辰申 坎卦座		壬寅午戌 離卦座		艮・丙 艮卦座		丁酉丑巳 兌卦座	
輔弼 不變	乾卦☰	乾・甲	坤卦☷	坤・乙	震卦☳	庚・卯 未・亥	巽卦☴	巽・辛	坎卦☵	子・癸 辰・申	離卦☲	壬・寅 午・戌	艮卦☶	艮・丙	兌卦☱	丁・酉 丑・巳
貪狼 上爻變 (上変)	兌卦☱	丁・酉 丑・巳	艮卦☶	艮・丙	離卦☲	壬・寅 午・戌	坎卦☵	子・癸 辰・申	巽卦☴	巽・辛	震卦☳	庚・卯 未・亥	坤卦☷	坤・乙	乾卦☰	乾・甲
巨門 中爻變 (上中変)	震卦☳	庚・卯 未・亥	巽卦☴	巽・辛	乾卦☰	乾・甲	坤卦☷	坤・乙	艮卦☶	艮・丙	兌卦☱	丁・酉 丑・巳	坎卦☵	子・癸 辰・申	離卦☲	壬・寅 午・戌
禄存 下爻變 (全変)	坤卦☷	坤・乙	乾卦☰	乾・甲	巽卦☴	巽・辛	震卦☳	庚・卯 未・亥	離卦☲	壬・寅 午・戌	坎卦☵	子・癸 辰・申	兌卦☱	丁・酉 丑・巳	艮卦☶	艮・丙
文曲 中爻變 (上下変)	坎卦☵	子・癸 辰・申	離卦☲	壬・寅 午・戌	艮卦☶	艮・丙	兌卦☱	丁・酉 丑・巳	乾卦☰	乾・甲	坤卦☷	坤・乙	震卦☳	庚・卯 未・亥	巽卦☴	巽・辛
廉貞 上爻變 (下変)	巽卦☴	巽・辛	震卦☳	庚・卯 未・亥	坤卦☷	坤・乙	乾卦☰	乾・甲	兌卦☱	丁・酉 丑・巳	艮卦☶	艮・丙	離卦☲	壬・寅 午・戌	坎卦☵	子・癸 辰・申
武曲 中爻變 (中下変)	艮卦☶	艮・丙	兌卦☱	丁・酉 丑・巳	坎卦☵	子・癸 辰・申	離卦☲	壬・寅 午・戌	震卦☳	庚・卯 未・亥	巽卦☴	巽・辛	乾卦☰	乾・甲	艮卦☶	艮・丙
破軍 下爻變 (中変)	離卦☲	壬・寅 午・戌	坎卦☵	子・癸 辰・申	兌卦☱	丁・酉 丑・巳	艮卦☶	艮・丙	坤卦☷	坤・乙	乾卦☰	乾・甲	巽卦☴	巽・辛	震卦☳	庚・卯 未・亥

3 五鬼財運局

五鬼財運局には何種類かありますが、ここでは山水龍翻卦法を使用したものを紹介します。五鬼財運局とは「水龍翻卦法」と「山龍翻卦法」を合わせて財運を向上させる方法です。

水龍翻卦法で「巨門水」は別名「天財水」といい、財運に強い水であることを説明しました。山龍翻卦法では、廉貞五鬼の鬼を使役して財を集める方法と巨門水を使い、「五鬼財運局」という形を造り、財運を向上させる方法を説明します。

① 「山龍翻卦法」で玄関が廉貞となるようにする。
② 「水龍翻卦法」で来水が「巨門天財水」が入るようにする。
※この二つの要件を満たせば、「五鬼財運局」となる。
しかし、実際には、もう二つの要件を満たす必要があります。
③ 「水龍翻卦法」で去水を「禄存水」となるようにする。
④ 玄関の磁力線を、現在の運を生む一運（一運は、六運・七運・八運を生む親であるため）か、現在の運、八運に合わせる。

以上で五鬼財運局となりますが、五鬼財運局は、玄関の磁力線が零神になっているような場合は、鬼が入ってくるので注意が必要です。

五鬼財運局例

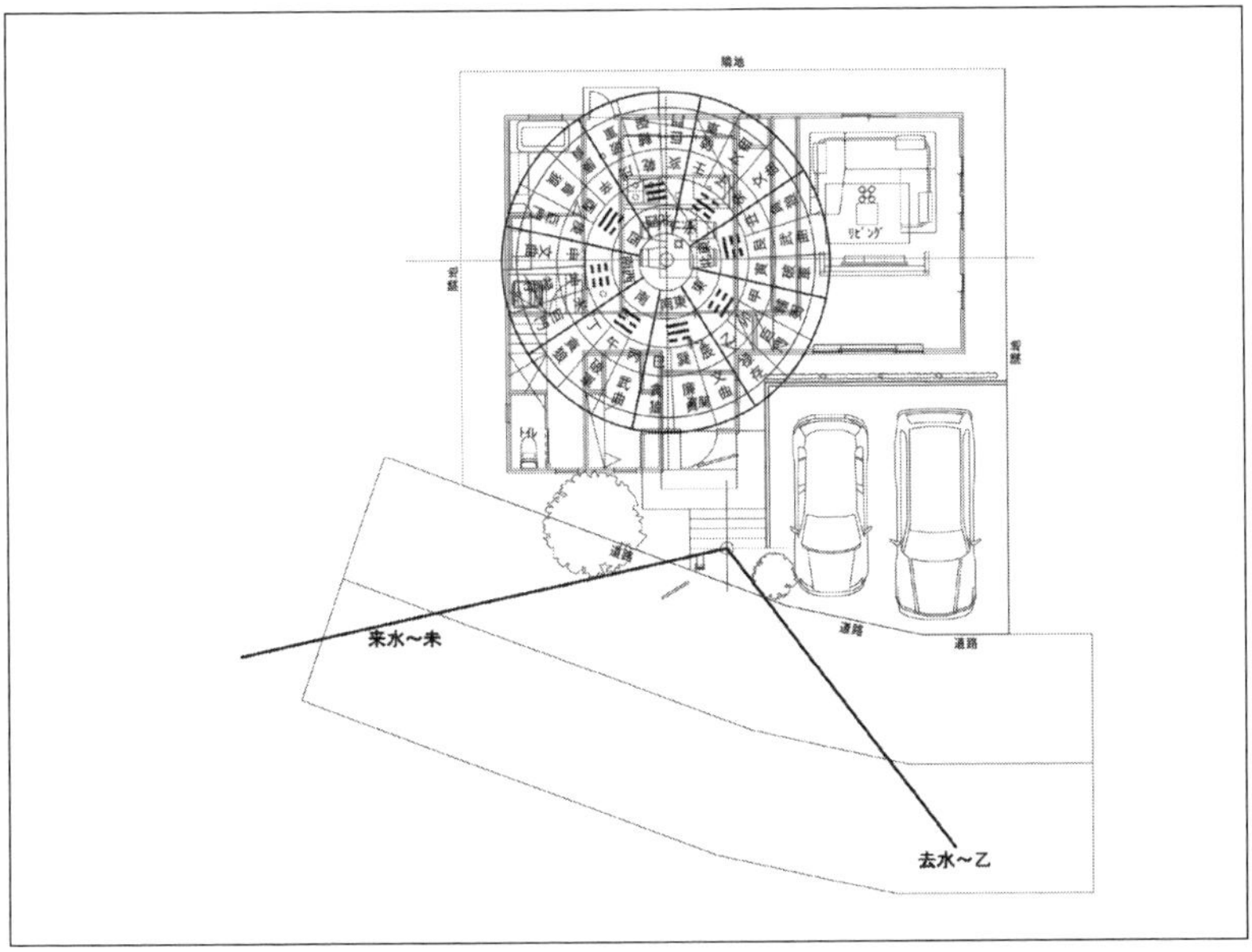

陽宅～乾山巽向

家は山龍翻卦法で座山を主にして、玄関を看ると、巽方となり、乾山の巽方は廉貞五鬼方となります。

水は水龍翻卦で看ると、向きから算出するので、巽向となります。巽向きの「未方」は巨門天財方となり、山龍翻卦と水龍翻卦が交媾して、「五鬼財運局」となります。

第八章　納甲を使用した水法

呰子水法

「輔星課水法」「山龍翻卦法」に続き、納甲理論と同じ納甲を使用し、今度は地盤で座山と来水、座山と去水を量る「呰子《さいし》水法」またの名を「量山輔弼課水法」を行います。呰子水法は、私の知る限り、水を量る立極の位置、来水、去水の量り方を間違えない限り、確実に陽宅や陰宅の特徴や象意を読み取ることができる優れた水法に位置付けられる水法といえます。

この「呰子水法」は、玄妙派羅盤第六層の地盤二十四山文字の右側に後天納甲数が書いてあり、左側に先天納甲数が書いてあります。この水法は、先天納甲数も後天納甲数も使用します。

1 些子《さいし》水法（量山輔弼課水法《りょうざんほひつ》）

些子水法とは、二十四山納甲数を、座山納甲数と来水納甲数を足して、足した数の一桁の数をもって、貪狼から右弼までの九つの水に分けて来水の象意を量り、座山納甲数と去水納甲数を足した一桁をもって、やはり貪狼から右弼までの九つの象意に分け判断する水法です。

九星には、❶貪狼《たんろう》❷巨門《きょもん》❸禄存《ろくぞん》❹文曲《ぶんきょく》、❺廉貞《れんてい》❻武曲《ぶこく》❼破軍《はぐん》、❽左輔《さほ》、❾右弼《うひつ》の九つの象意を来水去水ともに算出して判断していきます。

この水法の最大の特徴が、水の来る方向（来水）や去る方向を（去水）を一本に限定しないで、座山に対して天心線を通る来水は二十四山の納甲数をすべて足して算出するということでしょう。また、去水にしても、天心線を通った水が二方向に流れ出れば、この二つのそれぞれの納甲数と座山を足し、去水象意が二つ算出することになるということが、最大の特徴となります。

この特徴が、この水法の難しさでもあり、たとえば来水が五カ所から入っている場所を四カ所しか取らなかった場合、正確な象意が算出できないことにあります。

この些子水法は、水の流れを取っているようで、天の気の流れを取るために、周りの地形や構造物がダイレクトに影響してきますし、街中などは比較的水を取りやすいのですが、自然の中に入って取る場合には熟練した観察眼と技術が必要になってきますので、陰宅などの比較的自然に近い場所を量る方法や、特殊なものは講座に譲り、一般的な住宅やビルなどは看られるように書いていきたいと思います。

また、この些子水法での看法の難しさは、水を量る太極を見定めることにあります。一般住宅においても、駐車場があったり、庭があったりと多様な様相が見られ、それぞれに太極が違ってくる場合が多いことが難しさを増している要因になっています。私も些子水法に出会ってからの二十年ほどの間に

一〇〇〇軒以上をこの看法を用いて看ていますが、今でも太極をどこにするかは慎重に判断しています。

ただ、前述しましたが、この些子水法は、完全に身に附けると、陽宅、陰宅を問わず、かなりの高確率で象意を掴むことができる水法です。

1 納甲

納甲は、水龍翻卦法などで行った納甲理論と同じ納甲の仕方です。

納甲した八卦に付く六親の「官鬼」をもって、八煞《はっさつ》を関連付けています。これは黄泉八煞の理論と同じですが、納甲した後天八卦数を座山の納甲数と足して、九星象意を算出したり、後天数と先天数を比べて、象意を看たりするのが特徴になります。さらに、「些子」という名前が付いている水法だけあって、来水を何本も取ったり、去水も去って行く方向を何本も取る場合があることが最大の特徴の水法といえます。

(1) 後天納甲数

二十四座山を納甲すると、次のようになります。（後天納甲数）

乾《けん》卦＝「乾《けん》山」「甲《きのえ》山」で、本卦形は☰、後天納甲数は「6」となる

兌《だ》卦＝「巳《み》山」「酉《とり》山」「丑《うし》山」「丁《ひのと》山」で、本卦形は☱、後天納甲数は「7」となる

離《り》卦＝「寅《とら》山」「午《うま》山」「戌《いぬ》山」「壬《みずのえ》山」で、本卦形は☲、後天納甲数は「9」となる

震《しん》卦＝「亥《い》山」「卯《う》山」「未《ひつじ》山」「庚《かのえ》山」で、本卦形は☳、後天納甲数は「3」となる

巽《そん》卦＝「巽《そん》山」「辛《かのと》山」で、本卦形は☴、後天納甲数は「4」となる

坎《かん》卦＝「申《さる》山」「子《ね》山」「辰《たつ》山」「癸《みずのと》山」で、本卦形は☵、後天納甲数は「1」となる

艮《ごん》卦＝「艮《ごん》山」「丙《ひのえ》山」で、本卦形は☶、後天納甲数は「8」となる

坤《こん》卦＝「坤《こん》山」「乙《おつ》山」で、本卦形は☷、後天納甲数は「2」となる

(2) 先天納甲数

二十四座山を納甲すると、次のようになります。（先天納甲数）

乾卦＝「乾山」「甲山」で、本卦形は☰、先天納甲数は「9」となる
兌卦＝「巳山」「酉山」「丑山」「丁山」で、本卦形は☱、先天納甲数は「4」となる
離卦＝「寅山」「午山」「戌山」「壬山」で、本卦形は☲、先天納甲数は「3」となる
震卦＝「亥山」「卯山」「未山」「庚山」で、本卦形は☳、先天納甲数は「8」となる
巽卦＝「巽山」「辛山」で、本卦形は☴、先天納甲数は「2」となる
坎卦＝「申山」「子山」「辰山」「癸山」で、本卦形は☵、先天納甲数は「7」となる
艮卦＝「艮山」「丙山」で、本卦形は☶、先天納甲数は「6」となる
坤卦＝「坤山」「乙山」で、本卦形は☷、先天納甲数は「1」となる

(3) 二十四山納甲表

宮位	二十四山	後天納甲数	先天納甲数
坎宮 ☵	壬	9	3
	子	1	7
	癸	1	7
艮宮 ☶	丑	7	4
	艮	8	6
	寅	9	3
震宮 ☳	甲	6	9
	卯	3	8
	乙	2	1
巽宮 ☴	辰	1	7
	巽	4	2
	巳	7	4
離宮 ☲	丙	8	6
	午	9	3
	丁	7	4
坤宮 ☷	未	3	8
	坤	2	1
	申	1	7
兌宮 ☱	庚	3	8
	酉	7	4
	辛	4	2
乾宮 ☰	戌	9	3
	乾	6	9
	亥	3	8

２ 九星

この九星は「座山の後天納甲数」と「来水の後天納甲数」を足した数の一桁の数をもって、来水の九星水を求めます。また、「座山の後天納甲数」と「去水の後天納甲数」を足した数の一桁の数をもって去水の九星水を求めます。


たとえば、座山が「壬」だとします。

来水は、「庚」「申」「坤」「丁」から入ってきているとすると、壬の納甲数は「9」、庚は「3」、申は「1」、坤は「2」、丁は「7」が納甲数になりますので、9（座山納甲数）＋3＋1＋2＋7（来水納甲数）＝22となり、一桁の所は「2」となるので、九星水に分けると、来水は「巨門水」となります。

去水の場合も、同様に座山が「壬」で「辰」方に水が流れて去っていれば、座山の納甲数「9」と去水の納甲数「1」を足して10になりますので、去水の九星水は「廉貞水」となります。

座山と来水、座山と去水を足した時に九星水のどれに当てはまるかを次に示します。

❶貪狼～足した数が1・11・21・31・41・51……は一桁の数が「1」なので「貪狼水」となる
❷巨門～足した数が2・12・22・32・42・52……は一桁の数が「2」なので「巨門水」となる
❸禄存～足した数が3・13・23・33・43・53……は一桁の数が「3」なので「禄存水」となる

❹文曲～足した数が4・14・24・34・44・54……は一桁の数が「4」なので「文曲水」となる
❺廉貞～足した数が5・10・15・20・25・30……など一桁の数が「0」「5」の場合「廉貞水」となる
❻武曲～足した数が6・16・26・36・46・56……は一桁の数が「6」なので「武曲水」となる
❼破軍～足した数が7・17・27・37・47・57……は一桁の数が「7」なので「破軍水」となる
❽左輔～足した数が8・18・28・38・48・58……は一桁の数が「8」なので「左輔水」となる
❾右弼～足した数が9・19・29・39・49・59……は一桁の数が「9」なので「右弼水」となる

3 些子水法の断法

座山と来去水を量り納甲数を足して、合計から来去水の九星水を求めます。この時、来水と去水の九星水の象意両方がその家や墓に関係のある人に出やすくなります。「去水合局」＝去水に合った水であるので、去水に使用して吉象となるが、来水にあれば悪象を発現する水をいいます。

貪狼水～1・11・21・31・41・51……………（来水合局・去水破局）
巨門水～2・12・22・32・42・52……………（来水合局・去水破局）
祿存水～3・13・23・33・43・53……………（来水破局・去水合局）
文曲水～4・14・24・34・44・54……………（来水破局・去水合局）
廉貞水～5・10・15・20・25・30……………（来水破局・去水合局）
武曲水～6・16・26・36・46・56……………（来水合局・去水破局）
破軍水～7・17・27・37・47・57……………（来水破局・去水合局）
左輔水～7・17・27・37・47・57……………（来水合局・去水破局）
右弼水～9・19・29・39・49・59……………（来水合局・去水破局）

(1) 貪狼水《たんろうすい》（合局・破局）……来水にて合局、去水にて破局

来水合局—積極的で、決断力があり頭脳明晰にて、精力的に動き、仕事で成功する。職人的気質で一芸に秀でて、実力者となる。また、人の縁で、お金が入り、不動産や財産を多く手にすることができる。

去水破局―非礼で高慢となり、時には凶暴となる。また、支配的であり暴力的になる。遊び好きとなり、遊興や、女性のためにお金を使い、時に破産することもある。
※破局の場合、身体的には、手足・筋肉・肝臓・胆嚢・梅毒・リュウマチなどの、病気になりやすい。
※八卦に分ければ「震卦」であり、「木」の年月日・方位においてその霊力を発し、公位は一、四、七となる。

(2) 巨門水《きょもんすい》（合局・破局）……来水にて合局、去水にて破局

来水合局―堅実で、真面目で貞節あり人や物を育てる能力に長けている。別名を「天財」とも呼び「財」の星でもある。その霊力は「商売」や「事業」で活かされ成功へと導かれる。また、金銭だけでなく、長寿にも恵まれる。
去水破局―優柔不断であり、心が不安定になりやすい。「商売」「事業」での失敗、失業などの羽目に会う。破産や夜逃げなどをしやすい。また、家庭不和や離婚になりやすく、時には、子供が早く逝くこともある。また子供を捨ててしまうこともある。
※破局の場合、身体的には、胃腸・皮膚（アトピーなど）・口内・咽頭・口の回りなどの病気や婦人科系の病気、出産なども、気をつけねばならない。
※八卦に分ければ「坤卦」であり、「土」の年月日・方位においてその霊力を発し、公位は二・五・八となる。

(3) 祿存水《ろくぞんすい》（合局・破局）……去水にて合局、来水にて破局

去水合局―誠実で真面目であり、慎重に一歩一歩、確実に財産を築き上げることができる。「祿存」は、玄

空卦中で「庫」（倉）の星であるため、節約と誠実によって大いに財産を得ることができる。

来水破局―頑固で、視野が狭く融通のきかない人となり、何事もいい加減となってしまう。また、酒や色に溺れたり、賭け事などで身を崩すこととなる。跡継ぎがいなかったり、養子となったりして、家を捨て離れて行ってしまう。また、服毒や首吊りなどをすることもある。

※破局の場合、身体的には、脊髄・腰・関節・浮腫（むくみ）・肝硬変・子宮や卵巣の膿腫・神経性などの病気。

※八卦に分ければ「艮卦」であり、「土」の年月日・方位においてその霊力を発し、公位は　三・六・九となる。

⑷ 文曲水（合局・破局）……去水にて合局、来水にて破局

去水合局―気品のある子供が生まれ、志をしっかりもつ。家門は栄華を誇る。男女共妖艶を漂わせる魅力をもつようになる。「文曲星」は、玄空卦中で「桃花（色）」の星であるため、異性との関わりが多くなる。

来水破局―男性は「酒」や「女」「ギャンブル」のために身を崩し、女性は、他の男のために化粧をする。また、女性は家事をせず、家が乱雑となる。男女共に、外でトラブルが多く、仕事・身分が不安定となる。離婚しやすく、水難事故に遭いやすい。また、堕胎もある。

※破局の場合、身体的には腎臓・耳・生殖器・子宮・膀胱・血液・リュウマチ・心臓の病気になりやすい。

※八卦に分ければ「坎卦」であり、「水」の年月日・方位においてその霊力を発し、公位は一・四・七となる。

(5) 廉貞水（合局・破局）……去水にて合局、来水にて破局

去水合局―健康・長寿であり、繁栄富貴を手にすることができる。また、美人・賢人が生まれる（来水の意味を強める働きがある）

来水破局―陰険で誠実さや礼儀に欠け、傍若無人の行いをする。見栄を張り執念深く、思い込みが激しい。無気力・自殺・堕胎・火災などの象意が強い。また奇形児の出産や出産時の母親の死亡などがある。

※破局の場合、身体的には目・心臓・腸・やけど・心労・ガンなどの病気になりやすい。特に〝ガン〟の象意が強い。

※八卦に分ければ「離卦」であり、「火」の年月日・方位においてその霊力を発し、公位は一・四・七となる。

(6) 武曲水（合局・破局）……来水にて合局、去水にて破局

来水合局―気品に溢れ、身分が高く立身出世の道を歩むことができる。また、雄弁で敬愛が深く、福寿を得ることができる。国家公務員・議員の席に就くことができる。

去水破局―息子も、娘も他所に出てしまう。才ある子は夭折し、愚鈍の子は長生きする。色情に溺れやすく、遊び好きとなる。事故、怪我に遭いやすく、手術もしやすい。

※破局の場合、身体的には咽・口・歯・肺・呼吸器系・鼻血・梅毒などの病気になりやすい。

※八卦に分ければ「兌卦」であり、「金」の年月日・方位においてその霊力を発し、公位は三・六・九となる。

(7) 破軍水（合局・破局）……去水にて合局、来水にて破局

去水合局―大吉祥となる。円満さと剛健さを同時にもち、純正な正義を持って理想を実現して行きます。さらに〝英雄〟〝指導者〟時には〝皇帝〟に近い人間を生み出す。

来水破局―性が荒く、諍いや揉め事を好み、独善的となる。借りた金品は返さない。生活が不安定でその日暮らしとなる。略奪や殺傷をすることもある。手足を失う恐れが有り、産後の死・落雷・投水・跡継ぎの死などに遭いやすい。

※破局の場合、身体的には聾唖・三つ口・頭の病・胸・肺・大腸などの病気。関節痛・骨癌・治りにくい病気の象意がある。また、手術をする。

※八卦に分ければ「乾卦」であり、「金」と「水」の年月日・方位においてその霊力を発し、公位は一・四・七となる。

(8) 左輔水（合局・破局）……来水にて合局、去水にて破局

来水合局―温和で人のことを思いやる慈愛に満ちた人となる。また、仲むつまじい夫婦・親思いの子供となる。そして繁栄・富貴・長寿も手にすることができる。友人が助けてくれる。また目上の人の引き立て、援助がある。

去水破局―優柔不断で遊び好きとなる。夫婦仲が悪く、子供は親に逆らう。兄弟・親戚との仲が悪い。やもめとなったり、人生に不和がつきまとう。また、お金の損失がある。

※破局の場合、身体的には頭髪・咽・呼吸器・腸・肺・白眼・神経症などの病気の象意がある。

※八卦に分ければ「巽卦」であり、「木」の年月日・方位においてその霊力を発し、公位は一・四・七となる。

(9) 右弼水（合局・破局）……来水にて合局、去水にて破局

来水合局―理に明るく、才に富み年上を敬う人となる。夫婦仲睦まじく、助け合う。子供も親同様に孝順となる。異性が助けてくれる。また目上の人の引き立て、援助がある。

去水破局―性急・気持ちがすぐ変わる・夫婦不和・部下などの裏切り・親不孝・寡婦・寡男・損財・破財などの象意がある。

※破局の場合、身体的には治り難い病気・心労（ノイローゼ）・月経不順・不妊症などの象意がある。

※八卦に分ければ「坎卦」であり、「水」の年月日・方位においてその霊力を発し、公位は一・四・七となる。

4 座山測量位と羅盤使用層

座山や水の量り方は前述致しましたが、些子水法は二十四方位、つまり十五度単位で量るので、特に水を量る時、来水を量る時と去水を量る時に、羅盤の太極（天池＝磁石部分）を動かしてしまうと量る方向が違ってきてしまいます。滴水位置を決定したら、そこに羅盤の天池を合わせて、来水を量る時も去水を量る時も天池を滴水位置から動かさないように注意が必要です。常に羅盤の天池の位置を意識して量ると間違いがなくなると思います。

座山測量位

通常、座山を決める場合、まず玄関の枠、そして家の中心など何カ所かで量り、同じ方位であればその方位を座山として考えます。他に、玄関から一〜一・五メートルぐらい離れて玄関の枠線を目安として座山を量る方法もあります。

座山の量り方

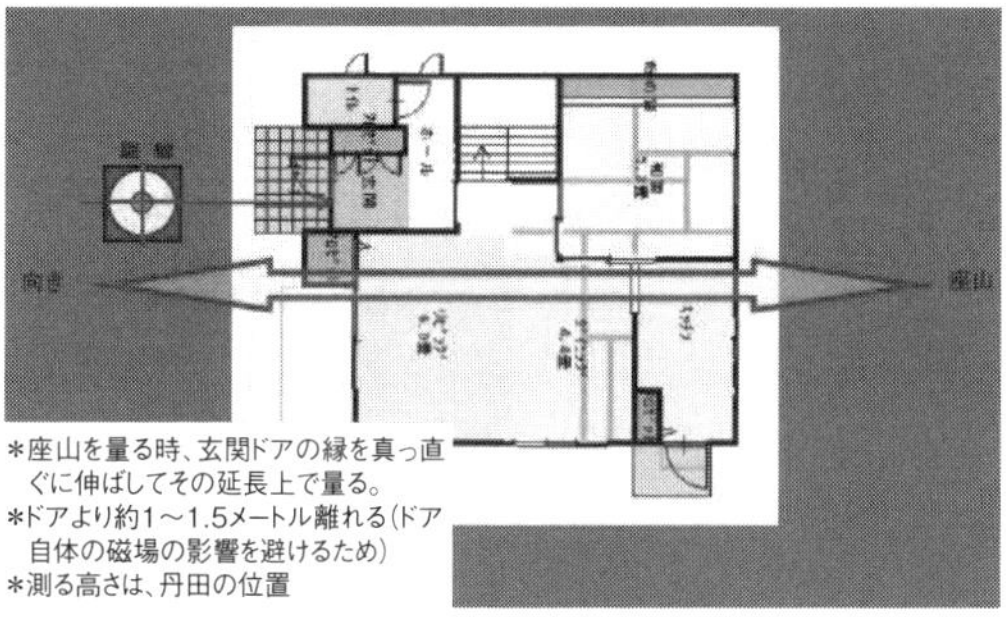

＊座山を量る時、玄関ドアの縁を真っ直ぐに伸ばしてその延長上で量る。
＊ドアより約1〜1.5メートル離れる（ドア自体の磁場の影響を避けるため）
＊測る高さは、丹田の位置

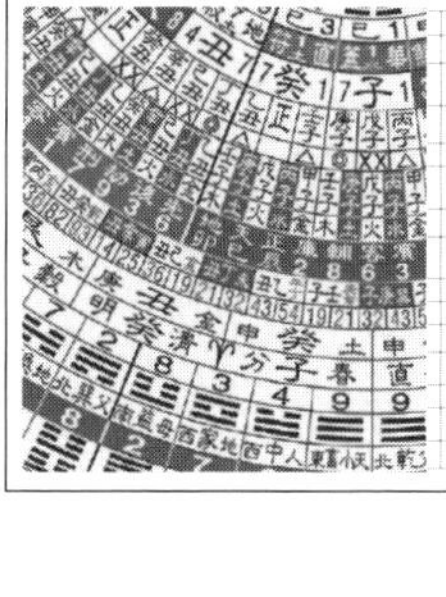

羅盤使用層
座山測量、水測量共、地盤使用

5 滅龍水理組合《めつりゅうすいりくみあい》

滅龍とは、家系的に女子が多かったり、男の子が生まれず、結果的に養子を迎えるような場合を意味します。

座山の先天（河圖）の数と、去水の後天（洛書）の数が同じ場合や、座山の後天（洛書）の数と、去水の先天（河圖）の数が同じような場合がこれにあたります（来水が一本の場合も滅龍となります）。

なお、この滅龍水は、陰宅・陽宅を問わず、ともに作用します。たとえば、「子」の座山に、「坤」の去水を看れば、「子」の後天（洛書）数は「1」で、「坤」の先天（河圖）数も「1」なので、後天数が先天数を破るので、滅龍水となるため、水龍が合局していても使うことはできません。

滅龍水速査表

卦名	太陰納卦	先天数
坎	癸・申・子・辰	7
坤	坤・乙	1
震	庚・亥・卯・未	8
巽	巽・辛	2
乾	乾・甲	9
兌	丁・巳・酉・丑	4
艮	艮・丙	6
離	壬・寅・午・戌	3

卦名	太陰納卦	後天数
兌	丁・巳・酉・丑	7
坎	癸・申・子・辰	1
艮	艮・丙	8
坤	坤・乙	2
離	壬・寅・午・戌	9
巽	巽・辛	4
乾	乾・甲	6
震	庚・亥・卯・未	3

6 八煞《はっさつ》

座山と来水、または座山と去水の関係で八煞となります。八煞とは、渾天甲子《こってんかっし》より出たもので、「乾」「坤」「艮」「兌」「震」「巽」「離」「坎」の八卦八宮につく「官鬼」を指します（三一七〜三一八ページ参照）。仕事上のトラブル・争い・法律問題・官訴・部下の裏切り・不和・スキャンダル・恐喝・暴力事件などの意味が出、また、このようなことを行う人物が出るという意味もあります。

八煞歌訣

坎龍（坎狗）
坤兎
震山猴
巽雉乾馬
兌蛇頭
艮虎
離猪為八

八煞表

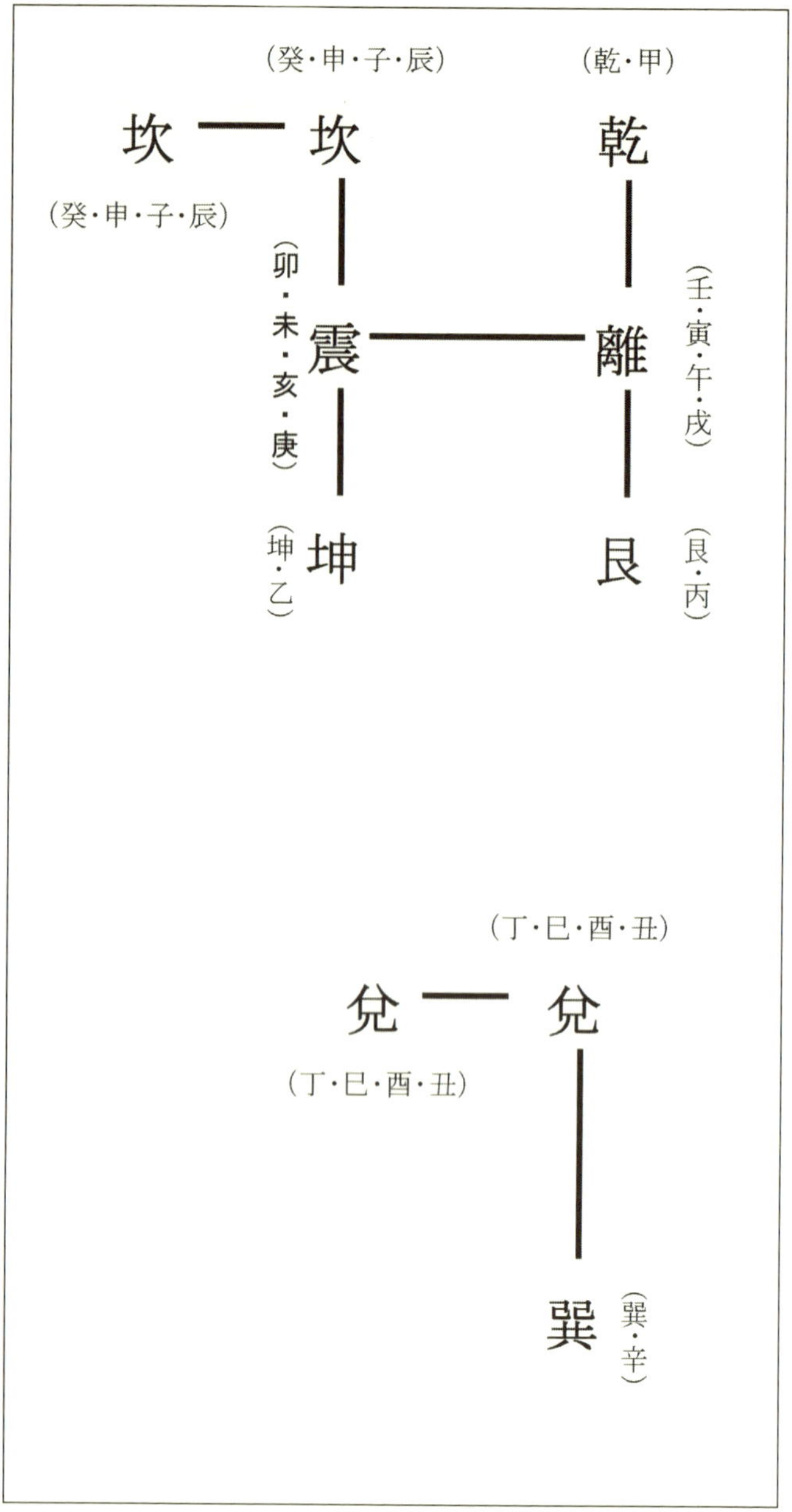

八煞とは、右の表を見て八卦と八卦の繋がりがあるのがわかるように、線で繋がった卦が座山と水の関係の時に悪象を発することです。

・坎卦八煞……坎卦（子・辰・申・癸）が座山の時、同じ坎卦の水が来水として来たり、去水として出て行った場合に八煞となる。また坎卦が座山の時に震卦（卯・未・亥・庚）の水が来水として入ったり、去水として出て行った場合も八煞となる。

・震卦八煞……震卦（卯・未・亥・庚）が座山の時、坎卦が来水となったり、去水となった場合に八煞となる。また、坤卦（坤・乙）が来水したり、去水するのも八煞となる。さらに、離卦（午・戌・寅・壬）が来水したり、去水するのも八煞となる。

・坤卦八煞……坤卦（坤・乙）が座山の時、震卦の水が来水となったり、去水となった場合に八煞となる。

・離卦八煞……離卦（午・戌・寅・壬）が座山の時、震卦の来水や去水、乾卦（乾・甲）の来水や去水、艮卦（艮・丙）の来水や去水と会ったときに八煞となる。

・乾卦八煞……乾卦（乾・甲）が座山の時、離卦の来水や去水に会えば八煞となる。

・艮卦八煞……艮卦（艮・丙）が座山の時、離卦の来水や去水に会えば八煞となる。

・兌卦八煞……兌卦（酉・丑・巳・丁）が座山の時、同じ兌卦（酉・丑・巳・丁）の水が来水や去水となった時や、巽卦（巽・辛）の水が来水や去水となった時に八煞となる。

・巽卦八煞……巽卦（巽・辛）の座山の時に、兌卦（酉・丑・巳・丁）の水が来水や去水となった時に八煞となる。

八煞は、座山に対して来水が一本の場合のみ論じ、二本以上来水がある場合は、八煞を論じません。たとえば、酉の座山の時に巽の水が入れば八煞となるが、巽と他の二十四山の文字から水が入っていれば八煞とはなりません。去水も二本出ている場合には、八煞は論じません。

【水八煞《みずはっさつ》】

「水八煞」とは、水同士の入る方向が「八煞」になっていることをいい、仮に水が合局していたとしても、座山と合せて算出した九星水の悪い方の象意があらわれる現象をいいます。たとえば、辛山に「卯」と「辰」の来水が在った場合、座山辛4＋卯3＋辰1＝8の左輔水となり来水合局となりますが、卯は震卦、辰は坎卦であるので、震・坎の八煞となります。これが、「水八煞」です。これは、来水が二本の場合のみ論じ、三本以上の場合は論じません。また、来水のみで論じ、去水では論じません。

官鬼

八卦六親配当表の通り、八卦に付いている「官鬼爻」の配当されている十二支の八卦が、その本卦との八煞です。

八卦六親配当表

坎龍戌辰爲八殺
上六 戊子 兄弟
世
九五 戊戌 官鬼
六四 戊申 父母
六三 戊午 妻財
應
九二 戊辰 官鬼
初六 戊寅 子孫

乾馬午爲八殺
上九 壬戌 父母
世
九五 壬申 兄弟
九四 壬午 官鬼
九三 甲辰 父母
應
九二 甲寅 妻財
初九 甲子 子孫

震山猴申爲八殺
上六 庚戌 妻財
世
六五 庚申 官鬼
九四 庚午 子孫
六三 庚辰 妻財
應
六二 庚寅 兄弟
初九 庚子 父母

艮虎寅爲八殺
上九 丙寅 官鬼
世
六五 丙子 妻財
六四 丙戌 兄弟
九三 丙申 子孫
應
六二 丙午 父母
初六 丙辰 兄弟

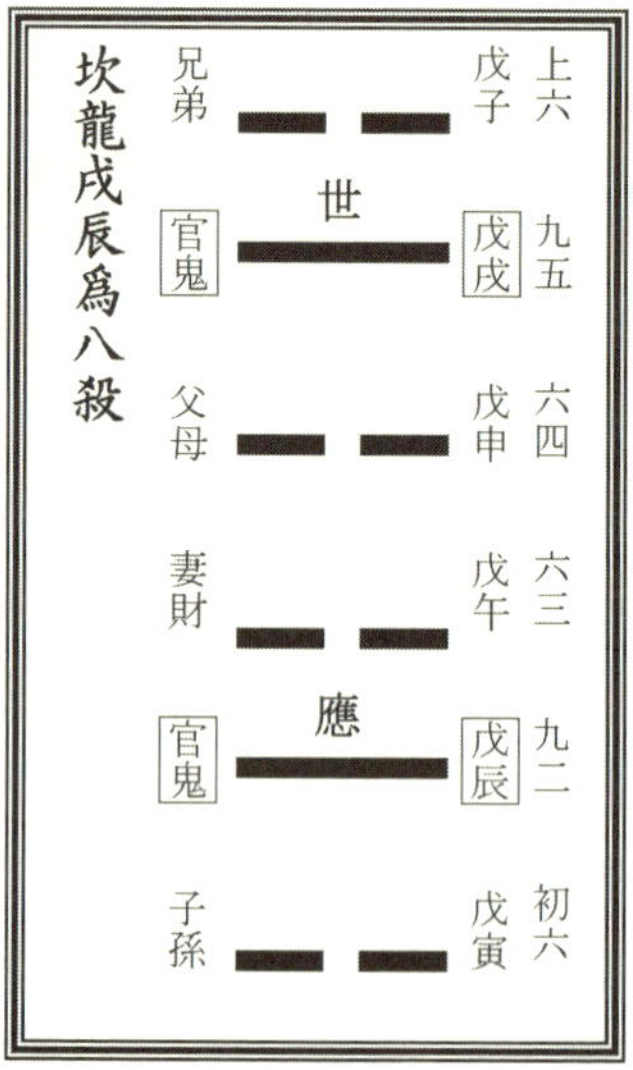
坎龍戊辰爲八殺
上六 戊子 兄弟
世
九五 戊戌 官鬼
六四 戊申 父母
六三 戊午 妻財
應
九二 戊辰 官鬼
初六 戊寅 子孫

巽鶏酉爲八殺
上九 辛卯 兄弟
世
九五 辛巳 子孫
六四 辛未 妻財
九三 辛酉 官鬼
應
九二 辛亥 父母
初六 辛丑 妻財

震山猴申爲八殺
上六 庚戌 妻財
世
六五 庚申 官鬼
九四 庚午 子孫
六三 庚辰 妻財
應
六二 庚寅 兄弟
初九 庚子 父母

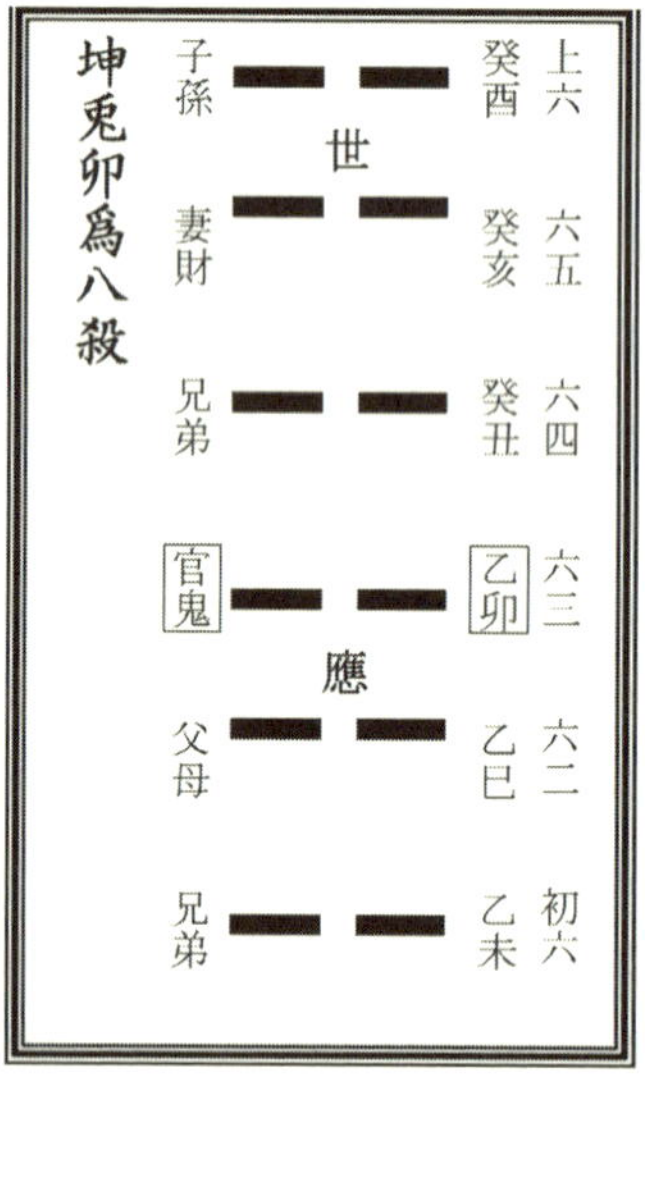
坤兎卯爲八殺
上六 癸酉 子孫
世
六五 癸亥 妻財
六四 癸丑 兄弟
六三 乙卯 官鬼
應
六二 乙巳 父母
初六 乙未 兄弟

7 一卦純清城門吉水《いっかじゅんせいじょうもんきっすい》

一卦純清とは、座山と来水・去水が同一卦に納卦される時のことをいい、十二支の「三合局」とおよそ同じです。したがって、「坎卦」「震卦」「離卦」「兌卦」の四卦の時にのみ使えます。しかし、これら四卦に納卦される天干については一卦純清としては扱いません。さらに、来水・去水共に同一卦で、来水が一本、去水が一本の時のみが「一卦純清城門吉水」となり、二本以上の来水、去水はこれを論じません。

「一卦純清城門吉水」となると、その霊力は強大となり、実際に特別な寺社、仏閣では、これを看ることができます。たとえば、「子」の座山で、来水が「申」、去水が「辰」となれば、「申」「子」「辰」の水局三合でもあり、坎の同一卦であるので「一卦純清城門吉水」となります。「子」山（坎卦）で「申」（坎卦）や「辰」（坎卦）水を看れば「八殺水」となりますが、この場合は八殺がなくなります。

坎卦……「申山」＝子・辰水　「子山」＝申・辰水　「辰山」＝申・子水
震卦……「亥山」＝卯・未水　「卯山」＝亥・未水　「未山」＝亥・卯水
離卦……「寅山」＝午・戌水　「午山」＝寅・戌水　「戌山」＝寅・午水
兌卦……「巳山」＝酉・丑水　「酉山」＝巳・丑水　「丑山」＝巳・酉水

8 四金殺《よんきんさつ》

四金殺とは、「辰」「戌」「丑」「未」の四墓庫山で、同じ四墓庫の来水となったり、去水となる時をいいます。

この四金殺による災禍は、ときに八殺以上の脅威でこの災禍に巻き込まれれば必ず人が死ぬといわれています。

「四墓の地」で、墓を意味し、墓が並ぶとも意味する「水龍」のため、一般には使ってはいけません。

「辰山」＝戌・丑・未水

「戌山」＝辰・丑・未水

「丑山」＝辰・戌・未水

「未山」＝辰・戌・丑水

9 桃花水《とうかすい》

桃花と一言でいっても、実際は「滅龍水」「四金殺」「八殺」「男桃花」「女桃花」があるので、水龍を良く見極めて判断することが大切です。また、座山に対して一本の来水または去水の時に「桃花水」となるのであって、二本以上の来去水では論じません。

たとえば、「子」山（坎卦）で「酉」の水を取る時、「子」は坎卦で人象は「中男」なので「男桃花」となります。しかも、この時「子」山は「坎卦」で先天数が「7」、「酉」水は「兌卦」で後天数が「7」なので「滅龍水」となるため、合局しても使えません。また、「午」山（離卦）で「卯」の水を看る時、「午」山は「中女」なので「女桃花」となります。なお、「午」と「卯」は「滅龍水」となり「八殺」でもあるため、合局して「巨門天財水」となりますが使うことはできません。

申・子・辰山＝「酉水」
巳・酉・丑山＝「午水」
寅・午・戌山＝「卯水」
亥・卯・未山＝「子水」

※桃花水とは、異性に関する問題を司る水です。
したがって、この水が入っていると、浮気をしたり、淫乱となったりします。

歌　訣
猴鼠龍鶏叫乱倫理、
虎馬狗玉兎東方出、
猪兎未鼠當頭騎、
蛇鶏丑騎馬南方走。

⑩ 二十四山分房

分房とは家や墓所を造った時に、その吉凶が誰に出るのかを看る法です。この方法には、「明堂分房」「八卦分房」「廿四山分房」などがありますが、ここでは「二十四山分房」を取り上げます。

乾・坤・艮・巽　・　子・午・卯・酉　＝　第一子・第四子・第七子
寅・申・巳・亥　・　丁・乙・辛・癸　＝　第二子・第五子・第八子
甲・庚・壬・丙　・　辰・戌・丑・未　＝　第三子・第六子・第九子

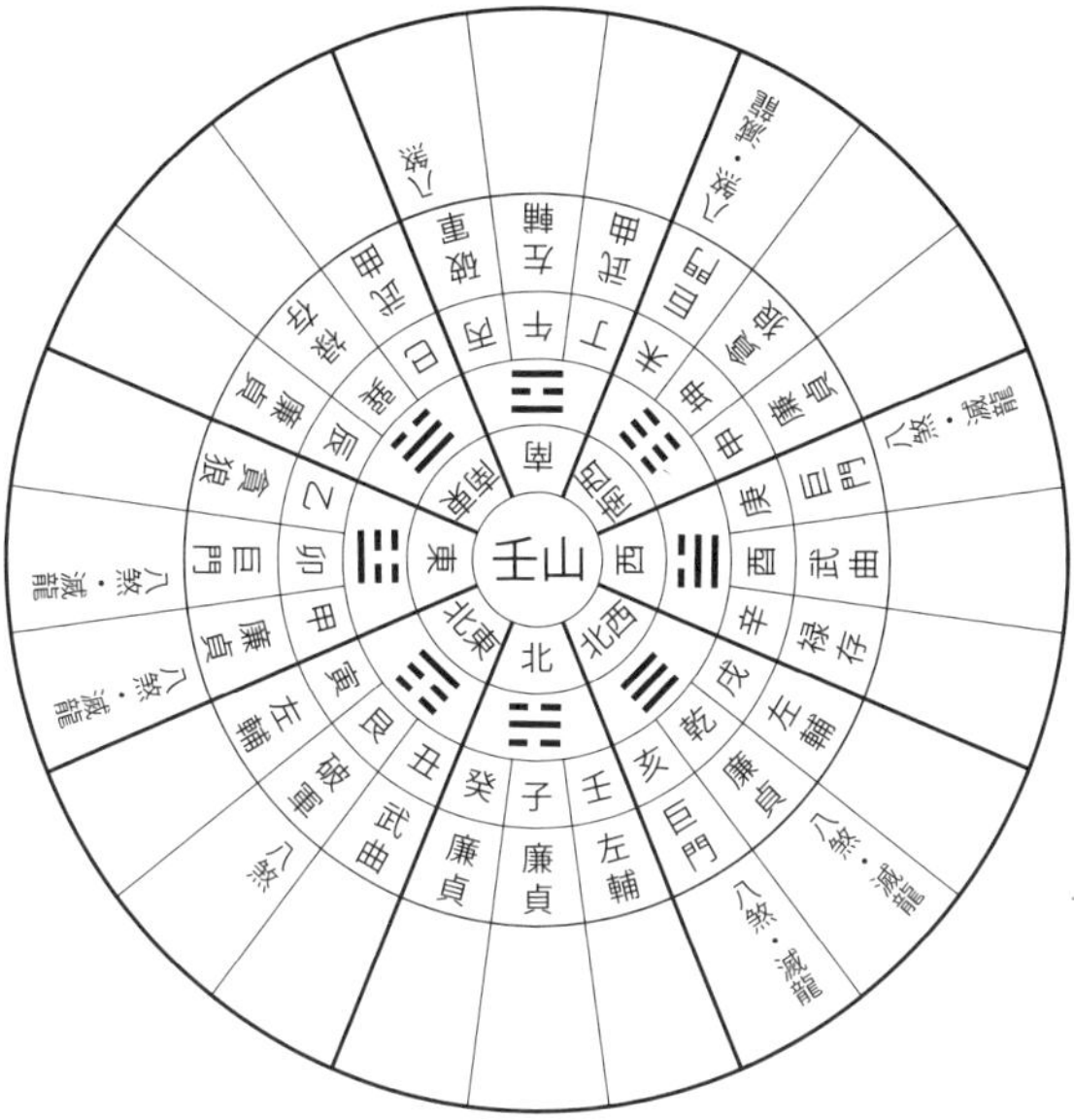

❶ 貪狼《たんろう》：来水に良く、去水に悪い。

❷ 巨門《きょもん》：来水に良く、去水に悪い。

❸ 禄存《ろくぞん》：去水に良く、来水に悪い。

❺ 廉貞《れんてい》：去水に良く、来水に悪い。

❻ 武曲《ぶこく》：来水に良く、去水に悪い。

❼ 破軍《はぐん》：去水に良く、来水に悪い。

❽ 左輔《さほ》：来水に良く、去水に悪い。

❾ 右弼《うひつ》：来水に良く、去水に悪い。

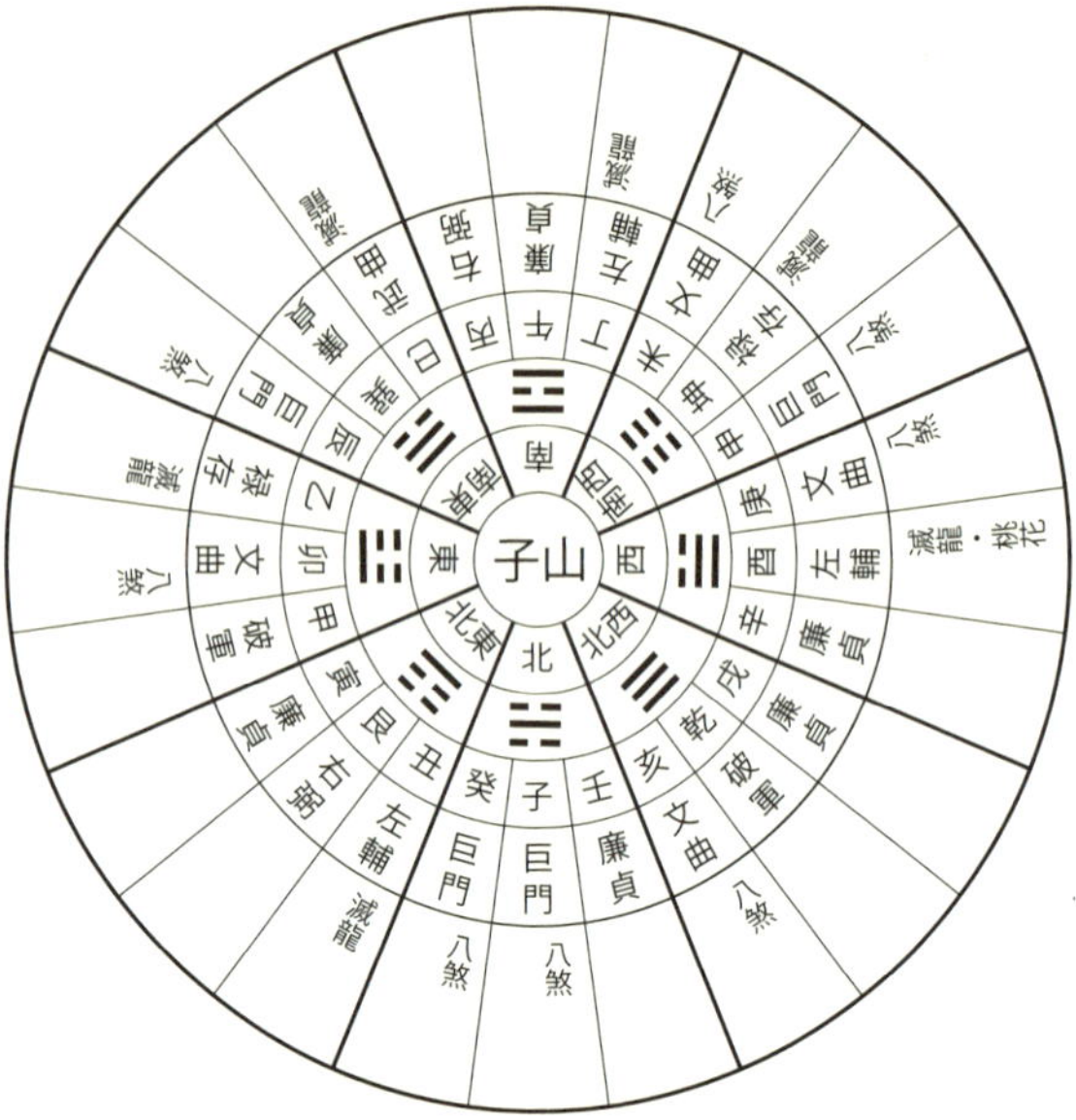

❶ 貪狼《たんろう》：来水に良く、去水に悪い。

❷ 巨門《きょもん》：来水に良く、去水に悪い。

❸ 禄存《ろくぞん》：去水に良く、来水に悪い。

❺ 廉貞《れんてい》：去水に良く、来水に悪い。

❻ 武曲《ぶこく》：来水に良く、去水に悪い。

❼ 破軍《はぐん》：去水に良く、来水に悪い。

❽ 左輔《さほ》：来水に良く、去水に悪い。

❾ 右弼《うひつ》：来水に良く、去水に悪い。

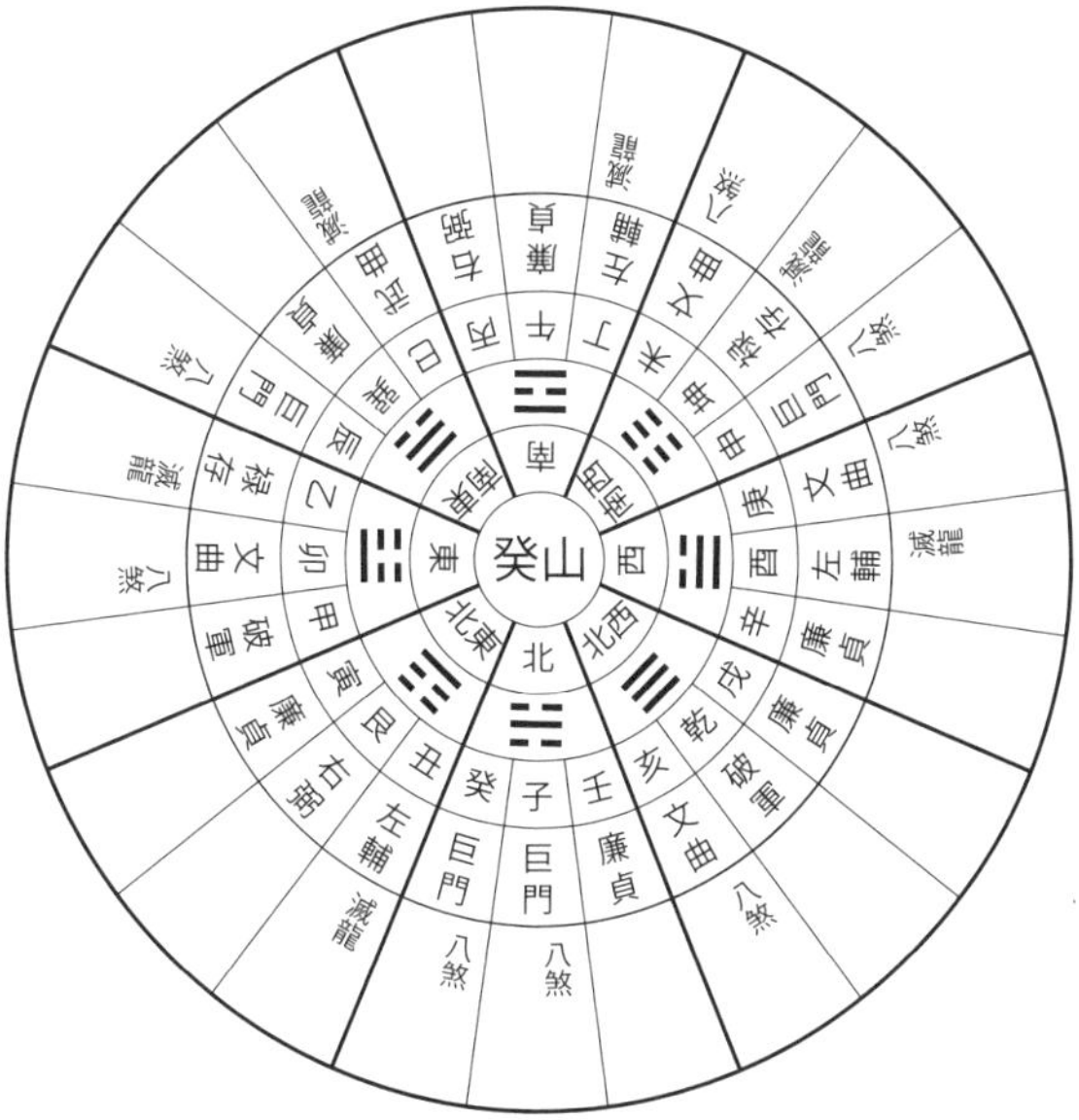

❶ 貪狼《たんろう》：来水に良く、去水に悪い。

❷ 巨門《きょもん》：来水に良く、去水に悪い。

❸ 禄存《ろくぞん》：去水に良く、来水に悪い。

❺ 廉貞《れんてい》：去水に良く、来水に悪い。

❻ 武曲《ぶこく》：来水に良く、去水に悪い。

❼ 破軍《はぐん》：去水に良く、来水に悪い。

❽ 左輔《さほ》：来水に良く、去水に悪い。

❾ 右弼《うひつ》：来水に良く、去水に悪い。

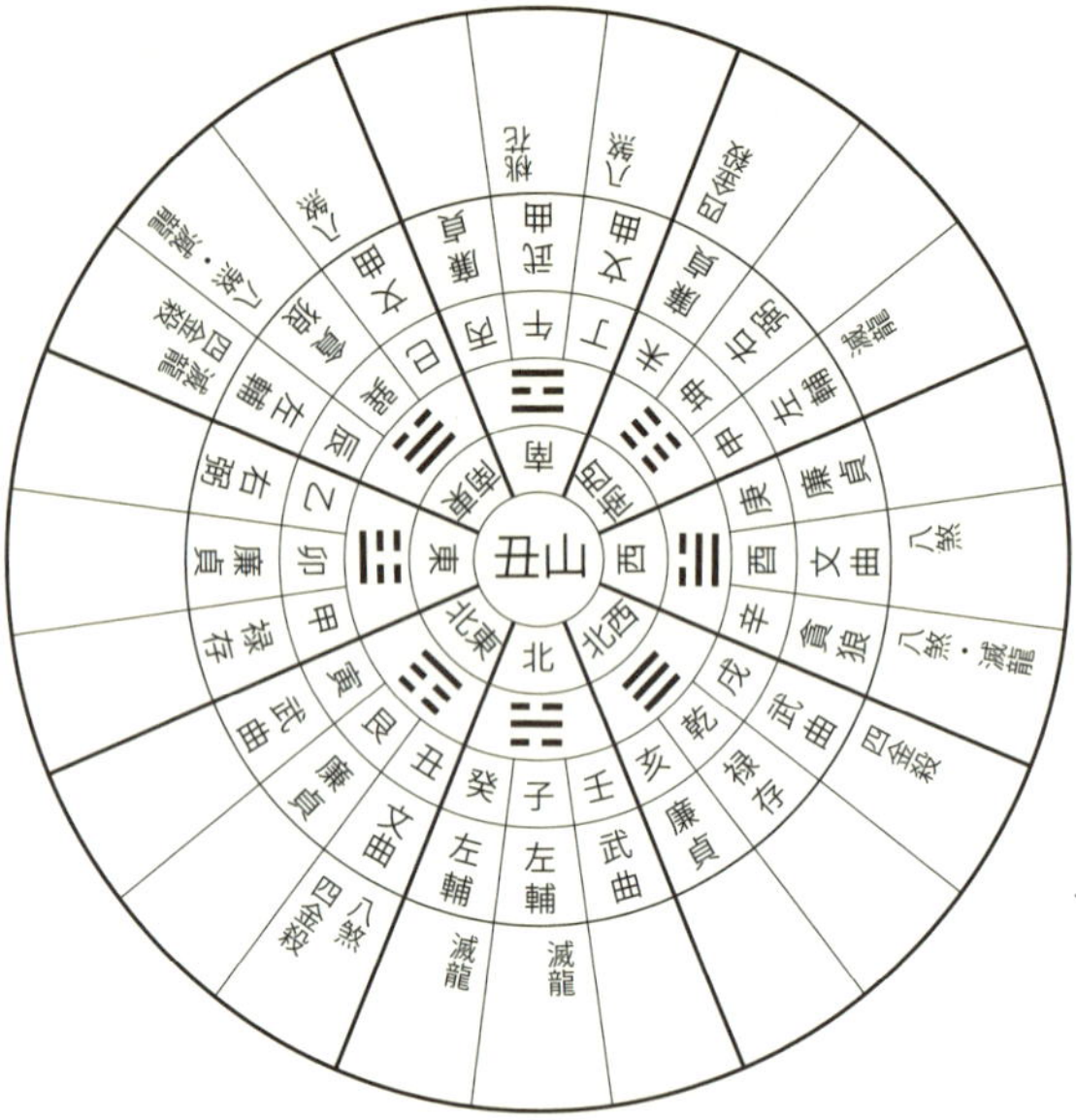

❶ 貪狼《たんろう》：来水に良く、去水に悪い。

❷ 巨門《きょもん》：来水に良く、去水に悪い。

❸ 禄存《ろくぞん》：去水に良く、来水に悪い。

❺ 廉貞《れんてい》：去水に良く、来水に悪い。

❻ 武曲《ぶこく》：来水に良く、去水に悪い。

❼ 破軍《はぐん》：去水に良く、来水に悪い。

❽ 左輔《さほ》：来水に良く、去水に悪い。

❾ 右弼《うひつ》：来水に良く、去水に悪い。

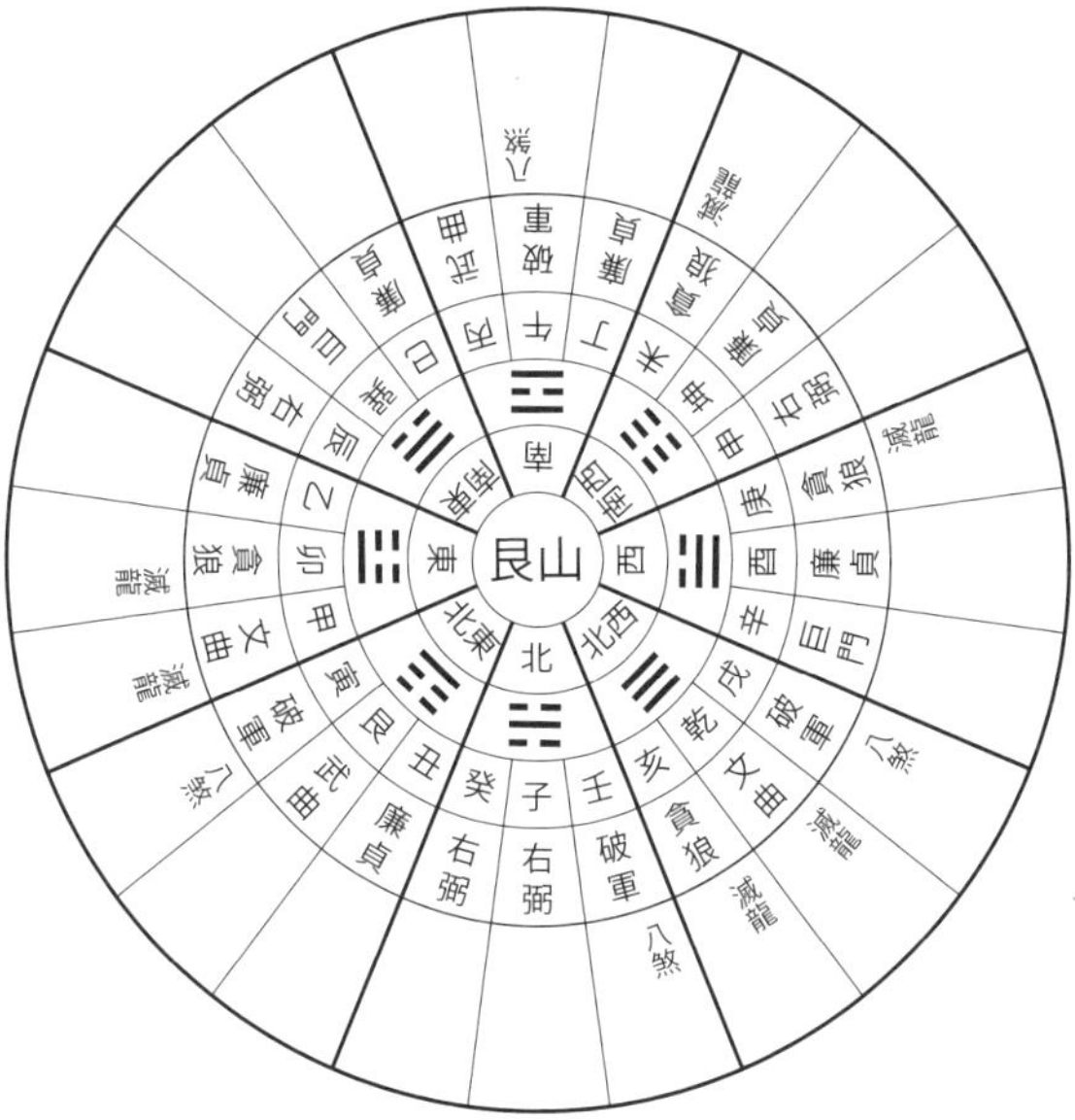

❶ 貪狼《たんろう》：来水に良く、去水に悪い。

❷ 巨門《きょもん》：来水に良く、去水に悪い。

❸ 禄存《ろくぞん》：去水に良く、来水に悪い。

❺ 廉貞《れんてい》：去水に良く、来水に悪い。

❻ 武曲《ぶこく》：来水に良く、去水に悪い。

❼ 破軍《はぐん》：去水に良く、来水に悪い。

❽ 左輔《さほ》：来水に良く、去水に悪い。

❾ 右弼《うひつ》：来水に良く、去水に悪い。

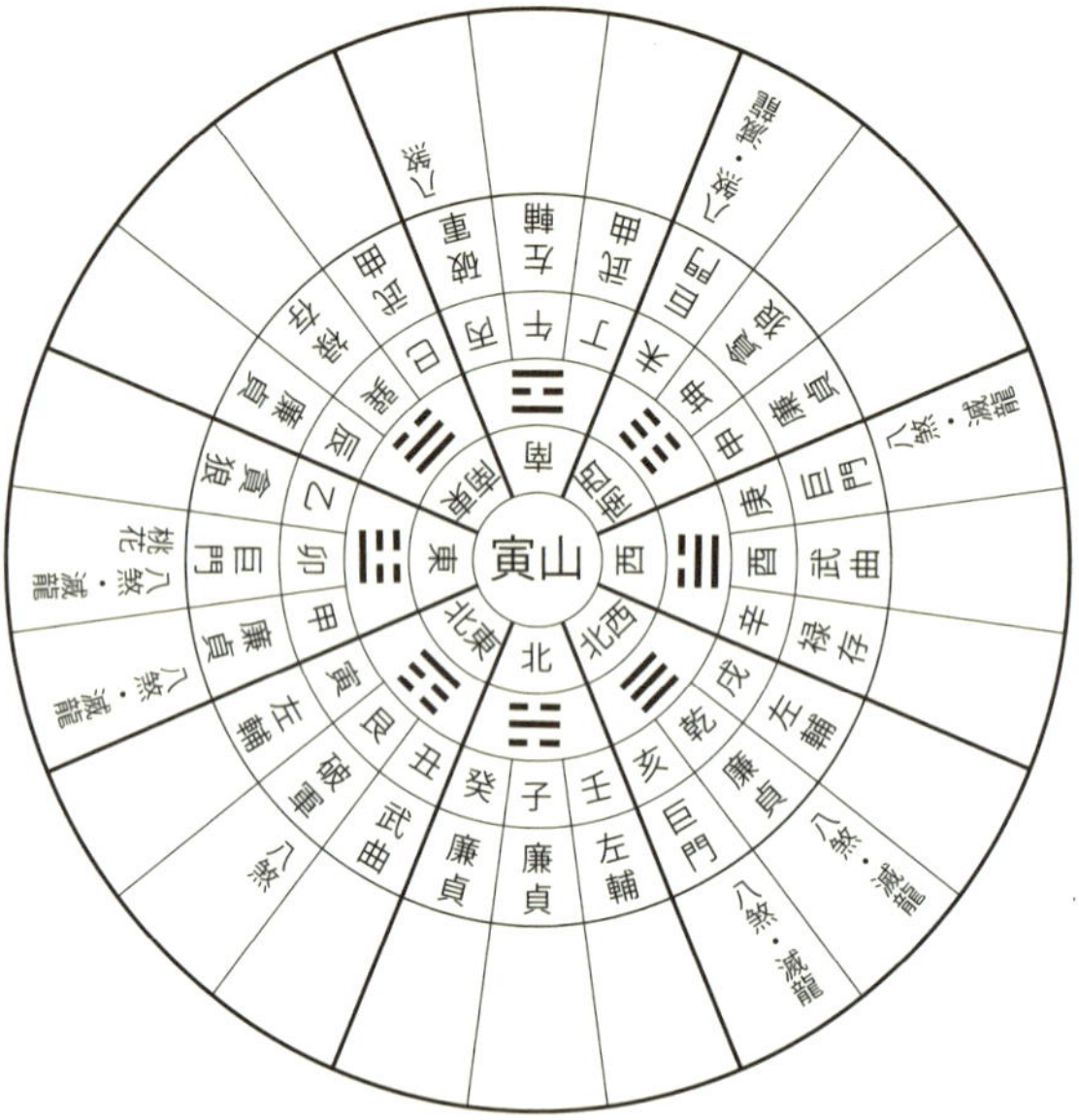

❶ 貪狼《たんろう》：来水に良く、去水に悪い。

❷ 巨門《きょもん》：来水に良く、去水に悪い。

❸ 禄存《ろくぞん》：去水に良く、来水に悪い。

❺ 廉貞《れんてい》：去水に良く、来水に悪い。

❻ 武曲《ぶこく》：来水に良く、去水に悪い。

❼ 破軍《はぐん》：去水に良く、来水に悪い。

❽ 左輔《さほ》：来水に良く、去水に悪い。

❾ 右弼《うひつ》：来水に良く、去水に悪い。

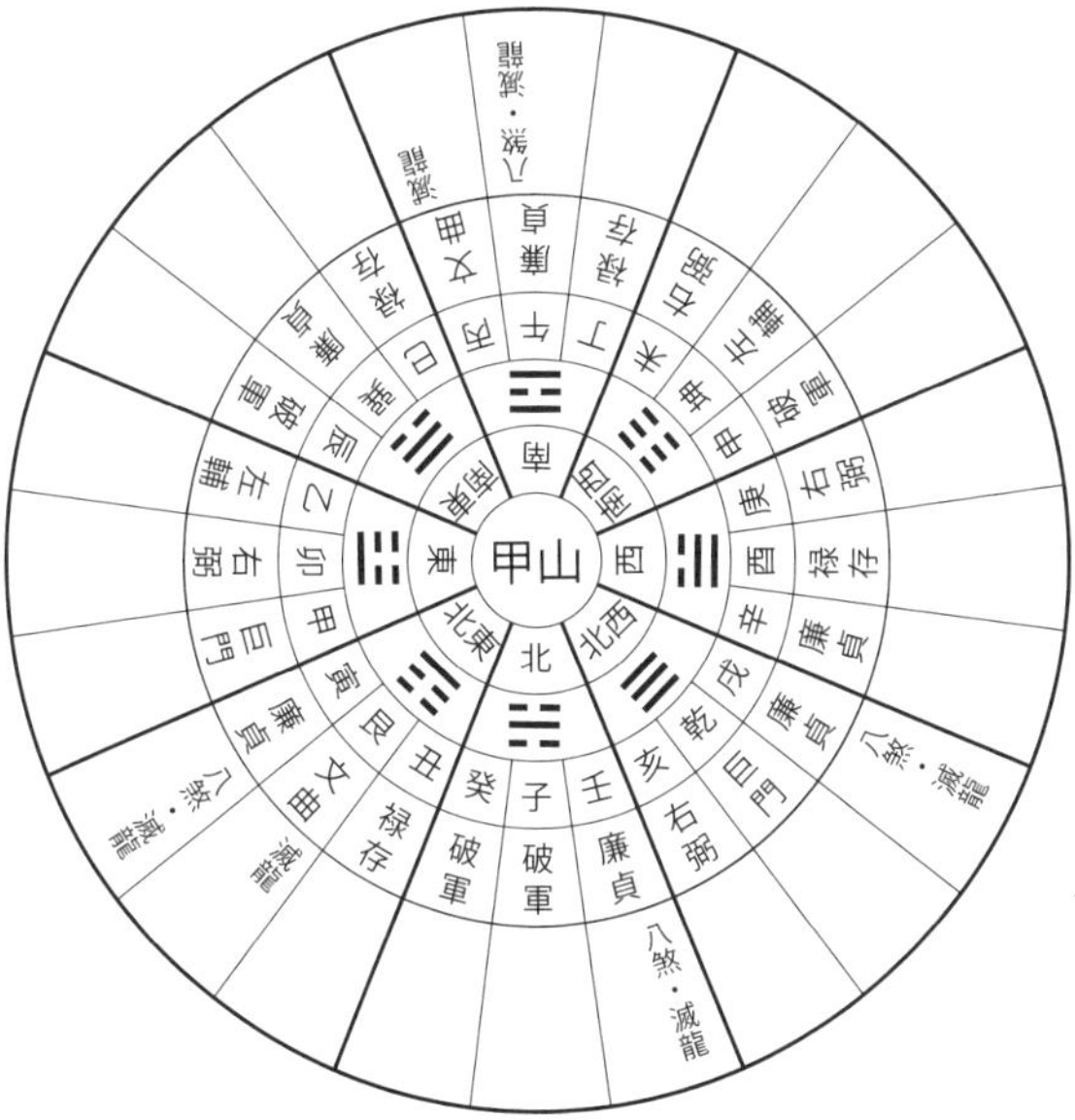

❶ 貪狼《たんろう》：来水に良く、去水に悪い。

❷ 巨門《きょもん》：来水に良く、去水に悪い。

❸ 禄存《ろくぞん》：去水に良く、来水に悪い。

❺ 廉貞《れんてい》：去水に良く、来水に悪い。

❻ 武曲《ぶこく》：来水に良く、去水に悪い。

❼ 破軍《はぐん》：去水に良く、来水に悪い。

❽ 左輔《さほ》：来水に良く、去水に悪い。

❾ 右弼《うひつ》：来水に良く、去水に悪い。

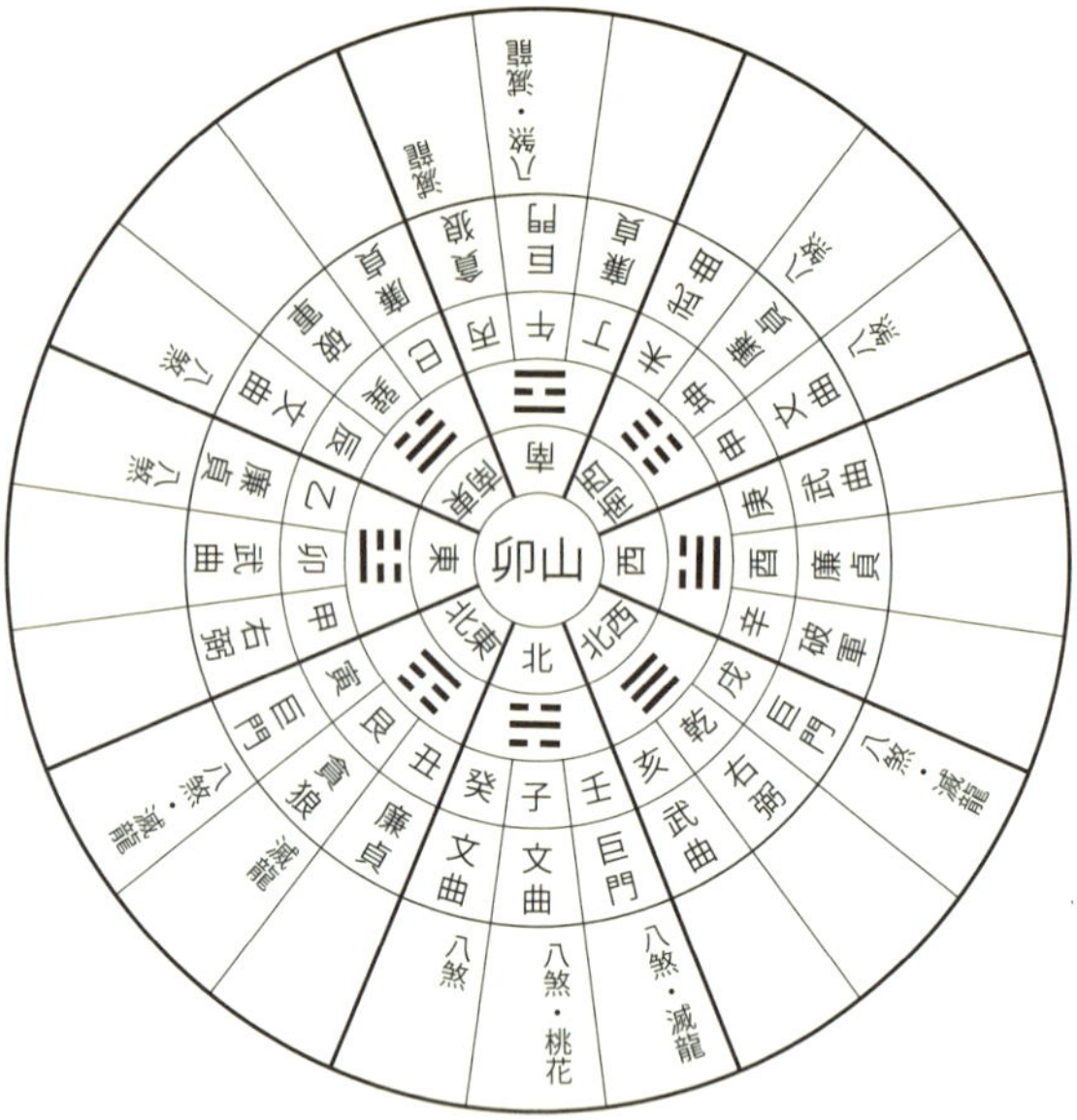

❶ 貪狼《たんろう》：来水に良く、去水に悪い。

❷ 巨門《きょもん》：来水に良く、去水に悪い。

❸ 禄存《ろくぞん》：去水に良く、来水に悪い。

❺ 廉貞《れんてい》：去水に良く、来水に悪い。

❻ 武曲《ぶこく》：来水に良く、去水に悪い。

❼ 破軍《はぐん》：去水に良く、来水に悪い。

❽ 左輔《さほ》：来水に良く、去水に悪い。

❾ 右弼《うひつ》：来水に良く、去水に悪い。

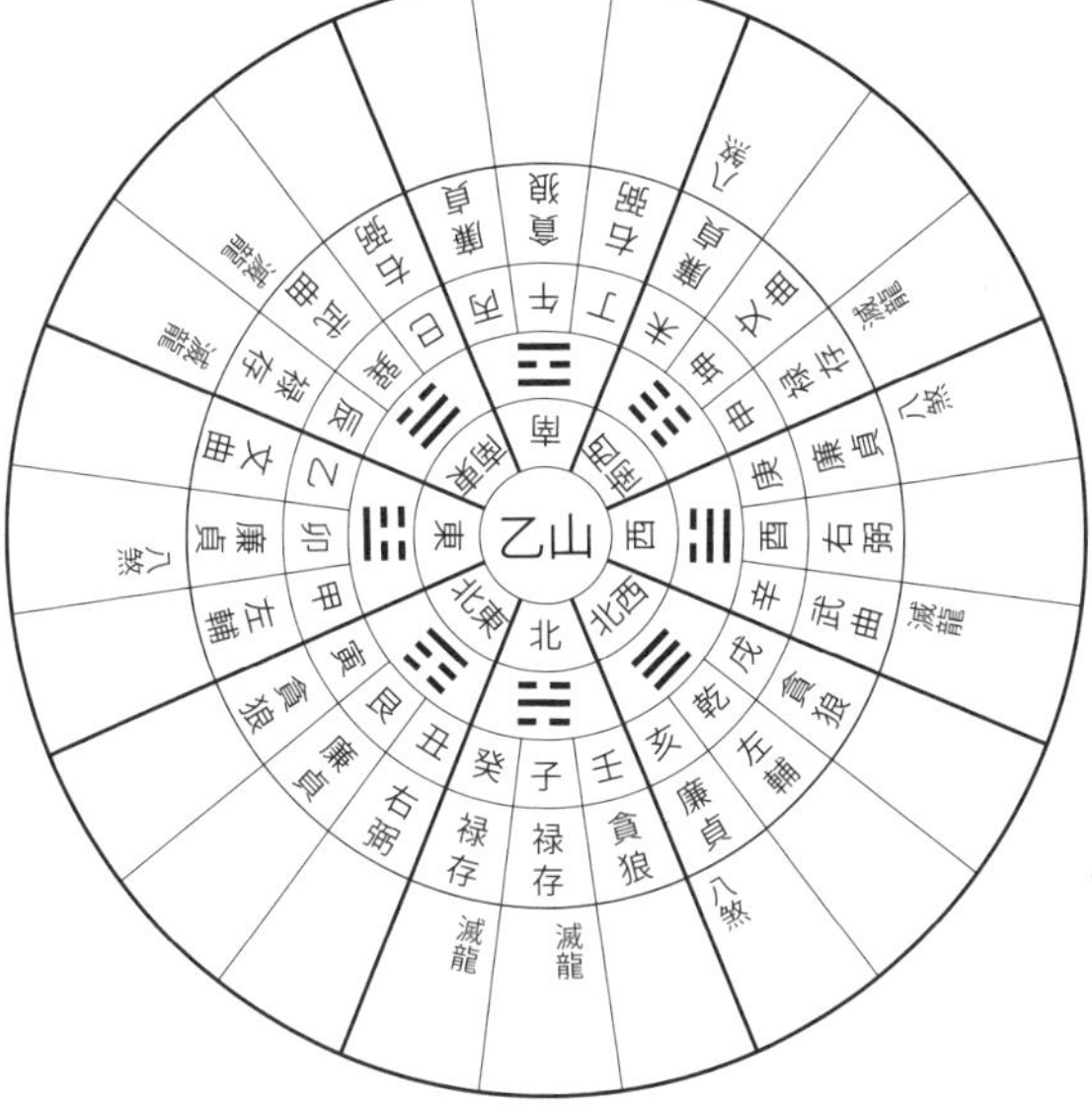

❶ 貪狼《たんろう》：来水に良く、去水に悪い。

❷ 巨門《きょもん》：来水に良く、去水に悪い。

❸ 禄存《ろくぞん》：去水に良く、来水に悪い。

❺ 廉貞《れんてい》：去水に良く、来水に悪い。

❻ 武曲《ぶこく》：来水に良く、去水に悪い。

❼ 破軍《はぐん》：去水に良く、来水に悪い。

❽ 左輔《さほ》：来水に良く、去水に悪い。

❾ 右弼《うひつ》：来水に良く、去水に悪い。

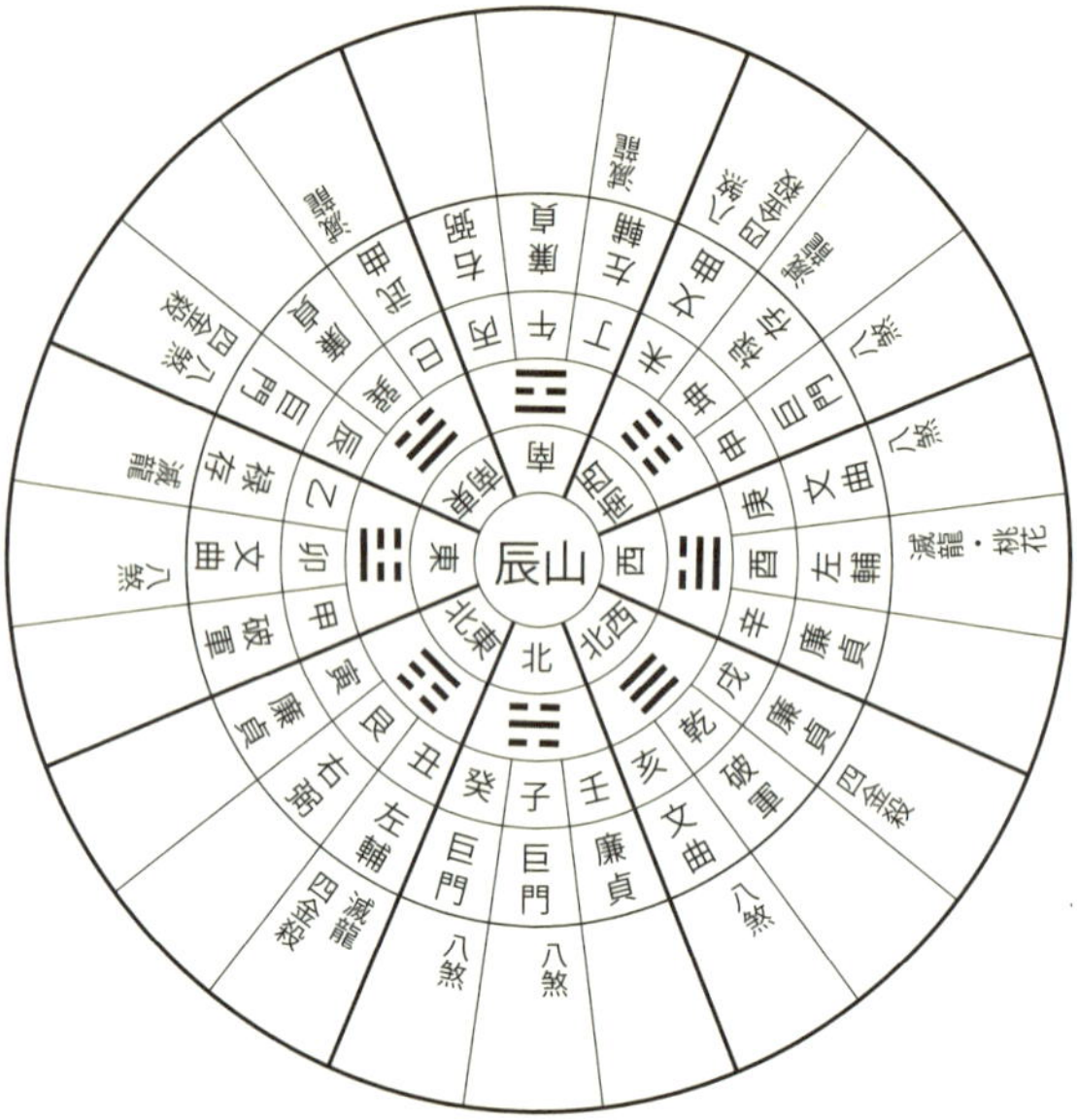

❶ 貪狼《たんろう》：来水に良く、去水に悪い。

❷ 巨門《きょもん》：来水に良く、去水に悪い。

❸ 禄存《ろくぞん》：去水に良く、来水に悪い。

❺ 廉貞《れんてい》：去水に良く、来水に悪い。

❻ 武曲《ぶこく》：来水に良く、去水に悪い。

❼ 破軍《はぐん》：去水に良く、来水に悪い。

❽ 左輔《さほ》：来水に良く、去水に悪い。

❾ 右弼《うひつ》：来水に良く、去水に悪い。

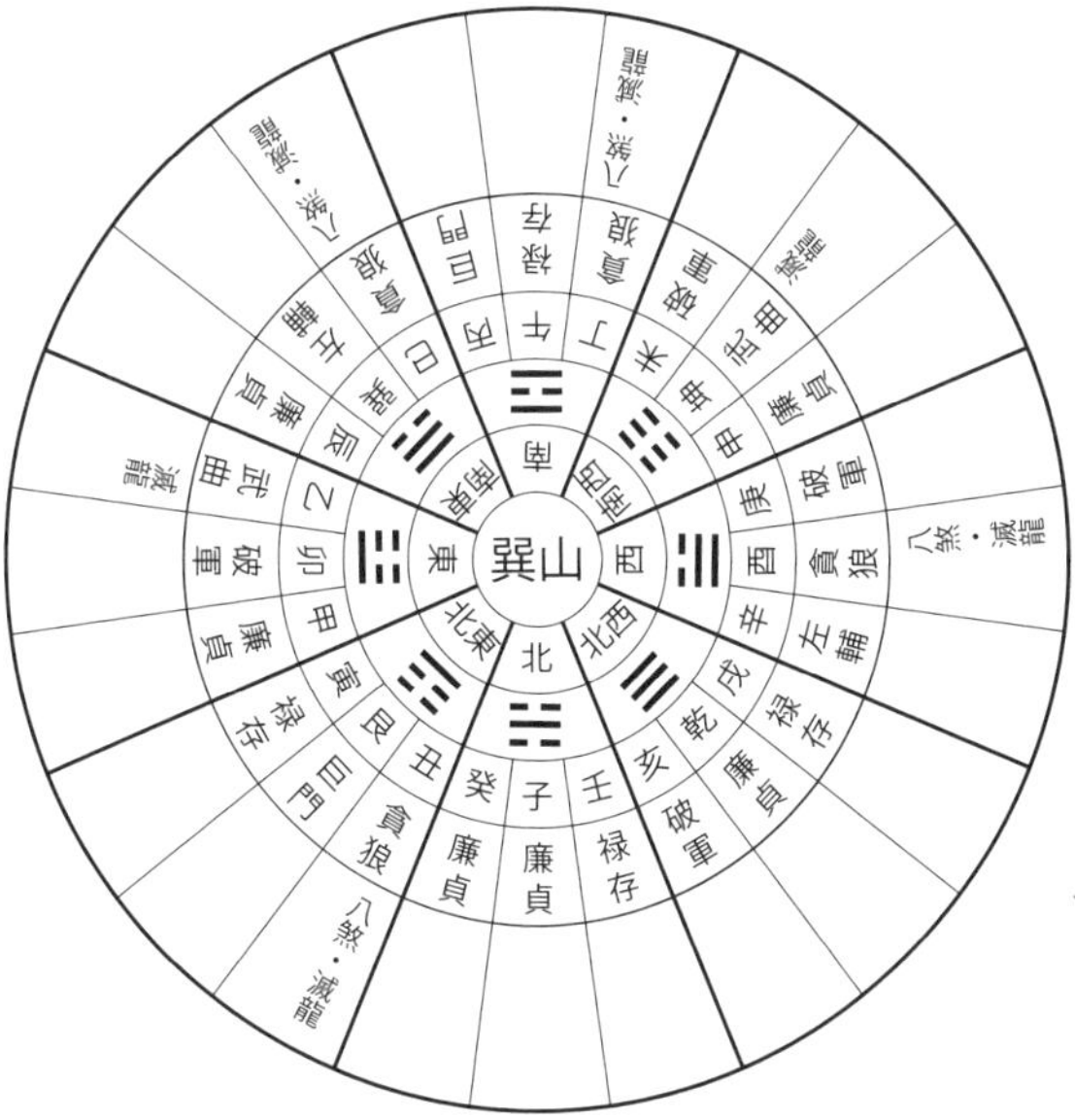

❶ 貪狼《たんろう》：来水に良く、去水に悪い。

❷ 巨門《きょもん》：来水に良く、去水に悪い。

❸ 禄存《ろくぞん》：去水に良く、来水に悪い。

❺ 廉貞《れんてい》：去水に良く、来水に悪い。

❻ 武曲《ぶこく》：来水に良く、去水に悪い。

❼ 破軍《はぐん》：去水に良く、来水に悪い。

❽ 左輔《さほ》：来水に良く、去水に悪い。

❾ 右弼《うひつ》：来水に良く、去水に悪い。

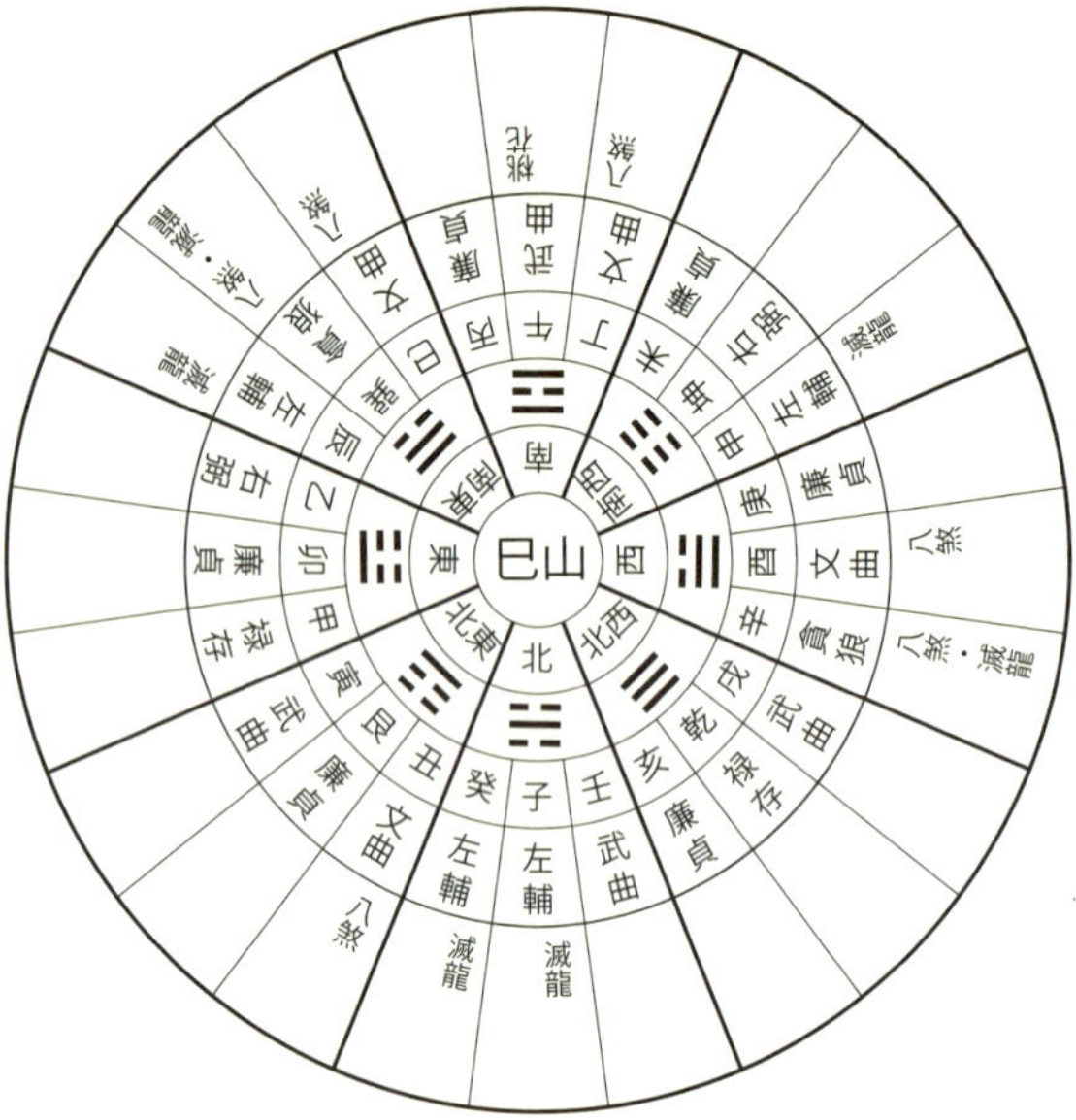

❶ 貪狼《たんろう》：来水に良く、去水に悪い。

❷ 巨門《きょもん》：来水に良く、去水に悪い。

❸ 禄存《ろくぞん》：去水に良く、来水に悪い。

❺ 廉貞《れんてい》：去水に良く、来水に悪い。

❻ 武曲《ぶこく》：来水に良く、去水に悪い。

❼ 破軍《はぐん》：去水に良く、来水に悪い。

❽ 左輔《さほ》：来水に良く、去水に悪い。

❾ 右弼《うひつ》：来水に良く、去水に悪い。

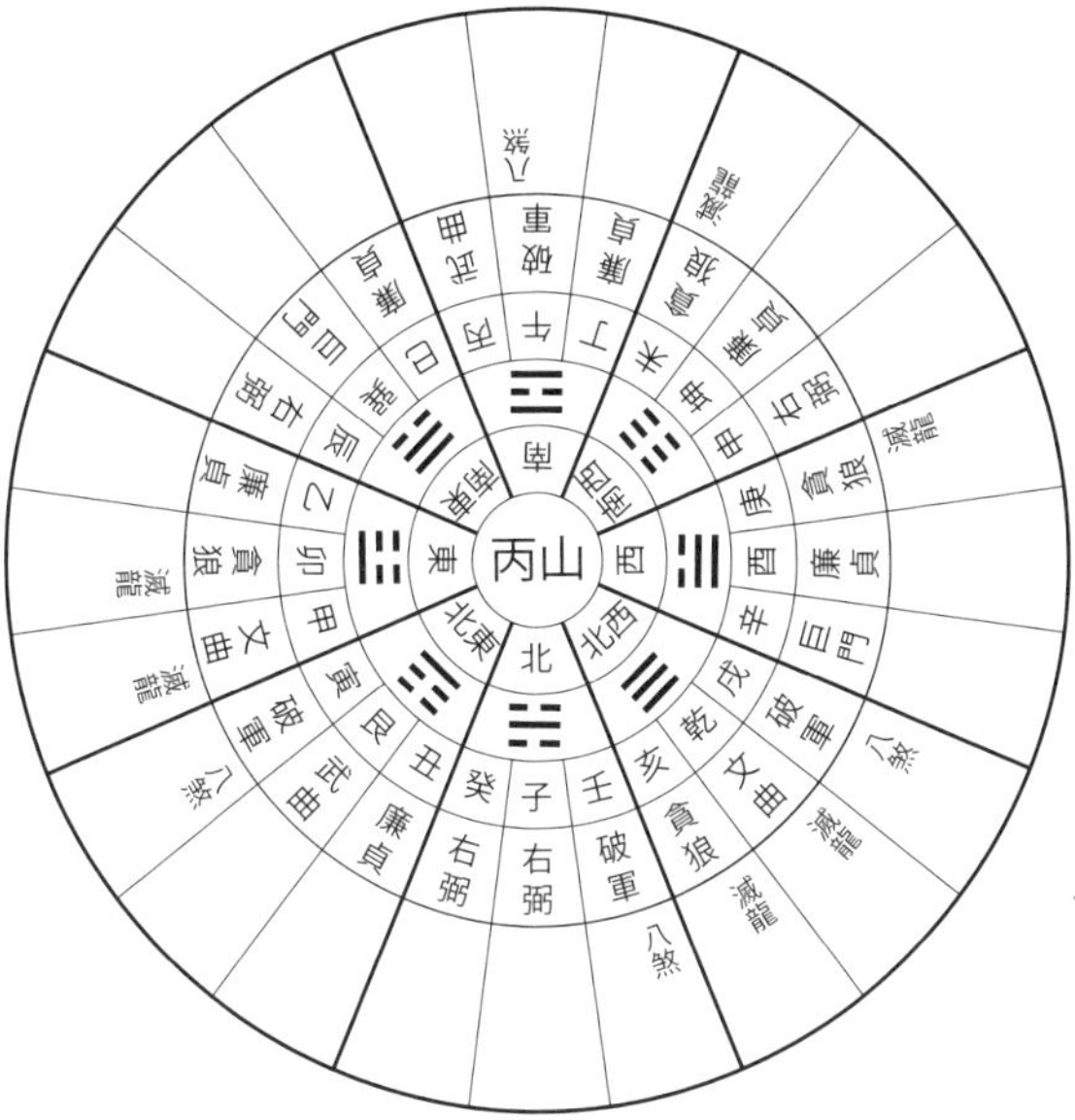

❶ 貪狼《たんろう》：来水に良く、去水に悪い。

❷ 巨門《きょもん》：来水に良く、去水に悪い。

❸ 禄存《ろくぞん》：去水に良く、来水に悪い。

❺ 廉貞《れんてい》：去水に良く、来水に悪い。

❻ 武曲《ぶこく》：来水に良く、去水に悪い。

❼ 破軍《はぐん》：去水に良く、来水に悪い。

❽ 左輔《さほ》：来水に良く、去水に悪い。

❾ 右弼《うひつ》：来水に良く、去水に悪い。

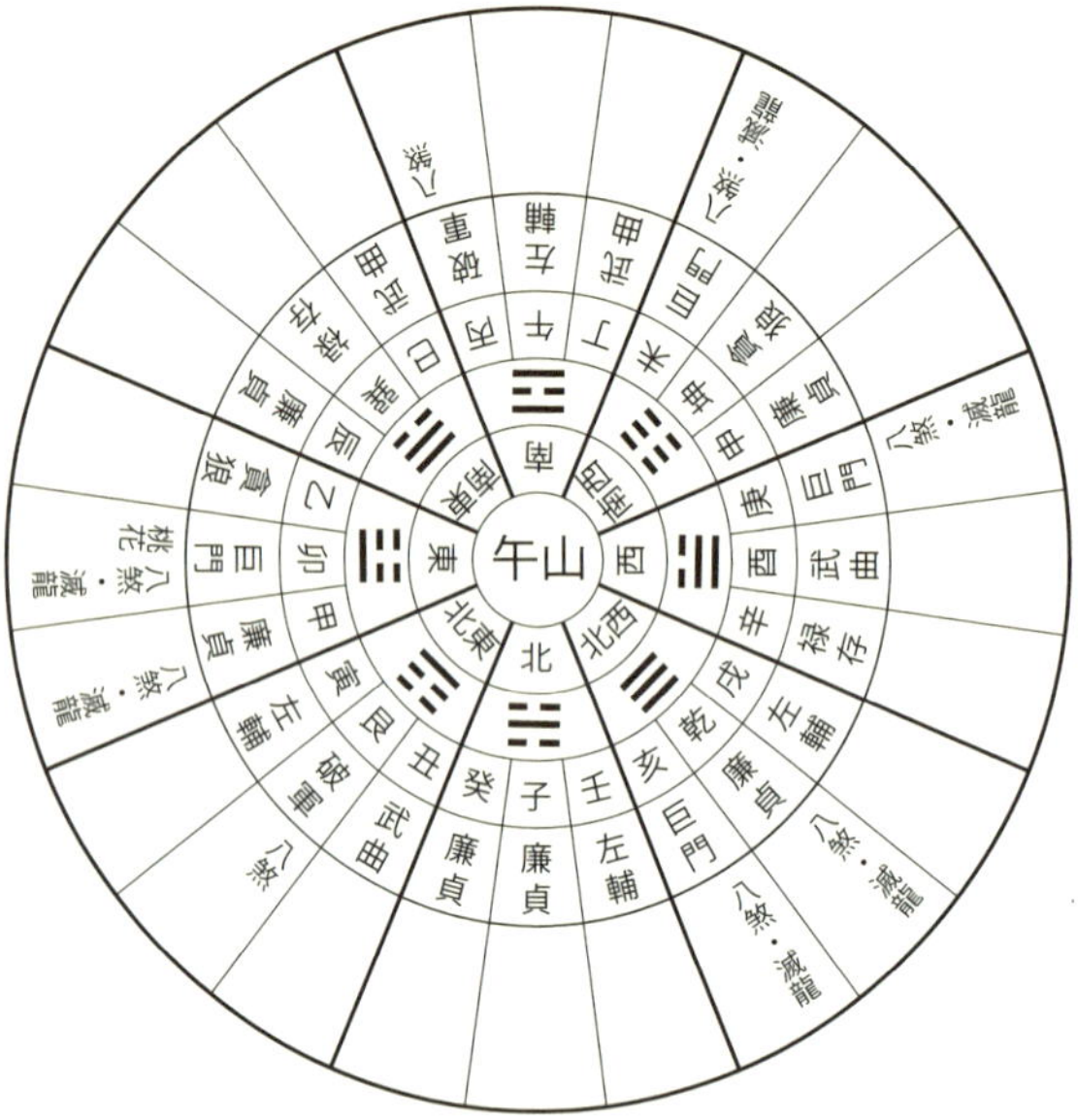

❶ 貪狼《たんろう》：来水に良く、去水に悪い。

❷ 巨門《きょもん》：来水に良く、去水に悪い。

❸ 禄存《ろくぞん》：去水に良く、来水に悪い。

❺ 廉貞《れんてい》：去水に良く、来水に悪い。

❻ 武曲《ぶこく》：来水に良く、去水に悪い。

❼ 破軍《はぐん》：去水に良く、来水に悪い。

❽ 左輔《さほ》：来水に良く、去水に悪い。

❾ 右弼《うひつ》：来水に良く、去水に悪い。

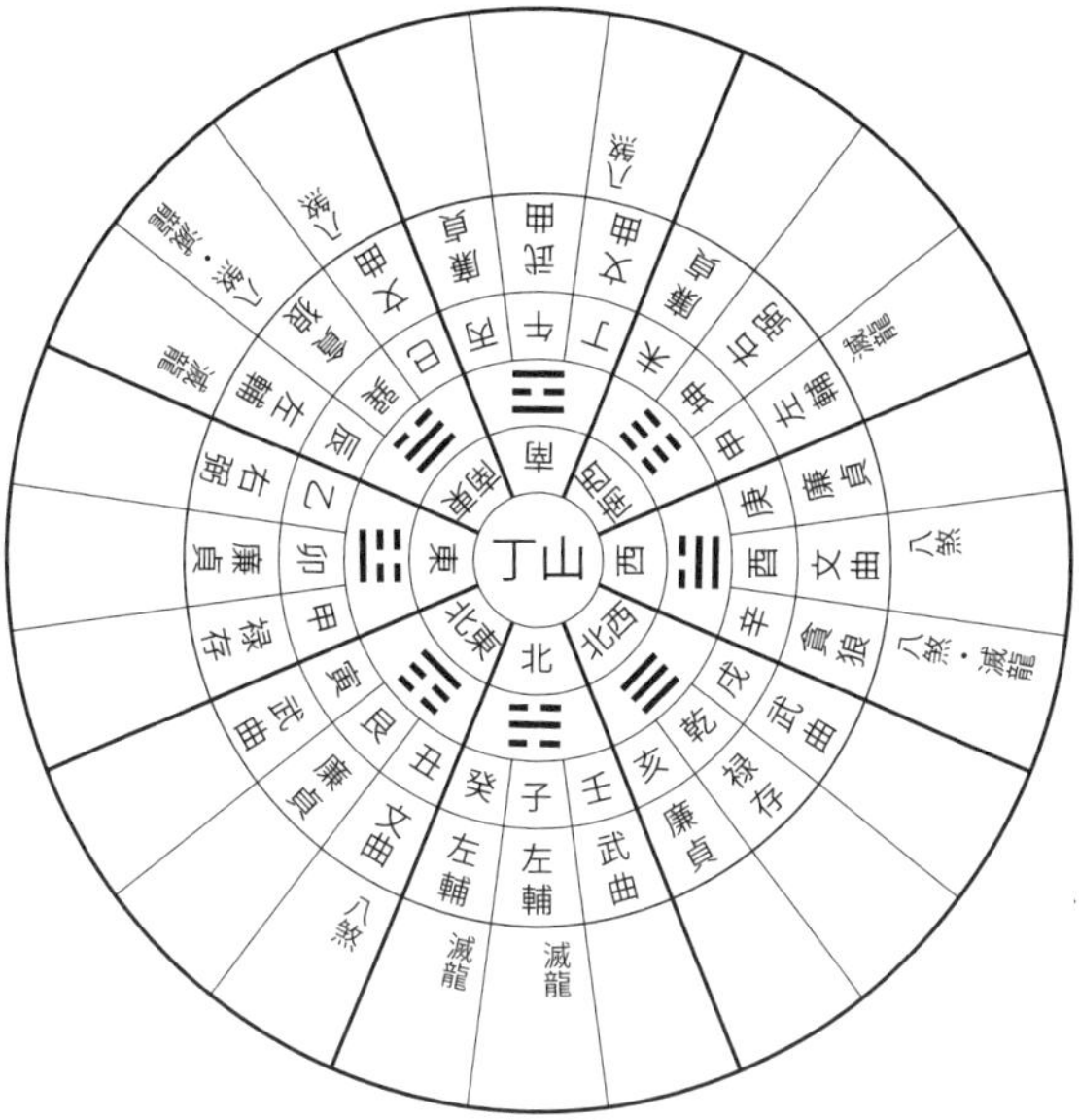

❶ 貪狼《たんろう》：来水に良く、去水に悪い。

❷ 巨門《きょもん》：来水に良く、去水に悪い。

❸ 禄存《ろくぞん》：去水に良く、来水に悪い。

❺ 廉貞《れんてい》：去水に良く、来水に悪い。

❻ 武曲《ぶこく》：来水に良く、去水に悪い。

❼ 破軍《はぐん》：去水に良く、来水に悪い。

❽ 左輔《さほ》：来水に良く、去水に悪い。

❾ 右弼《うひつ》：来水に良く、去水に悪い。

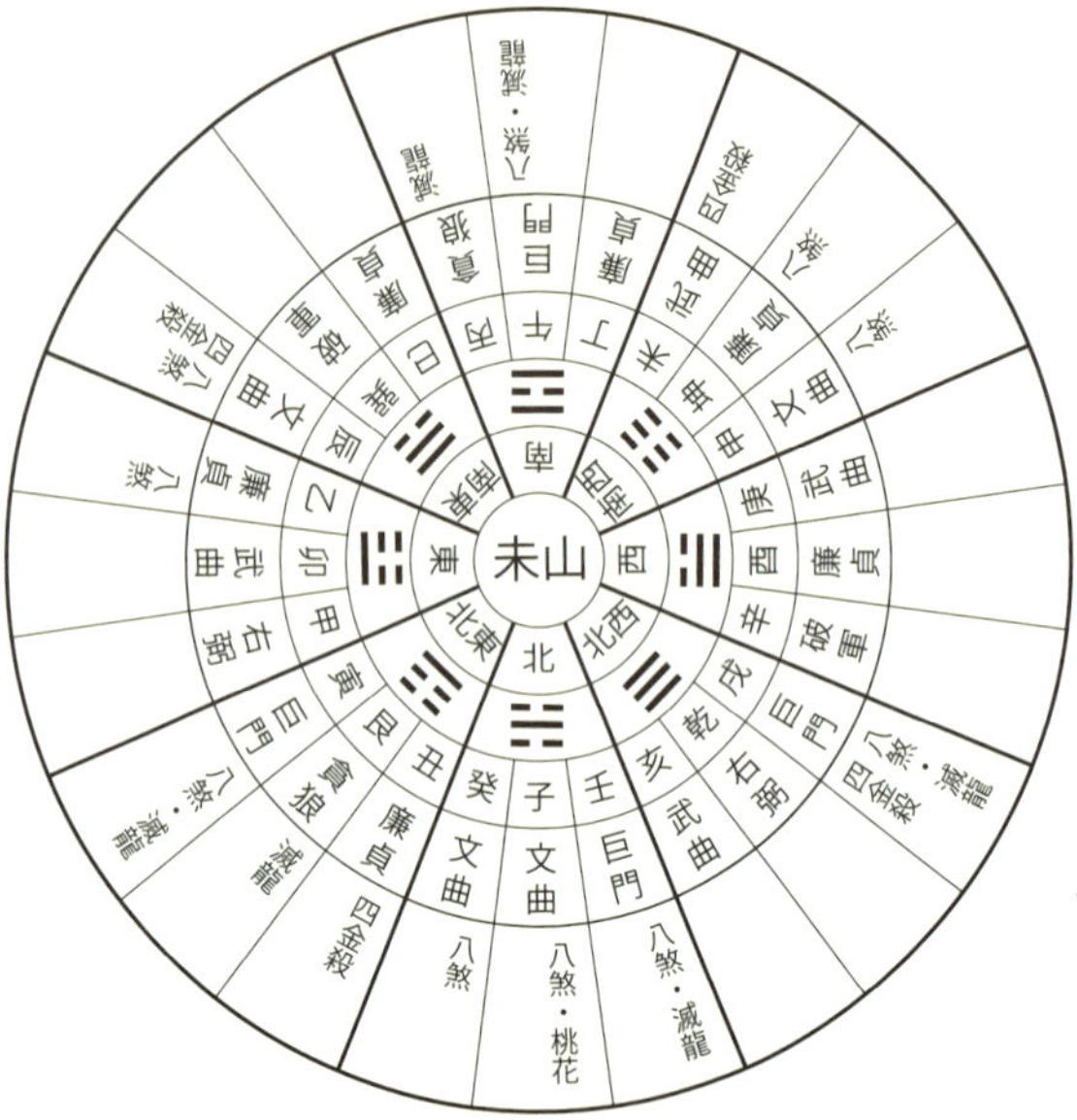

❶ 貪狼《たんろう》：来水に良く、去水に悪い。

❷ 巨門《きょもん》：来水に良く、去水に悪い。

❸ 禄存《ろくぞん》：去水に良く、来水に悪い。

❺ 廉貞《れんてい》：去水に良く、来水に悪い。

❻ 武曲《ぶこく》：来水に良く、去水に悪い。

❼ 破軍《はぐん》：去水に良く、来水に悪い。

❽ 左輔《さほ》：来水に良く、去水に悪い。

❾ 右弼《うひつ》：来水に良く、去水に悪い。

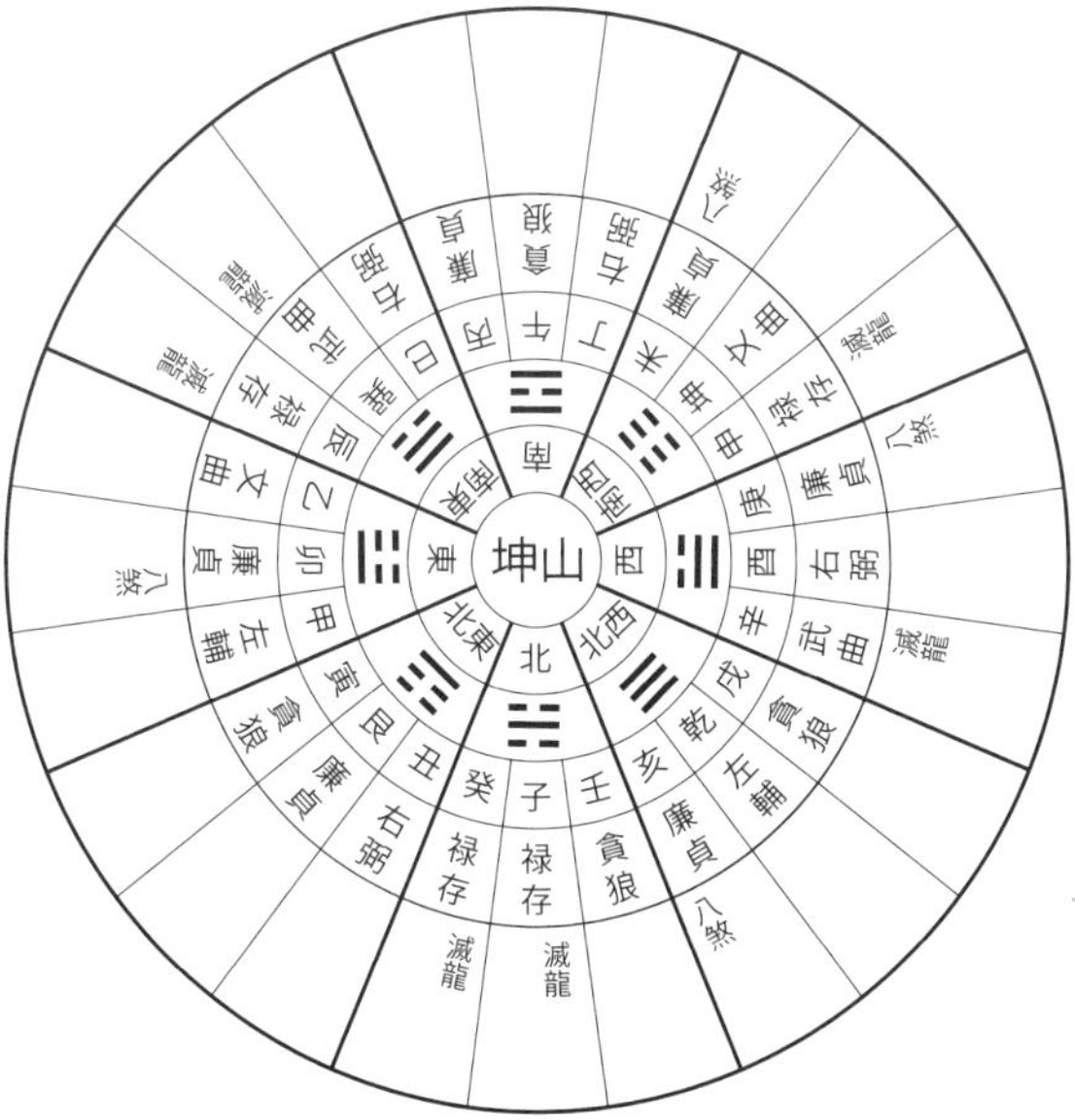

❶ 貪狼《たんろう》：来水に良く、去水に悪い。

❷ 巨門《きょもん》：来水に良く、去水に悪い。

❸ 禄存《ろくぞん》：去水に良く、来水に悪い。

❺ 廉貞《れんてい》：去水に良く、来水に悪い。

❻ 武曲《ぶこく》：来水に良く、去水に悪い。

❼ 破軍《はぐん》：去水に良く、来水に悪い。

❽ 左輔《さほ》：来水に良く、去水に悪い。

❾ 右弼《うひつ》：来水に良く、去水に悪い。

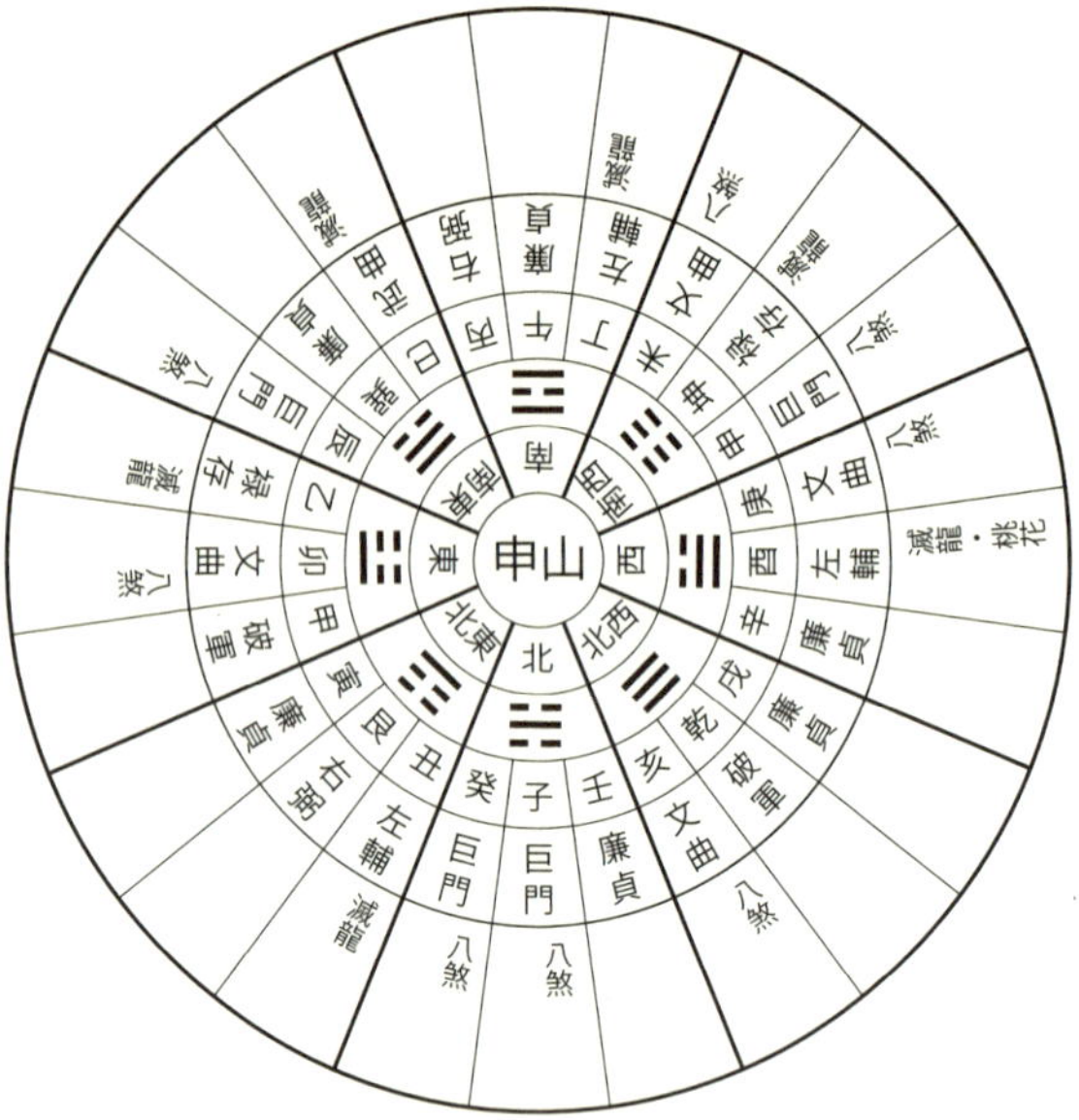

❶ 貪狼《たんろう》：来水に良く、去水に悪い。

❷ 巨門《きょもん》：来水に良く、去水に悪い。

❸ 禄存《ろくぞん》：去水に良く、来水に悪い。

❺ 廉貞《れんてい》：去水に良く、来水に悪い。

❻ 武曲《ぶこく》：来水に良く、去水に悪い。

❼ 破軍《はぐん》：去水に良く、来水に悪い。

❽ 左輔《さほ》：来水に良く、去水に悪い。

❾ 右弼《うひつ》：来水に良く、去水に悪い。

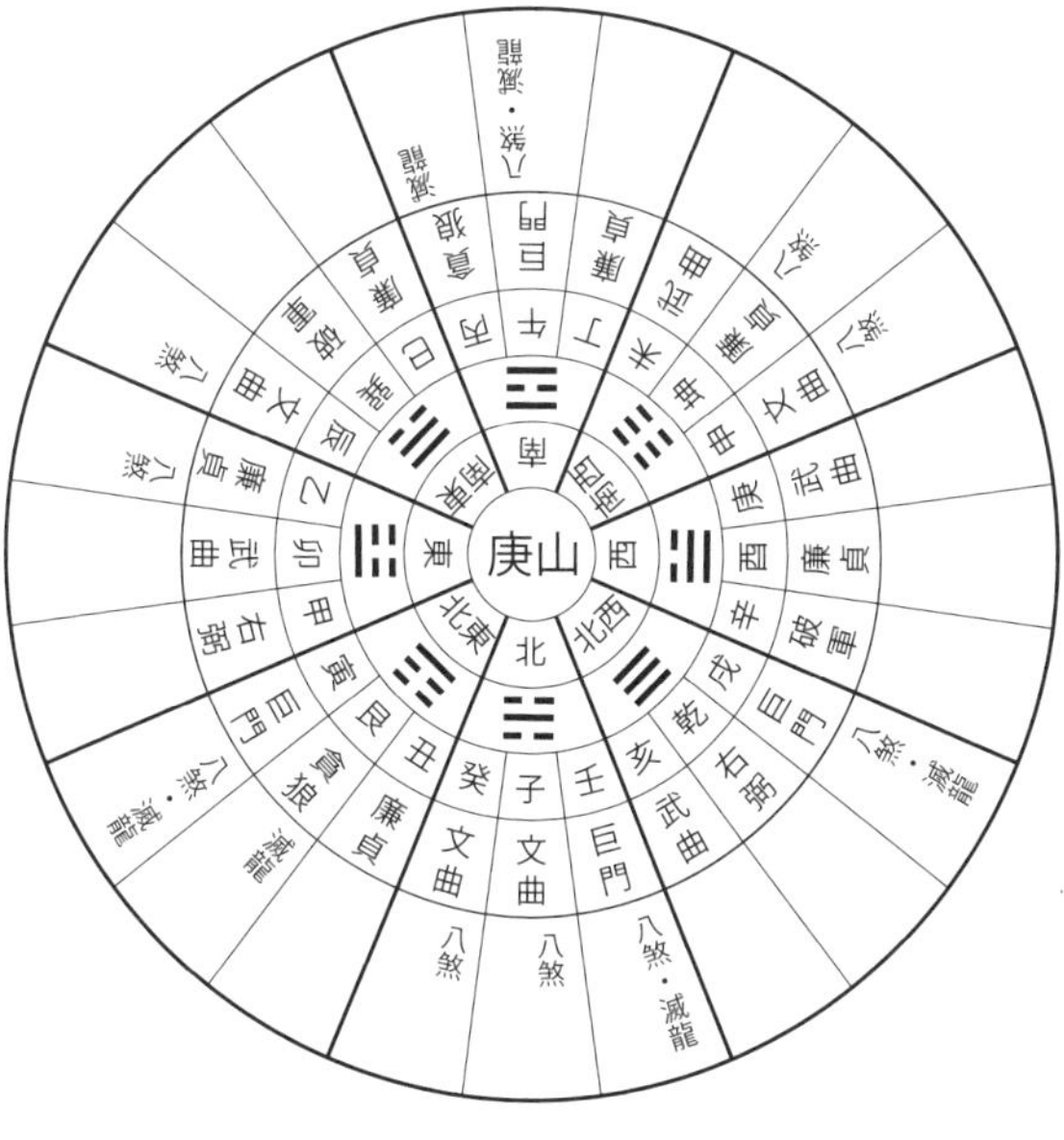

❶ 貪狼《たんろう》：来水に良く、去水に悪い。

❷ 巨門《きょもん》：来水に良く、去水に悪い。

❸ 禄存《ろくぞん》：去水に良く、来水に悪い。

❺ 廉貞《れんてい》：去水に良く、来水に悪い。

❻ 武曲《ぶこく》：来水に良く、去水に悪い。

❼ 破軍《はぐん》：去水に良く、来水に悪い。

❽ 左輔《さほ》：来水に良く、去水に悪い。

❾ 右弼《うひつ》：来水に良く、去水に悪い。

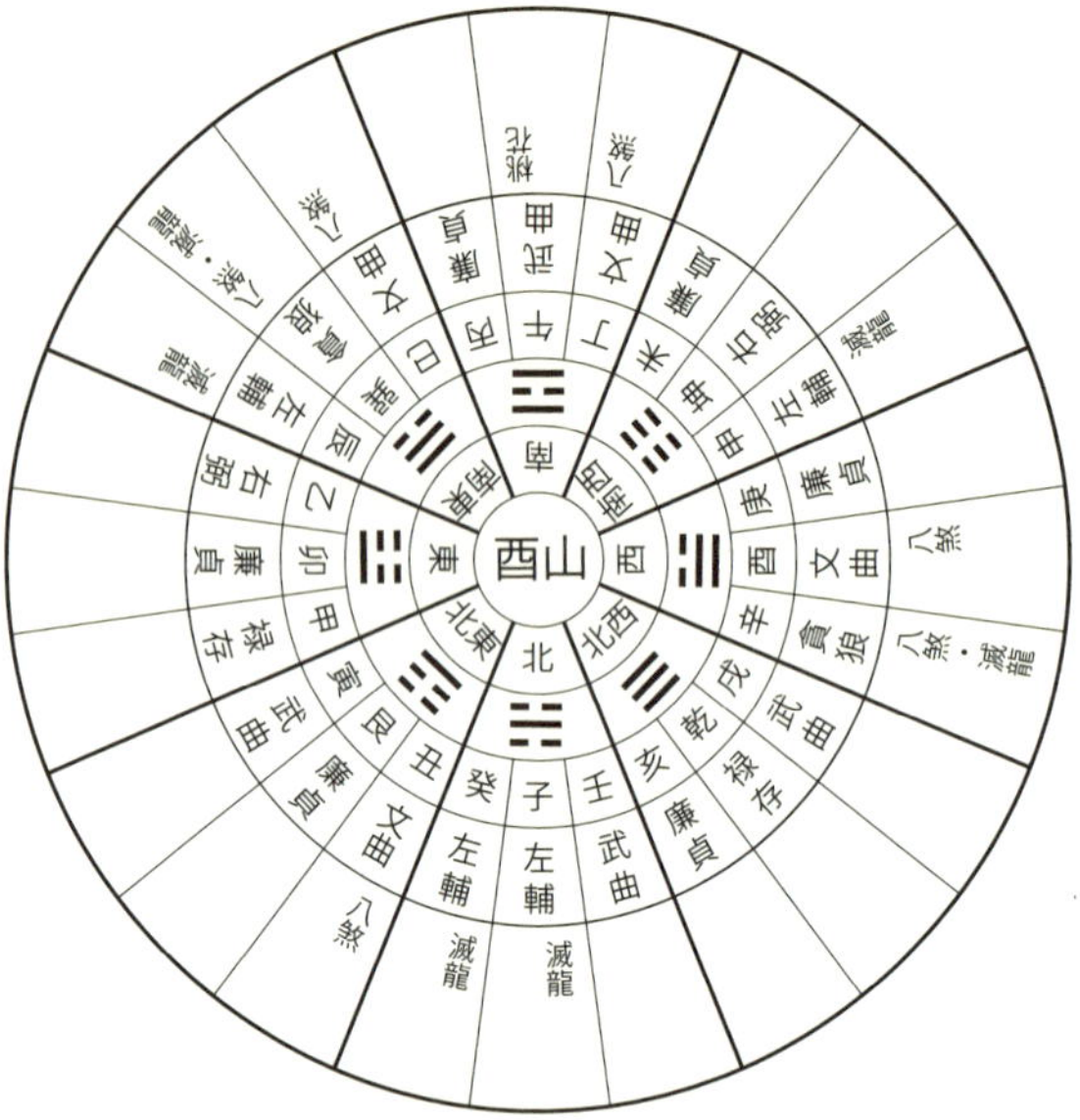

❶ 貪狼《たんろう》：来水に良く、去水に悪い。

❷ 巨門《きょもん》：来水に良く、去水に悪い。

❸ 禄存《ろくぞん》：去水に良く、来水に悪い。

❺ 廉貞《れんてい》：去水に良く、来水に悪い。

❻ 武曲《ぶこく》：来水に良く、去水に悪い。

❼ 破軍《はぐん》：去水に良く、来水に悪い。

❽ 左輔《さほ》：来水に良く、去水に悪い。

❾ 右弼《うひつ》：来水に良く、去水に悪い。

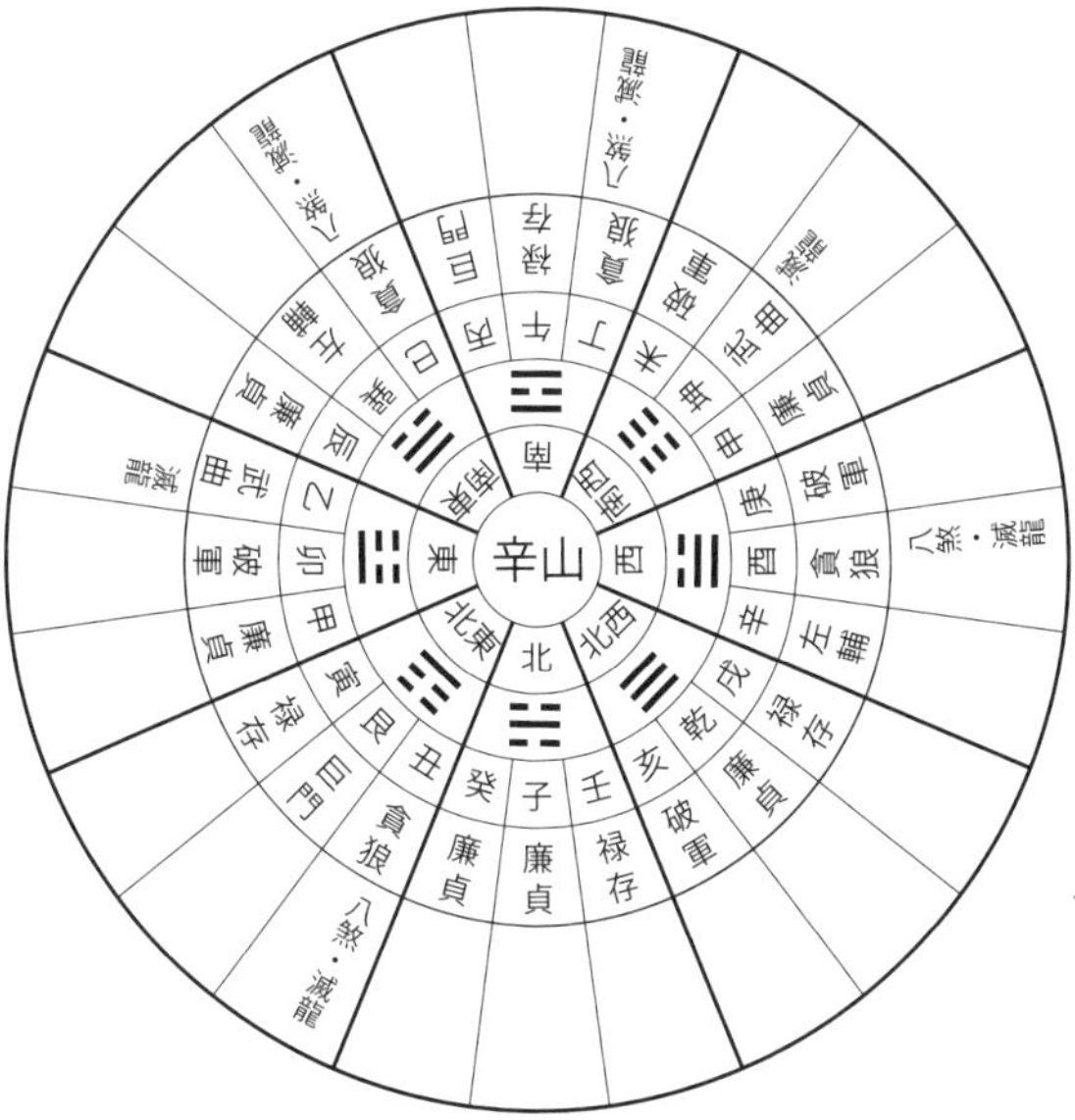

❶ 貪狼《たんろう》：来水に良く、去水に悪い。
❷ 巨門《きょもん》：来水に良く、去水に悪い。
❸ 禄存《ろくぞん》：去水に良く、来水に悪い。
❺ 廉貞《れんてい》：去水に良く、来水に悪い。
❻ 武曲《ぶこく》：来水に良く、去水に悪い。
❼ 破軍《はぐん》：去水に良く、来水に悪い。
❽ 左輔《さほ》：来水に良く、去水に悪い。
❾ 右弼《うひつ》：来水に良く、去水に悪い。

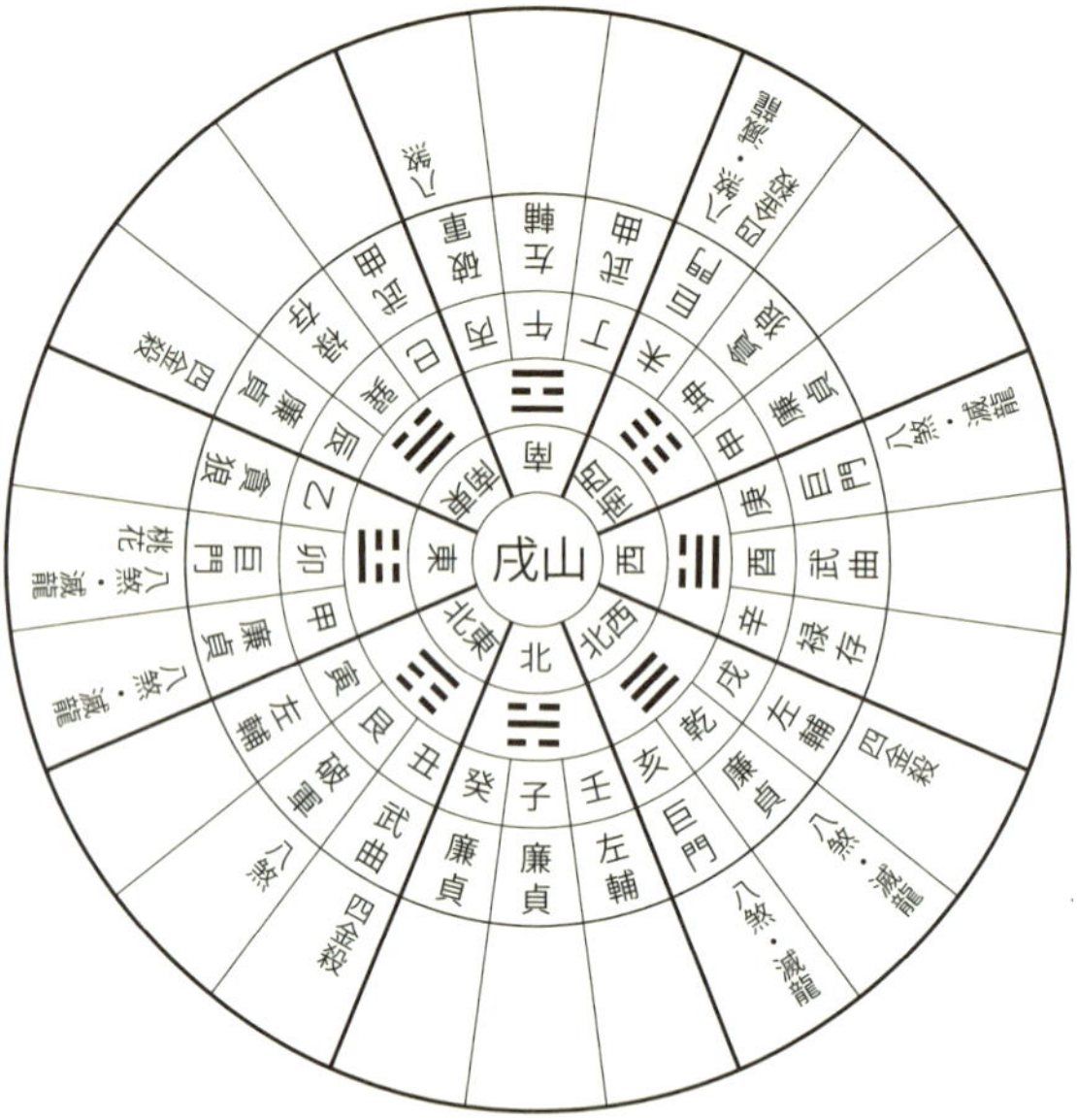

❶ 貪狼《たんろう》：来水に良く、去水に悪い。

❷ 巨門《きょもん》：来水に良く、去水に悪い。

❸ 禄存《ろくぞん》：去水に良く、来水に悪い。

❺ 廉貞《れんてい》：去水に良く、来水に悪い。

❻ 武曲《ぶこく》：来水に良く、去水に悪い。

❼ 破軍《はぐん》：去水に良く、来水に悪い。

❽ 左輔《さほ》：来水に良く、去水に悪い。

❾ 右弼《うひつ》：来水に良く、去水に悪い。

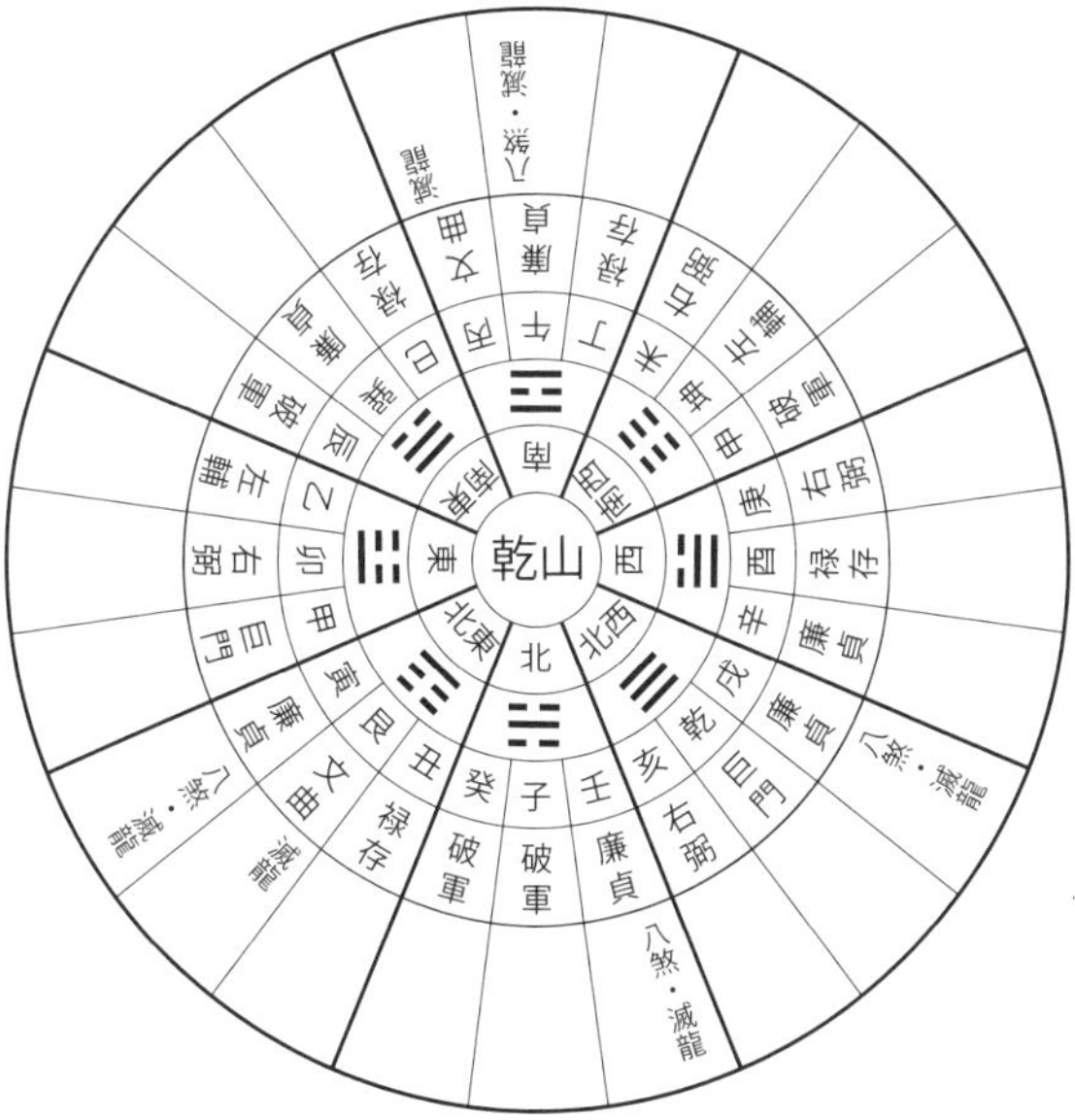

❶ 貪狼《たんろう》：来水に良く、去水に悪い。

❷ 巨門《きょもん》：来水に良く、去水に悪い。

❸ 禄存《ろくぞん》：去水に良く、来水に悪い。

❺ 廉貞《れんてい》：去水に良く、来水に悪い。

❻ 武曲《ぶこく》：来水に良く、去水に悪い。

❼ 破軍《はぐん》：去水に良く、来水に悪い。

❽ 左輔《さほ》：来水に良く、去水に悪い。

❾ 右弼《うひつ》：来水に良く、去水に悪い。

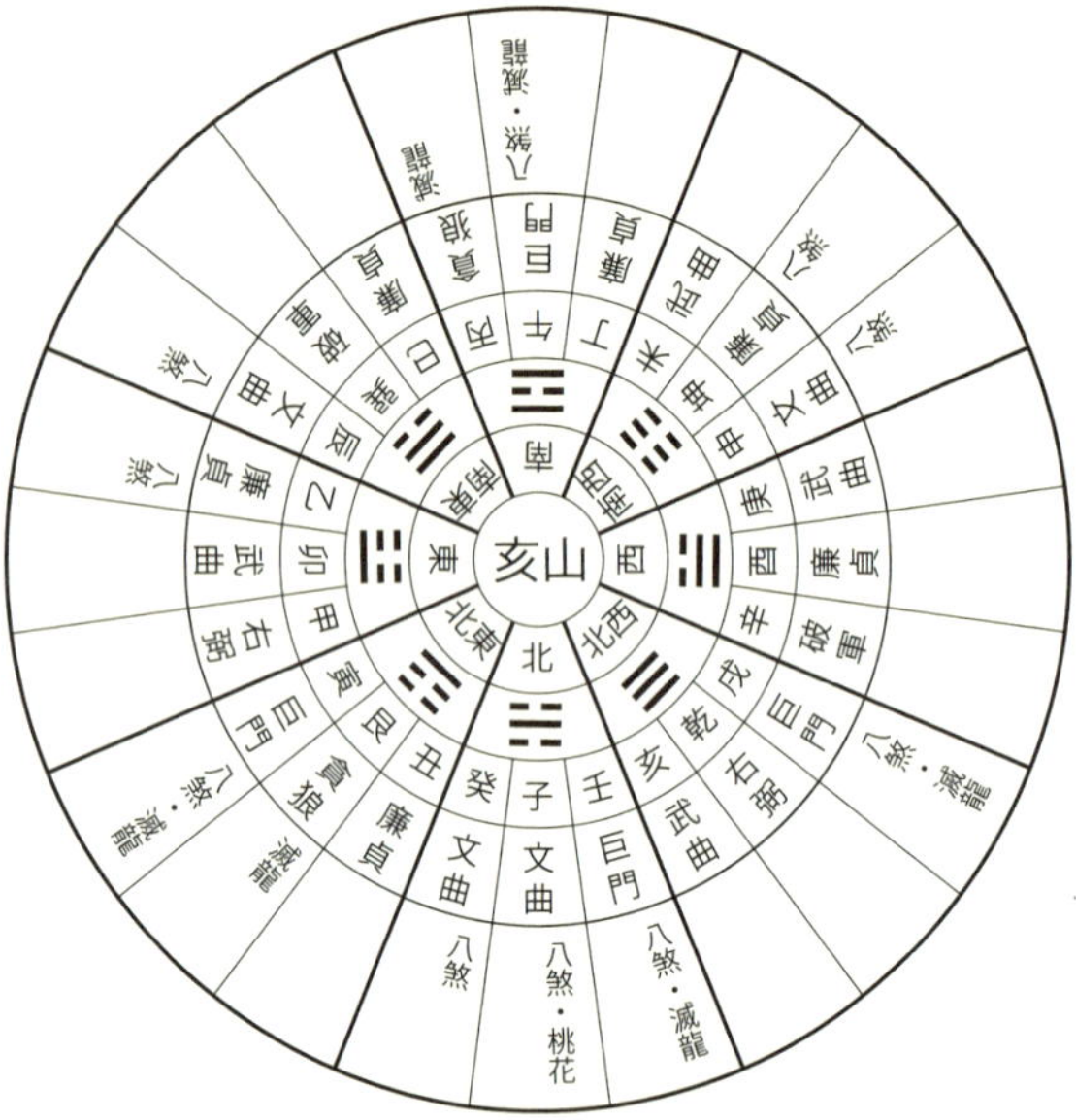

❶ 貪狼《たんろう》：来水に良く、去水に悪い。

❷ 巨門《きょもん》：来水に良く、去水に悪い。

❸ 禄存《ろくぞん》：去水に良く、来水に悪い。

❺ 廉貞《れんてい》：去水に良く、来水に悪い。

❻ 武曲《ぶこく》：来水に良く、去水に悪い。

❼ 破軍《はぐん》：去水に良く、来水に悪い。

❽ 左輔《さほ》：来水に良く、去水に悪い。

❾ 右弼《うひつ》：来水に良く、去水に悪い。

滴水場所（量山太極）

滴水場所の概念は、基本的には玄関ポーチの屋根先で取るのですが、そのような場所は、半分くらいの物件であり、玄関までのアプローチや門や塀などの作りによって、滴水場所が違ってきます。いくら三脚などを使って正確に来水や去水を量っても、滴水場所が違えば結果はおのずと違ってきます。

些子水法を使用する時の大切な要件は、

①座山を正確に算出すること

②滴水場所（太極）を建物の外構などを考慮しながら、的確に選ぶこと

③来水、去水を天（空）と地（地面）をよく観察して交媾する場所を正確に測ること

この三点に要約されます。

このどれを欠いても、些子水法は成り立ちません。これは、龍脈を追うのによく似ています。龍脈も天地の交媾によって造られ、流れに法則があります。山を看て、良い山だと思い、龍脈を辿ると、擬龍であったなどということはよくあることです。つまり、案山に使える山だからといって、その龍脈が活龍とは限らないのです。会津の磐梯山も案山や朝山に使用するのには良い山でありますが、通常、座山には使用できません。それと同じように、些子水法を行う時に、天心水を以て、後ろからの水の流れを量りますが、前面の一八〇度のみを看て量ると間違いが多くなります。まずは、家の廻りをどのように水が取り巻いているかを看てから、座山を量り、来去水を量るようにすると、些子水法に隠されている法則を読み取れるようになると思います。

■滴水場所（量山太極）１

この十字線がこの家の量山太極となり、通常の些子水法の基本形となります。通常は、この位置で量るようになります。この場合で、図の右側の塀の部分方位が来水方位で左側のカーポート側が去水になる場合、来水の最初は図の右側のレンガの塀の端が来水の最初となります。あとの来水は、家の前の景観によって違ってきます。去水は、カーポート右側の角が去水方位となります。ただし、路冲などで前巻水などの場合は違ってきますが、そのような場合でない時は、前述方位が去水となります。

■滴水場所（量山太極）２

これも、図にあるように基礎的な滴水の取り方で大丈夫な例ですが、階段右側に植栽スペースが在ることと隣地境界に塀が建っていることを考えると、もし、水法が合わなかった場合でも、内陽座穴法を使用しなくとも、図の玄関右側の植栽を高くしたり、歩道側に伸ばしたりして、合わせることがそんなに難しくなくできるという例として載せました。

■滴水場所（量山太極）3

この例も、滴水場所自体は単純な基本形ですが、この家で、もし、写真右側方が来水の場合は、写真右の玄関隣の建物の角が来水の始めになってしまいます。これでは、十分に来水の気を生かす事ができなくなってしまうので、写真左側に取った駐車スペースに十分に良い来水の気を溜めることができません。

玄関ポーチ階段を下った右側に表札と郵便受けを兼ねた門柱があるのが解ると思います。玄関ポーチの左側に手すりを設け、門柱位置まで延ばすことによって、滴水位置が門柱の所に変わり、現在よりも大きな水を取り入れることができるようになります。

また、写真左下の奥に物置が見えると思いますが物置と母屋の間に向こう側の緑の車が見える様子は「破れ」となり、せっかくの気を逃がしてしまいます。

■滴水場所（量山太極）4

この写真の物件での滴水位置の取り方は、日常の生活で門からの出入りが多いか、駐車場からの出入りが多いかによって決まります。道路から玄関までの通る所を門路と言いますが、その門路によって滴水の位置が決まることを理解していただくために載せました。門からの出入りが多ければ、門扉の十字線の所を滴水位置とするし、駐車場からの出入りが多ければ、十字線を滴水位置とします。

■滴水場所（量山太極）5

この物件の場合の量山太極は、①か②です。これをどちらで取るかを判断するには、人の出入りが多い方で取るべきです。①からの出入りが多ければ①を量山太極とするし、②からの出入りが多ければ②を量山太極とします。これは、人が入る時に背面に当たる道路の状況を無意識に意識するためと入っていく景観によるものだからです。

上記の理由から、背面を無意識に意識していることを考慮して水を量るのです。

■滴水場所（量山太極）6

この物件の場合の量山太極位置は白の十字線となると考えますが、それは、通路の左にある花壇があるからです。しかし、この場合は花壇が低すぎるので壁とはなりません。壁と看るのは、高さが最低１mほどは必要です。壁とならないにもかかわらず白の十字線を量山太極とした根拠は、玄関部分のポーチの先の基本的滴水位置から看たと仮定した時に、家の出口が点線の部分に意識がいくからです。

■滴水場所（量山太極）7

この寺は、基本的な量山太極で取ってよいものです。しかし、ちょうど太極をステンレスの手すりが切っている形となっているため、太極（自分）を除けている形となっています。これは、生旺法で行った五黄位と同じ象意となり、物事の成就を妨げる形となっています。

水・去水の取り方

来水の取り方は、去水に比べて数段難しい作業になります。去水は、通常一本であり、道路の見えなくなる所を取ればいいですし、多くても二本です。この場合は、両方の象意を考慮し、大きい去水の方を優先させたりします。

それに比べて、来水の場合は、二十四山の一つの文字に、二本、三本と入っている場合も多く見受けます。ただし、二十四山の一つの文字に来水が複数入っている場合でも、来水算出時に足すのは、一文字一回のみとなります。

家と家の間を来水として通常とりますが、それは、家と家の間から水が道路に出て、量山太極の場所の十字天心線を横切った場合に来水として捉えます。つまり、家と家の間に流れ込んでしまう水は取らないということです。

これ以下に書く例題は、あくまでも家と家の間を取った場合は、家と家の間の水が道路に流れ出て、天心線を横切ると仮定して書いていますので間違えないようにしてください。

■来去水の取り方　写真 1-1（去水）

■来去水の取り方　写真 1-2（来水）

写真 1-1 は、基本的な去水の取り方の道路の見えなくなる位置をもって去水としています。
写真 1-2 は同じ場所の来水側です。
来水の取り方の基本は、後ろの風景と重なっている部分を取ることです。
来水 1 は、門柱の電信柱側の水を取っています。
来水 2 は、電信柱の端をもって、電信柱から向こうの道路の水を取っています。
来水 3 と来水 4 は、写真の道路に出てくる道路の水を取っています。
来水 4 から来水 5 までは、ブロック塀が続いているため、取らず、来水 5 は家の間から出てくる水を取って、来水 6 は歩道からの水を取っています。

■来去水の取り方　例2（去水）

上記の写真の①は写っている幹線道路の去水となります。①と書かれている所から、右側に入る道があり、②が右側に入っていった水の去水位置です。上記の写真では、去水が二本あることとなります。この二本が二十四山の文字一つに入って入る場合は象意的には変わりません。しかし、①と②が違う文字ならば、①と座山の納甲数を足して算出した九星象意と②と座山の納甲数を足した九星象意の二つを考慮することとなります。どちらの象意が強いかは、大きい水が流れる方が強いと考えます。つまり、①の去水の象意が強いことになります。

■来去水の取り方　例3（去水）

量山太極から、去水側を看た時に上記の写真のようであったならばと考え説明します。通常は①を去水としたいところですが、木がかぶさっているため②を去水とします。些子水法を活用する風水師によって、①で取るか、①は木がかぶさっているので暗水となるので②で取るかは分かれるところです。些子水法を使用する黄奎光氏は、①で取るが、私は師から②で取ると基本的には教わっています。ただし、このように風景がはっきりしている場合は①で取るのが正解でしょう。右側の③は、写真右側に下り階段が写っているので、天心線を通った水が①の方位と③の方位に分かれているため、この場所もまた、去水が二本となります。

■来去水の取り方　例４（来水）
　上記の写真では、上の線が来水位置です。電柱に付いている電燈を最初に取っているところがポイントですが、もっと小さかったら、青い線も来水として加えます。写真右側手前に写っている車庫は車庫の前の水が車庫側に流れるために天心線を通りません。そのため、来水としては取りません。

■来去水の取り方　例５（来水）
　上記の写真のように石垣が続いている場合、そこは壁と見なして基本的には水を取りません。白い線が来水ポイントです。右側電柱は、電柱の端ではなく上部のトランスで取っていることもポイントです。写真右端の矢印の付いた線は天心水を表しています。

■来去水の取り方　例6（来水）

上記の写真も白い線が来水ポイントです。一番左側の電柱で取っている線は、その隣のカーポートのある駐車場の水を取っています。次の線も、その家の駐車スペースとその家から出る水を取っています。このような場所で大切なのが、その場所まで足を運び、道路に水が出ている場所を探すことです。駐車スペースが在っても道路に水が出ているとは限りません。そのような場合の水は当然、天心線を通らないので取ることはない。前ページと同じように、右側の矢印の付いた線は天心水を表しています。

■来去水の取り方　例7（来水）

この写真も、基本的には例6と同じです。このような新しい住宅街は人が住むにつれ水の流れが変わってきます。それは、住む人がどのように植栽を加えたり、物置を置いたり車の置き方によって変わるからです。水の取り方は、例6と同じ原理です。

■来去水の取り方　例８

この写真の来水は、基本的には白い線の一番左側が一本と、右上の枝の端を取った線の二本が来水となります。春になれば、この木に葉が茂り写真右から４本の下の線は暗水となるため、取らないからです。基本からは外れますが、この写真の場合は、白い線すべてを取って正解です。最初にも書きましたが、些子水法は天の気を看る方法でもあるため、その場所の気の強さが、取るか取らないかと迷った時の目安となるからです。

■来去水の取り方　例９

この写真も基本形には違いないですが、道路際に木が並んでいる木をどのように看るかが、この場所での来水の取り方のポイントとなります。一番右の線から二番目の線まで木が壁のようになっているため、基本編では壁と看て来水を取るようにします。白い線が来水ポイントですが、一番右の線を標識で取っていることがもう一つのポイントとなります。道路はもっと先まで見えていますが、標識で気が切られているので、標識をもって一番遠くの来水ポイントとします。実際には、写真左から写真右手前に写っている木までの４本を取るのが正解となります。残りは、暗水となり基本的には取りません。

量山太極の取り方や来水去水の取り方を写真や図で説明してきましたが、水の取り方や量山太極に、
●全面が川や湖や海に面している場合。
●池や川や湖がある場合。
●山並みがある場合。
●アーケードの中に在り、空が見えない場合の滴水場所。
●ホテルなどのように、ポーチ屋根が三方共に空いている場合の滴水場所。
●玄関の前に駐車場を設けていて、車の間を通り道にしている場合。
●座山と九星水の合わせ方。
●河圖五子運の考慮。
●三元九運と九星水の考慮。
●些子水法による五鬼財運局の取り方
などなど、他にもさまざまなシチュエーションがあります。また同じ家でも使い方によって、太極が違ってくる場合があります。逆を言えば、大げさな直し方をしなくとも使い方によって風水が変化することを意味しています。このような多種多様な例をすべて書く事は不可能ですが、例から応用して頂ければ幸いです。

第二部　看法

第九章　六十四卦を使用した　玄空大卦

「玄空大卦」も前章で行った「些子水法」と同様に効果が大いに期待できる看法の一つです。

「玄空大卦」は六十四卦を使用し、六十四卦の玄空五行や卦運をもって方位を合わせ、各方位の気を繋ぐ方法です。屋外から玄関へ、玄関から各部屋へと気を繋ぎ、気を隅々まで行きわたらせる方法でもあるため、この看法を身につけることは大変有意義なことだと考えます。

1 玄空大卦《げんくうたいか》

① 先天六十四卦と後天六十四卦

玄空大卦とは、六十四卦を使用し、「龍《りゅう》」「峯《ほう》」「向《むき》」「水《みず》」を合わせ、気を合わせる方法です。

玄妙派羅盤の中では、十五層目の先天六十四卦玄空数から二十三層目の六十四卦三百八十四爻の六親五類までの九層に関係します。

先天六十四卦は、別名羅盤上では、「天盤」または、「内盤」といい、羅盤上では、六十四卦の上卦が固定していて、下卦が変化していく、先天六十四卦での玄空数は、下卦の河圖数となります。

後天六十四卦は、別名羅盤上では「地盤」または、「外盤」といい、羅盤上では、六十四卦の下卦が固定されて、上卦が変化していくこととなります。後天六十四卦の玄空数は、上卦の河圖数となります。

つまり、立向線上には、向きに六十四卦の内盤（先天六十四卦）と外盤（後天六十四卦）と、座に内盤（先天六十四卦）と外盤（後天六十四卦）の四つの卦が一直線状に並ぶこととなります。

⑴ 先天（天盤）六十四卦の向きと座の関係

たとえば、子山午向の子山方の後天六十四卦の「地雷復」の先天六十四卦を看ると、

【9䷈（八）小畜】（風天小畜《ふうてんしょうちく》）

となっています。この時の玄空数は、下卦の乾の河圖数「9」が卦形の上に書かれています（この順序は、

上から、洋数字が玄空数、六十四卦上卦、六十四卦下卦、漢数字が卦運、卦名となっています）。

午方の向きの先天六十四卦を看ると、

【1䷏（八）豫姤】（雷地豫《らいちよ》）

となっています。この座と向きの六十四卦、卦形を看るとわかると思いますが、爻のすべてが初爻から上爻まで順序良く、陽は陰へ、陰は陽へ変化している関係となります。

⑵ 後天（地盤）六十四卦の向きと座の関係

前ページと同じく、子山午向の子山方の後天六十四卦の「地雷復」を看ると、【1䷗（八）復】（地雷《ちらい》復《ふく》）の玄空数は、上卦「坤」の河圖数となっています。

地雷復の対面の後天六十四卦を看ると、

【9䷫（八）姤】（天風姤《てんぷうこう》）

となっています。この向きと座の六十四卦の関係も、先天六十四卦と同じく、卦形の爻のすべてが順序良く、陽は陰へ、陰は陽へ変化している関係となります。先天後天共に、一直線状に並ぶ卦運は、同じ卦運となります。

⑶ 先天（天盤）六十四卦と後天（地盤）六十四卦の関係

ここでも、例として、子山にある後天六十四卦の「地雷復」を取り上げると、

後天六十四卦は、【1䷗（八）復】（地雷復《ちらいふく》）

先天六十四卦は、【9䷈（八）小畜】（風天小畜《ふうてんしょうちく》）となります。見比べるとわかりますが、後天六十四卦の下卦の爻の陰爻は陽爻に、陽爻は陰爻に変爻して、先天六十四卦の上卦となり、後天六十四卦の上卦も、陰爻は陽爻に、陽爻は陰爻に変化して、先天六十四卦の下卦になっています。これは、河圖圖《かとず》の対面に当たる八卦に変化すると考えて良く、玄空数の合計は必ず十となります。先天六十四卦の向きと座の玄空五行数の合計が十となり、後天六十四卦の向きと座の玄空五行数の合計も十となります。

⑷ 六十四卦【卦運】の関係

「卦運」とは、六十四卦の方位が、いつの時期にその力を発揮するのか、またはその力を失うかの「運」です。上元の時、「一運」「二運」「三運」「四運」が旺運となり、「六運」「七運」「八運」「九運」が衰運となる。下元の時は、「六運」「七運」「八運」「九運」が旺運となり、「一運」「二運」「三運」「四運」が衰運となる。「向」や「山」は「旺運」を取り、「水」は「衰運」を取る。

その中でも、二〇〇四年から二〇二三年までは、「天運八運」となるので、この時、卦運「八」を「真正神」といい、最も強い力を発揮することになります。また、「二運」は力を持った「八」と正反対の数なので、これを「真零神」といい、最も力がない方位と位置付けます。玄空大卦での六十四卦は、向に「正神」＝「旺運」を取り、水口に「零神」＝「衰運」を取るのが望ましく、特に向に「真正神」を取り、水口に「真零神」を取ることがその運において最も力を発揮します。一運から九運まで、上卦と下卦の違いによって以下のとおり見分けることができます。※三元九運は三八三ページ参照。

一運卦（羅盤表記が「貪狼」となっている場合がある）

＝上卦と下卦が同じとなる……（例）乾為天《けんいてん》 ䷀乾など。

二運卦（羅盤表記が「巨門」となっている場合がある）

＝上卦と下卦の卦形を比べた時に、一番上と真ん中の爻が違っている……（例）䷡大壮（雷天大壮《らいてんたいそう》）など。

三運卦（羅盤表記が「禄存」となっている場合がある）

＝上卦と下卦の卦形を比べた時に、上の爻と下の爻が違い、真ん中は同じものとなる……（例）䷄需（水天需《すいてんじゅ》）など。

四運卦（羅盤表記が「文曲」となっている場合がある）

＝上卦と下卦の卦形を比べた時に、真ん中と下の爻が違うものとなる……（例）䷙大畜（山天大畜）など。

六運卦（羅盤表記が「武曲」となっている場合がある）

＝上卦と下卦の卦形を比べた時に、一番上との爻が違っている……（例）䷪夬（澤天夬《たくてんかい》）など。

七運卦（羅盤表記が「破軍」となっている場合がある）

＝上卦と下卦の卦形を比べた時に、真ん中の爻が違っている……（例）䷍大有（火天大有《かてんたいゆう》）など。

八運卦（羅盤表記が「左輔」となっている場合がある）

＝上卦と下卦の卦形を比べた時に、一番上との爻が違っている……（例）䷈小畜（風天小畜《ふうてんしょうちく》）など。

六運卦（羅盤表記が「右弼」となっている場合がある）

＝上卦と下卦の卦形を比べた時に、すべての爻が違っている……（例）䷊泰（地天泰《ちてんたい》）など。

２ 六十四卦　天元・人元・地元

「天元」「人元」「地元」は、卦運によって三才に運を分けたもので、「三才」とは、易経の説卦伝に「天道に陰陽、地道に柔剛、人道に仁義の働きがある」と書いてあるものから来ています。「天元」とは、二運と八運をいい、片方を向に取ったら、水をもう片方で取るという使い方をします。すると、天元一気となり、力が強く発揮できます。「人元」は三運と七運をいい、「地元」は四運と六運をいい、同じような使い方をします。「一運」と「九運」は「父母卦」といいます。

天元は、二運と八運で、下の爻に関係している。
　二運は、下の爻が変わらない。
　八運は、下の爻が変わる。

人元は、三運と七運で、真ん中の爻に関係している。
　三運は真ん中の爻が変わらない。
　七運は真ん中の爻が変わる。

地元は、四運と六運で、上の爻に関係している。
　四運は上の爻が変わらない。

六運は上の爻が変わる。

右記のように、卦運は六十四卦の上卦と下卦の違いかたによって分かれます。「父母三般卦」とは、「父母卦」と「天・人・地元」を指し、これを使い六十四卦を合わせていく方法があります。「一運」とは別名「父卦」と云い、上卦と下卦が同じもので、これを変爻していくと「六運」「七運」「八運」が生まれます。「九運」とは別名「母卦」と云い、上卦と下卦が正反対のもので、これを変爻していくと「二運」「三運」「四運」が生まれます。その効果を歌ったのが古典に左記のように載っています。

父母三般卦・才是真神話・三般卦・価値千金価。

（父母三般卦の効果は本当のことである。三般卦を知れば価値は千金にも値する）

南北卦（父母卦）

北卦＝父卦＝一運卦

南卦＝母卦＝九運卦

江西卦《こうざいけ》＝二運卦（天元卦）・三運卦（人元卦）・四運卦（地元卦）

江西卦は、東に陣取り、西を望むので「江西卦」という。

江東卦《こうとうけ》＝八運卦（天元卦）・七運卦（人元卦）・六運卦（地元卦）

江東卦は、西に陣取り、東を望むので「江東卦」という。

3 地運　三元八運

「地運」とは、山龍の地の気の動きの変化を捉えたもので、龍脈の運が年代によって変化することを現わします。龍脈の気を量る時に、龍脈が旺運なのか衰運なのかを判断します。これは龍脈を追えないと意味がないので、「地運」というものがあるという程度の知識として掲載します。龍脈の追い方と地運と天運の交媾による合わせ方は別の機会に紹介します。

先天坤卦（女卦）　一運　一八六八～一八八一年　☷一八年
先天巽卦（女卦）　二運　一八八二～一九〇五年　☴二四年
先天離卦（女卦）　三運　一九〇六～一九二九年　☲二四年
先天兌卦（女卦）　四運　一九三〇～一九五三年　☱二四年
先天艮卦（男卦）　六運　一九五四～一九七四年　☶二一年
先天坎卦（男卦）　七運　一九七五～一九九五年　☵二一年
先天震卦（男卦）　八運　一九九六～二〇一六年　☳二一年
先天乾卦（男卦）　九運　二〇一七～二〇四三年　☰二七年

※上元一運～四運、合計九〇年。　下元六運～九運、合計九〇年。上元と下元で一八〇年となる。
○上元一運から四運の女卦（後天陰卦）は、下の爻より数える（陰爻六年、陽爻九年）
○下元六運から九運の男卦（後天陽卦）は、上の爻より数える（陰爻六年、陽爻九年）

4 玄空五行と五吉

「玄空五行」とは、「河圖五行」のことであり、先天河圖の五行です。

1・6は「水」……後天六十四卦で「1は坤」「6は艮」ですから、上卦が「坤」または、「艮」の場合に玄空五行が「水」となります。

2・7は「火」……後天六十四卦で「2は巽」「7は坎」ですから、上卦が「巽」または、「坎」の場合に玄空五行が「火」となります。

3・8は「木」……後天六十四卦で「3は離」「8は震」ですから、上卦が「離」または、「震」の場合に玄空五行が「木」となります。

4・9は「金」……後天六十四卦で「4は兌」「9は乾」ですから、上卦が「兌」または、「乾」の場合に玄空五行が「金」となります。

※玄空五行に「土」はありませんが、向と対象物の玄空数が足して十になった時に「土」ととらえる場合もありますが、基本的に「土」はないと考えてください。

※「五吉」とは、玄空五行を合わせるのに良い合わせ方ですという意味です。

※羅盤では後天六十四卦（六十四卦地盤）を使用。

六十四卦の玄空五行では、

1・6　水

2・7　火
3・8　木
4・9　金
1・2・3・4を生数《うむかず》、6・7・8・9を成数《なるかず》といいます。

五吉とは、向きに対して、
①生入《せいいり》＝たとえば向きの玄空数が「1」だった場合、1の五行は水だから水を生む、金の4か9が入れば「生入」となる。
②剋入《こくいり》＝たとえば向きの玄空数が「2」だった場合、2の五行は火なので、火を剋す、水の1か6が入れば「剋入」となる。
③旺入《おういり》＝たとえば向きの玄空数が「3」だった場合、3の五行は木なので、同じ木の3か8が入れば「旺入」となる。
④生成《せいせい》＝たとえば向きの玄空数が「4」だった場合、4は金の生数であるから、成数の9が入れば「生成」となる。
⑤合十《ごうじゅう》＝たとえば向きの玄空数が「6」だった場合、金の4が入れば向きと足して十となるため、「合十」となる。
＊合十のほかに、合五、合十五なども使えるという考え方があります（玄妙派では使用しません）

5 龍《りゅう》・峯《ほう》・向《むき》・水《みず》

玄空大卦では、龍・峯（山）・向・水を六十四卦で合わせることが大切な要件となります。あくまでも、「主」は「向」であり、「龍」「峯」「水」は「客」となります。


「龍」とは、言葉の通り、龍脈を指し、墓所や家などへの脈の入首方位を量ることとなります。

「峯」とは、貴峯のことであり、家や墓所から見える綺麗な山を指します。

「水」とは、川や雨が降った時に道路などの流れる水を差します。

「向」とは、玄関、門などの、立向（向首）を指します。


「向」を主として、と「龍」「峯」「水」が「向き」に五吉で入るようにします。「龍」は座山にも五吉で入るようにします。

五吉の錯誤

五吉で入るのが吉となることを前に書きましたが、立向が「3木」であった場合、1、6は生入で吉、3、8は旺入りで吉、4、9は剋入りで吉、7は合十で吉、2は合五で吉となれば、何でもありとなってしまい五吉の意義がなくなってしまいます。そこで「格局」を大切にし、干支の合、刑、破、害、天剋・地冲などを考慮に入れなければなりません。

6 命卦六十四卦

生れ年をもって干支から六十四卦を算出し、その六十四卦を命卦とします。たとえば、一九八五年二月四日以降一九八六年二月三日までの生まれの人であれば、「乙丑」年の生まれとなります。

乙丑生まれの命卦は、次ページの命卦算出表から 3䷔（六）噬嗑とわかります。

結果、乙丑の玄空五行は「3木」となります。

命卦は、向きから五吉となるように立向を定めます。つまり、龍・峯・向・水での主が「向」で、向きと命卦では、命卦が「主」となり、「向（向首）」が「客」となります。

多人数で住んでいる場合、住人すべての命卦を算出し、すべての人に合う向きを定めることが重要です。

六十四卦　命卦算出表

六十四卦　命卦算出表

甲《きのえ》子《ね》 坤為地《こんいち》 1 一	丙《ひのえ》子《ね》 山雷頤《さんらいい》 6 三	戊《つちのえ》子《ね》 水雷屯《すいらいちゅん》 7 四	庚《かのえ》子《ね》 風雷益《ふうらいえき》 2 九	壬《みずのえ》子《ね》 震為雷《しんいらい》 8 一
乙《おつ》丑《うし》 火雷噬嗑《ひらいぜいごう》 3 六	丁《ひのと》丑《うし》 澤雷随《たくらいずい》 4 七	己《つちのと》丑《うし》 天雷无妄《てんらいむもう》 9 二	辛《かのと》丑《うし》 地火明夷《ちかめいい》 1 三	癸《みずのと》丑《うし》 山火賁《さんかひ》 6 八
丙《ひのえ》寅《とら》 風火家人《ふうかかじん》 2 四	戊《つちのえ》寅《とら》 雷火豊《らいかほう》 8 六	庚《かのえ》寅《とら》 離為火《りいか》 3 一	壬《みずのえ》寅《とら》 天火同人《てんかどうじん》 9 七	甲《きのえ》寅《とら》 水火既済《すいかきせい》 7 九
丁《ひのと》卯《う》 山澤損《さんたくそん》 6 九	己《つちのと》卯《う》 水澤節《すいたくせつ》 7 八	辛《かのと》卯《う》 風澤中孚《ふうたくちゅうふ》 2 三	癸《みずのと》卯《う》 雷澤帰妹《らいたくきまい》 8 七	乙《きのと》卯《う》 地澤臨《ちたくりん》 1 四
戊《つちのえ》辰《たつ》 天澤履《てんたくり》 9 六	庚《かのえ》辰《たつ》 地天泰《ちてんたい》 1 九	壬《みずのえ》辰《たつ》 山天大畜《さんてんたいちく》 6 四	甲《きのえ》辰《たつ》 火澤睽《かたくけい》 3 二	丙《ひのえ》辰《たつ》 兌為澤《だいたく》 4 一
己《つちのと》巳《み》 雷天大壮《らいてんたいそう》 8 二	辛《かのと》巳《み》 火天大有《かてんたいゆう》 3 七	癸《みずのと》巳《み》 澤天夬《たくてんかい》 4 六	乙《つちのと》巳《み》 水天需《すいてんじゅ》 7 三	丁《ひのと》巳《み》 風天小畜《ふうてんしょうちく》 2 八
庚《かのえ》午《うま》 雷風恒《らいふうこう》 8 九	壬《みずのえ》午《うま》 巽為風《そんいふう》 2 一	甲《きのえ》午《うま》 乾為天《けんいてん》 9 一	丙《ひのえ》午《うま》 澤風大過《たくふうたいか》 4 三	戊《つちのえ》午《うま》 火風鼎《かふうてい》 3 四
辛《かのと》未《ひつじ》 天水訟《てんすいしょう》 9 三	癸《みずのと》未《ひつじ》 澤水困《たくすいこん》 4 八	乙《きのと》未《ひつじ》 水風井《すいふうせい》 7 六	丁《ひのと》未《ひつじ》 山風蠱《さんぷうこ》 6 七	己《つちのと》未《ひつじ》 地風升《ちふうしょう》 1 二
壬《みずのえ》申《さる》 地水師《ちすいし》 1 七	甲《きのえ》申《さる》 火水未済《かすいびせい》 3 九	丙《ひのと》申《さる》 雷水解《らいすいかい》 8 四	戊《つちのえ》申《さる》 風水渙《ふうすいかん》 2 六	庚《かのえ》申《さる》 坎為水《かんいすい》 7 一
癸《みずのと》酉《とり》 風山漸《ふうざんぜん》 2 七	乙《きのと》酉《とり》 天山遯《てんざんとん》 9 四	丁《ひのと》酉《とり》 澤山咸《たくざんかん》 4 九	己《つちのと》酉《とり》 火山旅《かざんりょ》 3 八	辛《かのと》酉《とり》 雷山小過《らいざんしょうか》 8 三
甲《きのえ》戌《いぬ》 水山蹇《みずざんけん》 7 二	丙《ひのえ》戌《いぬ》 艮為山《ごんいざん》 6 一	戊《つちのえ》戌《いぬ》 地山謙《ちざんけん》 1 六	庚《かのえ》戌《いぬ》 天地否《てんちひ》 9 九	壬《みずのえ》戌《いぬ》 澤地萃《たくちすい》 4 四
乙《きのと》亥《い》 火地晋《かちしん》 3 三	丁《ひのと》亥《い》 雷地豫《らいちよ》 8 八	己《つちのと》亥《い》 風地観《ふうちかん》 2 二	辛《かのと》亥《い》 水地比《すいちひ》 7 七	癸《みずのと》亥《い》 山地剥《さんちはく》 6 六

命卦六十四卦活用例

多人数の家族がいる場合は、すべての人の命卦に合う立向（向首）を取ります。

主人　昭和二五年生まれ（庚寅年＝命卦3䷝（一）離）
妻　昭和三〇年生まれ（乙未年＝命卦7䷯（六）井）
長男　昭和五二年生まれ（丁巳年＝命卦2䷈（八）小畜）
長女　昭和五四年生まれ（己未年＝命卦1䷭（二）升）
次男　昭和五六年生まれ（辛酉年＝命卦8䷽（三）小過）
父　昭和二年生まれ（丁卯年＝命卦6䷨（九）損）
母　昭和六年生まれ（辛未年＝命卦9䷅（三）訟）

右の七人家族がいた場合の立向は、
まず、全員の命卦の玄空数3木、7火、2火、1水、8木、6水、9金に合う玄空数を探し、
2・7火、3・8木、1・6水、9金に合う玄空数は、
玄空数「1」の立向で當運8運を取ると1䷗（八）復となります。
「1」は水で3、8木を生じる（生入）。2、7火を剋する（剋入）。1とは同じとなる（旺入）。6とは生成数となります。9とは足すと10となる（合十）。したがって、全員の命卦と立向が合うこととなります。

7 命卦と向首《こうしゅ》（向）

命卦とは、人の生まれた年を六十四卦に直したもので、各生まれ年に六十四卦が割り当てられています。

玄空大卦では、龍・峯（綺麗な山）・向・水を「向」に合わせますが、「向」は命卦に合わせます。

風水は「家を合わせる」で完了しているのではなく、「人」に家を合わせるのですから、人の命卦があくまでも「主」であり、他は「従」となります。

※風水の中には「山龍」を「座山」と置き換えているような場合がありますが、あくまでも座山は、家や墓の座山、つまり「後ろ側」であり、山龍は龍脈以外の何物でもありません。そこを混同しないようにするべきだと思います。

向首玄空数が命卦玄空数を生む数……………………生入吉（発丁発貴）

向首玄空数が命卦玄空数と同じ五行…………………旺入吉（旺財丁）

向首玄空数が命卦玄空数を剋す数……………………剋入吉（貴人提捘）

向首玄空数が命卦玄空数と足すと十となる数………合十吉（百事成就）

向首玄空数と命卦玄空数が生成の関係………………生成吉（創業成功）

8 剋出《こくしゅつ》と生出《せいしゅつ》

剋出とは、龍、貴峯、水が向首から、命卦が向首を剋し出ることをいい、凶となります（凶禍）。
生出とは、龍、貴峯、水が向首から、命卦が向首を生むこと（洩気）をいい、凶となります（丁財両敗）。

剋出例　向首が7（火）で水や龍や貴峯が4か9の金の場合、火剋金で剋出となり凶となる
　　　　命卦が1（水）で向首が、2や7の火の場合は、水剋火で剋出となり凶となる

生出例　向首が9（金）で水や龍や貴峯が3か8の木の場合、金剋木で剋出となり凶となる
　　　　命卦が1（水）で向首が、3や8の木の場合は、水生木で生出となり凶となる

9 格局《かっきょく》

玄空大卦での「格局」とは、六十四卦でこのように取れば、バランスが良く、効果が期待できるという「形」です。格局を示しておきますので、上元、下元を考えて、左記のような格局を形成するように各方位を取る事が玄空大卦の効果を生かすことになります。

(1) 一気純清格

（龍・峯・向・水の卦運を同じに取る）

(一) 貪狼一気純清格

9 ䷀ (一) 乾
4 ䷹ (一) 兌
3 ䷝ (一) 離
8 ䷲ (一) 震
2 ䷸ (一) 巽
7 ䷜ (一) 坎
6 ䷳ (一) 艮
1 ䷁ (一) 坤

(二) 巨門一気純清格

8 ䷡ (二) 大壮
3 ䷥ (二) 睽
4 ䷰ (二) 革
9 ䷘ (二) 无妄
1 ䷭ (二) 升
6 ䷃ (二) 蒙
7 ䷦ (二) 蹇
2 ䷓ (二) 観

(三) 禄存一気純清格

7 ䷄ (三) 需
2 ䷼ (三) 中孚
1 ䷣ (三) 明夷
6 ䷚ (三) 頤
4 ䷛ (三) 大過
9 ䷅ (三) 訟
8 ䷽ (三) 小過
3 ䷢ (三) 晋

(四) 文曲一気純清格

6 ䷙ (四) 大畜
1 ䷒ (四) 臨
2 ䷤ (四) 家人
7 ䷂ (四) 屯
3 ䷱ (四) 鼎
8 ䷧ (四) 解
9 ䷠ (四) 遯
4 ䷬ (四) 萃

(五) 武曲一気純清格

4 ䷪ (六) 夬
9 ䷉ (六) 履
8 ䷶ (六) 豊
3 ䷔ (六) 噬嗑
7 ䷯ (六) 井
2 ䷺ (六) 渙
1 ䷎ (六) 謙
6 ䷖ (六) 剝

(六) 破軍一気純清格

3 ䷍ (七) 大有
8 ䷵ (七) 帰妹
9 ䷌ (七) 同人
4 ䷐ (七) 隋
6 ䷑ (七) 蠱
1 ䷆ (七) 師
2 ䷴ (七) 漸
7 ䷇ (七) 比

(七) 輔星一気純清格

2 ䷈ (八) 小畜
7 ䷻ (八) 節
6 ䷕ (八) 賁
1 ䷗ (八) 復
9 ䷫ (八) 姤
4 ䷮ (八) 困
3 ䷷ (八) 旅
8 ䷏ (八) 豫

(八) 弼星一気純清格

1 ䷊ (九) 泰
6 ䷨ (九) 損
7 ䷾ (九) 既済
2 ䷩ (九) 益
8 ䷟ (九) 恒
3 ䷿ (九) 未済
4 ䷞ (九) 咸
9 ䷋ (九) 否

(2) 一卦純清格

（龍・峯・向・水の玄空数を同じに取る）

(一) 乾卦一卦純清格

龍 9☰×（　）
峯 9☰×（　）
向 9☰×（　）
水 9☰×（　）

(二) 兌卦一卦純清格

龍 2☱×（　）
峯 2☱×（　）
向 2☱×（　）
水 2☱×（　）

(三) 離卦一卦純清格

龍 3☲×（　）
峯 3☲×（　）
向 3☲×（　）
水 3☲×（　）

(四) 震卦一卦純清格

龍 8☳×（　）
峯 8☳×（　）
向 8☳×（　）
水 8☳×（　）

(五) 巽卦一卦純清格

龍 2☴×（　）
峯 2☴×（　）
向 2☴×（　）
水 2☴×（　）

(六) 坎卦一卦純清格

龍 7☵×（　）
峯 7☵×（　）
向 7☵×（　）
水 7☵×（　）

(七) 艮卦一卦純清格

龍 6☶×（　）
峯 6☶×（　）
向 6☶×（　）
水 6☶×（　）

(八) 坤卦一卦純清格

龍 1☷×（　）
峯 1☷×（　）
向 1☷×（　）
水 1☷×（　）

(3) 玄空五行格

(一) 1、6水生成格①（丁財両旺）

龍　1　☰　×（　）
峯　6　☶　×（　）
向　1　☰　×（　）
水　6　☶　×（　）

1、6水生成格②（丁財両旺）

龍　6　☶　×（　）
峯　1　☰　×（　）
向　6　☶　×（　）
水　1　☰　×（　）

(二) 3、8木生成格①（丁財両旺）

龍　3　☲　×（　）
峯　8　☳　×（　）
向　3　☲　×（　）
水　8　☳　×（　）

3、8木生成格②（丁財両旺）

龍　8　☳　×（　）
峯　3　☲　×（　）
向　8　☳　×（　）
水　3　☲　×（　）

(三) 2、7火生成格①（丁財両旺）

龍　2　☴　×（　）
峯　7　☵　×（　）
向　2　☴　×（　）
水　7　☵　×（　）

2，7木生成格②（丁財両旺）

龍　7　☵　×（　）
峯　2　☴　×（　）
向　7　☵　×（　）
水　2　☴　×（　）

(四) 4、9金生成格①（丁財両旺）

龍　4　☱　×（　）
峯　9　☰　×（　）
向　4　☱　×（　）
水　9　☰　×（　）

4、9金生成格②

龍　9　☰　×（　）
峯　4　☱　×（　）
向　9　☰　×（　）
水　4　☱　×（　）

（五）天地定位格①

龍 9 ☰ ×（　）
峯 1 ☰ ×（　）
向 9 ☰ ×（　）
水 1 ☰ ×（　）

天地定位格②

龍 1 ☰ ×（　）
峯 9 ☰ ×（　）
向 1 ☰ ×（　）
水 9 ☰ ×（　）

（六）雷風相薄格①

龍 8 ☳ ×（　）
峯 2 ☴ ×（　）
向 8 ☳ ×（　）
水 2 ☴ ×（　）

雷風相薄格②

龍 2 ☴ ×（　）
峯 8 ☳ ×（　）
向 2 ☴ ×（　）
水 8 ☳ ×（　）

（七）山澤通気格①

龍 6 ☶ ×（　）
峯 4 ☱ ×（　）
向 6 ☶ ×（　）
水 4 ☱ ×（　）

山澤通気格②

龍 4 ☱ ×（　）
峯 6 ☶ ×（　）
向 4 ☱ ×（　）
水 6 ☶ ×（　）

（八）水火不相射格①

龍 7 ☵ ×（　）
峯 3 ☲ ×（　）
向 7 ☵ ×（　）
水 3 ☲ ×（　）

水火不相射格②

龍 3 ☲ ×（　）
峯 7 ☵ ×（　）
向 3 ☲ ×（　）
水 7 ☵ ×（　）

格局は、擇日算出にも応用が可能です。

年・月・日・時の干支を六十四卦に直し、日を「主」として、年・月・時を「客」として合わせます。

陽宅に応用する場合は、家や房の中心から、玄関、机、ベッド、神棚、部屋のドアなどを格局に合わせた方位に、配置し、

玄関向きを「主」として、各方位が五吉で合うような格局を選ぶことで効果が期待できます。

当然、玄関の向きは、住人の命卦を生じるなどの五吉でなくてはいけません。

玄空大卦の基礎にふれましたが、他にも数多くの格局や、爻運の取り方なども代表的な抽爻換象のほかにも何種類もありますし、その他にも、七星打劫や地位や商売、財運、子孫運などの向上の方法、玄空飛星と合わせて使用する方法、特殊な水法など、とても書ききれないほどに深いものがあります。使用法を深く知れば効果の大きい看法だけに、別の機会に玄空大卦と古典の「都天寶照經」や「天玉經」を交えて紹介したいと思います。

第二部　看法

第一〇章　天の気を合わせる玄空飛星

玄空飛星は、二十四山の「座」と「向」を挨星運と合わせて配置して家の空間の気の分布や家の周りの地形環境と合致するかどうかで判断をする看法です。

生旺法と分け方は違いますが八宅法に三元九運という時間軸を加えた看法に似ているという見方ができると思います。玄空飛星自体で全体象意を把握しようとすると無理があると私は思いますが、玄空飛星は大きな運の動向をつかむことができる看法ですので、今までの看法と合わせることにより、効果を発揮することができると考え、最後の章に「玄空飛星」を説明することとします。

玄空大卦は地の気を合わせるのに対して、玄空飛星は天の気を合わせる法なので、両方を使用することによって、天の気と地の気が交媾して完成するものだと思っております。

1 玄空飛星《げんくうひせい》圖の作成

玄空飛星は、造作した天運をもとに、座山に廻った運と向に廻った運を中宮に入れて、陰か陽廻りをさせて、各方位を判断する看法です。つまり、宮に入っている数字は、天運の集まりということになります。

これを飛星図といいますが、これだけでは、同じ天運に同じ向に建てた建物は同じ現象が起きるように誤解されても仕方のないことです。

しかし実際はその方位に建物のどの様な用途の部屋があるのか、また外はどのような状態になっているのかを考慮しなければなりません。

現在天運は八運ですが、もし、向星8が入っている方位がリビングなので、家族が仲良く過ごせると短絡的に玄空飛星を使用するのでしたら百害あって一利なしといえるでしょう。

その外に何があるのか、家の中や家全体は元より、家を取り巻く環境を考慮して初めて玄空飛星が看法として成り立つことを確認して飛星図の書き方に入りましょう。

1 玄空飛星圖（下卦圖《しもかず》）作成　その一

飛星圖は、以下の「運」が根本になりますので、家を建てた年月日を正確に知る必要があります。では、建てた時の運から変化がないかといえば、家を改装した時（玄関を含める）は、改装した時の運をもとに飛星圖を作成してください。ただし、最初に建築した時の運がなくなるのでは無く、最初の建てた時の運に改装した時の運が重ね合わさったと考えますので、最初の建てた時の飛星圖も作成して、二つの飛星圖を読むようにして戴きたいと思います。改装の内容にもよりますが、改装した家の飛星の影響は、改装前の飛星の影響が三割、改装後の飛星圖の影響が七割くらいの目安で読むと良いでしょう。

【表1】三元九運（天運）

一運	＝	甲子至癸未（一八六四年～一八八三年）	二〇年
二運	＝	甲申至癸卯（一八八四年～一九〇三年）	二〇年
三運	＝	甲辰至癸亥（一九〇四年～一九二三年）	二〇年
四運	＝	甲子至癸未（一九二四年～一九四三年）	二〇年
五運	＝	甲申至癸卯（一九四四年～一九六三年）	二〇年
六運	＝	甲辰至癸亥（一九六四年～一九八三年）	二〇年
七運	＝	甲子至癸未（一九八四年～二〇〇三年）	二〇年
八運	＝	甲申至癸卯（二〇〇四年～二〇二三年）	二〇年
九運	＝	甲辰至癸亥（二〇二四年～二〇四三年）	二〇年

一運の甲子年から三運の癸亥の年までの六〇年間が上元となる。
四運の甲子年から六運の癸亥の年までの六〇年間が中元となる。
七運の甲子年から九運の癸亥の年までの六〇年間が下元となる。
上元六〇年、中元六〇年、下元六〇年の三元で一八〇年となり一巡する。

南東 巽宮 五	南 離宮 一	南西 坤宮 三
東 震宮 四	中央 六	西 兌宮 八
北東 艮宮 九	北 坎宮 二	北西 乾宮 七

作成（1）

飛星図を作成する時には、基本的にその建物を建てた年を基準とします。たとえば、一九七〇年に建てた建物であれば、一九七〇年は、中元六運に入っているので、六運に建てた建物となります。どの運で建てた建物かが分かれば、その運を紫白定位圖の中央に入れ、陽遁廻りで振っていきます。六運の建物の運を配置すると図のようになります（圖はこれ以降も常に上が南となっています）。

南東・巽宮 五	南・離宮 一	南西・坤宮 三
東・震宮 四 座山「乙」	中央 四 六	西・兌宮 八 向「辛」
北東・艮宮 九	北・坎宮 二	北西・乾宮 七

作成（2）

次に、座山と向きを量り、座山が「乙」山だったとします（乙山の定位は東の震宮であり、震宮の人元です）。前ページの六運盤の東には「四」が入っています。これを中央に入れる。これが座星《ざせい》となります。その座星を中央に入れた圖が上記のものです。

南東・巽宮 五	南・離宮 一	南西・坤宮 三
東・震宮 四（座山）	中央 四（座星） 八（向星） 六（運星）	西・兌宮 八（向き）
北東・艮宮 九	北・坎宮 二	北西・乾宮 七

作成（3）

次に、座山が「乙」山だったので、向きは当然「辛」向となります。「辛」の定位は西の兌宮であり、兌宮の人元となります。飛星圖作成（2）の六運、運盤の西には「八」が入っている。これを中央にいれる。これが向星《こうせい》となります。その向星を中央に入れた圖が上記のものです。

② 玄空飛星圖（下卦圖《しもかず》）作成　その二

六運時の盤で「乙」山は中央に座星として「四」が入り、向きの「辛」は、向星として中央に「八」が入りましたが、これを陽遁廻りで廻すか、陰遁廻りで廻すかを見定めるには三元羅盤の二十四山の陰陽の情報が必要になります。左記に三元羅盤の二十四山の陰陽と二十四山の天元・人元・地元を示します。太字が陽で細字が陰です。

【表2】座星、向星の廻し方

坎宮（後天数1）	＝	**壬（陽）**地元・子（陰）天元・癸（陰）人元
艮宮（後天数8）	＝	丑（陰）地元・**艮（陽）**天元・**寅（陽）**人元
震宮（後天数3）	＝	**甲（陽）**地元・卯（陰）天元・乙（陰）人元
巽宮（後天数4）	＝	辰（陰）地元・**巽（陽）**天元・**巳（陽）**人元
離宮（後天数9）	＝	**丙（陽）**地元・午（陰）天元・丁（陰）人元
坤宮（後天数2）	＝	未（陰）地元・**坤（陽）**天元・**申（陽）**人元
兌宮（後天数7）	＝	**庚（陽）**地元・酉（陰）天元・辛（陰）人元
乾宮（後天数6）	＝	戌（陰）地元・**乾（陽）**天元・**亥（陽）**人元

南東・巽宮 三 五	南・離宮 八 一	南西・坤宮 一 三
東・震宮 二 四	中央 四（座星） 八（向星） 六（運星）	西・兌宮 六 八
北東・艮宮 七 九	北・坎宮 九 二	北西・乾宮 五 七

※後天数が奇数の宮（坎1・震3・兌7・離9）は、地元、天元、人元の順に「**陽**陰陰」となる。

※後天数が偶数の宮（坤2・巽4・乾6・艮8）は、地元、天元、人元の順に「陰**陽陽**」となる。

作成（1）

六運時の乙山辛向きは、座星に「四」、向星に「八」が中央に入ったのは、三八五ページの左図の通りです。座星に入った「四」は、六運時なので震宮に入ったが、もともとは巽宮の後天数であるため、巽宮と比較します。

「乙」は震宮の人元であるため、もともとの宮である巽宮の人元である「巳」と比較すると、【表2】から「巳」は陽なので、座星の「四」は陽遁廻りで廻すこととなります。陽遁廻りで廻すと次圖のようになります。

南東・巽宮 三　七 五	南・離宮 八　三 一	南西・坤宮 一　五 三
東・震宮 二　六 四座山	中央 四（座星） 八（向星） 六（運星）	西・兌宮 六　一 八向
北東・艮宮 七　二 九	北・坎宮 九　四 二	北西・乾宮 五　九 七

作成（2）

六運時の乙山辛向きの座星を三八六ページで陽遁廻りで振り込みました。向星「辛」は「八」が中央に入っているので、向星に入った「八」を座山と同じように「八」のもともとの宮である艮宮と照らし合わせて陰陽を決め廻していきます。

人元の「辛」の宮は兌宮であり、六運時には兌宮に「八」が入っています。「八」は「艮宮」の後天数なので、艮宮の人元である「寅」と辛を照らし合わせ、「寅」の陰陽に合わせて、向星の「八」を廻すこととなります。「寅」は【表2】から「陽」とわかるため、向星も陽遁廻りで廻します。陽遁で廻すと、上圖のようになり、飛星圖が完成します。

3 玄空飛星圖（下卦圖《しもかず》）作成　その三

作図例　一九九五年完成の建物　壬山丙向

① 一九九五年は三八三ページ【表1】より下元七運とわかるので、定位圖の中央に運数の七を入れ陽遁廻りで振っていきます。

② 壬山は坎宮であるので、①で廻して坎宮に振り込んだ数字「三」を座星として中央に書き込みます。

③ 向きは「丙」で離宮なので、①で離宮に振り込んだ数字「二」を向星として中央に書き込むと中央のマスが完成しました。

七運時		
壬山丙向		
南東・巽宮 二　三 ⑩ 六	南・離宮 七　七 二向	南西・坤宮 九五 四
東・震宮 一　四 五	中央 三　二 七	西・兌宮 五　九 九
北東・艮宮 六　八 一	北・坎宮 八　六 三座山	北西・乾宮 四　一 八

④ 壬山は地元なので七運時に坎宮に入った「三」（震の後天数）を震宮の地元である「甲」と照らし合わせ、「甲」は三八六ページ【表2】から「陽」とわかるので、陽遁廻りで振っていきます。

⑤ 向きの「丙」の離宮に七運時は「二」（坤の後天数）が入っているので坤宮の丙と同じ地元である「未」と照らし合わせると、「未」は【表2】から「陰」とわかるので、陰廻りで向星を振っていくと上図のように飛星圖が完成します。

4 玄空飛星圖（下卦圖）作成　その四

作図例　一九九〇年完成の建物　甲山庚向

① 一九九〇年は【表1】より下元七運とわかるので、定位圖の中央に運数の七を入れ陽遁廻りで振っていきます。
② 甲山は震宮であるので、①で廻して震宮に振り込んだ数字「五」を座星として中央に書き込みます。
③ 向きは「庚」で兌宮なので、①で兌宮に振り込んだ数字「九」を向星として中央に書き込むと中央のマスが完成しました。
④ 甲山では、中央に「五」が入りました。五が入った場合、対照する宮がないため座山または向きの二十四山の陰陽をもって、そのまま廻すこととなります。「甲」の陰陽は【表2】から「陽」とわかるので、陽廻りで振り込んでいきます。
⑤ 向きの「庚」の兌宮に七運時は「九」（離の後天数）が入っているので兌宮の庚と同じ地元である「丙」と照らし合わせると、「丙」は表2から「陽」とわかるので、陽廻りで向星を振っていくと上図のように飛星圖が完成します。

七運時		
甲山庚向		
南東・巽宮 四　八 六	南・離宮 九　四 二	南西・坤宮 二　六 四
東・震宮 三　七 五座山	中央 五　九 七	西・兌宮 七　二 九向
北東・艮宮 八　三 一	北・坎宮 一　五 三	北西・乾宮 六　一 八

2 玄空飛星の活用

活用1

玄空飛星圖は、現在の運を各八方位に座星と向星を振り分け、八方位の運の旺衰と家の間取りや家のまわりの環境と合致しているかを看る看法です。基本的には、家の前（向方）に、旺運の向星が入るのを良しとし、家の後ろ（座山方）に旺運の座星が入るのを良しとします。

向星《こうせい》を水星（「すいせい」または「みずぼし」と読ませるが、ここでは「すいせい」と読ませる）といい、座星《ざせい》を山星（「さんせい」や「やまぼし」と読ませるが、ここでは「さんせい」とする）というが、これは玄空飛星自体の概念で座山方が高く、向き方が低いことを良しとする考え方から来ていると思われます。風水自体の概念が、後ろの方は山で守ってもらい、前が明堂という空間があることを良しとしていることに合致しています。

山星（座星）は、丘や山、または高い建物があって「旺」とする。

水星（向星）は、窪みや、川など、水があって「旺」とする。

現在の八運で、向星（水星）の八運を「零神」（衰運＝運がない）としますが、「衰《すい》は水《すい》をもって旺とする」という原則から、水があれば、「旺気」となります。現在は八運ですが、山星（座星）の八運（當運）や九運（進神）または、六、七、八運を生む親の一運が入る方位に丘や高い建物があることで守護を意味し、家の中のその方位は安息を得られる気が満ちるため、静的空間（寝室や書斎など）に使用することで安息を得ます。

水星（向星）の八運（當運）や九運（進神）または、六、七、八運を生む親の一運が入る方位に窪みや、水が在ることによって、財運や成功を意味し、家の中のその方位は動的空間（玄関、リビングなど）として使用することによって、成功や財を得ることができます。

星の強弱

1＝向きの宮は、向星（水星）が「主」であり、座星（山星）が「客」となる
向星と座星が同じ五行（旺気）＝向星を強める
向星を座星が生む五行（生気）＝向星を強める
向星が座星を生む五行（洩気）＝向星から気が漏れるため、向星を弱める
向星が座星を剋す五行（死気）＝向星の力を座星を剋すことに使用するため、向星を弱める
※注1：座星が向星を剋す五行（殺気）＝向星を弱める。

2＝座山の宮は、座星（山星）が「主」であり、向星（水星）が「客」となる
座星と向星が同じ五行（旺気）＝座星を強める
座星を向星が生む五行（生気）＝座星を強める
座星が向星を生む五行（洩気）＝座星から気が漏れるため、向星を弱める
座星が向星を剋す五行（死気）＝座星の力を座星を剋すことに使用するため、向星を弱める
※注1：向星が座星を剋す五行（殺気）＝座星を弱める。

※注1について

座星が向星を剋す五行の場合は多少説明が必要です。河圖数の場合は先天であるため、剋されることによって、形成されるので「吉」としますが、落書数の場合は、もうすでに完成しているものなので剋されると壊れてしまうため、「凶」となります。玄空飛星は、落書の後天数を使用しているため、基本的に剋されると弱くなります。ただし、星の配列や流年の紫白によっては、強くなる場合があるため、特に「五」（破壊の星）や「二」（病気の星）、「三」（争いの星）が剋されている場合は、悪象を強めると考えて良く、「六」と「七」が同宮した場合は、現在八運時においては、六も七もすでに過ぎた運（退神）の星なので、同宮した場合は金と金で剣を交えるという意味が出てくるため「凶」と考えます。

その他の宮

①静的空間に使用する場合や山や丘や建物がある場合は、座星（山星）が「主」であり、向星（水星）が「客」となるので前ページの1と同じに考えます。

②動的空間に使用する場合や、水や窪みがある場合は、向星（水星）が「主」であり、座星（山星）が「客」となるので前ページの2と同じに考えます。

基本的には、現運八運時においては、座星も向星も、八運、九運、一運の星を吉として、その星が、同宮の他の星や、流年の紫白から強められることを吉として、弱められることを「凶」とします。また、二、三、四、五、六、七運の星が強められることを凶と考え、弱められることを良しとします（あくまでも、山や水があるかないかで吉凶は変わってくることを考慮しなければなりません）。

活用2　座向の決定

座山は、開けているほうを向きと考えたり、大きい窓があるほうを向きとする考え方があるようですが、玄空飛星の現在の運をもって八方位の運の分布を看るという基本的概念からすると、人の出入り口をもって座向を決めるのが妥当であると考えます。つまり通常の場合には、玄関の向きをもって、「向」とします。その反対側が「座山」となります。

その家の象意から、玄関で座向を決めたり、大きい窓のある方を向としたり、大きい建物がある方を座山としたりして、家の象意に合った方を選ぶのが良いという考え方があるようですが、この決め方だと、大きな窓がある前に、大きな建物が建ったような場合向きが一転して座山になったりしてしまう危険性があります。玄空飛星でも他の風水看法でも、前に大きい建物が建てば象意が変わるのは当たり前ですが、座山と向きが反転するようでは本末転倒的な取り方だと考えます。玄空飛星のみで象意を語ることはとても危険であり、他の看法と組み合わせる必要があると考えるため、座山と向きは、玄関で取るのが基本的方法とします。

当然として、基本から外れる場合もありますが、基礎講座の性質を鑑みた場合、玄関をもって座向を定めることとします。

1 旺山旺向《おうざんおうむき》（令星到山到向《れいせいとうざんとうこう》）

▼吉の基本形

當運（現在なら「八」）の向星（水星）が向方に廻って来ており、當運の座星（山星）が座山方にある場合、条件として、家の前が開けていて、家の座山方が高い場合や建物がある場合に吉とします。家の前に大きな建物がある場合や家の後ろが低い場合は不可とします。

八運　丑山未向

南東・巽宮 三　六 七	南・離宮 七　一 三	南西・坤宮 五　**八**（向星） 五（向）
東・震宮 四　七 六	中央 二（座星） 五（向星） 八	西・兌宮 九　三 一
北東・艮宮 **八**（座星）　二 二（座）	北・坎宮 六　九 四	北西・乾宮 一　四 九

[2] 双星到向《そうせいとうこう》（令星會合向首《れいせいかいごうこうしゅ》）

▼基本的に吉

當運（現在なら八運）の座星（山星）と向星（水星）の両方が向きに廻っている場合。

前に水（低くなっている）が在り、その向こうに丘があることが吉の条件となります。家の前に水がないのは不可とします。双星到向の場合は、その運が終わってしまうと急激に運が下がるので注意が必要です。

八運　庚山甲向

南東・巽宮 九　七 七	南・離宮 五　二 三	南西・坤宮 七　九 五
東・震宮 [八]（座星） [八]（向星） 六（向）	中央 一（座星） 六（向星） 八	西・兌宮 三　四 一（座）
北東・艮宮 四　三 二	北・坎宮 六　一 四	北西・乾宮 二　五 九

3 双星到座《そうせいとうざ》（令星會合坐山《れいせいかいごうざざん》）

▼他の星の配置による（吉凶半々）

當運（現在なら八運）の座星（山星）と向星（水星）の両方が座山に廻っている場合。

後ろが低くなっていて、その向こうに丘があることが吉の条件となります。

家の後ろにある程度の広い空間（その土地の最低半分位の広さ）がないのは不可とします。

八運　酉山卯向

南東・巽宮 二　五 七	南・離宮 六　一 三	南西・坤宮 四　三 五
東・震宮 三　四 六（向）	中央 一（座星） 六（向星） 八	西・兌宮 [八]（座星） [八]（向星） 一（座）
北東・艮宮 七　九 二	北・坎宮 五　二 四	北西・乾宮 九　七 九

4 上山下水《じょうざんげすい》（令星顛倒《れいせいてんとう》）

▼基本的に凶

當運（現在なら八運）の座星（山星）が向きにあり、當運の向星（水星）が座山方に廻っている場合。

通常は、身分を損ない、金銭に困るような象意があるが、前が高い丘などが在り、後ろが川などの場合は中吉吉祥となります。流年の紫白によっての吉凶変化が激しくなります。

八運　坤山艮向

南東・巽宮 四　一 七	南・離宮 九　六 三	南西・坤宮 二　八(向星) 五（座）
東・震宮 三　九 六	中央 五(座星) 二(向星) 八	西・兌宮 七　四 一
北東・艮宮 八(座星)五 二（向）	北・坎宮 一　七 四	北西・乾宮 六　三 九

5 伏吟《ふくぎん》

▼凶

落書定位盤と同じ配列になった宮を伏吟といいます。たとえば、落書定位盤で震宮（東）は3ですが、座星でも、向星でも東に3が入った場合は伏吟となります。他の宮も同様です。

伏吟の場合は、自分の影にまた自分が座るようなもので、自分を押しのけてしまう作用があるため、生旺法の五黄位と同じ概念です。左図の四角で囲まれたものが伏吟です。この場合、全宮が伏吟となっていますが、一つや複数の宮が伏吟になっている場合もあります。

七運　甲山庚向

南東・巽宮 四　八 六	南・離宮 九　四 二	南西・坤宮 二　六 四
東・震宮 三　七 五（座）	中央 五　九 七	西・兌宮 七　二 九（向）
北東・艮宮 八　三 一	北・坎宮 一　五 三	北西・乾宮 六　一 八

6 反吟《はんぎん》

▼凶

落書定位盤の対面の数が配列になった宮を反吟といいます。たとえば、落書定位盤で震宮（東）は3ですが、震宮の対面は兌宮となります。その兌宮に対面の落書数（震の落書数）3が入ったような場合をいいます。座星でも、向星でも対面の落書数が入った場合は反吟となります。他の宮も同様です。

反吟の場合は、自分で自分を冲するようなもので力が弱くなり、自滅の象意が出てきます。左図の四角で囲まれたものが反吟です。この場合、全宮が反吟となっていますが、一つや複数の宮が反吟になっている場合もあります。

七運　卯山酉向

南東・巽宮 六 一 六	南・離宮 一 五 二	南西・坤宮 八 三 四
東・震宮 七 二 五（座）	中央 五 九 七	西・兌宮 三 七 九（向）
北東・艮宮 二 六 一	北・坎宮 九 四 三	北西・乾宮 四 八 八

7 三般卦《さんぱんか》

▼吉

三般卦とは、一つの宮に上元（一、二、三運）と、中元（四、五、六運）と、下元（七、八、九運）の数が同宮している場合をいい、三元を通して運が落ちないと考えます。三元を通して運が落ちないことを「三元不敗」といいます。実際には、家の中の間取りと周りの山や水の環境や他の要素により変化します。左図は「三般卦」ですが、同時に上山下水となっているため、けっして良いとはいい難く、このような場合が多々あるため、注意が必要です。

八運　坤山艮向

南東・巽宮 四（中元運） 一（上元運） 七（下元運）	南・離宮 九（下元運） 六（中元運） 三（上元運）	南西・坤宮 二（上元運） 八（下元運） 五（中元運）（座）
東・震宮 三（上元運） 九（下元運） 六（中元運）	中央 五（座星） 二（向星） 八（下元運）	西・兌宮 七（下元運） 四（中元運） 一（上元運）
北東・艮宮 八（下元運） 五（中元運） 二（上元運）（向）	北・坎宮 一（上元運） 七（下元運） 四（中元運）	北西・乾宮 六（中元運） 三（上元運） 九（下元運）

8 連《れん》珠《じゅ》三《さん》般《ぱん》卦《け》（連《れん》茹《じょ》）

▼凶

文字の通り「連珠」とは、一つの宮に繋がった数字が入っている場合をいい、下元であれば、一つの宮に上元の一、二、三運が入っている場合や、中元の、四、五、六運が入っている宮は極端に運に力がなく、下元の七、八、九運が集まっている宮は力があるために、宮によっての気の分布に大きな差が出てしまうため、家の中が安定しない象意が出てきます。

八運　辰山戌向

南東・巽宮 六　八 七（下元運）（座）	南・離宮 二　四 三（上元運）	南西・坤宮 四　六 五（中元運）
東・震宮 五　七 六（中元運）	中央 七　九 八（下元運）	西・兌宮 九　二 一（上元運）
北東・艮宮 一　三 二（上元運）	北・坎宮 三　五 四（中元運）	北西・乾宮 八　一 九（下元運）（向）

9　入囚《にゅうしゅう》

▼基本的には凶

入囚とは、當運の星が中央に囚われて、その力を発揮できない状態をいいます。たとえば現運八運時において、八運の座星が中央に入った場合、座星は地位や健康を司りますが、その力を発揮できずにいる状態をいい、向星が中宮にあれば、向星が司る財運などの運が発揮できない状態のことです。當運の星が中宮に囚われていても、家の中央があいているような場合は、「出囚《しゅっしゅう》」といい、現運の星の力を解き放つことができます。

飛星圖（下卦圖）の書き方を考えれば当たり前ですが、八運に建てた建物が八運時に入囚になることはありません（替星卦を使用した起星圖の場合は當運で建てたものがその運で入囚することがある）。その他の運も同様です。次の図は、七運時に建てた家が八運時に入って入囚する例の図です。

南東・巽宮 七　九 六（座）	南・離宮 二　四 二	南西・坤宮 九　二 四
東・震宮 八　一 五	中央　六八 （八運時入囚） 七	西・兌宮 四　六 九
北東・艮宮 三　五 一	北・坎宮 一　三 三	北西・乾宮 五　七 八（向）

七運　辰山戌向

七運時においては座山に當運の座星（山星）が廻って、向きに當運の向星（水星）来ており、玄関が乾方にあり、後ろが高く前に水があるか低くなっていれば、身分財運ともに恵まれるが、八運に入ってしまうと、水星が中央にあるため、入囚となるので、金運が下がることになってしまいます。

10 合十《ごうじゅう》

▼基本的には吉

合十とは、運数と座星の数の合計が一〇になる場合や、運数と向星を足した数が一〇になることをいいます。十とは、完成という意味があり、生成数でいえば中央であり、全体を統括する数であるため、星の良い意味が強められる作用を持ちます。

ただし、外の環境や間取りと合致していない場合は効果が期待できません。

七運　午山子向

南東・巽宮 一　四 六	南・離宮 六　八 二（座）	南西・坤宮 八　六 四
東・震宮 九　五 五	中央 二（座星） 三（向星） 七	西・兌宮 四　一 九
北東・艮宮 五　九 一	北・坎宮 七　七 三（向）	北西・乾宮 三　二 八

11 七星打劫《しちせいだごう》

▼吉

當運の座星と向星が向きに並び（双星到向）、三般卦（一四七または、二五八、三六九）で向きの数と繋がる場合をいいます。向きにある當運の運と繋がるため、家全体に運を広めることができます。結果、運を通常より強く保つことができるようになります。

南の玄関か北の玄関でしか使えない。左圖は二五八で繋がった圖です。

八運　丙山壬向

南東・巽宮 [二] [五] 七	南・離宮 七　九 三（座）	南西・坤宮 九　七 五
東・震宮 一　六 六	中央　三 四 八	西・兌宮 [五] [二] 一
北東・艮宮 六　一 二	北・坎宮 [八] [八] 四（向）	北西・乾宮 四　三 九

3 起星圖《きせいず》による飛星圖作成

替星卦数は、座山を量った時に二十四山の一文字十五度の中で中央の九度をぬいて、両側の各三度に入った時に通常の飛星圖ではなく、替星卦数に入れ替えて圖を作る時に使用します。このように作った飛星圖を「起星圖」といいます。

① 始めに通常の飛星図を作成します。八運時子山（天元）午向（天元）の場合、最初に通常の子山午向の飛星図を作成します。

② 次に中央の座星に四が入ったので四の定位宮の巽宮の天元である「巽」の替星数と入れ替えます（巽の替星数は6）。同じように、中央に入った午の向数は三なので三の定位宮の震宮の天元である「卯」の替星卦数（卯の替星数は2）と入れ替えます。

③ 廻し方は、最初に通常に作った飛星圖の廻し方と同じに廻します。

八運　子山午向通常飛星圖

南東・巽宮 三 四 七	南・離宮 八 八 三（向）	南西・坤宮 一 六 五
東・震宮 二 五 六	中央 坐四 三向 八	西・兌宮 六 一 一
北東・艮宮 七 九 二	北・坎宮 九 七 四（座）	北西・乾宮 五 二 九

替星卦数表

子・癸・甲・申……1
坤・壬・乙・卯・未……2
戌・乾・亥・辰・巽・巳……6
艮・丙・辛・酉・丑……7
寅・午・庚・丁……9

八運　子山午向　起星圖

南東・巽宮 5 3 七	南・離宮 1 7 三（向）	南西・坤宮 3 5 五
東・震宮 4 4 六	中央 坐6 2向 八	西・兌宮 8 9 一
北東・艮宮 9 8 二	北・坎宮 2 6 四（座）	北西・乾宮 7 1 九

鑑定実例①

玄関を変えて子宝に授かった例

■相談内容

最初にご夫婦でご相談にみえた時のご要望は、ご主人が運送業に勤めているのだが事故が多く、最近ももう少しで大事故になるところで車は横転したが怪我は打撲と擦り傷で済んだという話だった。このままだと命に関わるような事故になったら大変なので風水でどうにかならないかというご相談であった。

誕生日や家族構成を聞いたり鑑定に行く日時を決めたりしながら雑談をしていると、奥さんが何気なしに「子供が欲しくて、病院でもう4年も検査や避妊治療を受けて3〜4百万円使ったが、いっこうにできないので、最近ではあきらめています」といわれた言葉がふと気になり、もう一度ご夫婦の姿を見ると、子供に授からない様子には見えない。ご夫婦で苦労して病院通いをしていたのだから、あまり触れたくない内容なのだろうが、もう少し詳しく話してもらった。そこでわかったのは、ご主人は長男で妹さんとの二人兄弟であるということと、お父さんが鑑定の前年にお亡くなりになったということだった。

■相談内容考察

まず、事故が多い件は事故の内容の割に怪我が小さいという点が一つのキーポイントになった。このような場合は、まだ運が有るという一つの目安になる。つまり、自分の運が落ちて来ると大きな怪我に繋がってしまう恐れがあるので、早急に原因を突き止め、対策を講じる必要がある。一つの要因には車は金属なので、乾卦に関係しているということがわかる。

また、この家は親夫婦と長男夫婦４人で暮らしていたのに、お父さんが亡くなったので六十歳以上の男がいないという点、これもまた乾受殺（乾卦の殺を受けている状態）の時に多く見られる現象であるため、乾方に何らかの問題がある恐れがある。子供ができないということは、後継ぎが居ないということであり、家運がそこで途絶えてしまうということを意味している。つまり、個人の運もさることながら、家運が尽きてきていることを意味するのです。女子しか生まれない場合も同様である。

家運とは、他の家から、嫁や婿として他人を受け入れ、その他人の運とその家の運を頂き、共同でまた次の代に繋いでいくということである。つまりは、その奥さんの実家も家運が落ちている時に、子供ができなかったり、女の子しか生まれなかったりということが多いものなのである。

■実地鑑定

まず現地で目に付いたのが、敷地が道路より1・5メートルほど高くなっており、道路沿いに車庫を造って在るために車庫の屋根が敷地に立つと1メートルほどの所にあり、その車庫の屋根が陸屋根のため家を切っている状態にあるということである。

これは、どの方向に在ろうとも、殺であることに変わりはない。まして、玄関から車庫の屋根が右側に在るということは、白虎方に殺が在るため、虎が常に牙をむいている状態になっている。またこの家は、山を削った傾斜地に住宅地があり、玄関に立つと、後ろ、左、前が山に囲まれた状態にあり、道路方の家の右側のみが低くなっている状態にあり、特に南にある山が迫っている印象を受けた。長男の人に事故が多いのは、車庫の屋根が原因として一番であると断定。玄関に立つと車庫が見えるのは南の方となる。南は長男の生まれと対冲している方位のため、ここでも事故という象意が長男に出ることを示唆している。

■クライアント情報

座向～乾山兼戌・巽兼辰向　座山度数311度

建築年　1984年　甲子年　七赤金星　七運時建築　地運7運時（1975～1994年）

南西道路幅員6メートル

依頼者　（亡父　1940年　庚辰年　六白命生まれ）亡くなった年　2000年　庚辰九紫

母　1942年　壬午年　二黒命生まれ（生まれた年と冲する年に建てている）

夫　1972年　壬子年　一白命生まれ

妻　1975年　乙卯年　八白命生まれ

※地運7運時が終わって初めての向きの年（辰年）に亡くなっている。さらに、自分自身の命卦である六白が家の前に入っていることなどに注意し、看て行く。

※父親自身が建てた家なのに自分の生まれ年と冲する年に亡くなっている、また建てて16年程度で亡くなっている。

■飛星考察

雙星到座となっているが、建てた当時はすでに座山方の山星と水星の6は過ぎた運となっており、用を足さないばかりか、66同宮のため六運を過ぎれば乾卦の災いが起きてくる恐れがある。ただし、北西方は山のみが在り、水がないので六運時は財運や健康運に関しては災いが少ない。次の七運は、西に水星の財星が来ているが、この方位も水がないために財運は望めない。しかし、浴槽が有るので水を張って置けば、少しの財運となる。七運時に身分を司る山星が入囚しているため、身分が安定しないことになる。実際、鑑定時にも、長男の方の仕事が長続きしなく、身分が安定していなかった。

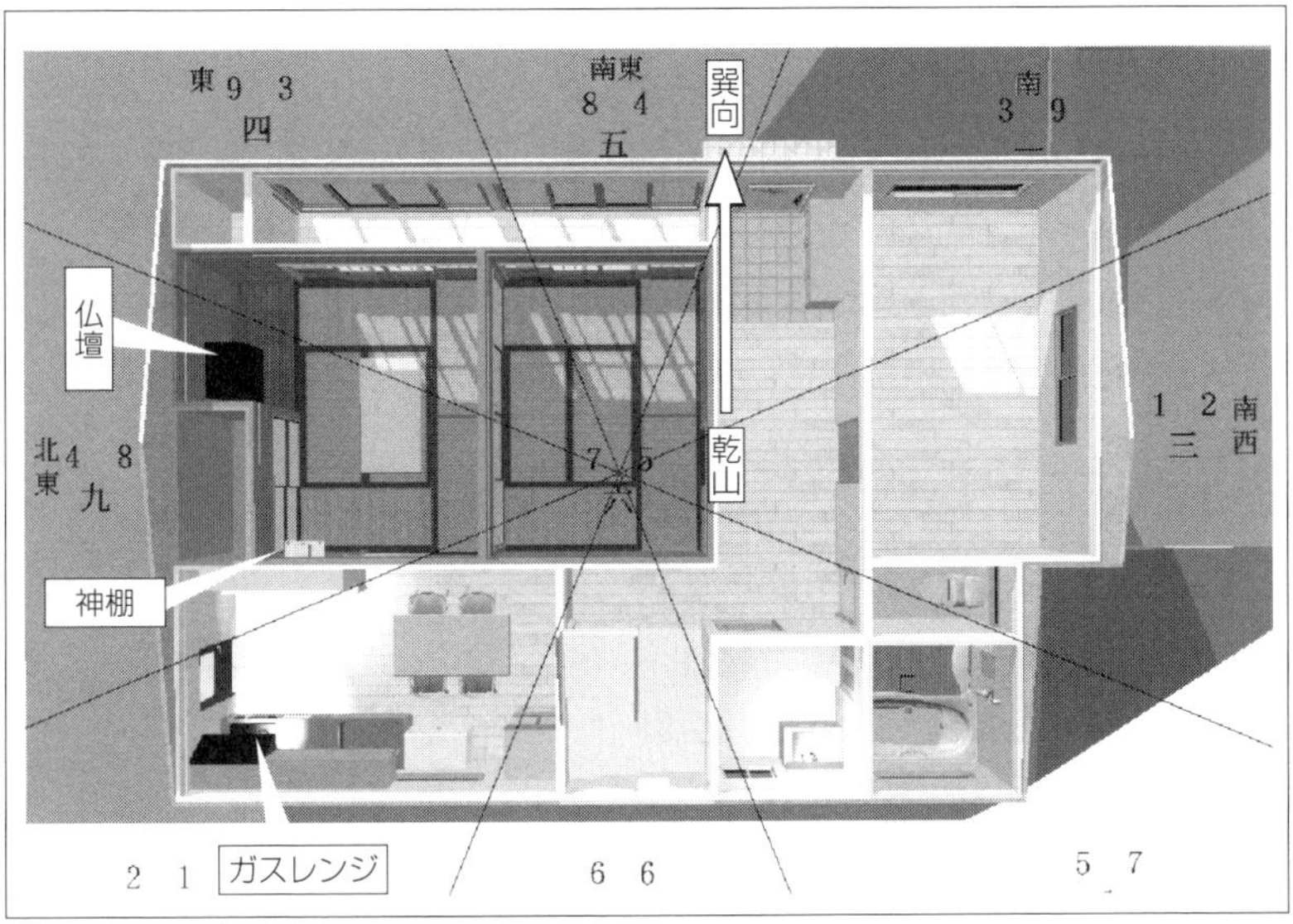

八運になってもこのままでは財星八運が北東にあり、北東方位は1・5メートルほど高くなった隣家があり、その向こうには山が在るため、財運に恵まれることはない。また、山星の身分を司る八運は、南東に来ているが、前が駐車場のように広いため、少しの安定に留まってしまう。

仏壇は甲方に在ったが寅方に移した。七運時、甲方は空亡となるため、その方位に水がないと甲の病気という意味が強くなるため、仏壇位置も変更せざる負えない状態であった。また、ガスレンジも健康を司るが、これもまた北方の癸方位に在り、七運時は空亡の方位となり、健康面に影響がある。私が鑑定した時には、もうすでに父親が亡くなっており、七運時の病気の象意は出てしまった後であったが、これ以上不運が続くことがないように少し思い切った方策を取らざる得ない状況であった。

前に、子供ができないのは家運に関係すると書いたが、仏壇も家運に関係するため家自体に運がないことと仏壇方位に運がないことが子供に恵まれない要因であることがわかったので、なるべく大きな工事ではなく、家に運を戻し、ご長男の身分の安定と事故をなくすためには、煞を除き、運を得る必要がある。ちなみにこの時には奥さんもパートであり、身分が安定していなかった。

■風水改善

①まずは、車庫の煞をなくすために、竹垣を1・5メートルほどに立て、そこに紅かなめという植栽を植えて煞を遮った。煞を遮る場合、堅固なものが通常は良く、ブロック塀などが有効であるのだが、工事金額もかさみ、風も通らなくなるため、この方式とした。化煞は相手の煞に合わせれば良いのであり、あまり大げさにする必要はない。

②仏壇位置をずらし、甲には掛かってしまうが、二十四山の玄空雌雄法で門路を取り最終的に門路で卯方に仏壇が来るようにした。卯は長男の奥さんの生まれ年と同じである。卯は震卦であるために、長男を意味する。長男とは後継ぎであるのでこの方位の力を借りることとした。

③神棚が居間と台所の行き来する壁に祀ってあった。これは五黄位と言って、自分の影に座すことを意味し、流産や堕胎の象意が有るので、神棚を移すことにした。

④玄関ポーチが小さく、玄関ドアも小さかったため、気を多く取り入れるようにと大きさを変

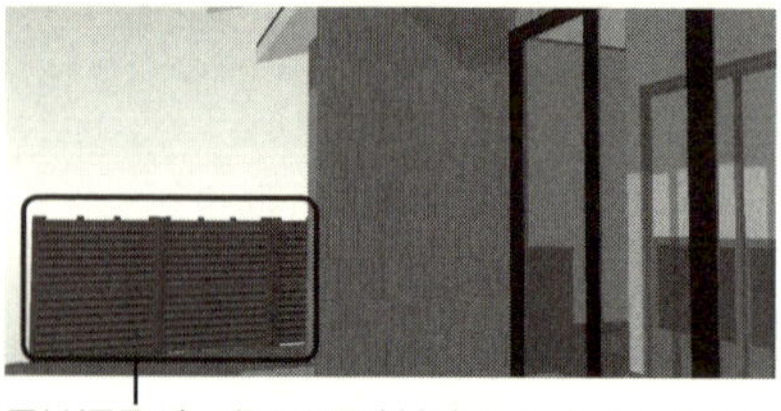

風は通るが、殺となる対象物は見えないというのがポイントです。風を完全にさえぎってしまう場合は、風の通り道の変化を風水的に整える必要があります。

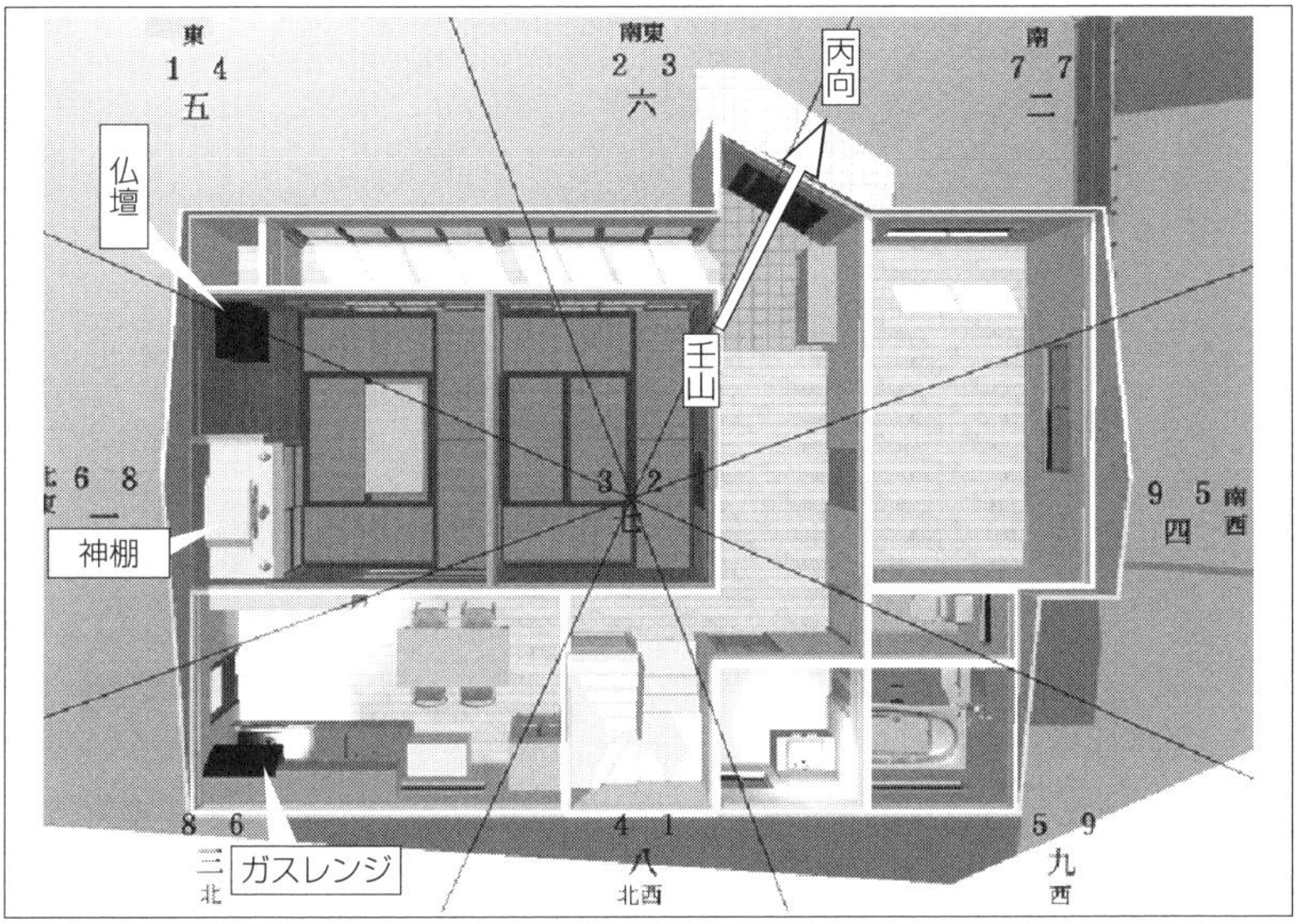

えた。

⑤玄関の座向に運がないので、前記のような飛星となってしまう。そのため、壬山丙向きに直すことにした。この家は南から敷地に入ってくるため、門が南にあるのと同様の配置となっているので、南に當運七が並ぶようにした。

右ページに図解したのが風水改善前後となる。壬山は八運時旺運となるため、七運時には飛星による運を大いに取り込み、八運時には座山の運で運を取り込むことができる。

南側には山が在り、南西道路に出るための通路が在るため、門となる。玄関から見ると南の地面が低くなっているので、當運7の山星も向星も旺盛となることができる。通常、このような雙星到向となる場合は、七運が終わると同時に運が急激に下がってくるのだが、壬山を取っているため、八運時にも運が落ちないようになっている。

東には、神仏が祀ってあるが、七運時には、進神の向星八が家運を増進させてくれて、それは、八運時まで続くこととなるため、家運を繋ぐ子供にも恵まれる可能性が強くなる。

六畳二間続きの広縁部分が玄関と壁によって区切られていたが、玄関と繋ぐことにより、神仏への気の廻り方が従来の間取りとは格段に違ってくるため、これもまた、後継ぎができるための方策である。
※神棚は、押入の上部が天袋となっていたため、そこを利用して神棚とした。

《結果》鑑定　2000年　庚辰年

家を改装して三か月後に妊娠し、男の子を無事出産。一〇年以上経つが、改装の次の年から、ご主人は仕事も安定し、自分の好きなアウトドアの仕事で雑誌にも載るようになりましたと雑誌を持って報告に来てくださった。また事故に遭うこともないということだった。奥さんは、改装後半年位で市の臨時職員となり、現在もご主人と共に安定した収入を得ているという。現在は三児に恵まれ、元気に子育てと仕事に励んでいるとのことだった。ただ、今思うには、後継ぎということに合わせすぎたのか、三児すべてが男の子であった。また、効果があったということで、妹さん夫婦の家も鑑定改善致した。

その後、墓所も移転し建立した。（墓所の建造時の移転法や建造法は飛星を主要看法としては使用していないので後の講座に譲りたい）

【使用看法】玄空飛星、玄空大卦、玄空雌雄法及び玄空雌雄門路法、些子水法、六十龍法、二十四山龍法及び六十四卦龍法、玄空地磁氣訣。

【使用擇日法】烏兎擇日、玄空大卦擇日法、通書擇日法、納音擇日法。紫白擇日法。

【擇日算出日】　解体工事日時、地鎮祭日時、仏壇移動日時、神棚移動日時。

鑑定事例②

家の変形を補い離婚を免れ商売繁盛になった例

■相談内容

夫婦で喧嘩ばかりしている状態で、何かにつけて喧嘩になると離婚という話が出るので、このまま続けて行けるだろうか不安であり、もしかしたら、離婚したほうが良いのではないかという内容であった。

そこで、簡単に間取りを書いていただき、確実ではないが方位を概略でお聞きした。すると、三角形の土地に三角の建物を建てている状態で、南から北西に欠けている状態の三角形の家であった。その中で台所は南の方の角の方に在り、寝室が北西にある。

夫婦共に別々のご商売をされていて、商売の売り上げを伸ばしたいという依頼だった。奥さんは、家の隣の別棟でご商売をされていて、ご主人は、家の一階部分でご商売をされていた。

■相談内容考察

まず、この家の中心から方位を分けた時に一番少ない面積は西方位になる。西は、口を現わし、このように欠けていると、口舌、つまり口喧嘩という象意が出てくる。また、三角という形は、五行では火を現わす。火の象意は、離婚、争いを増長する要素を持っており、南方にある台所のガスコンロも南に入っていれば、さらに争いを増大させることになる。

さらにこの家を建てたのが２００３年の９月で、未の年に建てているのも気になる。未の五行は、木となるからである。木は火を強める作用があることが一つと、未は震卦というものに納まり、震は争うという意味が在るからである。まして２００３年は六白金星の年であったので、玄関は北に入るなと感じた。玄関が北にある場合で六白金星の年は、北に二黒という病気と孤独という星が入ることになる。また、２００３年の９月は七赤金星の月であり、三碧が北に廻る。三碧は別名「蚩尤星《しゅうせい》」というとても強い争いの星なのである。家は、その建てた時期の気を帯びた建物になる性質を持っている。もし玄関に蚩尤星《しゅうせい》が入っているような年や月に建てたものは、玄関は人でいえば口なので、二黒の病気星や蚩尤星《しゅうせい》の争いの気を多く吸った家となってしまう。もちろん現地で量ってみないとはっきりとは断定できないが、このようなことから、家の形と、建てた年月、そして間取りの問題と判断した。

■クライアント情報

座向～未兼坤山・丑兼艮向　座山度数２１４度

建築年　２００３年　癸未年　六白金星　七運時建築（地運八運時）

北道路６メートル

主人　１９６６年　丙午年　七赤命生まれ（兌命）

妻　１９６９年　己酉年　四緑木星生まれ（坤命）

長男　１９９５年　乙亥年　五黄土星生まれ（坤命）

長女　２００５年　乙酉年　四緑木星生まれ（坤命）

■実地鑑定

まず現地で玄関の前に立った時に目に付いたのが、玄関から北方向にある電柱だった。道路向かいは家なのだが、その家の端に電柱が在り、その家の隣は、空き地となっていた。電柱が有る場合、その後ろに

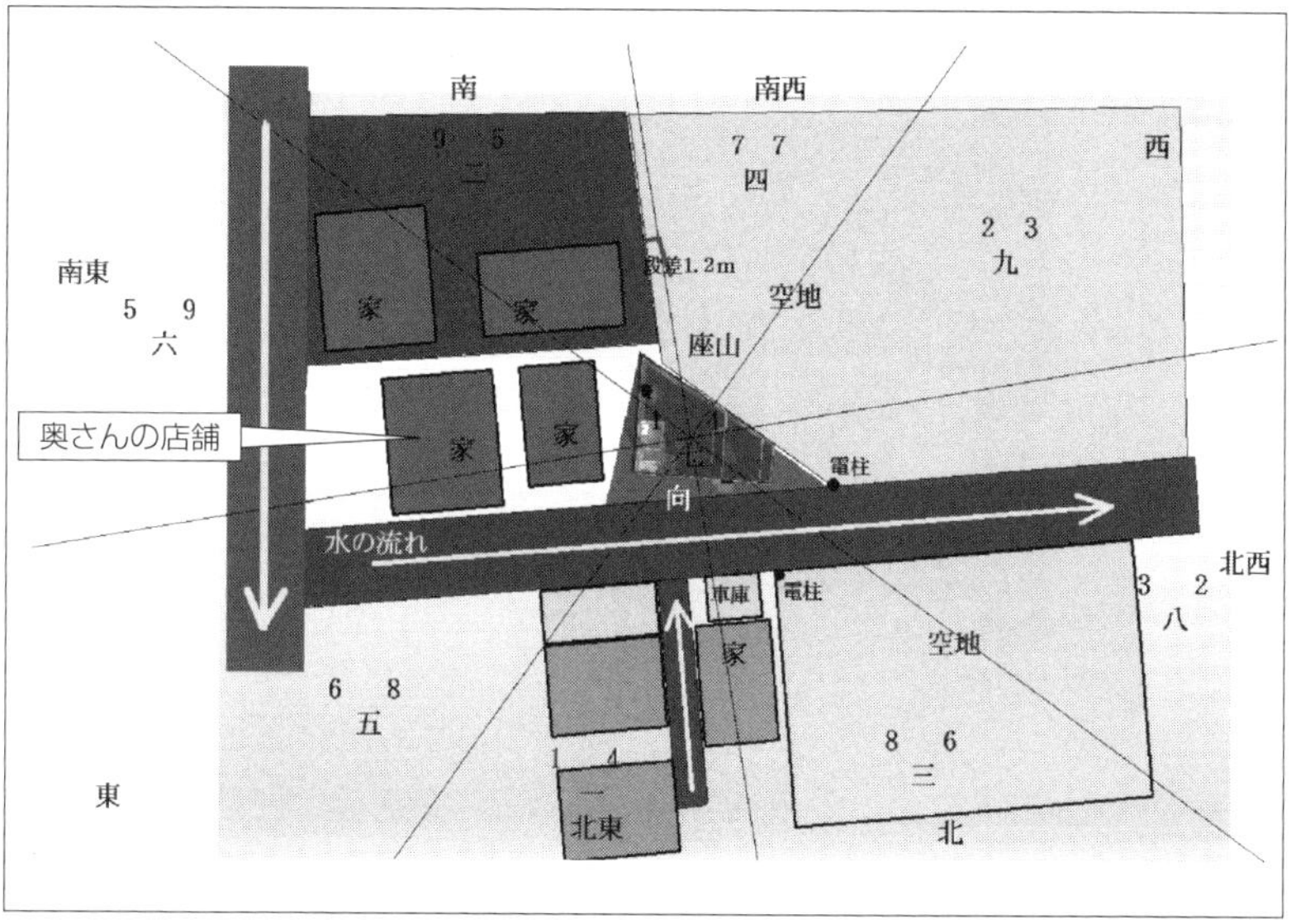

家や建造物が有る場合の煞はあまり強くないが、空き地となっているような場合は、その電柱自体の煞が強くなってしまう。

次に、三角の土地の尖った方にも電柱が在った。この電柱も、電柱の後ろに、煞を弱くする建物がなく、やはり強い煞を放っていました。

家の後ろ側の南方から北西に掛けては広場が在り、南方は1メートル以上高くなっており、そこに家が建っていた。南東から東にかけては隣の家との間が2メートル位、家の端にあたる東から北東方には道路がこちらに向かっている路冲となっていた。また、玄関はやはり、家の中心から北方に入り、台所のガスコンロは南に入っていた。

■飛星考察

まず坐山が未で、未の劫煞方位が「癸」になっているのに、その方位に玄関を置くこと自体が家にトラブルや病気を招くことになる。

7運時は2003年に建てているので、もうすでに過ぎていると考えても良い。雙星到座の場合

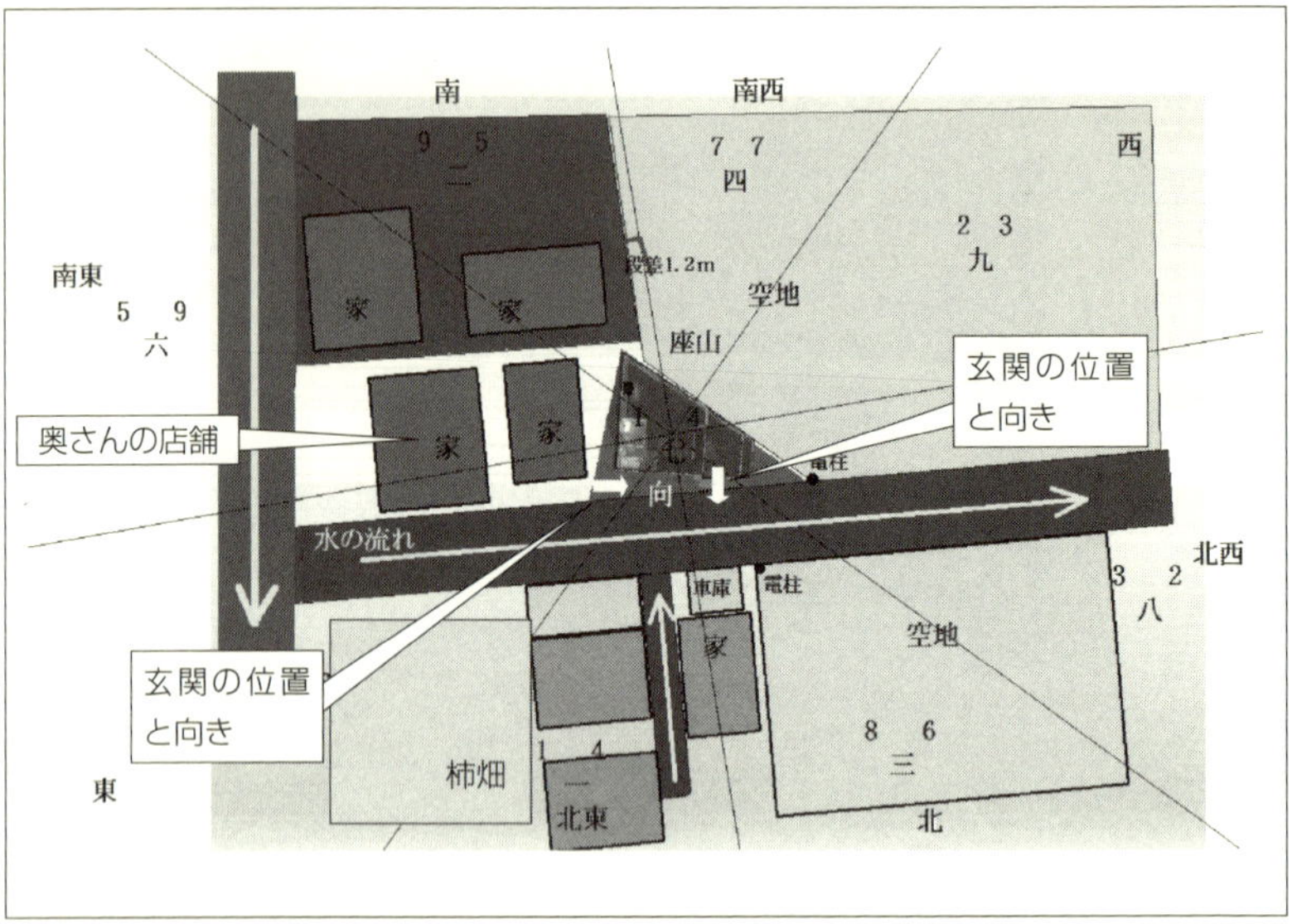

は、運が変われば急激に運が落ちるため、兌卦の禍が2004年から始まり、兌卦は口舌の卦でもあるから、夫婦喧嘩が多いのもうなずける話である。また、家族揃って口内炎になりやすいという話だったが、これも、兌卦の禍の一つである。

夫が七赤命であるから、この家は、夫の立場が弱くなるし、夫が兌卦の遊びやいい加減という象意が出やすくなるため、気を付ける必要があるが、これは、座山方にある向星7を弱める方策が必要である。この方策としては、水槽を置くのが効果的である。東が68同宮のため、金運に恵まれそうだが、柿畑のため、山となってしまうので、あまり金運に恵まれることはないため、浴槽がちょうど東側にあるので、常に浴槽に水を張っておいて、向星八の方位に水を置く必要がある。

北に當運山星が在るが、平地になっているため、安定した身分には恵まれない。これは、夫婦共に商売をしているという不安定な要素を的確に顕わしていると言える。これは北に玄関が在ることによってさらに山星八を弱めることとなってしまう。山星は、「静」を良しとすることから、そのような方位にいつも出入りする玄関を置けば、山星を弱めてしまう。

さらに、山星は、身分を顕わすと常に書いてきたが、身分は密接に人との出会いや多さと繋がっているため、夫婦共に行っている商売のお客様は、身分が安定しない低所得層の人が集まることになる。これは金運と繋がるため、改善を要する要件となる。夫婦の寝室は、二階の北西になっている。私が看た時は、子供が小さいこともあり、家族四人で二階の北西に寝起きしていた。

北西は三二同宮のため、蚩尤星と病気星が同坐しているので、口舌の禍や病気の禍に遭いやすいことになる。かといって寝室に使える部屋は、一階も二階も北西にしかないため、これも改善しなくてはならない。

中宮は一四同宮で桃花煞となっているが、その通りに、この夫婦は両方ともに再婚同士であることがまた桃花煞を顕わしているといえるし、北東の路沖が一四同宮というのも再婚同士というのを現わしているといえる。路沖とは家を道路が刺す象意であるが、これは、事故の象意と共に、飛星で桃花と合えば、一度男女の仲が砕けていることを現わすからである。

さらに、西(兌)方は北西と同じく二三同宮となっている。これは、西の兌卦と争いの蚩尤星が同宮しているのであるから、ここから導き出せるのは、口喧嘩となるのは当然の象意である。

また、西と北西に病気星の二が三と同宮して入っているのであるから、木剋土で二の母を剋しているし、命卦は坤命であるからここの奥さんは病気が多いと看る。実際に、よく病気にかかっているということであった。長男が大きくなると、母に逆らうことになるのが予想される。また、長男にも病気の災禍が在ることを暗示している。南は向星が五であり、南側は土地が1メートル以上高くなっているし、そこに家も建っているので、完全に山と看る。山星が五で巒頭的にも「山」が在るのであるから、当然、煞性五の力が強くなる。そこに健康を司るガスコンロがあり、座星九と南で同宮しているのであるから、トラブルや病気が多いと看るのは当然の看方である。これも、実際にはコンロを南から動かしたいが、まず坐山を変えないと、コンロを持って行く場所がないため、実際にこの状態で改善することは難しいが、応急処置として、金形の物か金気を帯びた物を置いて多少なりとも、悪象意を減らす処置をするしかない。置くとすれば、円形の金属製の置物と乾卦の代表的な置物の金属製の龍を置くのだが、それをお客様に話し、これはちょっと気休め的なものだということを伝えたが、置きたいということであったので安い物で良いからと置いてもらった。これが効いたのかは不明であるが、置いた後に、お客様が心理的に落ち着いたと話していた。購入時は私が選んだものを置きたいというので、なるべく安く済ませようといろいろ探して龍とステンレスの円形の物入れを購入したのだが、金額は一万円以下で済んだので、飾り物だと割り切れる金額であった。意外と効果があるようで、南側の気の感じが変わったのは良い兆候であった。他にコンロに向かう門路を意識的に変えたので、そちらの方の効果が強かったとは思う。

また、前述したが、この建物と土地が三角形になっているので、土地も家も「火」の象意が強いため、南の方位はどのような星が入っても、離卦に関する災禍には気を付けなければならない。まして、火の象意の離宮に火の象意の九が回坐していて、そこに五黄が入っているのでなおさら気を付けなければならない。このような家は、座山の三合の年月の未、卯、亥の年と向きの三合の年月の酉、丑、巳の年月に災禍が出やすい。それに加えて、奥さんと長女が酉年であるし、長男は亥年なので、病気やけがは奥さんと長女と長男に出やすく、北と北西の病気星が入っている宮を看れば、奥さんと、長男に出やすいと判断する。実際に奥さんは酉年に手術をしているし、長男は何度も事故に遭っているとのことであった。特に事故の時に頭や顔をけがすることが多いとのことであった。

■間取り

一階部分は、東側が、夫の仕事場となっていて、西側に洋室が一つある状態でこの洋室は、夫の仕事の事務関係と長男の勉強机を置いて、長男の部屋兼事務所的な使い方になっていた。中央に家を切るような鉄砲階段（直線の階段）が家族を切っているような印象で、家族にまとまりがないことを意味している。

玄関は小さく、商売の家には似つかわしくないため、両方ともに親はサラリーマンか農業などであり、商売でも一人でする商店程度との予想がつく。戸建てでこのように玄関が小さいのは、玄関よりも居室を優先したためであり、人と深く付き合わない性格の場合が多い。この狭い中に、玄関からすぐに階段を設け上るようにしたほうが、居室をもっと広く使えるのに、わざわざ廊下を設け、廊下を通ってから階段を上るように造ってあるのも、人を家に寄せたくない状態をあらわしている。風水的にはこのように廊下を造っても、廊下を造らずにホールから階段や居室に行けるようにしても、この位置に玄関が在るのと階段が悪いのだから大した違いはないが、ホールを設けて、ホールから階段、居室、仕事場に行けるようにした方が、気の周りが良くなり、玄関を入ったホールも広く取れるので、その方が良いと考える。仕事場は全面がシャッターになっており、その隣が玄関になっている。

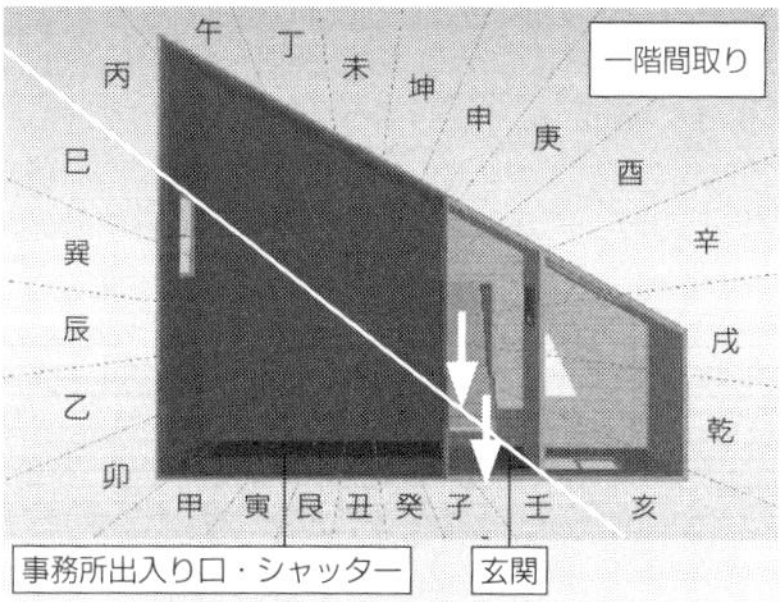

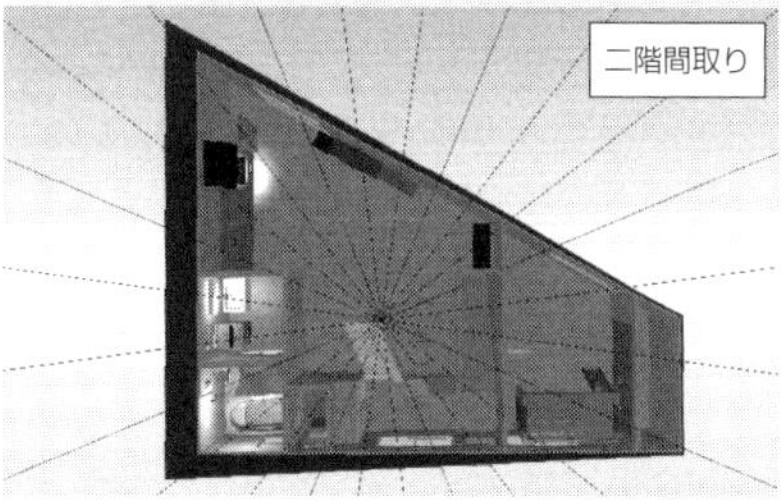

飛星の看法には関係ないが、そのような場合で些子で水を合わせようとすれば、家は玄関から合

わせ、仕事場はシャッター入り口中心から合わせるので、両方を一度に合わせるのはなかなか難しい作業となる。この場所でこの地形で売り上げを伸ばす風水を施すには、なかなか難があるが、東の向星八を生かす方法を考えるのが得策であろう。

二階部分も、見てもらうと分かる通り、北西に一部屋の洋室が有り、あとは、リビングダイニングの一部屋となっている。このような間取りは、家具も入れない最初の見た目は良いかもしれないが、一見して、どこに座る場所を持って行って良いか分からなくなる間取であり、階段部分は、吹き抜けで手摺で囲まれており、東方には、浴室、洗面、トイレが在り、南はキッチンがあるため、どこを背にしても、落ち着かない部屋となってしまっている。まして、座山方は家が三角形なので壁が斜めであり、家族が集った時に、誰がどこに座っても落ち着くという場所がない。これは、家としては決定的な風水的欠陥であり、直すのが難しい物件でもある。大体長男の方位に、浴室や洗面、トイレを持って行くことは、長男の運を生かし切れない間取りとなってしまう。トイレや洗面は、なるべくその家族にいない方位に持って行った方が良い。これは、どこに持って行ってもあまり良い象意ではないため、一方位を潰すつもりで造るのが良い。

南にキッチンが在り、丙方位にガスコンロが入っている。これは、火の象意が強いのは当たり前であるが、丙は艮卦であり、蔵の意味がある卦であるため、このように艮卦にコンロがあると浪費家という象意が出てくる。火は形がないため、お金もどこに使っているのかが分からない出費が多く出ることになる。実際に、お金が在れば使ってしまうということだったため、風水的に直しても、本人たちが気を付けるべきである。自分たちの性格や運が家の間取りや形を造っているということをもっと理解しなくてはならない事例である。

話を戻すと、落ち着かないリビングは、家族のまとまりを薄くし、リビングに集まらなくなるということであるから、このような座る場所を考えなければならないような間取りを最初から作らないことが得策である。あと、人は、どこに居ても何かを基準にして自分の姿勢を判断している。それに対して、斜めの壁は人本来の基準を狂わせてしまうため、土地が斜めであっても、なるべく平行線でできた部屋を造るべきである。一時的な居場所の店舗などは造り方によって斜めの壁を風水的に生かすこともできるが、落ち着き休む場所である家は、本来の機能が失われてしまうため、気を付けなければならない。実際に休みの日は家でのんびりと過ごしたことがないということであったが、風水的には当然のことだと言える。まずは、安心できる家づくりを目指すのが風水上も基本となることを忘れてはならない。

　左の内観写真の二枚を見ると、どの方位を向いて座っても、前と後ろのバランスが取れないことがわかると思う。階段手すりと洗面所入り口は対面しているし、北側を背にすれば、後ろから入ってくる形になっ

【内観2】キッチン側から階段のぼり口方位（北方）を撮影。奥のドアは2階の寝室

【内観1】階段の上がりから南側キッチンを撮影。右下は階段周りにある手摺。天井は梁を剥き出し仕上げにして、屋根勾配通りに吹き抜けに。左上部はロフトで、その下の入り口は洗面所と浴室に繋がるドアである。右奥の壁は家壁面に沿って斜めになっている。奥の窓が大きすぎて南を明るくしすぎているので、常にレースのカーテンをしておくように指導した。

【外観1】路沖している道路端から撮影（左が奥さんの店舗）

【外観2】道路向かいの北の電柱位置から撮影

てしまう。反対の斜めの壁を背にすれば、後ろが落ち着かないばかりか、左は階段手すりで、右側はキッチンということになってしまい。どちらを向こうが、自分を守る坐山になる物がない家である。

内観の写真の二枚目の窓に、電線が写っているのがおわかりになるだろうか。この電線の高さが、ちょうど立った時に首の位置に来る。これは、首吊りの象意で、軽くても追い詰められるという意味が出てくることになる。この電線は、道路向かいならば問題はほとんどないが、家のすぐ前の場合は煞が強くなるため、注意が必要である。また、前がビルなどで電線が単独で目立たない場合も、象意は軽くなる。しかしこのように見える場合は、必ず化煞をしておくべきである。ここはちょうど北側の窓だったため、ご主人の背の高さより、10センチメートル位上まで、ミラーのフィルムを貼り、反射で化煞させる方法を取った。

実際にこの間取りは、夫婦のみで済むのが限界の間取りである。夫婦のみでも、三角の家に住まないほうが良いが、家族で住む家でないのは確かなことである。

外観1の写真を見てもらうと、奥さんの店舗の屋根の切妻側が自分の家に向かって煞気を放っている。この場所はちょうど二階のキッチンの端に当たるが、リビングから見れば、ちょうど中央近くに煞気を放っているため、この方策も必要となるし、これによって尚更、南側の火の象意が強くなっている。

考えてみて頂きたい。土地が三角で火、家が三角で火、隣の店舗の切妻側が三角で向かって来ているのでこれも火、南で火を現わす場所にレンジがあるのでこれも火が重なっている。飛星で離宮には9が入っていてこれもまた火、これほど火の象意が重なった家は珍しい物である。これで喧嘩がないほうが風水的に見ればおかしなことになる。

■風水改善

①座山方位（南西）に77同宮の悪象意を減らすために、幅45センチメートル×奥行30センチメートル×高さ35センチメートルの水槽を置いた。南西方位は広場になっているため、通常は水と捉えて、金性を漏らしてくれるはずだが、この広場は南西方位に高くなっていて、道路と広場の端の高低差は30センチメートル程度あり、その向こうもだんだんと高くなって行っていたためと、土質が粘土質で上に砕石は若干敷いてあるが、水の気が少なかったため、水槽で補強した。

②リビングに娘さんの学童机を置きたいということだったため、それを使い、その後ろに本棚（高さ1750ミリメートル）を置いて、リビングに入る門路を変えて北方位を五黄位となるようにした（この本棚は元々あった物を使用）。

③キッチンとリビングの間に、キッチンより少し高い食器入れ兼カウンターを置いて、キッチンとリビングを分けた（これももらった物が実家にあるということだったのでそれを使用した）。

④キッチンのレンジ横に直径18センチメートル位の円形のステンレスの物入れを置き、その横に龍の置物を置いた（効果は？である）

⑤西方位のキッチンと対面する所に金魚鉢を置き、常に水を変えてもらうようにした。

⑥神社からのお札が、低い位置のローボードの上に立ててあったので、神棚を造り祀り直した。神棚

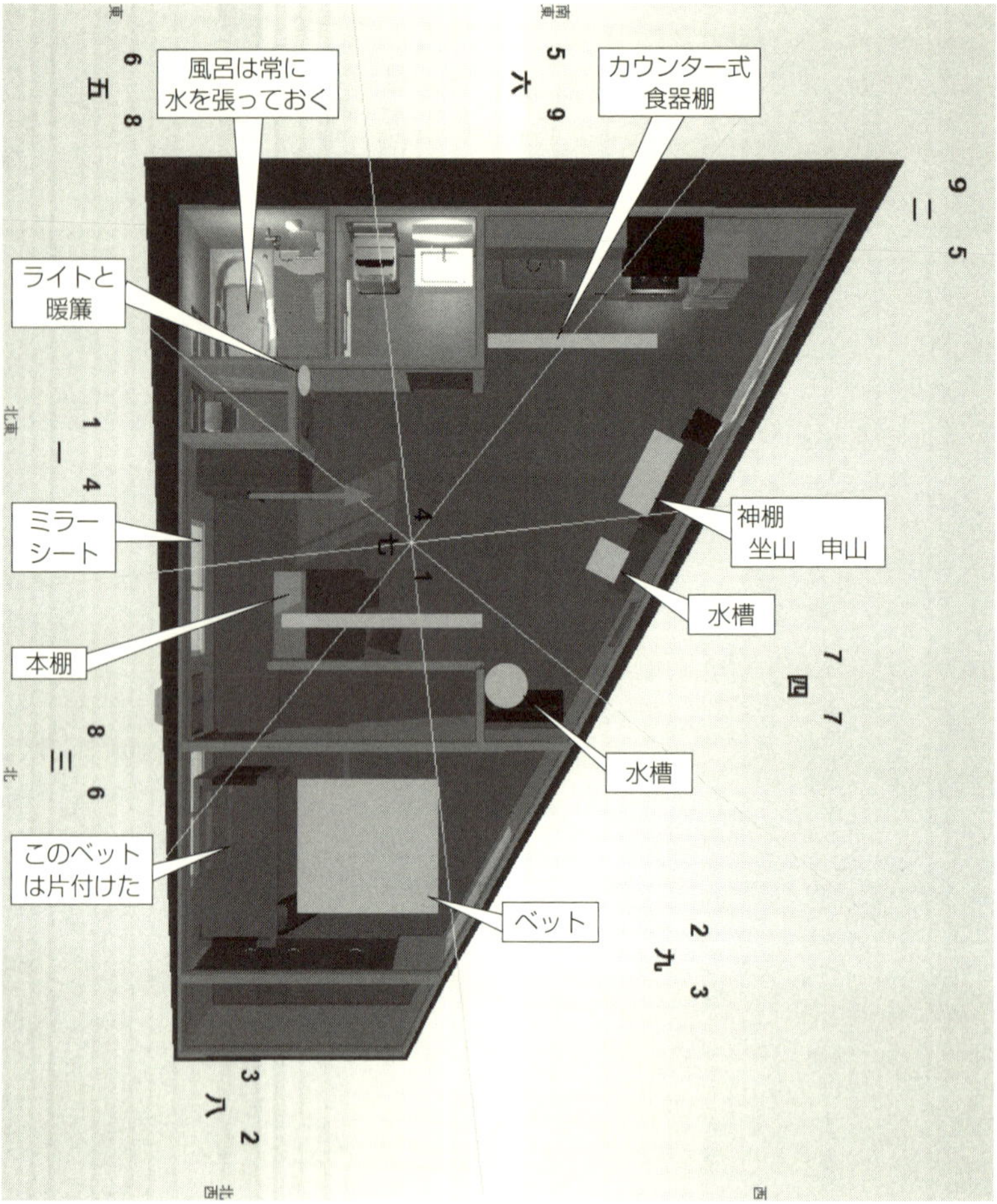

【風水改善後図面】
①寝室にある子供用ベットは、使用していないという事だったので片付けてもらった。②ベットの座山は座山側の未山を取った。カウンターの高さは 1.1 m位。③ミラーシートは階段上り突き当りの出窓と寝室も北側腰窓にも貼った。④冷蔵庫はこの図で極力右側にずらした。レンジとの間に物入れを入れた。

を祭る良い場所もなかったので、その中でも、極力程度の良い場所を選び、神棚を造った。表の去水が戌で未と合わせると、巨門八煞だったため、神棚の座山は「申山」と力があまりない方位だったが、巨門八煞よりは随分良いので、そのようにした。内陽坐訣を使ったのは、玄関先が狭いため、外で水を合わせようとすると、去水が極端に短くなってしまうため、内陽坐訣で直した。

⑦広いベットがあるということだったため、現在は使っていなかったが、ベットにしてもらうことにした。これは、階段のすぐ横が寝室のためと階段の上った所が極端に狭いため、階段の気の行き来が寝室に影響していたので、それを避ける一つの方策である。

⑧北側窓にミラーフィルムを貼ってもらい、電線と電柱の煞を反射し内側からも少し見え難いようにした。

⑨家一階のご主人の店舗は、シャッターから道路までの勾配がきつかったためコンクリートに溝を付けて、水が一ケ所から出るようにした。これを小水口というが、これは、玄空大卦の応用である。

⑩電柱に対する化煞は寝る向きと神棚の向きで行った。これも、玄空大卦の化煞方なので詳細は次講に譲りたいと思う。

⑪トイレの前にダウンライト的なスポットライトを付けてもらい、更に暖簾を掛けて、トイレの気が出て来ないようにした。大体このようなワンルーム的な間取りで、トイレのドアを座山側に向けるのは風水的にはとても良くないことである。

⑫簡易的に布が多く有るというので、布を階段手すりに掛けてもらい、階段との境のステンレス手摺を隠し、風が通らないようにした。

右に示したのが二階の風水改善後の図である。

《結果》

風水改善後、夫婦喧嘩はほとんどしていないということであった。ご主人の商売は、三か月後には、売り上げが約二倍に伸びたとのことであった。

当初、水槽の水は2日も経つとぬめりが出てきていたが、一か月位したら、一週間位はもつようになったと話していた。水は、悪い場所に置くと、その悪い物を吸い込んでくれるので、すぐにぬめりが出てくる。せめて夏場で一週間は持つようにならないとそこの気が改善しているとは言えない。神棚は、常に榊を飾ってもらうようにしたが、やはり最初は、一週間も持たない状態であったが、三か月位で、一か月は持つようになった。これも、気を量る一つの目安になる。お客様には最初に、水のぬめりや、榊の餅などを説明しておいたが、どうして長く持つようになったかを不思議がっていた。どうして、大したことでないことであんなに喧嘩をしていたのか不思議がっていた。

この家は、その後、奥さんの店舗も直して、約一年で、二人の合算売り上げは2倍を超えた。その3年後に墓所を建て、その2年後にご主人は、近くに土地一二〇坪と建物六〇坪程度のものを買い、そこを風水的に直して移転して商売をしている。その場所も風水的に私が選んだ所である。最初の売り上げから見ると、現在では夫婦で4倍以上の売り上げを毎年あげている。当然直してから離婚の話になるような喧嘩もしていない。

使用看法は、例1と同様のものである。擇日もまた、同様のものである。

鑑定実例③

墓所鑑定

飛星は参考程度にしか使ってないが、墓所の鑑定事例を載せて置くので少しでも参考になればと思う。

墓所鑑定は鑑定時に使う看法と、直す時に使う看法の比重が違うし場所によっても看法が異なる場合もある。今回紹介するのは、街中にある寺境内にある平地の墓所であるが、平地龍を追うことができるので、直す時は龍と水と目立った山（ビルや塔も含む）と合わせ直すことになる。鑑定報告はお客様にわかりやすいようにするために、見た看法と違うもので判断したものもちりばめてある。

また、お客様が最初から風水で直すことを前提にしているので悪い象意を中心に書いているが、通常、一般の公園墓地や寺境内などは簡単には直せない場合が多いので、本当であっても直せない人にあまり悪いことは書かないのが通常である。

■〇〇家墓所鑑定報告書

福主　〇〇〇〇様　昭和十八年十一月二十二日生（一九四三年）

癸未（三）年　癸亥（五）月　甲申日

震命　4 ☳（八）困　出卦：6・8・9　納音：砂中金

妻　〇〇　昭和二十年四月二日生（一九四五年）

乙酉（一）年　己卯（七）月　庚午日

艮命　9 ☶（四）遯　出卦：1・3・7　納音：井泉水

第一子長女　○○子　昭和四十五年十二月十二日（現姓・○○　○○市在住）
（別暮らし）　庚戌（三）年　戊子（四）月　丙寅日
震命　９䷋（九）否　出卦：１・３・７　納音：釵釧金

第二子次女　○○子　昭和四十八年三月二十七日（現姓・○○　○○市在住）再婚
（別暮らし）　癸丑（九）年　乙卯（四）月　壬戌日
乾命　６䷕（八）賁　出卦：１・２・３　納音：桑拓木

第三子長男　○雄　昭和五十二年十一月三日生（一九七七年）自宅在住　未婚
（同居）　丁巳（五）年　庚戌（三）月　甲子日
坤命　２䷈（八）小畜　出卦：１・２・７　納音：砂中金

第四子次男　○男　昭和五十六年六月二十三日生（一九八一年）○○市在住　未婚
（別暮らし）　辛酉（一）年　甲午（四）月　壬申日
坎命　８䷽（三）小過　出卦：４・６・９　納音：拓榴木

鑑定日　平成○年四月二十六日　未時
場所　○通寺（住所：福島県）
昭和五十五年七月建立（一九八〇年）　中元六運後期十年（１９６４年〜１９８３年）
庚申（二黒）年　癸未（六白）月
坐山　戌山　７䷦（二）蹇二爻　↓　向　辰向　３䷥（二）睽二爻（出卦１２３）

■曜煞方位一覧（本曜午、先天曜亥、後天曜寅）

①母方実家墓所五輪塔　１２５度　辰方　４䷹（一）兌　五爻

②艮方にある杉の木　56・5度　寅方　6䷕（八）賁と7䷾（九）既済の間（小空亡）

③NTT電波塔　175度　午方　9䷀（一）乾　上爻

④墓後方切妻の頂点　292・5度　戌辛の間（二十四山空亡）

⑤墓の後ろ青龍方の五輪塔壱　346度　壬方　7䷇（七）比　3爻と4爻の間

⑥墓の後ろ青龍方の五輪塔弐　12度　癸方　7䷂（四）屯　初爻

⑦墓の後ろ青龍方の五輪塔参　25度　丑方　8䷲（一）震　四爻

⑧墓の後方寄棟の角の冲射　340度　壬方　2䷓（二）観　三爻

■家　系

初代　喜○　没年　明治三十七年十二月二十二日　八十一歳
甲辰（六）年　丙子（四）月　3䷥（二）睽

妻　○子　没年　大正三年六月七日　七十五歳
甲寅（五）年　庚午（七）月　甲子日　7䷾（九）既済

童女　○子　没年　慶応元年八月二十六日　五歳
乙丑（九）年　甲申（八）月　3䷔（六）噬嗑

○吉　没年　昭和二十年三月五日　七十六歳
乙酉（一）年　戊寅（八）月　癸酉日　9䷠（四）遯

妻　○○　没年　昭和七年十二月十七日　六十歳
壬申（五）年　壬子（一）月　壬子日　1䷆（七）師

二代　○○　没年　昭和十六年六月二十五日　五十九歳

辛巳（五）年　甲午（七）月　甲辰日　3 ䷍（七）大有

妻　○○　没年昭和五十一年十一月十九日　八十七歳

丙辰（六）年　己亥（五）月　乙亥日　4 ䷹（一）兌

三代　○○　没年昭和五十三年四月二十八日　七十一歳

戊午（四）年　丙辰（六）月　庚申日　3 ䷱（四）鼎

妻　○○　没年昭和五十二年八月十六日　六十八歳

丁巳（五）年　戊申（五）月　乙巳日　2 ䷈（八）小畜

○蔵　没年昭和二十三年五月二十九日　三十八歳

戊子（七）年　丁巳（五）月　甲寅日　7 ䷂（四）屯

○助　没年昭和十三年七月十三日　二十五歳

戊寅（八）年　己未（六）月　丙午日　8 ䷶（六）豊

○夫　没年昭和十六年二月十一日　二十四歳

辛巳（五）年　庚寅（二）月　庚辰日　3 ䷍（七）大有

○平　没年昭和十七年四月五日　二十一歳

壬午（四）年　甲辰（六）月　戊子日　2 ䷸（一）巽

雙児　○○　没年大正九年十一月二十七日　一歳

庚申（八）年　丁亥（二）月　己丑日　7 ䷜（一）坎

○○　没年大正九年十一月二十七日　一歳

庚申（八）年　丁亥（二）月　己丑日　7 ䷜（一）坎

○○　没年 昭和五十九年 七月十六日　五十三歳
甲子（七）年 辛未（三）月 辛亥日 1䷁（一）坤

■**紫白訣**

建立時座山戌兼辛に対して向方位に月の五黄殺が廻っていて、座山方位に月の暗剣殺が廻っているため、四緑、五黄、六白の年月に悪い象意が出やすくなる。また、四緑か五黄か六白の年月で尚且つ、四墓庫（丑・辰・未・戌）の年月が重なった場合、その象意は重くなる。また三碧年と七赤年に変化が起こりやすい。戌山は、三合五行に分けると「火」となり、建立の年の申年は三合五行に分けると「水」となり、座山が年を、「水剋火」で剋すことになる。これを剋出《こくしゅつ》と言って、墓所の力が年を剋すために使われ、徐々に力が奪われて衰退することを司る。東は九紫と四緑が同宮しているため、桃花煞となり、異性関係でのトラブルの恐れがある。また49は合わさり「金」となるため、脳溢血などの頭や脳の病気や肺や気管支の病気を引き起こす恐れがある。特に四緑の年月や七赤の年月に注意が必要である。

六運時が終わった時点（一九八三年）から、家運が下がり始める。

七運時（一九八四年～二〇〇三年）東に水が在れば、旺財となる。

八運時（二〇〇四年～二〇二三年）に南西方に水が在れば旺財となり財を貯めることができるが、山が在れば損財となる。また、北西に山が在れば旺丁となり身分向上や身分の安定に繋がる。

中宮57同宮の災禍、舌癌・唇癌・喉癌・口腔癌・肺癌・大腸癌・吸毒・服毒などの象意がある。

震宮も同様の象意がある。震方または震卦24山方位に煞となるものや崩れた形のものがあれば象意が出やすくなり、長男、少女に不利となる。

北東、坎卦の災いとなり、腎臓病や膵臓系、膀胱系に注意が必要となる。

紫白訣

建立庚申（二黒）年 癸未（六白）月 六運後期十年時 戌山辰向		
向方 一**5** 月五黄殺	六1	八3
九4	**二6**	四8
五9	七**2**	坐山方 三7 月暗剣殺

玄空飛星訣（六運時建立　戌山辰向）

戌山辰向　六運時建立		
6×　6× 五（向）	2×　1 一	4×　8◎ 三
5×　7× 四	7座　5向 六	9○　3× 八
1　2× 九	3×　9○ 二	8○　4× 七（坐山）

■些子水法訣

来水象意

戌山に対して、卯水、乙水、辰水が入って、廉貞水の破局となる。

廉貞水破局象意

来水破局――陰険で誠実さや礼儀に欠け、傍若無人の行いをする。見栄を張り執念深く、思い込みが激しい。無気力・自殺・堕胎・火災などの象意が強い。また奇形児の出産や出産時の母親の死亡などがある。

身体的には目・心臓・腸・やけど・心労・ガンなどの病気になりやすい。特に「ガン」の象意が強い。

八卦に分ければ「離卦」であり「火」の年月日・方位においてその霊力を発し、象意は第一子、第四子、第七子に出やすくなる。

※ただし、巨門水の合局と混合しているため、巨門水の象意と廉貞水の象意が時期によって交互に出ることになる。

巨門水合局象意

来水合局――堅実で、真面目で貞節あり人や物を育てる能力に長けている。別名を「天財」とも呼び「財」の星でもある。その霊力は「商売」や「事業」で活かされ成功へと導かれる。また、金銭だけでなく、長寿にも恵まれる。

八卦に分ければ「坤卦」であり「土」の年月日・方位においてその霊力を発し、象意は第一子、第四子、第七子に出やすくなる。

去水象意

戌山に対して、午の去水となり、左輔水破局となる。

左輔水破局象意

去水破局――優柔不断で遊び好きとなる。夫婦仲が悪く、子供は親に逆らう。兄弟・親戚との仲が悪い。やもめとなったり、人生に不和がつきまとう。また、お金の損失がある。

破局の場合、身体的には頭髪・咽・呼吸器・腸・肺・白眼・神経症などの病気の象意がある。

離卦が去水のため、離卦とは離号の意味があるため、長男は家を出てしまう。

八卦に分ければ「巽卦」であり「木」の年月日・方位においてその霊力を発し、象意は第一子、第四子、第七子に出やすくなる。

※但し、座山と去水の卦が合っている（戌山と去水午は同じ離卦となる）ため、災禍の出方は少なくて済む場合が多い。

以上で書面での鑑定報告は終わりで、お客様には対面で詳しく話すことになる。

※象意はほとんど合っていた。

鑑定実例④

陰宅風水と陽宅風水の強い繋がり

お墓（ご先祖）と住居（家族）を繋ぐ目に見えないパイプ

3・11の震災で墓石が倒れる被害に遭われた、横浜市在住のI様からのご相談である。被害を受けた墓所は、墓石の中台から竿石が敷地に滑り落ちた状態だった。落ちた墓石に破損はなかったので、通常ならば、竿石を元通りに乗せ直せばそれで解決となるはずだったが、I家のお墓の場合、もともと地盤が崩れ気味で、お墓全体が後ろに傾いて建っていましたので、傾いた土台の上に再び竿石をただ載せ直すというわけにはいかず、地盤を整えて墓石を置き直すか、または他の解決策を考えなければならなかった。

■墓所の立地と家との関係

I家墓所は、墓石の座山側乾方位が崖になっていて低く、向きの巽方位が高くなっている立地で、その高くなっている向きには、墓石正面を行き止まりとする細い道が通っていた。墓石が、路沖のため前から押されているようで、そして座山側の崖にのけぞるように斜めに建っていた。

家運はお聞きしたところによると、こちらの墓所に眠る20名ほどのご先祖様の多くの方が、病気で早い年齢に亡くなられているという厳しいもので、またその中の多くの方が、五行の金の象意の結核など肺系の病気が原因で亡くなられていた。お墓の背を守られなければならない座山の役割が崖（崖は五行で金）で失われ、また座山方位も乾で金の方位と重なり、やはりお墓の立地から看ただけでも、家運とお墓とは、何かしらの意味のある関係で繋がっていると考えられる。

■些子水法で看る墓所の状態

些子水法で墓所の水を測る場合、その水を測る滴水点は、竿石頭上の前辺の中心になる。座山は、竿石正面の定位置に羅盤をじかにつけて測る。

今回は竿石が震災で中台から落ち、I家墓所の敷地内にそのまま置いてあり、正常な位置（中台の上）にないため、できる限り以前の竿石の状態（ただし、竿石が中台の上にきちんとある場合の滴水点や、座山を測る太極に対しての地磁場等の影響は考慮に入れられない）を考慮して、滴水点および座山を決めた。

墓石座山：乾320度～9䷋（九）否　初爻

向き：巽140度～1䷊（九）泰　初爻

来水は、巽と巳の水だけが天心線を横切り、他の水はすべて脇にそれてしまい天心線を横切らないため、巽水と巳水を来水として取った。墓石の前の道がこちらに下って来て墓石正面で行き止まりになっているため、巽と巳の来水がI家の墓石にあたり、**八字水**（象意に、分かつ、別れる、ま

I家墓所

とまらないなどの凶意）となって両脇に去水として分かれる。
来水＝巽水4＋巳7水＋乾山6＝**破軍水破局及び水八煞**
去水は、前述のように巽と巳の来水が墓石にぶつかり両脇に分かれて流れるため、坤水（天心線）と艮水（天心線）になります。また、艮水（天心線）の少し手前の墓所外柵の甲方位に、大きな水の流れ出てしまう穴があいていて、これが3つ目の去水と成り得ます。そして、艮側は大きな窪地になっているため、財を損ない、巨門破局水を強める象意となる。
去水1＝坤2＋乾山6＝8**左輔破局**
去水2＝艮8＋乾山6＝14**文曲滅龍水**
去水3＝甲6＋乾山6＝12**巨門破局**

■些子水法での鑑定結果

まず来水は、廉貞の破局で八字水、そして墓石のほぼ正面に見える左前の墓所の門柱が煞となり、凶意の水の勢いを強めることから、厳しいI家の家運とほぼ多くが重なる。また、破局した去水の左輔水は人間関係に問題を生じやすく、巨門水も破局すると破財、家族離散と凶意が強く、どちらもやはりI家が抱えてきた悪い家の流れと繋がると判断できる。そして唯一合局している分曲水も、今までにご先祖様で何人も子供が亡くなっていることや依頼者のI様やその弟さんも未婚で、またI家の親戚にも子供がいないことから、滅龍水がきわめて強く、そして桃花水（文曲水の悪い傾向）の影響も見過ごせない。

■永代供養共同墓へ改葬

I家では、今現在お墓を継ぐ跡取りがなく、またこれからも難しいという判断から、I家の菩提寺がもつ永代供養共同墓への改葬を決められた。改葬のため、澤日で決めた良日に墓所のカロートからお骨を取

り出してみると、骨壺が13あり、驚いたことにはそれらの骨壺のほとんどが、骨壺のふたが開いた状態で泥と水が入っていた。また横倒しになっているのもあり、まさに悪い家運をすぐに思い起こさせるようなひどい有様であった。永代供養共同墓へは、これらのお骨をすべて洗浄して粉骨し、大きな骨壺（8寸）2つに収まるように計画した。また、以前は土葬であったことも考慮して、墓所敷地内の土を小さな骨壺一つ分移せるように菩提寺に相談し、そして実際にお願いすることができた。

永代供養共同墓の座山：辛284・5度　3 ䷷（八）旅　4爻
向き：乙104・5度　7 ䷻（八）節　4爻

■些子水法で看る共同墓の状態

共同墓自体の来水は
共同墓来水＝38＋辛山4＝42巨門合局
去水＝卯3＋辛山4＝7　破軍合局

■自宅の風水と家運との関係

I様の自宅は横浜市の中心街のマンションで、ご本人は未婚でお母さんと二人暮らしである。また弟さんも同じマンションの別のユニットに一人で住んでいる。ご仏壇はご本人の暮らすユニットに置いてある。些子水法で自宅のユニットの状態を、また同じく些子水法でご仏壇にどのような水が関係しているのか、そして玄空飛星も交えて看ていく。

■マンション入り口で決める些子水法の滴水点

写真の滴水点1と滴水点2を比べた場合、滴水点1は、玄関の中心の延長線上、最初に雨水が落ちる地点ということで、滴水点として最適と決めがちだが、ここでの滴水点は2が妥当かと判断する。その理由は、このマンションの住人の大多数が滴水点1を通らす、滴水点2を通ってマンションへの出入りをしているためである。滴水点2の延長線上に駅やスーパーがあるため、大きく偏った人の流れになっている。つまり、このことからでもわかるように、滴水点として取るのは、滴水点2と言うことになる。些子水法はこのような場合の滴水点の決め方が大切になる。

①ユニット座山：未山204度

②ご仏壇座山　：甲山70度

来水＝酉7＋申1＋坤2＋丁7＋午9＋丙8　＝34

去水1＝卯3　　去水2＝辰1

玄関坐山：未山3＋来水納甲　合計34＝破軍水破局（乾卦「金」）

ご仏壇　：甲山6＋来水納甲　合計34＝廉貞水破局（離卦「火」）

去水1

玄関座山：未山3＋卯水3＝武曲水破局（兌卦「金」）

ご仏壇　：甲山6＋卯水3＝右弼水破局（坎卦「水」）

去水2

玄関座山：未山3＋辰水1＝文曲八煞水および四金煞（坎卦「水」）

ご仏壇　：甲山6＋辰水1＝破軍合局（乾卦「金」）

滴水点１図
人の流れ
滴水点１

滴水点２図
滴水点1
滴水点２

■些子水法で看る自宅の状態

ユニット座山、ご仏壇座山共にほとんどの水が破局していて、さらに四金煞という恐ろしい水もあり、大変に厳しい状況である。

特徴的なのは、家運を映し出すように水と金の破局が来去水の大半を占め、それが破局しているか、合局していても八煞で、お墓の影響が今現在まで引き継がれているのが家庭の状態にあらわれていた。

ご仏壇の去水が合局となっているのは、I家のお母さんがI家に嫁に来て以来五十数年、それまで余り大事にされていなかったご仏壇を前向きに守ってこられたということをお聞きしたが、そのことと無縁ではないようだ。

このままでは、お墓と同じように「金」の象意がまだ続く可能性があるので、早急に手を打たないといけないが、マンションのため、内陽座穴法で御仏壇の座山と位置を変え、来去水を合わせるようにした。

■ご仏壇を移すことによる「内陽坐訣法」

限られたマンションユニットのスペースの中で、ご仏壇の座山や向きがきちんと生かせる場所にご仏壇を移動させるには、それなりの注意が必要となる。

I家のご仏壇を、ベランダに沿った和室から隣のリビングに移した。まず、座山は「甲」(甲の意味の一つに「病気」)から「辛」に変えることができた。そして壁越しにお母さんが寝ているとき、ご仏壇の背に足を向ける状態もなくなった。ただ新しい移動場所は、コンロから見える位置にあり、またご仏壇からの方位も寅と火の方位でその影響の強さが気になるので、ご仏壇とコンロの間に天井近くまでの衝立を設けて対処した。

ただ、やはり「辛」山しか取れなかったのは、まだ「金」の象意から抜けられないことを意味するが、

合局したことで、悪象意はほとんど出なくなることであろう。

また、六十四卦でも當運を取ることができる場所があったことは、幸いであった。

移動したご仏壇座山

辛２８５度　３䷷（八）旅　四爻

向き

乙１０５度　７䷻（八）節　四爻

来水＝３４＋辛山４＝左輔水合局

去水＝辛山４＋卯３＝破軍合局

去水＝辛山４＋辰１＝廉貞合局となり、御仏壇は来水去水とも合局になりましたが、問題はユニットの座山から来る「四金煞」でした。

■玄空飛星で看る家運

次ページの図「七運未山丑向」を見ると、特徴となるのは、その場所の全体の傾向を示す中宮と要である向きの二つの宮の「４１」は「桃花」であり、下元の数で悪象が出やすいことからも、I家がやはり「桃花」の強い影響下にあると判断できる。

また、座山が「７７」の雙星到坐で、退神となっているため、「金」の悪象が出易くなっていることも気になる要素である。

■玄空飛星図

七運未山丑向		
5×　9 六	9　5× 二	7◎　7◎ 四（坐）
6　8○ 五	4座　1向 七	2×　3× 九
1　4× 一（向）	8○　6 三	3×　2× 八

双星到座。離宮座星伏吟。兌宮向星反吟。
双星到座の場合、基本的には、旺丁不旺財となり、財には恵まれるが、身分には恵まれないことになる。７運時が終われば、座山に７７同宮のため、兌卦の災いとなる。坤方に山が在れば、當運時旺丁となり、坤方に水が在れば、當運時旺財となる。震方に水が在れば、８運時に旺財となり、坎方に山が在れば８運時旺丁となる。
離宮９２５同宮。９５同宮で毒薬という意味が出てくる（紫黄毒薬）。２５同宮で病気の意味が出てくる。水が在ると凶象意が強くなる。
乾宮、２３同宮闘牛煞
兌宮、３２同宮闘牛煞
中宮、艮宮１４同宮の災禍。１４同宮象意は気管出血、男女淫乱、水が在る場合、水が汚かったりすれば少女の死、山の形が悪いと少年の死などがある。

■風水実践の効果

納骨を無事にすませ、後日改めてご仏壇を移した後、半月ほど経ってＩ様宅にお伺いしたときに、とてもうれしいご報告がいくつかあった。先日合わせたご仏壇の座山は変わっていなかったが、ユニットの座山が11・5度も変化し、24山の未から「丁」へと移っていた。つまり、四金煞が消えたことで、これからあったであろう暗雲を避けられる兆候が出て来たことが何よりだった。

そして、I様の身体、健康について3つの大きな変化があったということである。それは、脚の痛み、尿の詰まり、皮膚アレルギーの改善で、一番驚いたのは尿詰まりがほとんどなくなったということで、際立って最近は症状がひどかっただけに、「こんなに変わるものなのですね！」と、かなり興奮気味に話されていた。そして脚は、事故による後遺症の股関節の痛みということだったが、幼いころからの皮膚アレルギーとともに、楽になって助かると、現にアレルギーの薬は少しずつ減らし始めたそうである。

またお母さんがここ数年、愚痴っぽかったり、寝つきが悪かったりしていたのもご仏壇を足元から移動できたためか、おだやかに過ごせてきているようで、やはりうれしいご報告だった。

そして私もこのお伺いした日に、ある大きな変化に気が付いた。ユニット内の所どころの方位の変化である。つまり、磁場が変化したということは、これからの状況の変化を現わしているので、希望が持てる状況になってきているということである。こうした興味深い方位の変化はどこに行きつくのか、それはこれから注意深く見守るとして、ここで一つ気が付いたことは、この未から丁への移動が、南西から南、つまり坤宮から離宮への移動だとすれば、坤宮（未、坤、申）から抜け出れなかったI家が、はじめて坤の象意の「孤独」や「病気」から一歩抜け出たのではないかと、大いに期待したいところである。

あとがき

これまでいろいろな看法をご紹介してきましたが、どの看法でも奥が深く、一つの看法で数冊書いても書き切れないほどの奥深さがあります。それに加えて、一つの看法を実践できる所まで引き上げるには、看法の理論はもちろんのこと、巒頭を十分に理解する必要があります。

巒頭とはどのようなものかといいますと、物を看る看方を風水的に看られるようになるということです。風水は「龍法」「砂法」「水法」を会得しなければなりませんが、今回は、看法の理論、特に水法を中心にご紹介したので、読むだけで終わってしまうと理気が中心の本となってしまいます。理気と巒頭は、車の両輪のようなもので、片方だけでは、風水を使いこなすことはできません。

風水とは技法であり、風水師は技術者です。家を建てる場合にも、その土地の善し悪しを最初に見抜く技量が無く、そこに理気のみで家を建てても、それは、風水の理論（理気）を用いて建てたことに過ぎず、風水的に良い物に仕上がっているか否かは別の話になってしまいます。しかし、多くの場合、土地が風水的に理想的なものはまれであり、その土地に不足している物を補い、過剰なものを押さえる家を建てるのが、風水師でありますから、そこに、風水師としての技量が必要になってきます。つまり、風水師は、理論（理気）を理解し、巒頭を読み取る技術を会得し、羅盤を使いこなし、実践を数多くそして深く積み上げないと、風水で何かを変えようとするのはなかなか無理ということになります。

この本は、そのための入り口であり、初学者のために、看法を紹介したものです。ここに書いてある看法の一つを覚えたら羅盤を持って外に出て、実際に羅盤で量ってみることをお勧め致します。そこで初めて、羅盤の使い方の難しさや、水を量る難しさが理解でき、それを繰り返し行うことで、看法の奥の深さが少しでも理解できるようになるものです。

この本を足掛かりに、実践を通じて風水の玄妙さに触れて頂ければ幸いです。

坂内瑞祥

【著者紹介】

坂内瑞祥（ばんない・ずいしょう）

1959年10月生まれ。天海僧正の出生地である旧会津高田町（現：会津美里町）に生まれ、幼少より天地自然が好きで、野山を探索していた。山に入っていたから気の良い所や、何となく入って行きたくない所などが分かるようになったと思う。風水の師と出会い、子弟コースで山川哲学の些子水法・砂法と玄空大卦・菁嚢經・天玉経を習得し、師から頂いた「撼龍經・擬龍經・山法備収」など龍法を習得し、これもまた師から頂いた「地理玉函經・玄空法鑑・宅法擧隅」で風水を深めた。その師から、香港の陳倍生氏の妙派を教わり、六十四卦の使い方を深められたことはとても幸運であったと思う。その後20年近く実践を通じて看法の検証を続けている。

ホームページ：玄空學風水研究所　http://genkuu.jp/fung/index.html

玄妙風水大全

2014年11月11日　初版発行

著　者――坂内 瑞祥
編集・DTP――長船 里美

発行者――今井博央希
発行所――株式会社太玄社
TEL 03-6427-9268　FAX 03-6450-5978
E-mail info@taigensha.com　HP:http://taigensha.com
発行所――株式会社ナチュラルスピリット
〒107-0062 東京都港区南青山5-1-10　南青山第一マンションズ602
TEL 03-6450-5938　FAX 03-6450-5978
印刷所――モリモト印刷株式会社

ISBN978-4-906724-14-7 C0011